KB265709

나를 미치게 하는

갤럭시 S 프로요

급하게 배우기

에듀멘토르

나를 미치게 하는 갤럭시S 프로요
급하게 배우기

1판 1쇄 발행 | 2011년 1월 10일

지은이 | 윤신례
펴낸이 | 안동명
펴낸곳 | 에듀멘토르

기획 | 안동명, 신꽃다미
디자인 | 김희정
편집 | 윤신례

마케팅 | 김경용
경영지원 | 김덕수

내용문의 | somsaatang@gmail.com

등록 | 2009년 10월 5일 제2009-16호
주소 | 서울시 용산구 청파동 3가 131 IT연구개발센터 1층
전화 | 02-711-0911
팩스 | 02-711-0920

ISBN | 978-89-94127-50-7 13000
가격 | 14,800원

ⓒ 2011 에듀멘토르

갤럭시 S 프로요

급하게 배우기

에듀멘토르

contents

P · A · R · T · 1
핸드폰 기능 급하게 배우기

P·A·R·T·2

갤럭시S 프로요 시작편

contents

contents

contents

P · A · R · T · 7

갤럭시S 프로요 설정편

먼저 갤럭시S 프로요의 펌웨어 버전을 확인해 주세요. 펌웨어 버전은 [메인메뉴]-[환경 설정]-[휴대폰 정보]를 터치하여 확인할 수 있습니다. 프로요는 펌웨어 버전 2.2라고 표시됩니다. 만일 2.2가 아니라면 334쪽을 참조하여 업그레이드해 주세요.

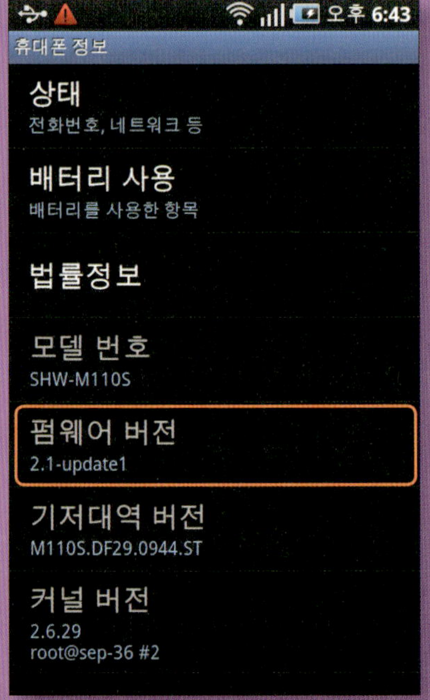

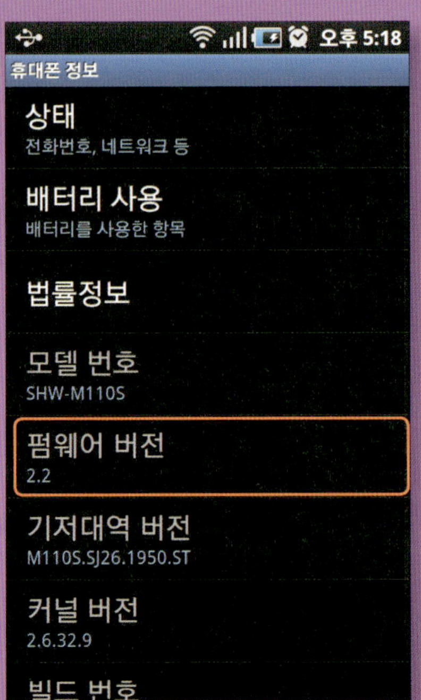

P·A·R·T·1

핸드폰 기능
급하게 배우기

01 핸드폰 기능 급하게 배우기

갤럭시S 프로요는 전화기인 동시에 메시지, 메일, 카메라, MP3 등의 기능을 모두 사용할 수 있는 전천후 스마트폰입니다.

이 장에서는 갤럭시S 프로요를 손에 쥔 다음 바로 사용하게 될 기능만 모아 설명했습니다. 그동안 다른 휴대폰으로 해왔던 일들, 전화를 걸고 받고, 문자를 보내고 받고, 인터넷에 연결하고 사진을 찍는 정도는 30분이면 손에 익힐 수 있습니다. 간단한 기능 정도는 사용할 수 있는 분이라면 이 부분은 건너뛰어도 됩니다.

1: 전화 걸기

갤럭시S 프로요는 스마트폰입니다. 전화기이므로 통화 기능은 기본 중의 기본 기능입니다. 그래도 처음 화면을 열면 전화번호를 누를 수 있는 화면이 바로 보이지 않아 당황하게 될 수 있는데 한 번만 해 보면 간단히 익힐 수 있습니다. 먼저 전화 거는 방법을 알아봅니다.

01 [홈] 화면이 열리면 [전화] 어플을 터치합니다.

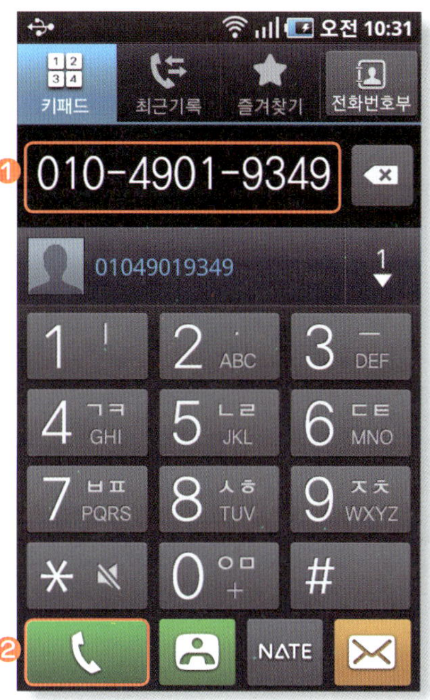

02 키패드와 몇 가지 사용할 수 있는 항목이 표시됩니다. 키패드를 이용해 상대방 전화번호를 누르고 를 터치하면 전화가 걸립니다.

03 연결이 되면 통화 시간이 표시되며 통화 상태가 됩니다. 연락처에 등록되어 있는 경우 이름과 사진 등이 표시됩니다.

04 통화 중에는 화면에 보이는 것과 같이 녹음도 할 수 있고, 한뼘통화 기능이나 송화음 차단과 같은 기능을 이용할 수도 있습니다. 통화가 끝나면 [통화 종료]를 터치합니다. 상대방이 먼저 끊은 경우에는 따로 터치하지 않아도 됩니다.

> - **녹음** : 통화 내역을 녹음합니다. 녹음한 내용은 [음성녹음] 어플에서 확인할 수 있습니다.
> - **다이얼** : 키패드를 표시합니다.
> - **통화 종료** : 통화를 종료합니다.
> - **한뼘통화** : 상대방의 목소리가 크게 들리도록 합니다.
> - **블루투스** : 블루투스 헤드폰을 연결하여 통화할 수 있습니다.
> - **송화음 차단** : 자신이 얘기하는 소리를 상대방에게 들리지 않도록 합니다.

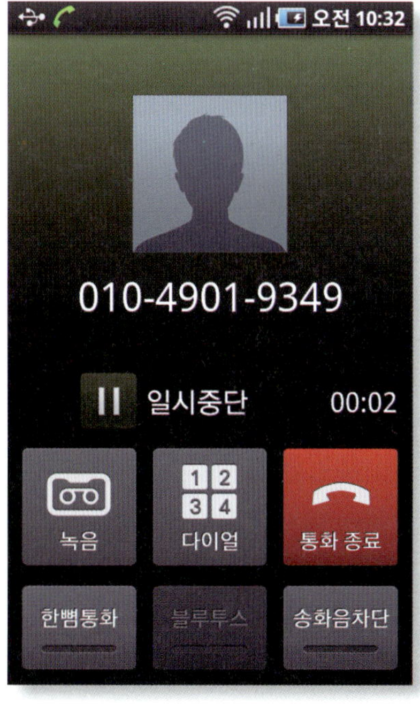

통화 화면

 **키패드** : 이 아이콘을 손가락으로 터치하면 전화 번호를 직접 누를 수 있도록 키패드가 표시됩니다.

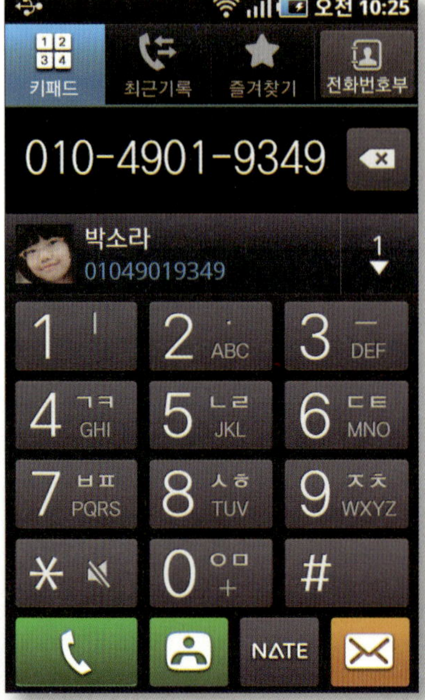

음성 통화 : 음성 통화를 시작합니다.

영상 통화 : 영상 통화를 시작합니다.

 **Nate** : 네이트에 접속합니다.

메시지 : 메시지를 보냅니다.

최근 기록 : 최근에 통화했던 목록이 표시되어 그 중에서 선택하여 전화를 걸 수 있습니다.

즐겨찾기 : 즐겨찾기로 등록된 목록에서 선택  하여 전화를 걸 수 있습니다.

전화번호부 : 연락처 목록이 열려 상대를 선택 하여 전화를 걸 수 있습니다.

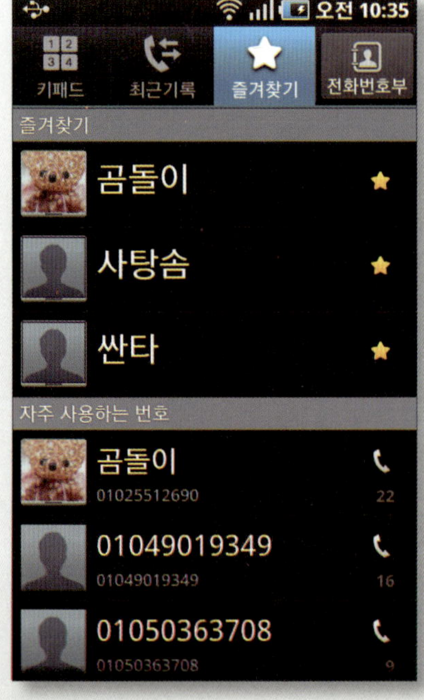

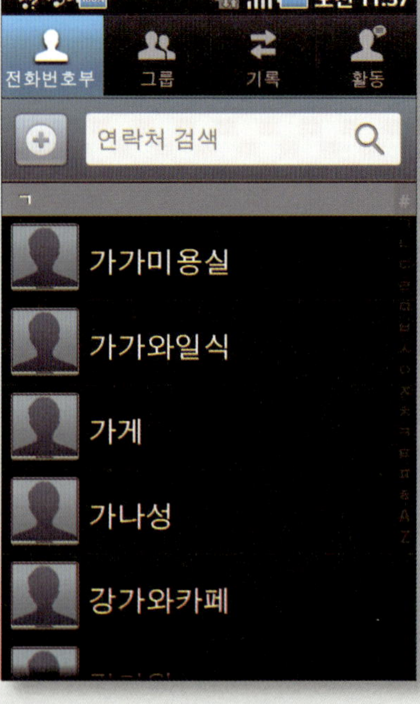

2: 전화 받기

전화가 걸려오면 어떤 어플을 사용하고 있더라도 전화를 받을 수 있는 화면으로 바뀝니다. 잠자기 상태에서는 전화기를 깨운 다음 받으면 됩니다.

전화가 걸려오면 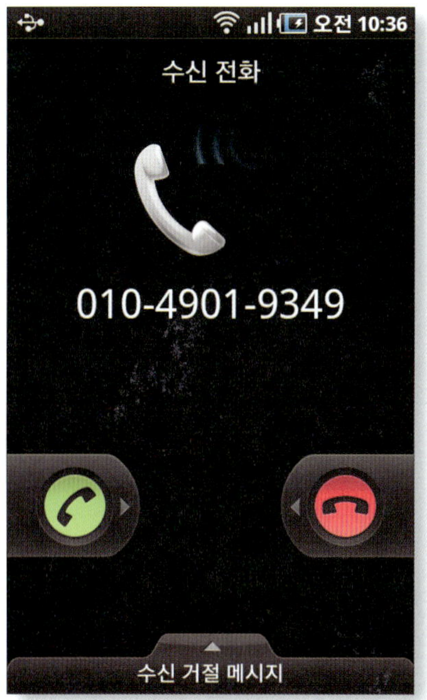을 오른쪽으로 밀고 통화합니다. 수신 거부를 하고 싶은 경우에는 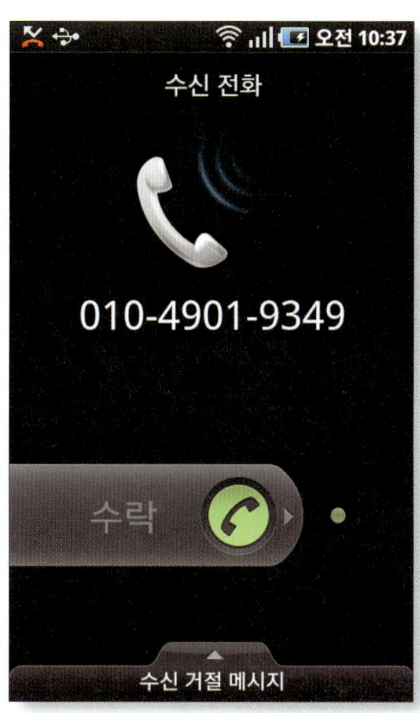를 왼쪽으로 밀면 됩니다. 수신을 거부하면 상대방에게 수신하지 못한다는 메시지가 전송됩니다.

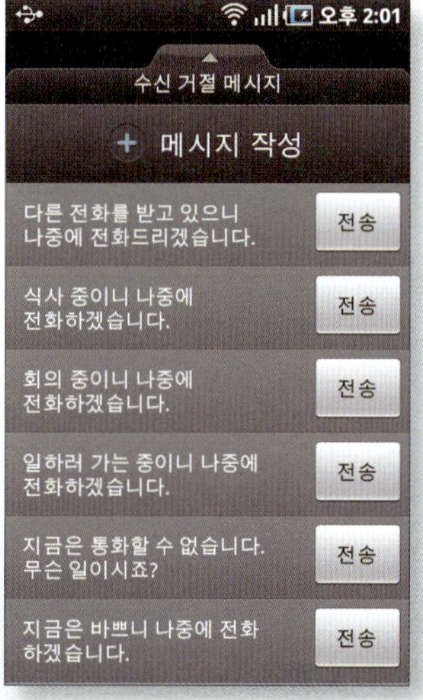

수신 거절 메시지 보내기

걸려오는 전화를 거절한 후 바로 메시지를 보낼 수 있는 기능이 있습니다. [수신 거절 메시지]를 위쪽으로 밀면 [수신 거절 메시지] 목록이 표시됩니다. 이 중에 알맞은 내용을 찾아 터치하면 걸려온 전화로 메시지가 전송됩니다.

3: 영상 통화하기

영상 통화는 서로 얼굴을 보면서 통화하는 기능입니다. 상대방에게 나의 모습이 보여야 하므로 전화기를 귀에 대고 하는 것이 아니라 화면을 보면서 통화해야 합니다. 그래야 자신의 얼굴이 상대방에게도 보입니다.

01 영상 통화를 할 상대방의 전화번호를 입력한 다음 █을 터치합니다.

02 발신중에도 자신의 얼굴이 표시됩니다.

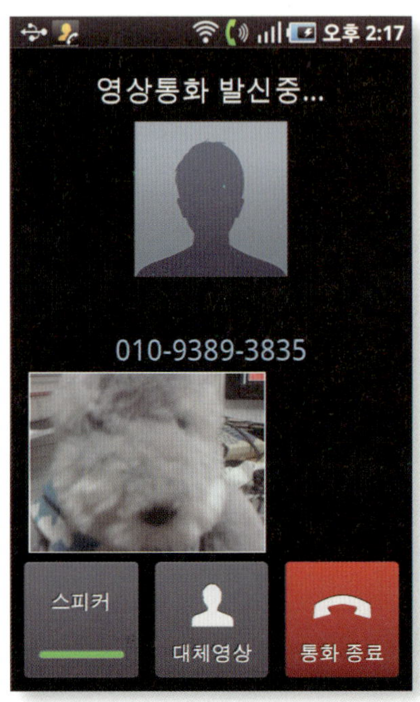

03 전화를 받으면 영상통화가 시작됩니다. 위에 크게 보이는 것이 상대방의 모습입니다.

전화번호부 관리 ⊙ 이어 보면 좋아요! ▶ 132쪽

4: 메시지 보내기

갤럭시S 프로요에서 메시지를 보내는 방법에 대해 알아보겠습니다. 전화 기능과 마찬가지로 메시지도 기본적인 기능입니다. 메시지를 보내고 받는 방법에 대해 알아봅니다.

 **01** [홈] 화면에서 [메시지]를 터치합니다.

02 그동안 주고받은 메시지 목록이 표시됩니다. 목록에 다시 메시지를 보낼 상대방이 있으면 바로 터치하면 되고, 목록에 없는 상대방에게 메시지를 보내려면 [메시지 작성]을 터치합니다.

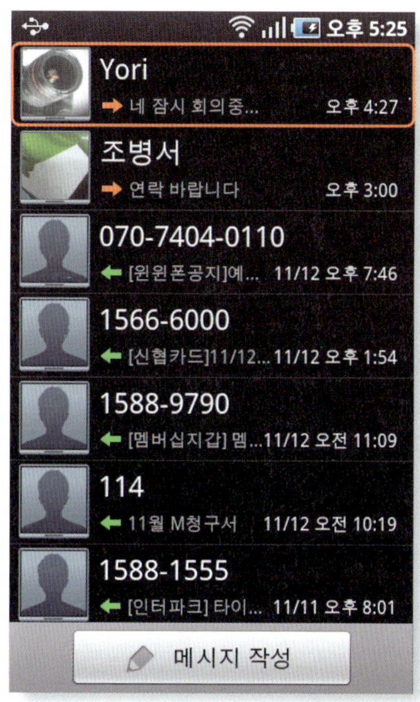

메시지 주고받기 · 이어 보면 좋아요! ➡ 146쪽

03 선택한 사람과 그동안 주고받았던 메시지 내용이 표시됩니다. 왼쪽의 녹색은 상대방이 보내온 메시지이고, 오른쪽의 푸른색은 자신이 보낸 메시지 내용입니다. 메시지를 보내려면[내용 입력]란을 터치합니다.

04 키패드를 이용하여 메시지 내용을 입력하고[전송]을 터치합니다.

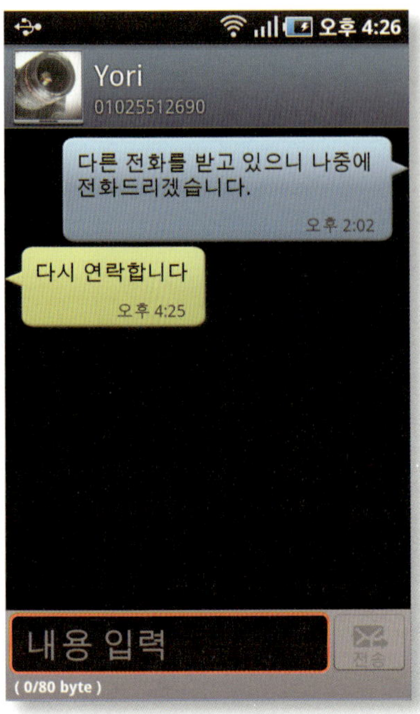

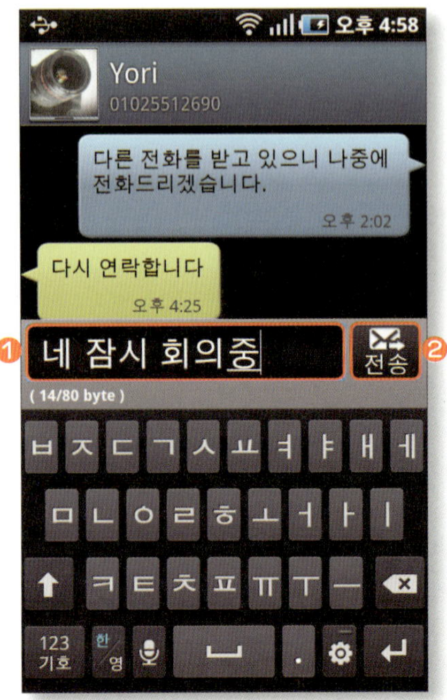

05 키패드를 아래쪽으로 밀면 화면 전체가 모두 보입니다.

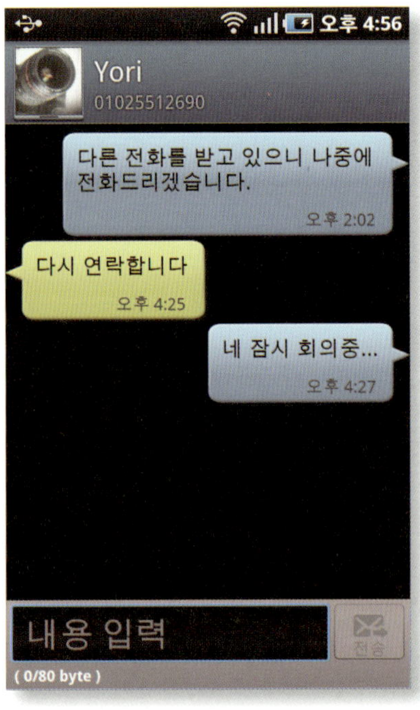

01 이번에는 메시지에 사진을 첨부하여 보겠습니다. 메시지 목록 화면에서 [메시지 작성]을 터치합니다.

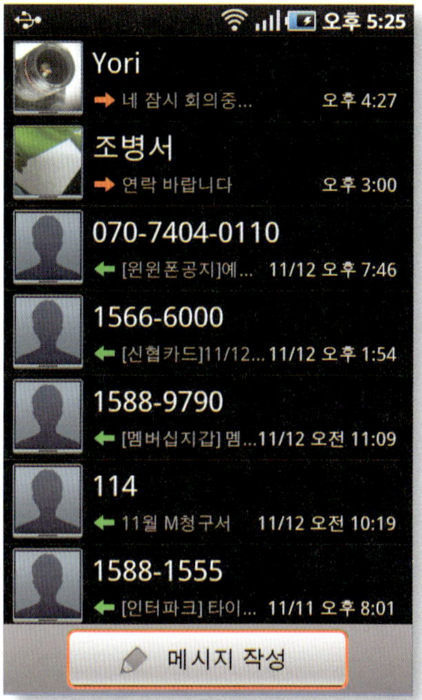

02 새로운 사람에게 메시지를 보낼 수 있는 [메시지 작성] 화면이 나타나면 [전화번호부]를 터치합니다.

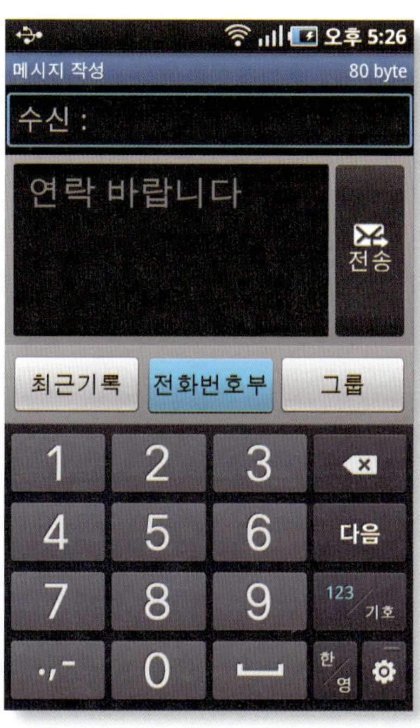

03 메시지를 보낼 상대방을 터치하고 [전송]을 터치합니다.

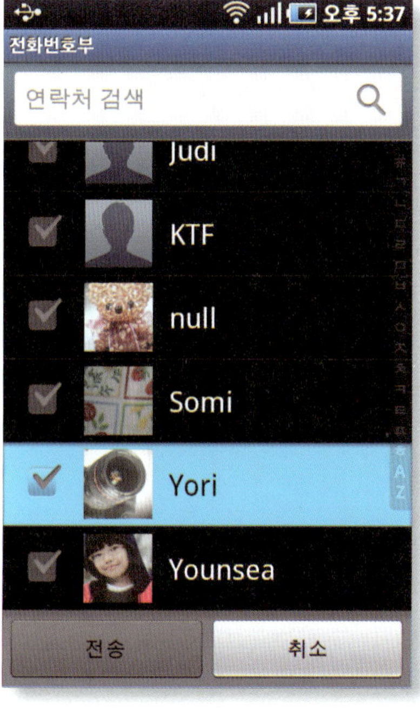

04 만일 여러 사람에게 한번에 같은 내용의 메시지를 전송하려면 상대방을 모두 선택한 다음 [전송] 단추를 터치합니다.

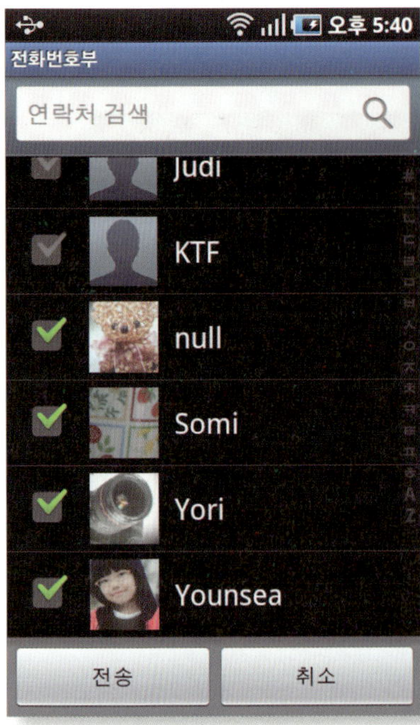

05 메시지 내용을 입력하고 ▣를 터치합니다.

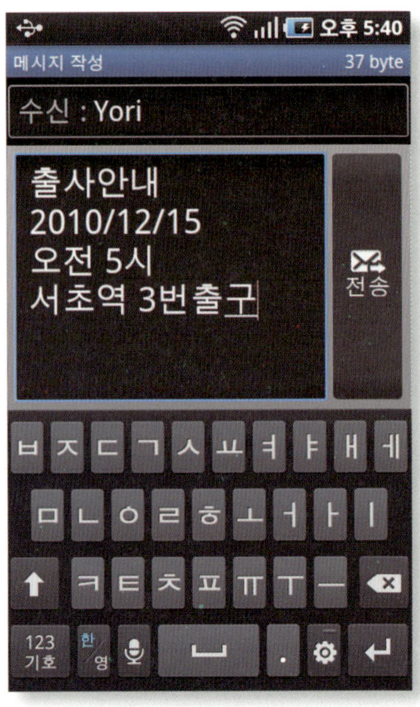

06 메뉴가 표시되면 [첨부하기]를 터치합니다.

07 [첨부하기] 화면이 표시되면 항목을 선택합니다. 여기서는 [사진 앨범]을 터치하겠습니다.

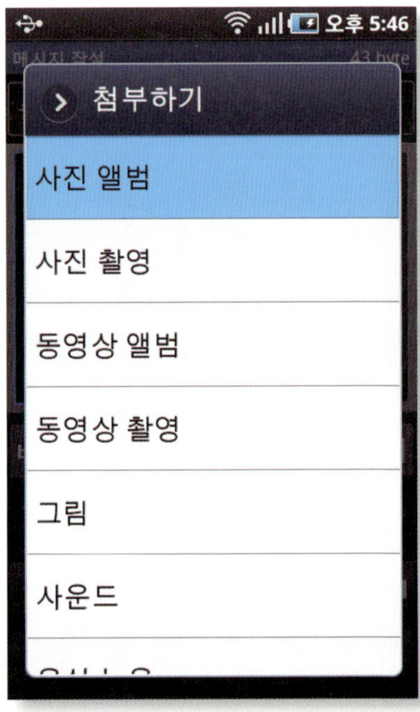

08 [사진 앨범 보기] 화면이 표시되면 원하는 사진을 선택하고 [첨부]를 터치합니다.

09 선택한 사진이 크게 열립니다. [확인]을 터치합니다.

10 이제 [전송]을 터치합니다.

11 보낸 메시지를 확인하면 다음과 같은 모습으로 표시됩니다.

6: 메시지 확인하기

상대방이 보낸 메시지를 확인하는 방법에 대해 알아봅니다. 읽지 않은 메시지가 있는 경우 숫자
로 표시되므로 읽지 않은 메시지가 있는지 여부를 바로 확인할 수 있습니다.

01 [홈] 단추를 눌렀을 때 새로운 메시지
가 와 있으면 그림과 같은 퍼즐 조각
에 메시지가 왔다는 표시가 보입니다.

02 [메시지] 어플을 보면 숫자가 붙어 있
습니다. 현재는 2개의 읽지 않은 메시
지가 있다는 것을 알 수 있습니다. [메시지] 어
플을 터치합니다.

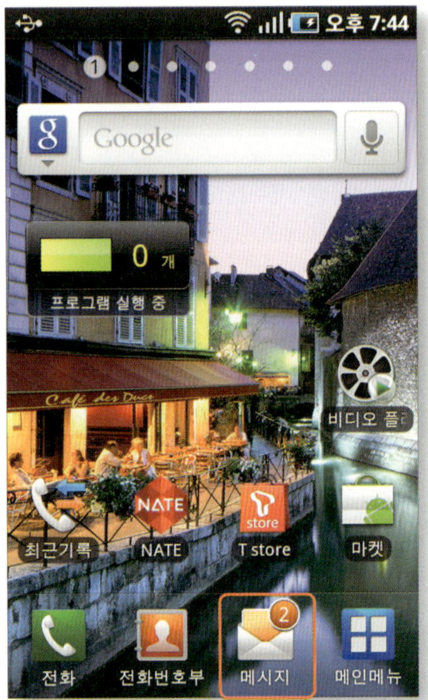

03 읽지 않은 메시지에 숫자가 표시됩
니다. 읽지 않은 메시지를 터치합
니다.

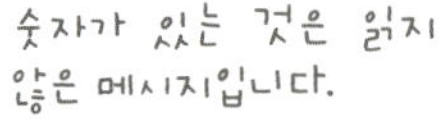

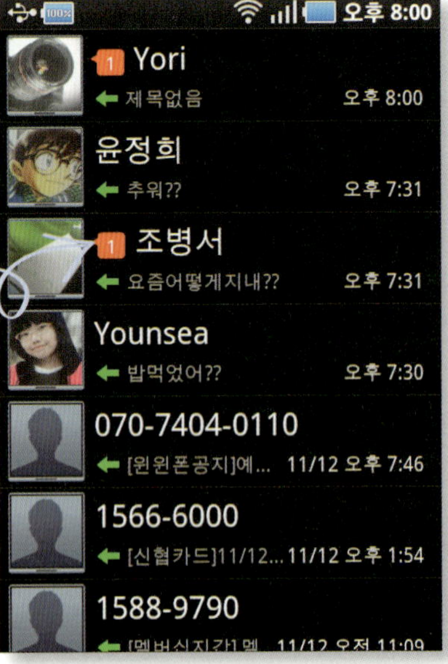

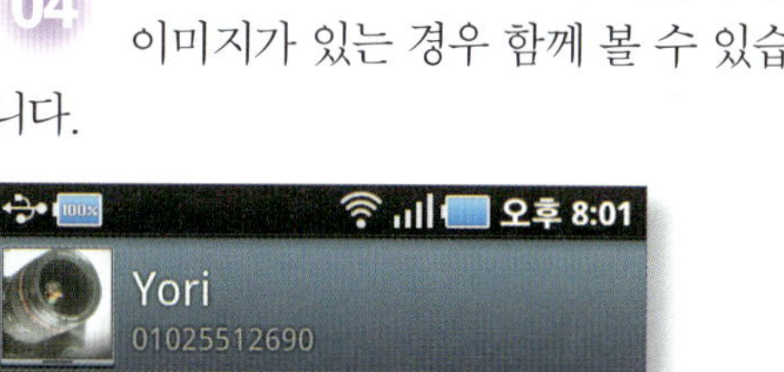

04 새로운 메지시를 확인할 수 있습니다. 이미지가 있는 경우 함께 볼 수 있습니다.

05 첨부된 사진을 클릭하면 크게 볼 수 있습니다.

06 메시지 화면에서 오른쪽이나 왼쪽으로 슬라이드하면 전 메시지나 다음 메시지를 바로 확인할 수 있습니다.

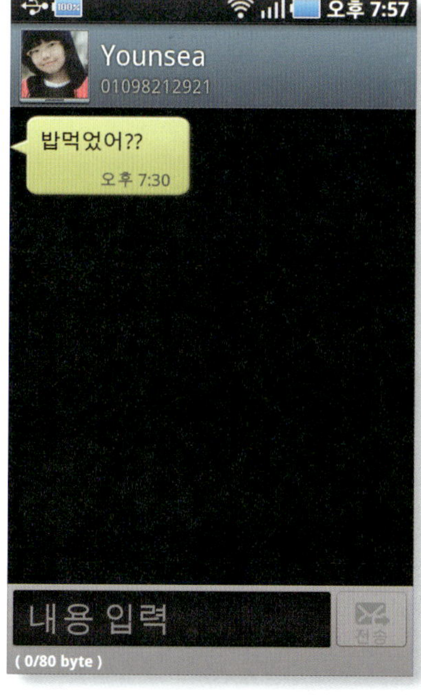

7: 카메라로 사진 찍기

[카메라] 어플을 이용하여 멋진 사진을 찍는 방법에 대해 알아봅니다. 여기서는 먼저 간단하게 찍는 방법에 대해 알아보겠습니다.

01 [홈] 화면에서 [메인메뉴]-[카메라] 어플을 터치합니다.

02 화면에 사물이 보이면 중앙의 사각 부분을 터치하여 초점을 맞춥니다. 초점이 맞으면 사물이 보다 정확하게 표시됩니다.

요 부분을 터치하여 초점을 맞춥니다.

03 초점이 맞으면 흰색 사각 틀 부분이 녹색으로 변경됩니다. 아이콘을 터치하여 사진을 찍습니다. 사진을 보려면 ▶을 터치합니다.

04 찍은 사진들을 볼 수 있습니다. 여기서 사진을 삭제하거나 메일로 보내는 등의 작업을 할 수 있습니다.

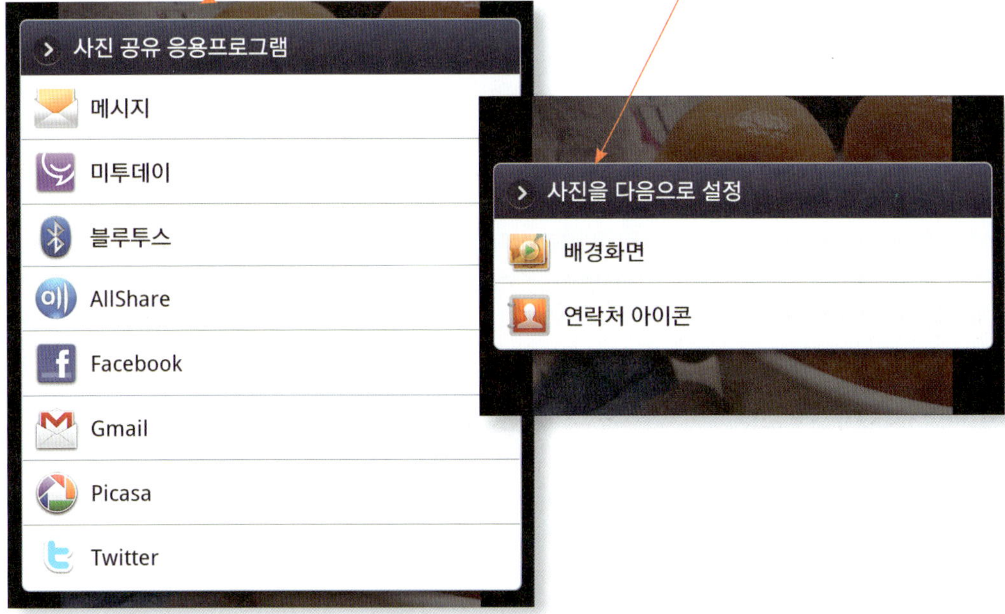

8: 동영상 촬영하기

갤럭시S 프로요에 탑재되어 있는 카메라를 이용하여 비디오 촬영을 할 수 있습니다. 촬영한 영상은 편집하여 컴퓨터에 저장, youtube나 인터넷에 업로드, 메일로 전송할 수도 있습니다.

01 동영상 촬영을 하기 위해 [홈] 화면에서 [카메라] 어플을 터치합니다.

02 비디오 아이콘을 터치하여 동영상 촬영 모드로 변경합니다. ●를 누르면 동영상 촬영이 시작됩니다.

03 이제 카메라를 들고 동영상을 찍습니다. ■를 터치하면 동영상 촬영이 종료되며, 동영상이 바로 저장됩니다.

04 촬영한 동영상을 보려면 ▶를 터치합니다.

05 메뉴가 표시되면 [재생]을 터치합니다. 촬영한 동영상이 재생됩니다.

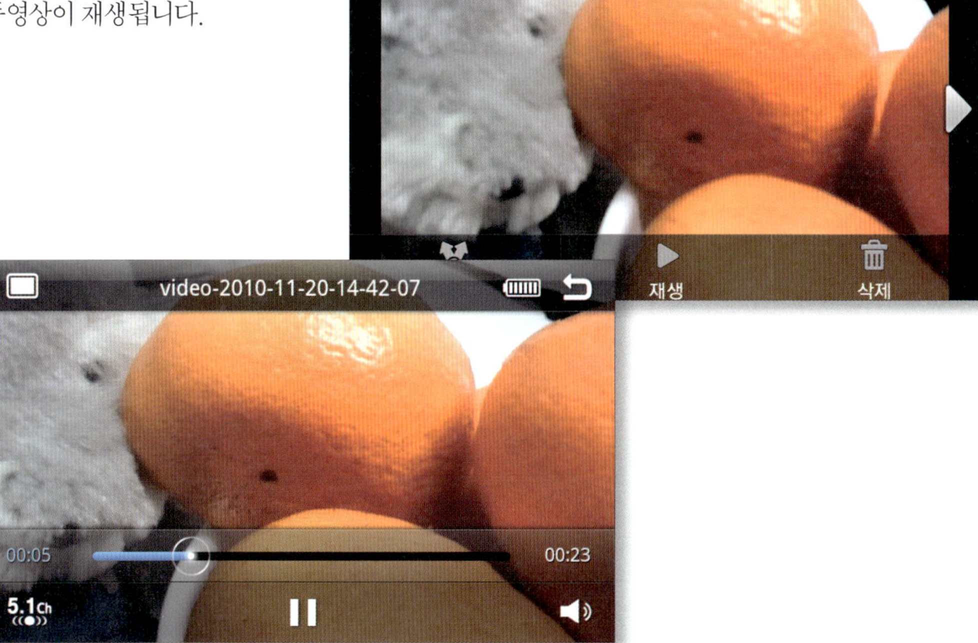

9: 멜론에서 음악 다운받기

갤럭시S 프로요에서 음악을 듣는 방법 중 [멜론]을 이용하는 방법을 소개합니다. 멜론에 있는 음악 파일을 사용하려면 멜론에 먼저 가입해야 합니다. 만일 SKT에 가입하였다면 같은 아이디로 이용할 수 있습니다.

01 [메인메뉴] 화면에서 [Melon] 어플을 터치하여 실행합니다.

02 멜론을 처음 실행하면 다음과 같이 어플을 다운로드할 수 있는 화면이 표시됩니다. [안드로이드 마켓에서 다운로드]를 터치합니다.

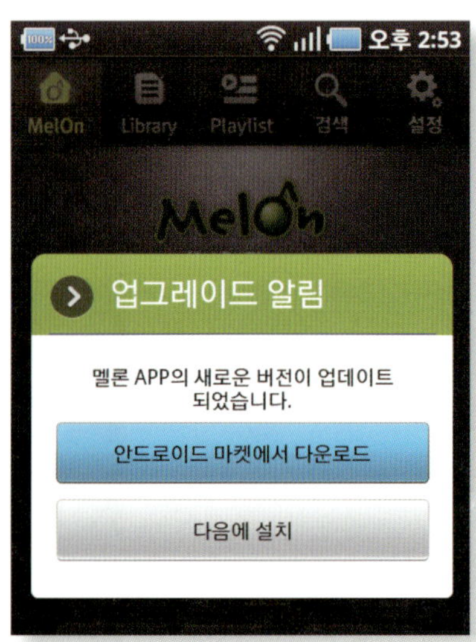

03 그림과 같은 화면이 표시되면 [업데이트]를 터치합니다.

멜론 가입하기

멜론 회원이 아니라면 [설정]을 터치하여 [Melon 로그인] 화면이 표시되면 [회원 가입]을 터치하여 회원으로 가입할 수 있습니다.

04 다음과 같이 어플리케이션을 교체한다는 화면이 표시되면 [확인]을 터치합니다.

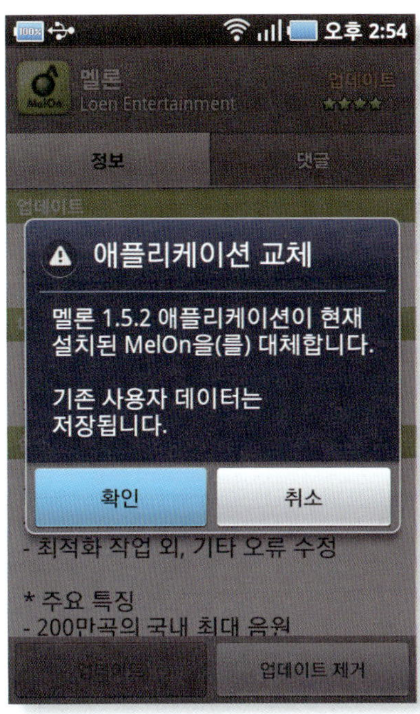

05 알림줄을 보면 멜론 어플이 설치되고 있는 것을 확인할 수 있습니다. 설치하는 동안 잠시 기다립니다.

06 업데이트가 완료되면 [멜론] 어플을 터치하여 실행합니다. [멜론 TOP 100]을 터치하여 음악을 들어 보겠습니다.

07 다음 화면은 [일간 TOP 100]의 화면입니다. 듣고 싶은 음악을 선택하고 [듣기]를 터치합니다.

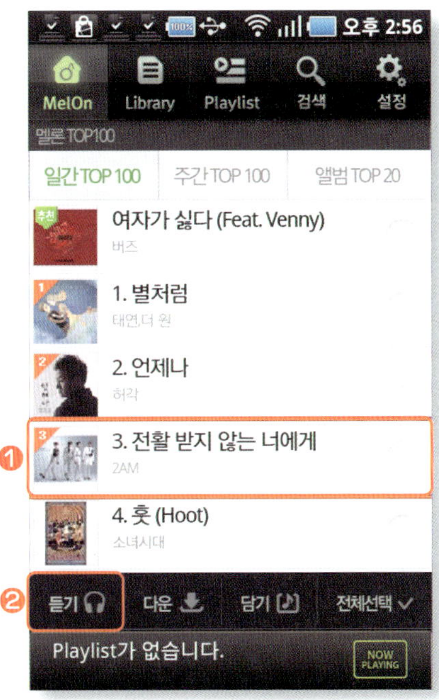

08 처음 듣기를 하는 경우 다음과 같은 내용이 보입니다. 음악을 1분만 들을 수 있습니다.

로그인하고 인증폰 다운받기

멜론 사이트에서 아이디를 만든 후 처음 사용하는 경우에는 다음과 같은 화면이 표시됩니다. [확인]을 터치합니다. 계속해서 아이디와 패스워드를 입력하고 [로그인]을 터치하여 로그인합니다.

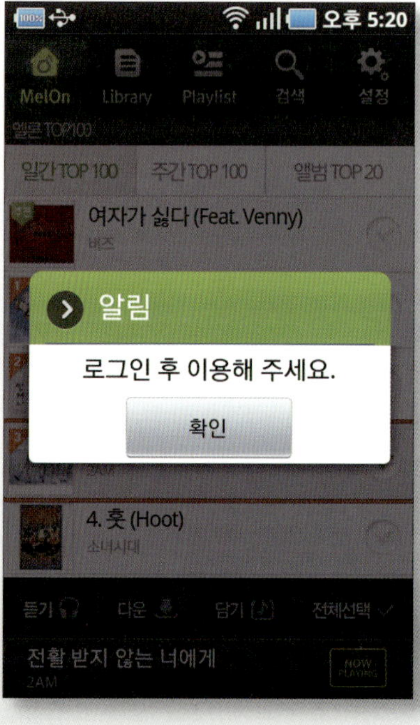

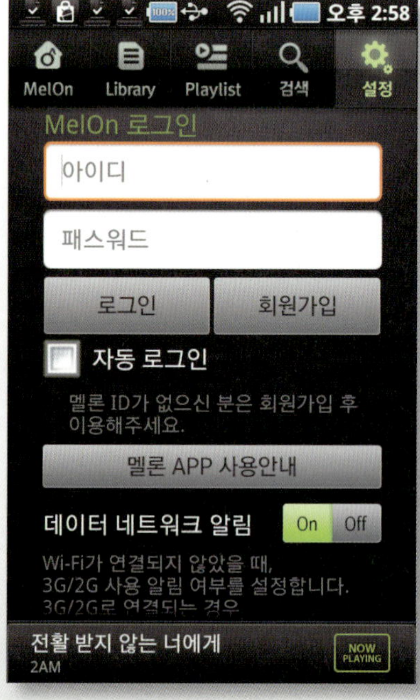

09 음악 다운로드는 유료입니다. 다운로드할 음악을 선택하고 [다운] 아이콘을 터치합니다.

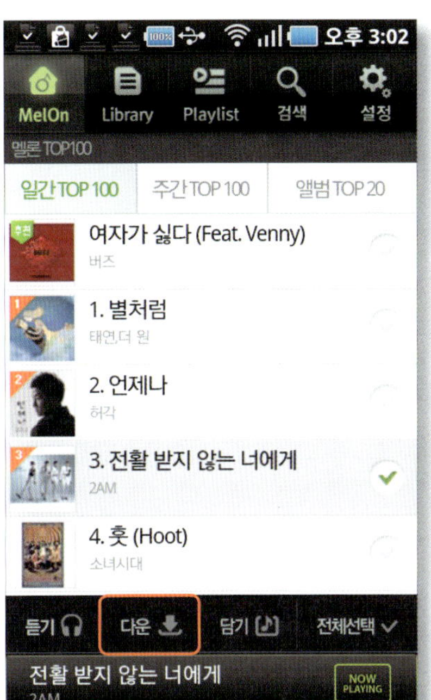

10 [구매하기] 화면이 표시됩니다. 결제 방법을 선택하여 다운할 수 있습니다.

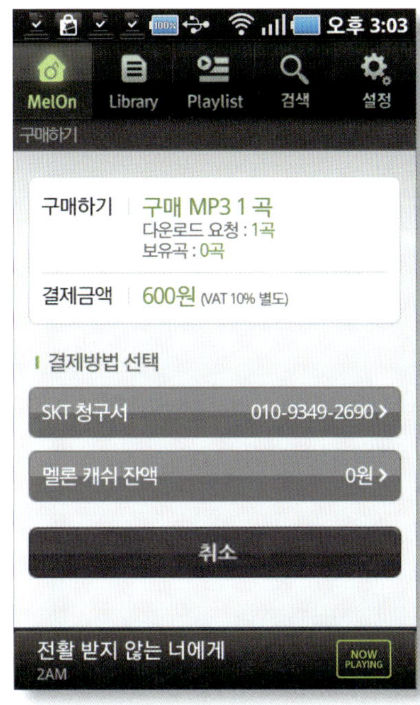

 **정액제 가입하기**

MP3 몇 곡을 정액제로 사거나 무제한 다운로드할 수 있는 여러 가지 상품이 있습니다. 다음은 멜론의 상품 가입 목록표입니다. 참조하여 자신에게 맞는 것을 골라 가입합니다.

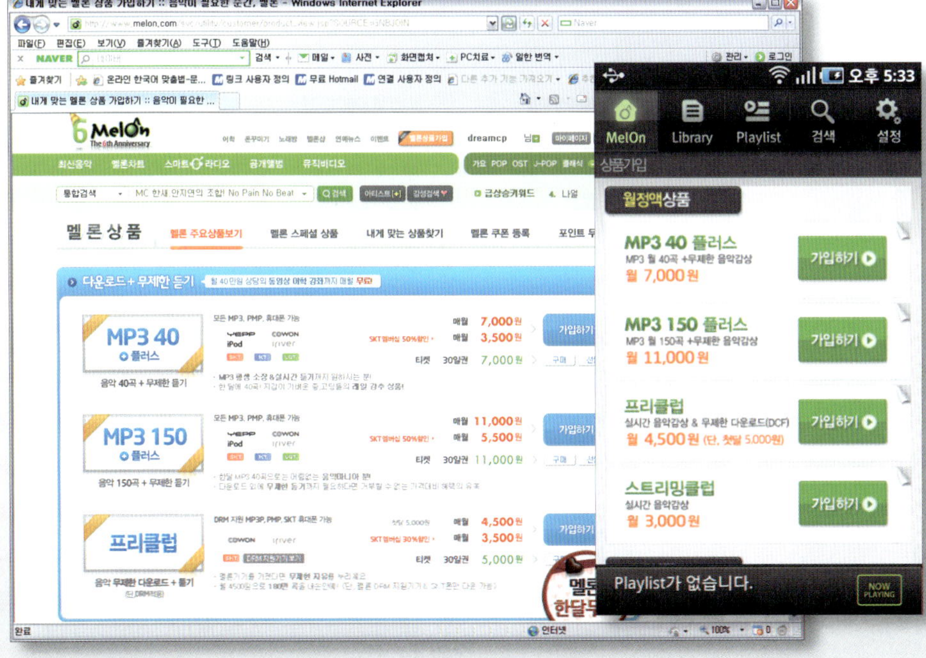

멜론 플레이어 사용하기

멜론에서 다운받은 음악 파일을 비롯하여 갤럭시S 프로요에 있는 음악 파일을 재생할 수 있습니다.

❶ [홈] 화면을 꾸욱 누르면 나타나는 [홈 화면에 추가]에서 [위젯]을 터치합니다.

❷ [위젯 선택] 화면이 표시되면 [Melon]을 터치합니다.

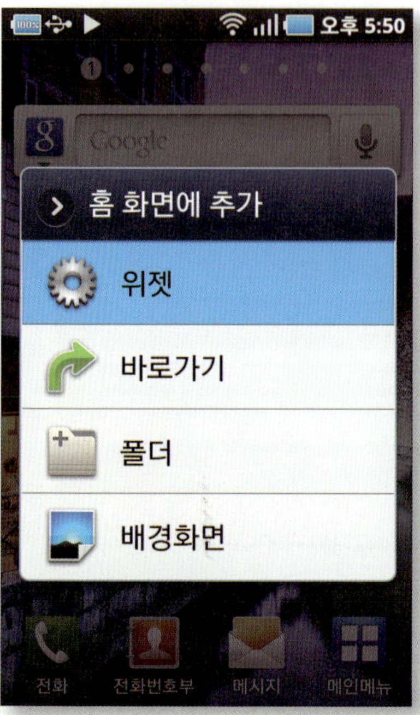

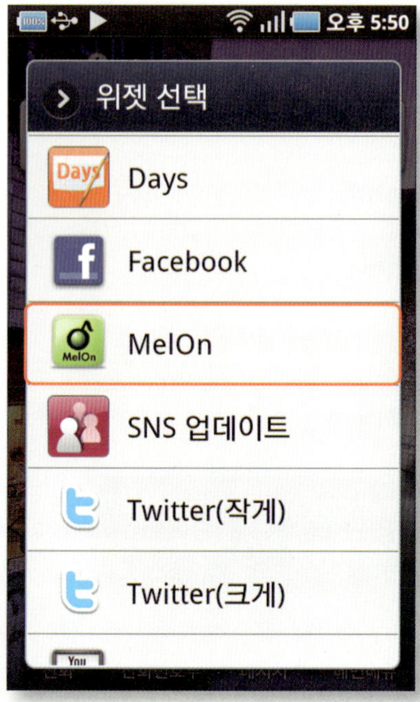

❸ [홈] 화면에 바로 [Melon]이 설치되었습니다. 멜론에서 다운받은 파일이나 컴퓨터에서 복사해온 음악 파일을 재생하거나 정지할 수 있습니다. 하지만 다른 기능은 없습니다.

❹ 다음 화면은 현재 음악이 재생되는 화면입니다.

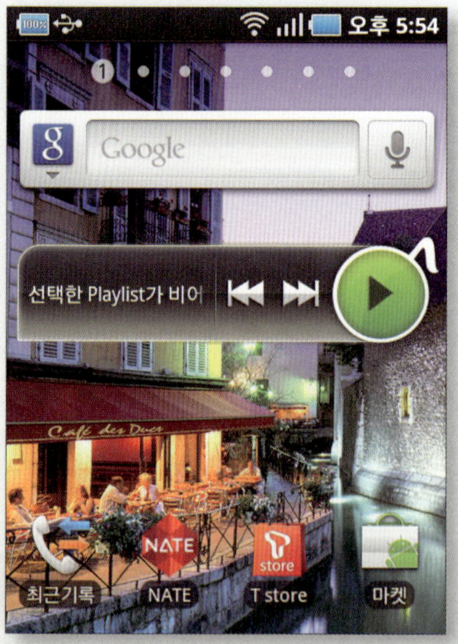

10: 뮤직 플레이어

갤럭시S 프로요에는 멜론만이 아니라 [뮤직 플레이어] 어플도 기본으로 들어 있습니다. [뮤직 플레이어] 어플을 이용하여 음악을 재생하거나 재생 목록을 만들어 사용할 수 있습니다.

01 [메인메뉴]에서 [뮤직 플레이어] 어플을 터치하여 실행합니다. 재생하고 싶은 노래를 터치합니다.

02 다음은 음악을 재생하는 화면입니다. 간단한 어플이지만 재생 목록을 만들 수도 있고, 앨범이나 아티스트 별로 구분하여 음악을 검색할 수 있습니다.

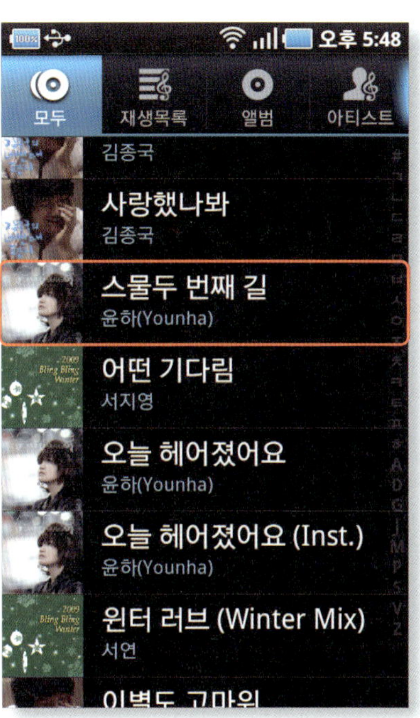
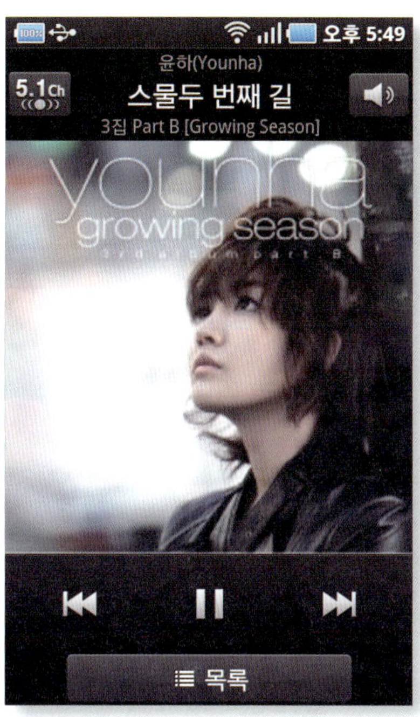

03 다음은 재생 목록, 앨범, 아티스트를 각각 선택했을 때의 목록입니다.

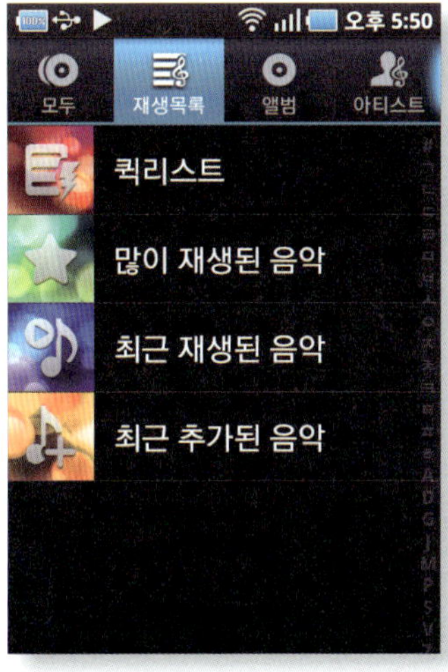
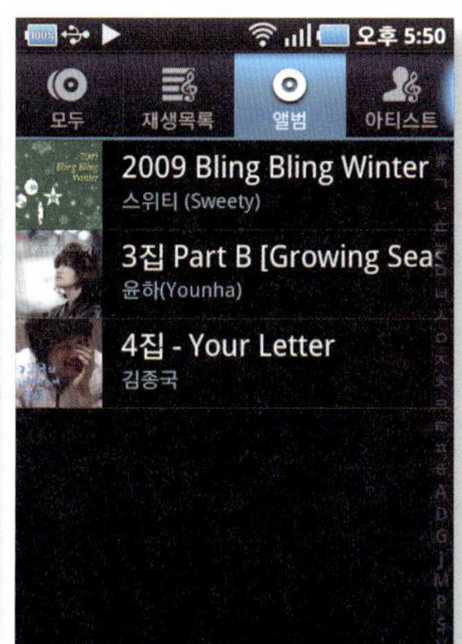
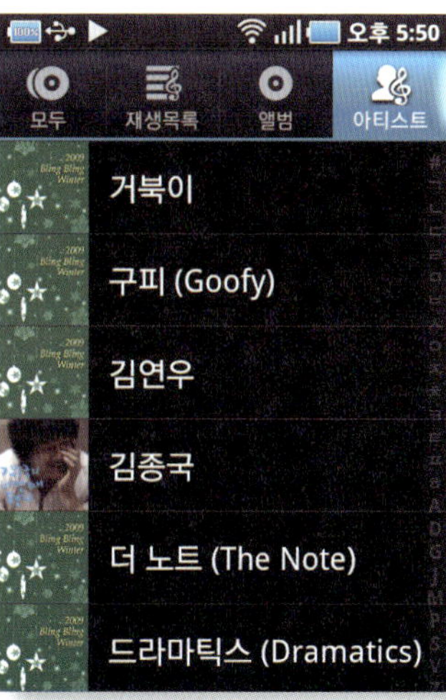

11: 비디오 플레이어

갤럭시S 프로요에는 휴대폰에 있는 비디오를 볼 수 있는 전용 플레이어가 기본적으로 내장되어
있습니다. [비디오 플레이어]를 이용하면 쉽게 영화나 동영상을 감상할 수 있습니다.

01 [메인메뉴]에서 [비디오 플레이어] 어플을 터치하여 실행합니다.

02 비디오 목록이 표시되면 재생하고 싶은 비디오를 터치합니다.

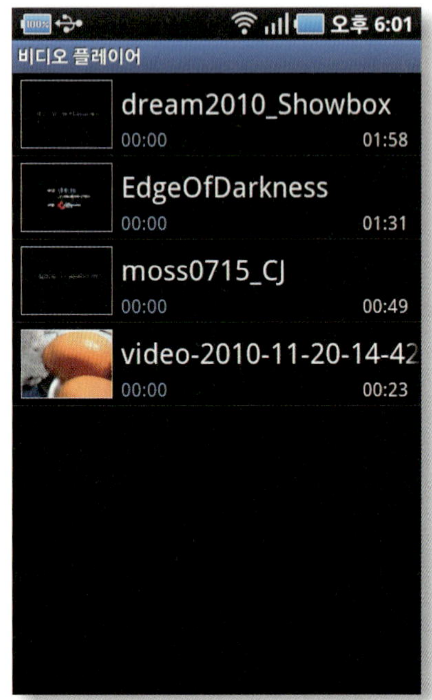

03 다음은 갤럭시S 프로요에 들어있는 홍보용 동영상입니다. 재생 시간을 확인할 수 있고, 원하는 부분을 터치하여 중간부터 볼 수도 있습니다.

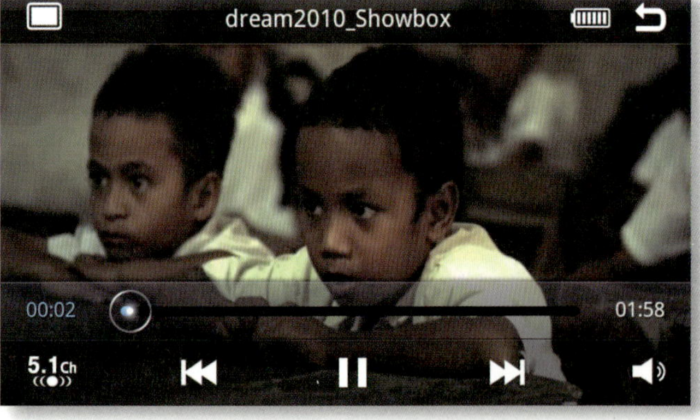

12: [홈] 화면에서 어플 검색하기

[홈] 화면에 표시되는 검색 기능을 이용하면 인터넷만이 아니라 어플과 전화번호부, 웹 등을 선택
하여 검색할 수 있습니다.

01 [홈] 화면에서 [구글] 아이콘을 터치합니다. 처음 사용하는 것이므로 [내 위치 사용] 화면이 표시되면 [동의함]을 터치합니다.

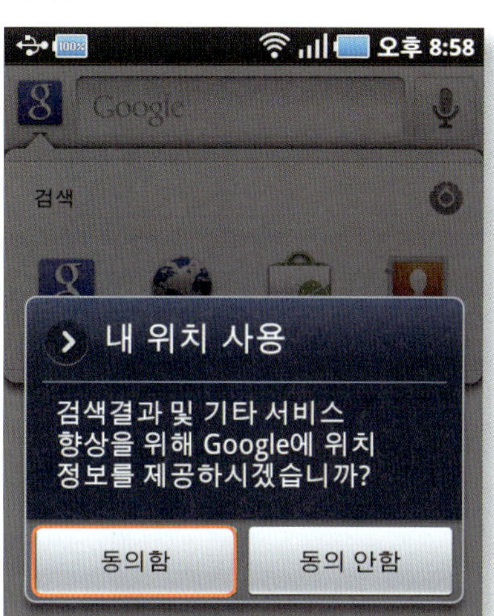

02 다음과 같이 4가지의 항목이 표시되면 원하는 항목만 선택하여 검색할 수 있습니다. [어플리케이션]을 터치합니다.

03 원하는 어플명을 입력하고 → 를 터치합니다.

04 어플에 대한 검색 결과가 표시됩니다. 이렇게 마켓을 찾아가지 않고도 어플을 찾아 설치할 수 있습니다.

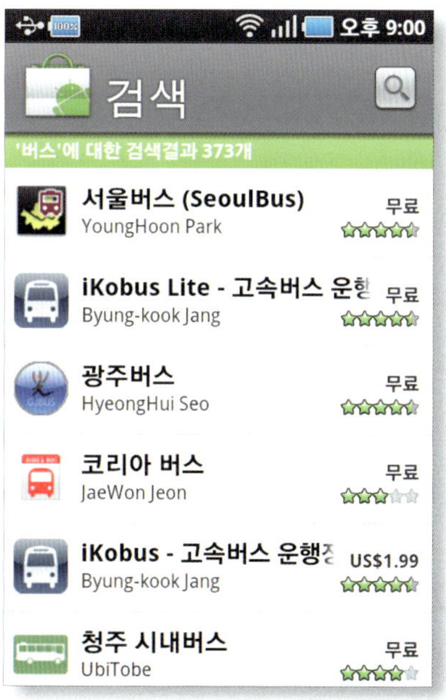

13: 웹 페이지 보기

인터넷을 이용하여 각종 웹 페이지를 보는 방법에 대해 알아봅니다.

01 [홈] 화면에서 [메인메뉴]를 터치합니다.

02 [인터넷] 어플을 터치합니다.

03 기본적으로 구글 사이트에 연결됩니다. 왼쪽 그림은 컴퓨터에서 접속한 구글 화면입니다. 검색 상자를 터치합니다.

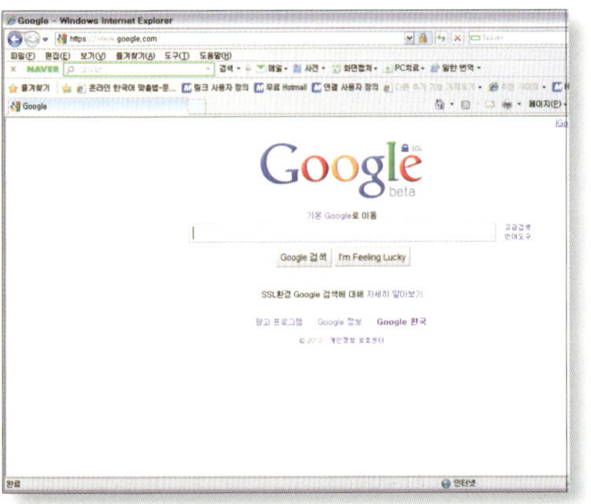

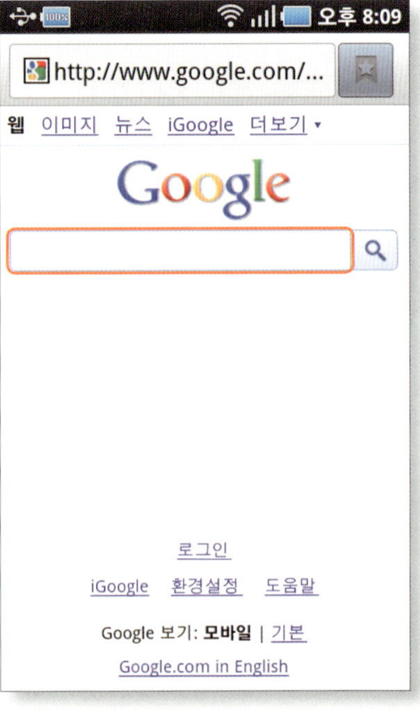

04 검색 상자에 검색할 내용을 입력하고 🔍 아이콘을 터치합니다.

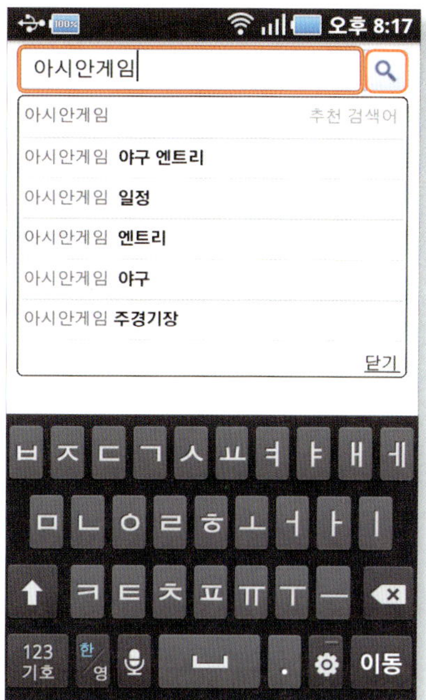

05 검색 결과가 표시되면 원하는 내용을 터치합니다.

06 사이트가 이동되어 내용을 볼 수 있습니다.

07 ⤺을 터치하면 바로 전의 화면으로 이동합니다.

02 Wi-Fi 설정하기

항상 인터넷에 연결할 수 있는 갤럭시S 프로요를 이용하려면 무선 랜을 사용하기 위한 설정을 해야 합니다. 갤럭시S 프로요가 3G에 연결되면 데이터 사용 요금을 지불해야 하며, Wi-Fi에 연결하면 무료로 인터넷을 이용할 수 있습니다. 집이나 회사에서는 무선 랜을 이용하여 인터넷을 빠르게 이용할 수 있으며, 외부에서는 무선 랜을 제공하는 커피숍 등에서 무료로 인터넷을 이용할 수 있습니다.

네트워크 아이콘 모양

와이파이(Wi-Fi)를 말하며 무선 랜 공유기가 있는 경우 이용합니다. 데이터 요금을 지불하지 않습니다.

HSDPA로 High Speed Downlink Packet Access의 약자를 의미하며 [고속하향화패킷접속방식]입니다. 3G와 같이 데이터 요금을 지불합니다.

3G망을 이용하며 데이터 요금을 지불합니다.

1: Wi-Fi 설정하여 켜기

Wi-Fi를 설정하여 인터넷을 무료로 이용할 수 있는 방법에 대해 알아봅니다. Wi-Fi가 잡히지 않는 곳에서는 사용할 수 없습니다. 집에서 Wi-Fi를 이용하기 위해서는 무선 랜 공유기가 있어야 합니다.

01 Wi-Fi를 설정하려면 [홈] 화면에서 [메인메뉴]를 터치합니다.

02 [메인메뉴] 화면이 열리면 [환경 설정]을 터치합니다.

03 [환경 설정] 화면에서 [무선 및 네트워크]를 터치합니다.

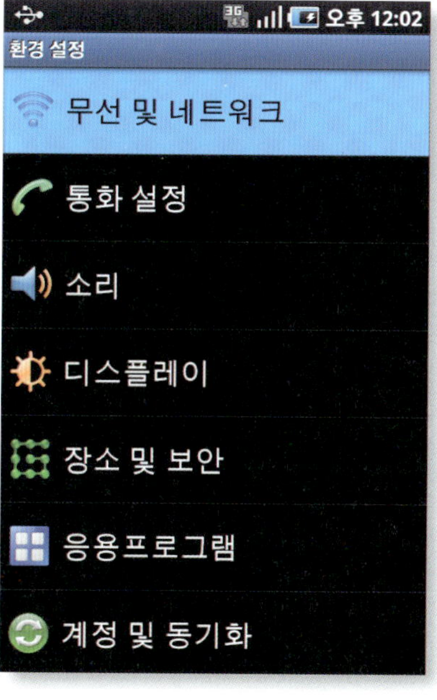

04 [Wi-Fi 설정]을 터치합니다.

05 [Wi-Fi]를 터치합니다.

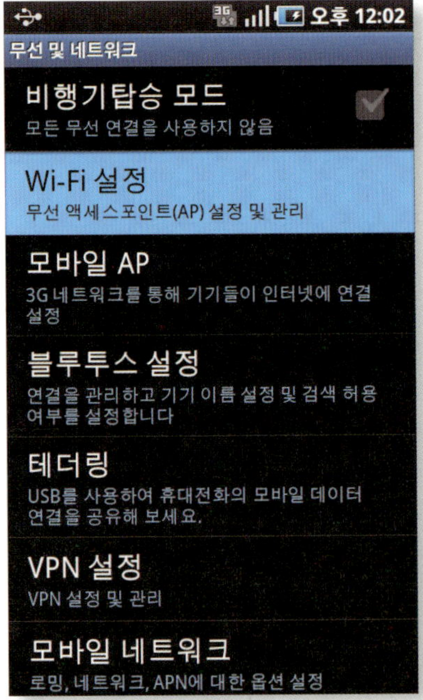

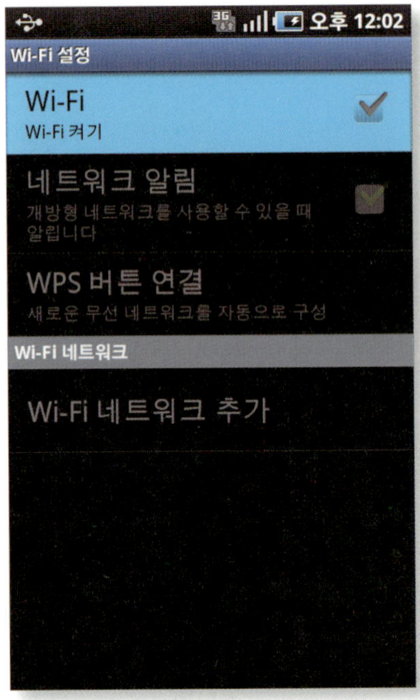

06 사용 가능한 네트워크가 있는 경우 자동으로 Wi-Fi에 연결됩니다. 무선 랜을 이용할 때 암호가 필요한 경우도 있습니다. 그림과 같이 [Wi-Fi]에 체크 표시가 되어 있으면 와이 파이 상태로 변환됩니다. 이제 무료로 데이터를 이용할 수 있습니다.

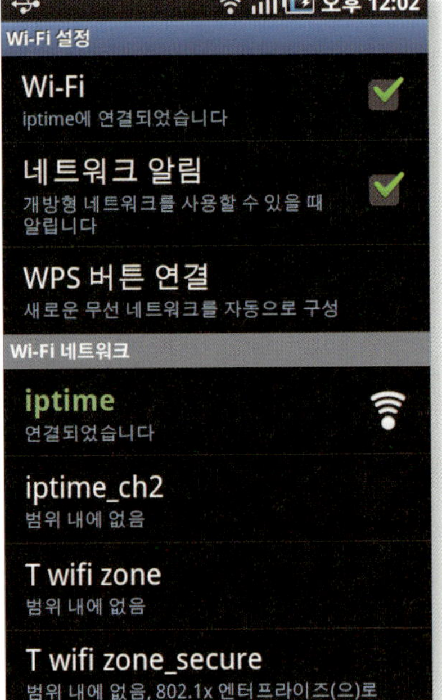

 **Wi-Fi가 해제되면**

와이 파이 상태로 인터넷을 사용하다가 갑자기 3G 상태로 바뀌는 경우가 있습니다. 이때 사용자가 이것을 눈치채지 못하는 경우 인터넷 요금 폭탄을 맞을 수 있으므로 주의해야 합니다.

2: 3G 데이터 통신 무조건 차단하기

와이파이 존에서 무선랜 인터넷 신호가 약한 경우 등에는 자신도 모르는 사이에 3G망으로 넘어가는 경우가 있습니다. 한참 열심히 데이터 통신을 사용하고 있는 중에 3G망으로 넘어가 무료로 사용할 수 있는 용량을 초과하면 엄청난 대가를 지불해야겠죠. 화면 위쪽의 알림줄을 보면 와 으로 나타나는 것을 볼 수 있습니다. 모양으로 표시되면 유료로 데이터 통신하는 것이고, 모양으로 나타나면 무료로 데이터 통신을 하는 것이라고 생각하면 됩니다.
3G 데이터 사용이 무섭다면 3G 망에 접속되지 않도록 설정할 수 있습니다. 하지만 3G를 해제하면 안 되는 어플도 몇 개 있고, 일정이나 메일 등이 싱크되지 않습니다. 따라서 필요에 따라 설정, 해제를 적절하게 선택해야 합니다.

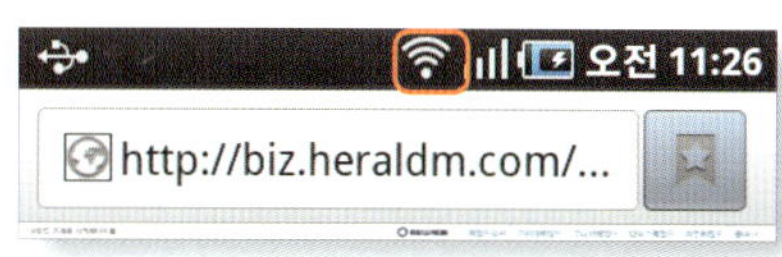

01 [메인메뉴]-[환경 설정]-[무선 및 네트워크]를 터치합니다.

02 [무선 및 네트워크] 화면이 표시되면 [데이터 네트워크 설정]을 터치합니다.

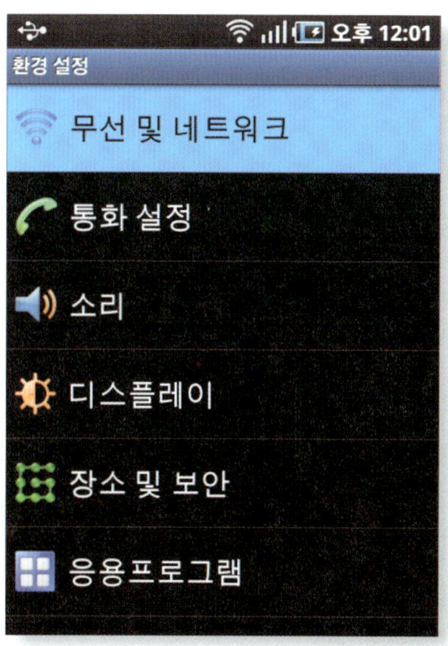

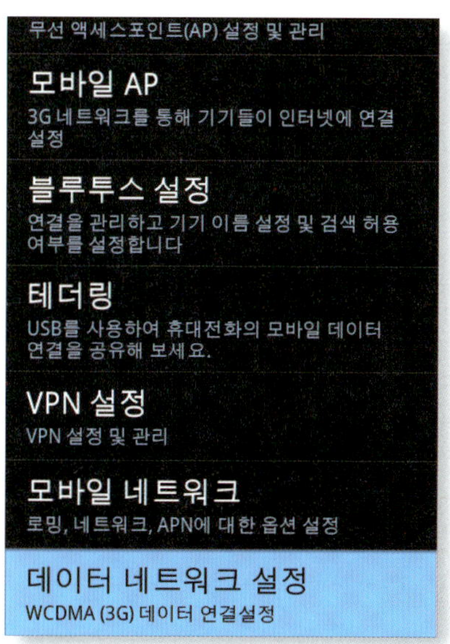

03 [데이터 네트워크 설정] 화면이 표시되면 [허용하지 않음]을 터치하고, [확인] 단추를 터치합니다. 이제 3G로는 연결되지 않습니다.

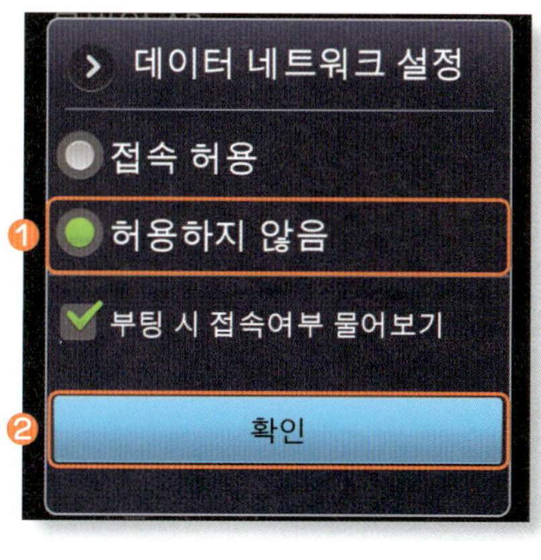

03 구글 계정과 지메일 이용하기

갤럭시S 프로요를 제대로 사용하기 위한 필수 코스가 구글 계정과 동기화하는 일입니다. 안드로이드를 구글에서 만들었기 때문에 구글 서비스를 확실하게 이용하기 위해서는 반드시 구글 계정을 만들고 설정해야 합니다.

1: 지메일 계정 만들기

구글 계정을 만들기 위해서는 먼저 사용중인 메일 계정이 있어야 합니다. 대부분 메일 계정 하나쯤은 갖고 있겠지만 여기서는 지메일 계정을 먼저 만들고 이를 이용해 구글 계정을 만드는 방법을 설명하겠습니다.

01 컴퓨터를 켜고 지메일 홈페이지에 접속한 다음 [가입하기]를 클릭합니다.

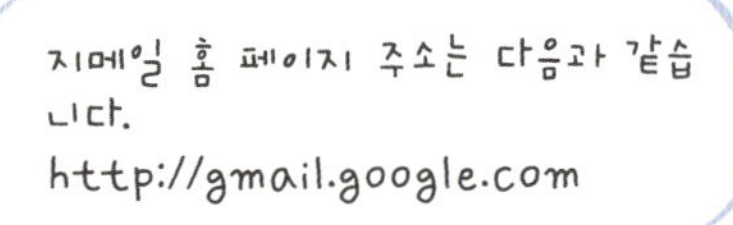

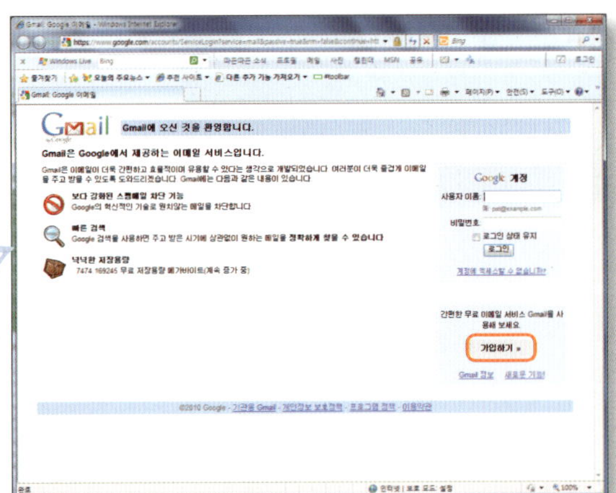

02 [계정 만들기] 화면이 나타나면 내용을 모두 입력하고 [동의합니다. 내 계정을 만들겠습니다] 단추를 클릭합니다.

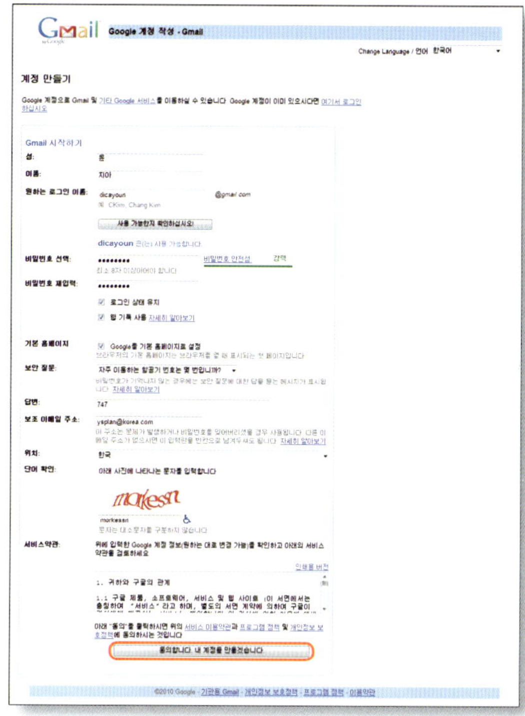

03 지메일 계정을 만들었습니다. 이제부터 이 계정으로 메일도 하고 구글 계정도 만들어 사용합니다.

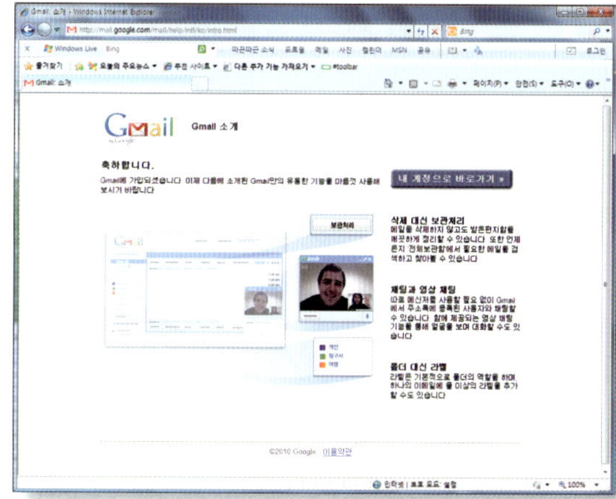

2: 구글 계정 만들기

구글 계정을 만들고 등록하는 방법에 대해 알아봅니다. 이미 구글 계정을 가지고 있다면 가지고 있는 계정으로 로그인하여 이용합니다. 계정은 컴퓨터에서 만들어도 되고 갤럭시S 프로요에서 바로 만들어 사용해도 됩니다. 여기서는 갤럭시S 프로요에서 만드는 방법을 설명하겠습니다.

01 [메인메뉴]-[환경 설정]을 터치합니다.

02 [계정 및 동기화]를 터치합니다.

03 [기본 동기화 설정] 화면이 나타나면 [계정 추가]를 터치합니다.

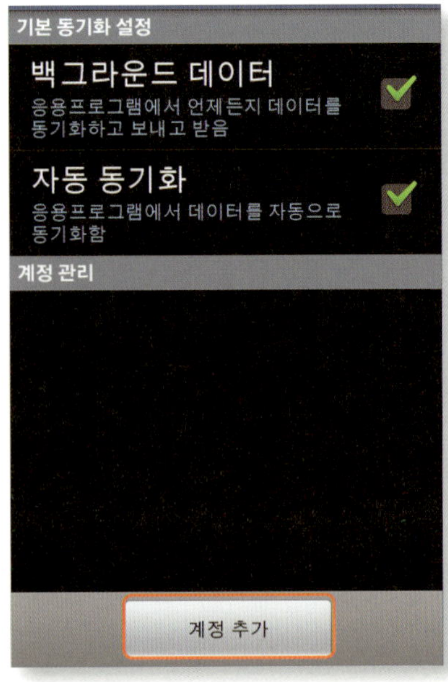

04 [계정 추가] 화면이 표시되면 [Google]을 터치합니다.

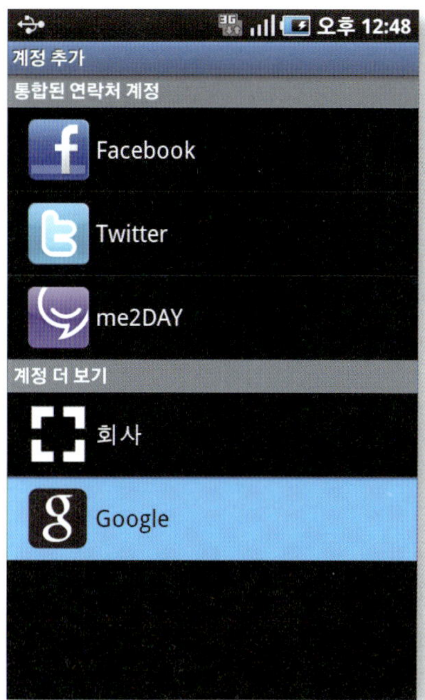

05 다음과 같이 [Google 계정 추가] 화면이 표시되면 [다음]을 터치합니다.

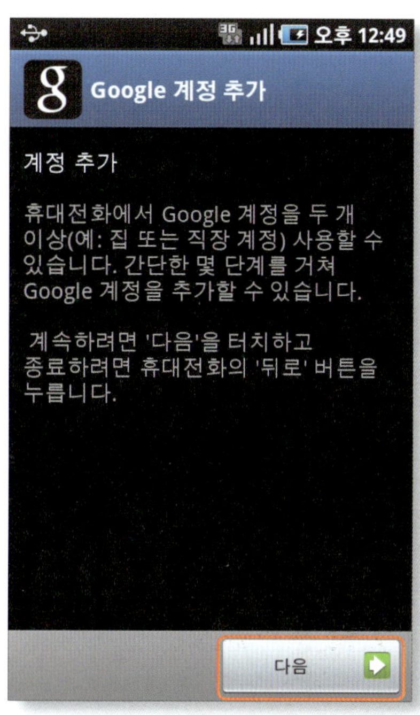

06 Google 계정이 없는 경우에는 [만들기]를 터치하고, 계정이 있는 경우에는 [로그인]을 터치합니다. 앞에서 지메일 계정을 만들었으므로 [로그인]을 터치합니다.

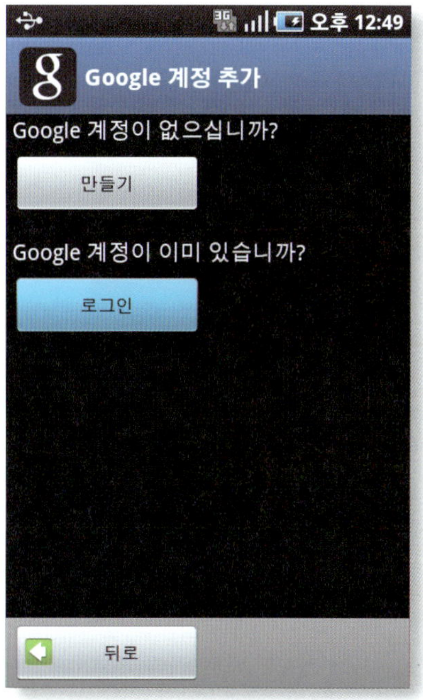

07 메일 계정과 비밀번호를 입력하고 [로그인]을 터치합니다.

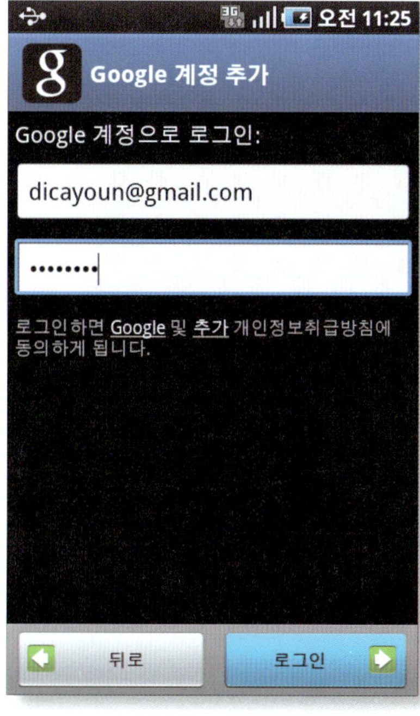

08 [데이터 백업] 화면이 표시되면 [다음] 을 터치합니다.

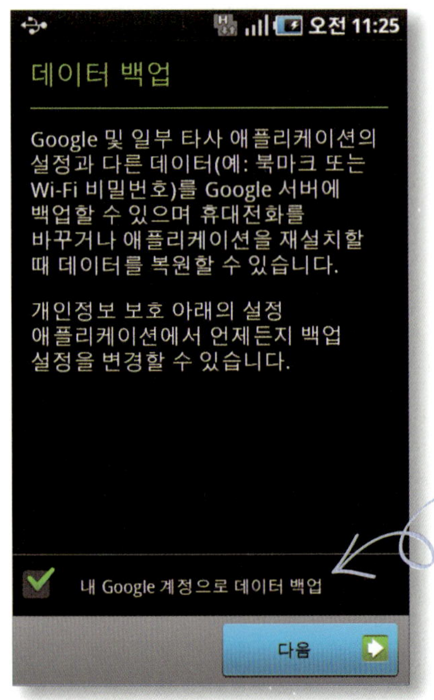

[내 Google 계정으로 데이터 백업]을 체크하면 이플이나 북 마크 등을 백업합니다. 휴대폰 을 초기화할 경우에 백업한 데 이터를 복구할 수 있습니다.

50

09 잠시 기다리면 [Google 계정 추가] 화 면이 표시됩니다. Google 계정이 휴 대 전화에 연결되었음을 알리는 화면입니다. [설정 완료] 단추를 터치합니다.

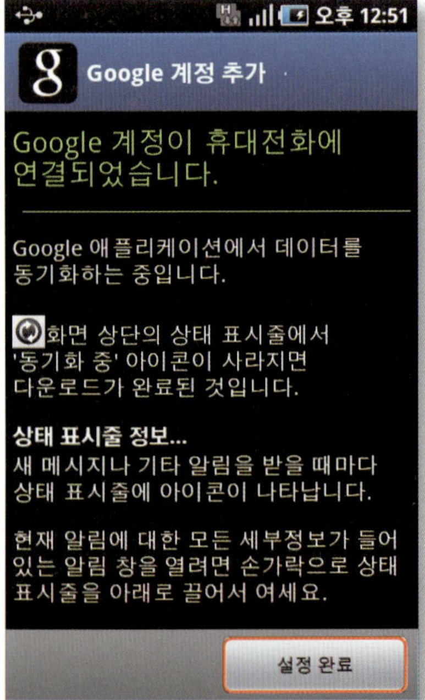

10 계정이 추가된 모습을 확인할 수 있습 니다. 다른 계정을 추가하려면 다시 [계정 추가]를 터치하여 등록하면 됩니다.

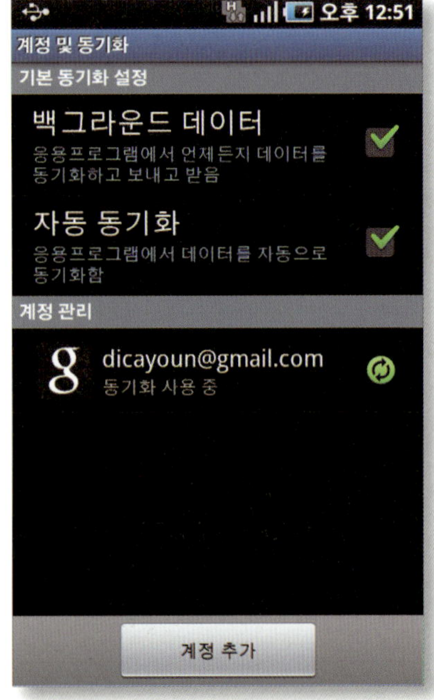

7GB가 넘는 용량의 무료 메일 서비스를 갤럭시S 프로요에서 이용하는 방법에 대해 알아봅니다.
앞에서 만든 지메일 계정을 사용하면 됩니다. 컴퓨터에서 사용하던 메일을 핸드폰에서 이용하는
것입니다.

01 [메인메뉴]-[Gmail]을 터치합니다.

02 처음에만 다음과 같은 화면이 나타납니다. [확인] 단추를 터치합니다.

03 지메일 계정으로 온 메일을 확인할 수 있습니다.

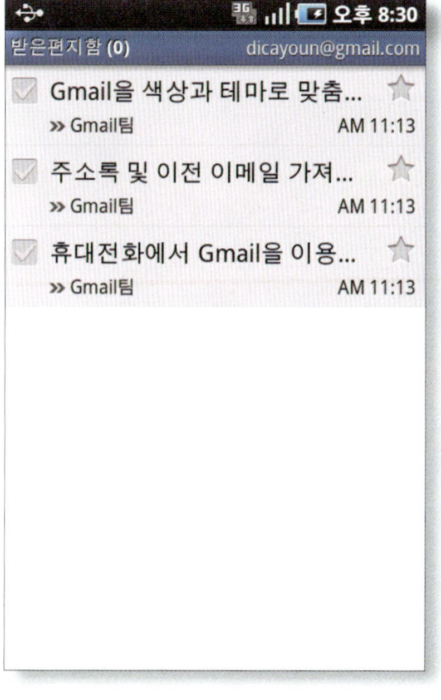

04 읽고 싶은 메일을 하나 터치해 보세요. 메일 내용이 표시됩니다. ▶을 터치하면 계속해서 다음 메일을 읽을 수 있습니다.

05 ▣을 터치하면 메뉴가 표시되는데, 이때 해당 메일에 대한 기능을 설정할 수 있습니다.

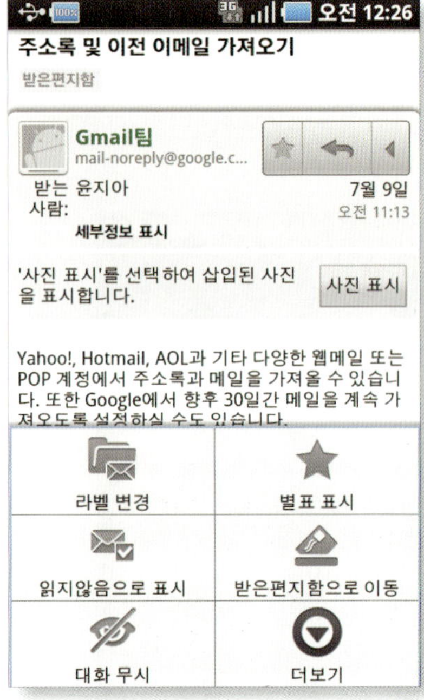

 **새로 온 메일 확인하기**

메일이 도착하면 알림줄에 Ｍ 아이콘이 표시됩니다. 알림줄에 손가락을 대고 아래로 밀면 새 이메일을 확인할 수 있습니다. [새 이메일] 부분을 터치하면 아직 읽지 않은 새 메일을 볼 수 있습니다.

4: 첨부 파일 열기

메일에 클립 모양의 아이콘이 표시되어 있다면 첨부된 파일이 있다는 의미입니다. 이미지나 문서
파일 등을 첨부하여 서로 주고받을 수 있습니다.

01 메일 목록에서 클립 아이콘이 있는 메일을 터치합니다.

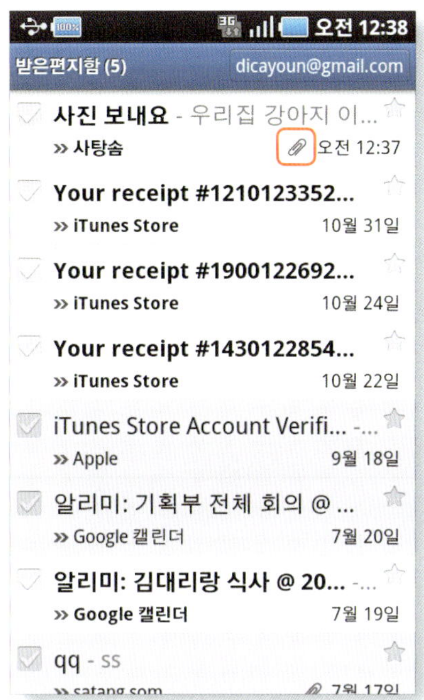

02 이미지 파일은 바로 미리보기가 되어 사진 내용을 확인할 수 있습니다.

03 화면을 아래쪽으로 스크롤하면 [다운로드]와 [미리보기] 단추를 볼 수 있습니다. [다운로드]를 터치하면 첨부 파일을 다운 받을 수 있습니다.

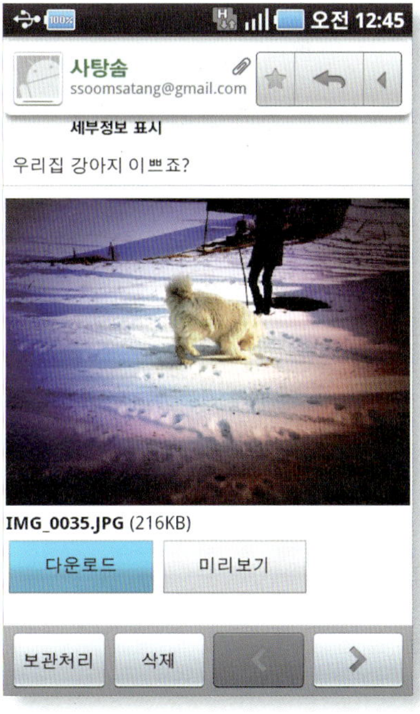

첨부 메일 보내기 ◦ 이어 보면 좋아요! ➡ 184쪽

04 다운로드한 첨부 파일이 사진인 경우 갤러리에서 확인할 수 있습니다.

05 다음은 엑셀 파일이 첨부된 메일입니다. 바로 미리보기가 되지 않으므로 [미리보기]를 터치합니다.

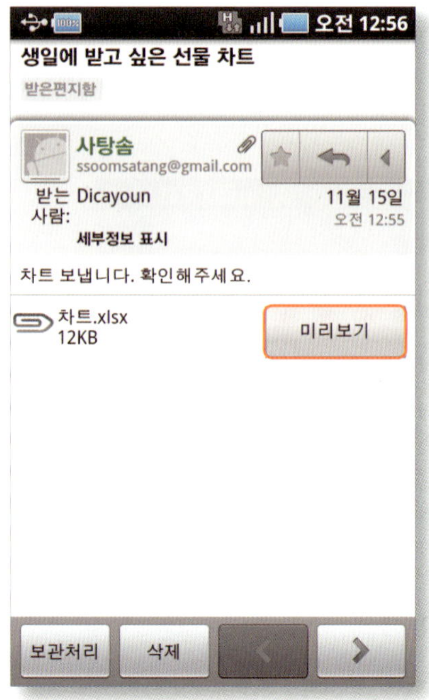

06 엑셀 문서를 볼 수 있는 [ThinkFree Office]에 대한 정품 인증을 해야 하므로 [지금 정품 인증]을 터치합니다.

07 정품 인증이 완료되었다는 메시지가 나타나면 [닫기]를 터치합니다. 정품 인증은 한 번만 하면 됩니다.

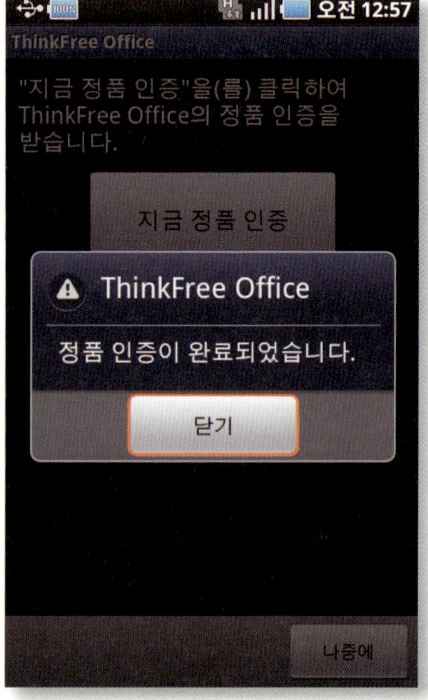

08 메일로 받은 엑셀 파일의 내용을 확인할 수 있습니다.

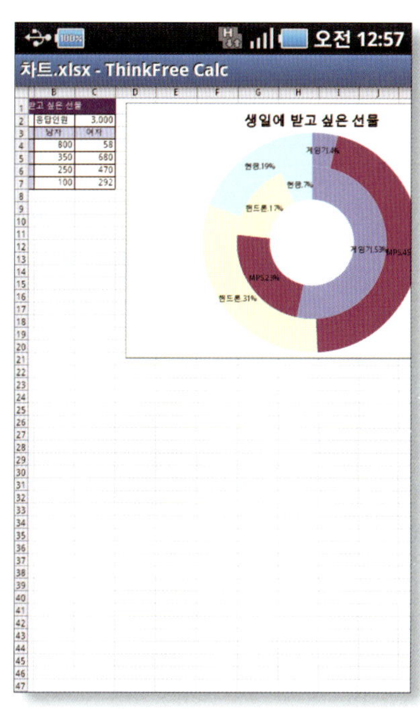

5: 새로운 메일 보내기

새로운 메일을 작성하는 방법에 대해 알아봅니다.

01 메일 화면에서 ▤를 터치하면 나타나는 메뉴에서 [편지쓰기]를 터치합니다.

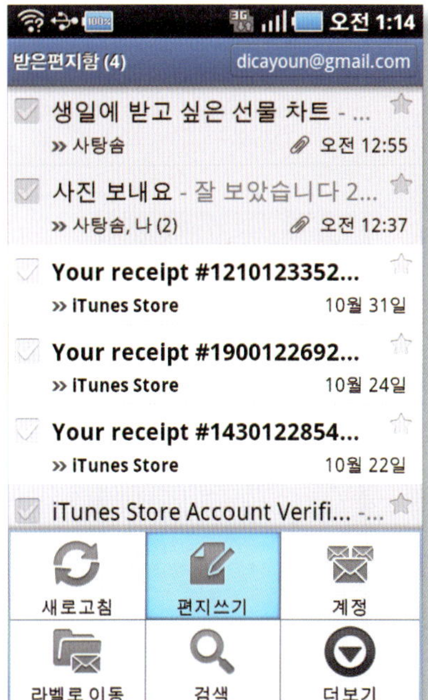

02 [편지쓰기] 화면이 표시되면 받을 사람의 메일 주소와 제목, 내용을 입력하고 [전송]을 터치하여 메일을 전송합니다.

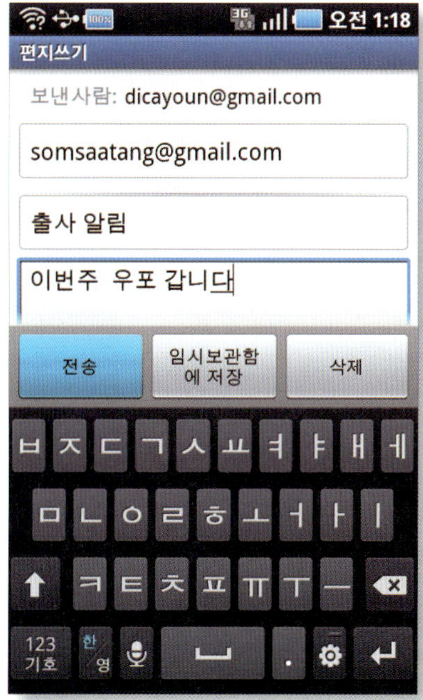

6: 음성으로 메일 내용 입력하기

갤럭시S 프로요에서는 음성으로도 메일 내용을 입력할 수 있습니다. 일일이 키패드를 누르지 않고도 쉽게 메일을 입력할 수 있어 편리합니다. 만일 한국어가 아닌 영문 등으로 인식되는 경우에는 아래 팁에서 설정을 변경하는 방법을 참조하여 한글이 입력되도록 해야 합니다.

01 메일 화면에서 ▣를 터치하면 나타나는 메뉴에서 [편지쓰기]를 터치합니다.

02 [음성 입력]아이콘을 터치합니다.

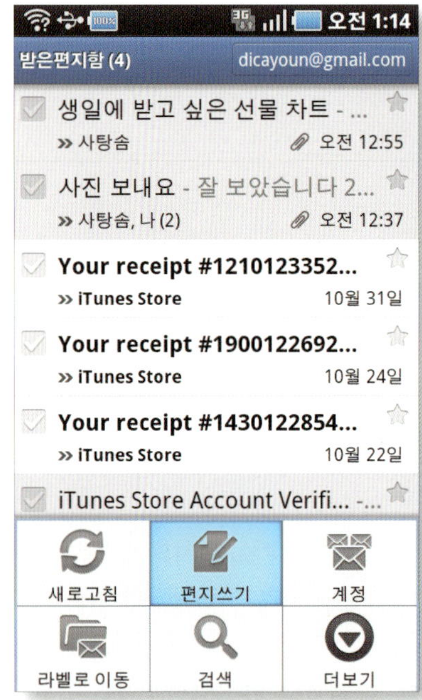

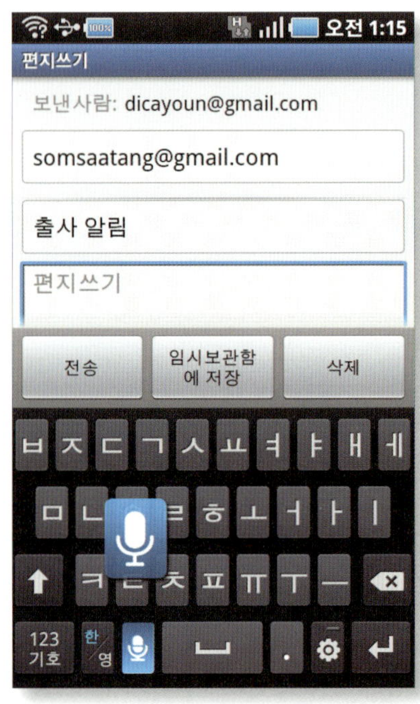

음성 인식 한국어로 설정하기

음성 인식을 한국어로 설정하려면 [환경 설정]–[음성 입력 & 출력]–[음성 인식기 설정]–[언어]를 터치하여 한국어로 바꾸어줍니다.

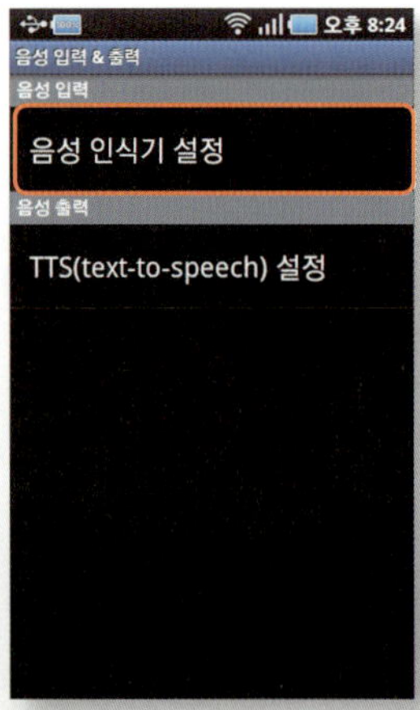

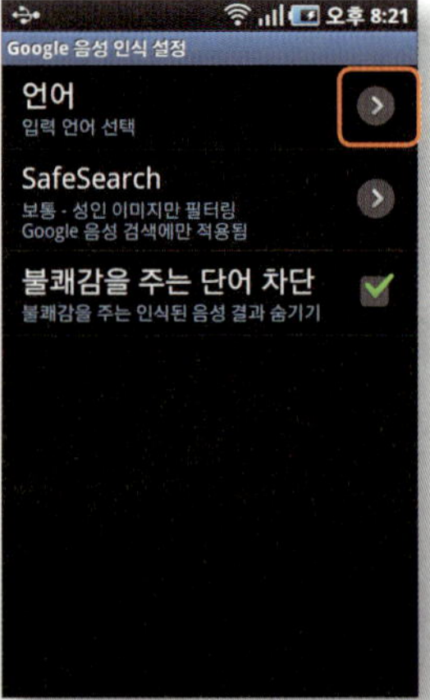

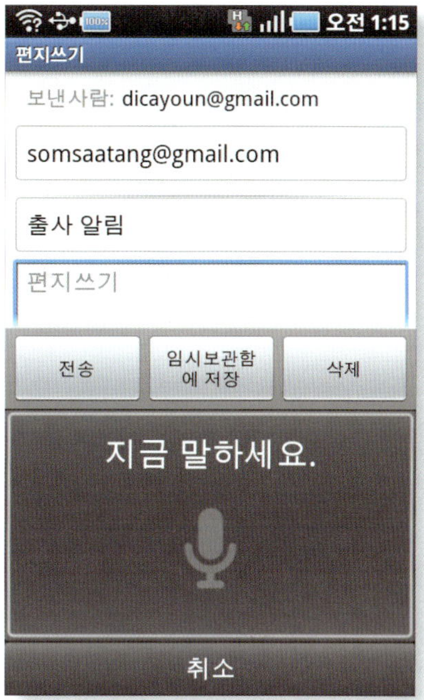

03 [지금 말하세요] 화면이 표시되면 텍스트로 입력할 내용을 말합니다.

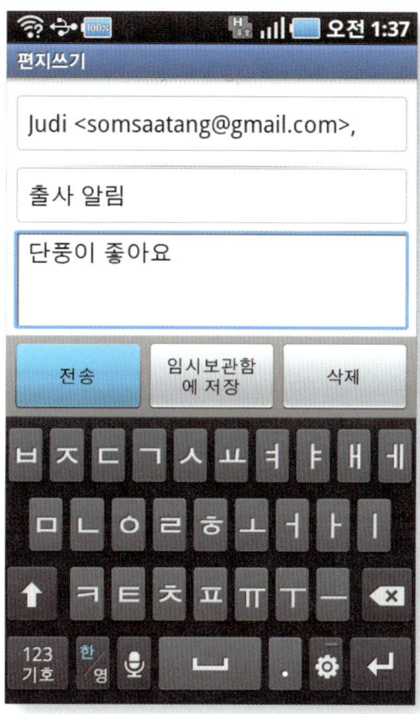

04 텍스트가 입력되었습니다. 정확하게 입력되었으면 [전송] 단추를 터치합니다. 만일 정확하게 입력되지 않았으면 키패드를 이용하여 수정합니다.

7: 답장 보내기

01 메일을 읽은 다음 [답장] 아이콘을 터치합니다.

02 답장을 보낼 수 있는 화면으로 변경됩니다.

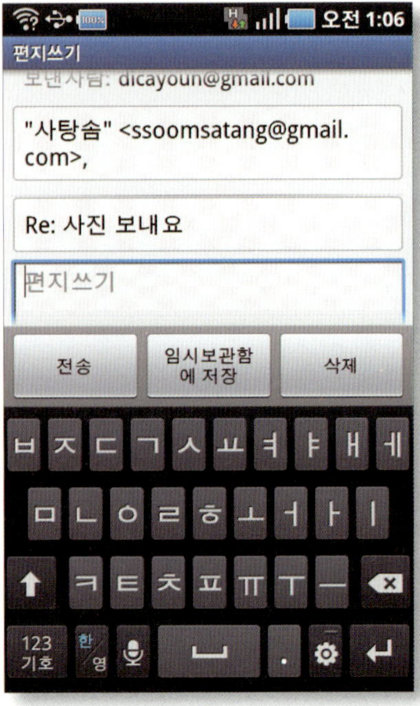

03 답장을 입력하고 [전송]을 터치하면 메일이 발송됩니다.

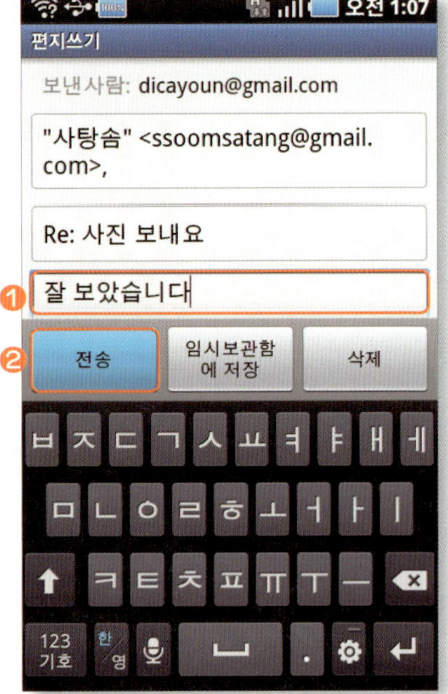

메일 관리하기 ○ 이어 보면 좋아요! ▶ 177쪽

58

P·A·R·T·2

갤럭시S 프로요
시작편

01 갤럭시S 프로요는 빠르고, 쉽고, 재미있다

갤럭시S 프로요는 안드로이드 플랫폼 2.2를 탑재한 안드로이드폰입니다. 일반 통화 기능을 비롯하여 안드로이드폰 최초로 영상 통화 기능을 지원하며, 멀티태스킹이 가능합니다. 상태 확인 알림창을 사용하여 현재 메뉴 실행과 중지 상태를 항상 살펴볼 수 있으며, 메시지와 이메일을 한곳에서 관리할 수 있습니다. 그리고 다양하게 이용 가능한 어플, 위젯 등을 통해 자신만의 화면으로 갤럭시S 프로요를 즐길 수 있으며, 특히 3.7형의 AMOLED 디스플레이가 탑재되어 있어 편안하게 화면을 볼 수 있습니다. 또한 500만 화소의 카메라가 내장되어 있어 언제 어디서든지 서브 카메라의 역할을 합니다. 그외에도 다양한 기능들이 있으니 앞으로 차례차례 알아보도록 하겠습니다.

 ## 전화, 영상 통화

아무리 많은 부가 기능이 있어도 갤럭시S 프로요는 기본적으로 휴대전화입니다. 키패드를 이용하여 상대방의 전화번호를 직접 눌러 전화를 걸거나 연락처를 이용하여 상대방을 찾아 전화를 걸 수 있습니다. 일반 전화는 물론이고 영상 통화로 상대방의 얼굴을 보면서 통화하는 것도 가능합니다.

메시지(문자)와 메일

갤럭시S 프로요는 텍스트 메시지(문자)만이 아니라 사진, 동영상 등 다양한 방법으로 커뮤니케이션을 할 수 있는 기기입니다. 단순히 문자를 보내고 받기만 하는 게 아니라 주고받은 내용을 한번에 볼 수 있으며, 문자를 보내고 받은 순서대로가 아니라 주고받은 상대방과 내용별로 구분하여 표시합니다. 따라서 어떤 내용이 오고갔는지 일목요연하게 살펴볼 수 있다는 장점이 있습니다.
그리고 지메일과 일반 메일의 계정을 설정하여 핸드폰에서 바로 메일을 주고받을 수 있습니다.
특히 음성으로 메일 내용을 입력할 수 있어 편리합니다.

 # 인터넷과 구글 검색

갤럭시 S 프로요는 구글이 참여하여 개발한 OS인 안드로이드를 기반으로 하기 때문에 구글의 각종 서비스를 손쉽게 누릴 수 있습니다. [홈] 화면에서 구글 검색 기능을 이용하여 구글 검색을 빠르게 할 수 있습니다. 인터넷을 자유자재로 이용할 수 있는 것은 물론입니다. WiFi를 이용하면 이러한 기능을 무료로 빠르게 이용할 수 있습니다. 또 인터넷 검색을 음성으로도 할 수 있습니다.

 ## 카메라, 음악, 영화

갤럭시S 프로요에는 500만 화소의 카메라가 내장되어 있어 사진을 찍거나 동영상을 촬영할 수 있고, 영화 등의 동영상을 감상할 수도 있습니다. 그리고 MP3 재생이 가능한 음악 플레이어 기능도 있습니다.

GPS, 구글 지도

갤럭시S 프로요에는 GPS 기능이 들어있기 때문에 편리하게 구글 지도를 사용할 수 있습니다. 구글 지도에서 현재 사용자가 있는 위치를 확인하거나 목적지까지의 도로를 검색할 수 있으며, 로드 뷰어 기능을 사용하면 자신이 가고자 하는 방향의 주변 풍경을 확인하는 것도 가능합니다.

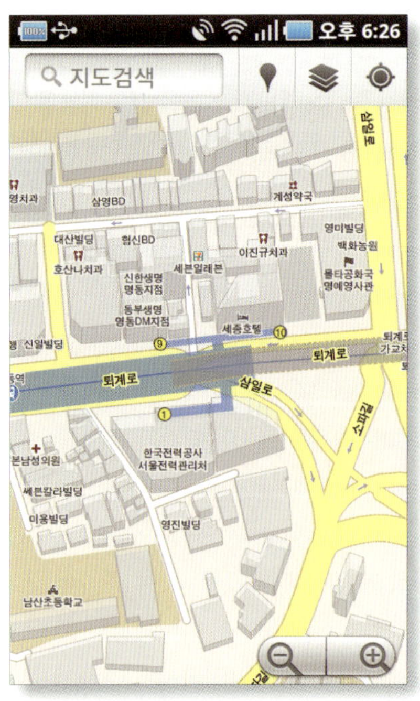

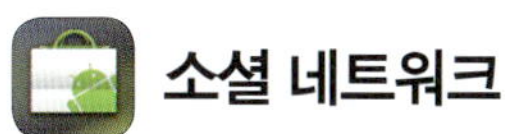 **소셜 네트워크**

페이스북, 트위터 등의 소셜 네트워크를 갤럭시S 프로요에 연결하여 직접 이용할 수 있습니다.

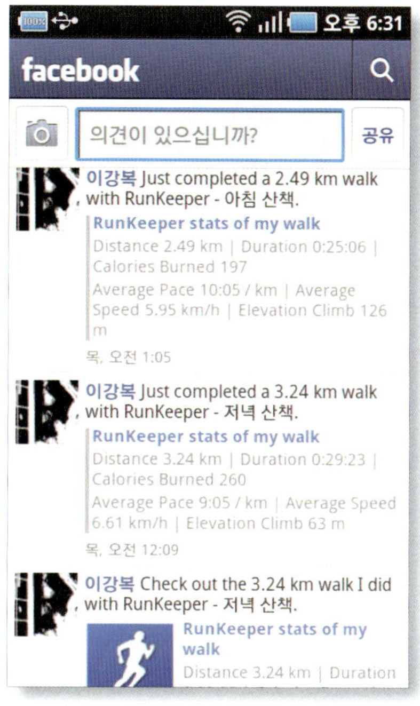

 **그 외의 어플들**

어플을 설치하면 갤럭시S 프로요에서 사용할 수 있는 기능을 확장할 수 있고, 여러 가지 용도로 활용할 수 있습니다. [홈] 화면에 있는 T Store, 안드로이드 마켓, 삼성 앱 스토어에서 어플을 검색하고 필요한 어플을 다운 받아 사용합니다.

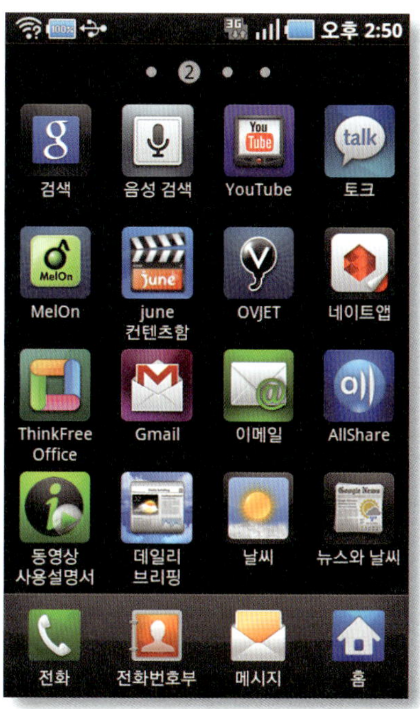

02 갤럭시S 프로요 기본 배우기

갤럭시S 프로요는 기본적으로 휴대폰이지만 인터넷, 메일, 내비게이션, 음악 듣기, 영화 보기, 날씨 확인, 뉴스 보기, TV 시청… 이루 헤아릴 수 없이 많은 기능을 이용할 수 있습니다. 만능 기기인 갤럭시S 프로요의 조작 방법에 대해 알아보겠습니다.

① 갤럭시S 프로요 각 부의 명칭

이 책은 갤럭시S 프로요를 이용하는 여러 가지 활용법에 대해서 설명합니다. 활용법을 익히기 전에 우선 갤럭시S 프로요의 각 부 명칭을 알아두어야 합니다. 이 책에서는 여기서 설명한 명칭을 기초로 설명하도록 하겠습니다.

② 갤럭시S 프로요 화면 구성

갤럭시S 프로요는 보통의 휴대폰과는 다릅니다. 전화를 걸고 받는 것 이외의 여러 가지 기능이 있으므로 먼저 갤럭시S 프로요의 여러 가지 조작 방법을 살펴두는 것이 좋습니다.

[홈] 화면 : 컴퓨터의 데스크톱과 같이 위젯과 아이콘을 배치할 수 있습니다. 7개의 화면으로 구성되어 있습니다.

알림줄 : 현재 시간과 전화, 와이파이, 수신 상태, 배터리 잔량 등을 확인할 수 있습니다. 이 부분을 아래쪽으로 드래그하면 [알림] 상태가 표시됩니다.

위젯 : [홈] 화면에 배치할 수 있는 어플을 말합니다. 구글 검색과 시계, 일기예보 등 여러 가지 어플들이 있습니다.

아이콘 : 터치하면 어플이 바로 실행됩니다.

[홈] 화면 간 이동 : 왼쪽이나 오른쪽으로 드래그하여 [홈] 화면을 이동할 수 있습니다.

메인메뉴 : 갤럭시S의 기본 어플들과 환경 설정이 있는 [메인메뉴] 화면으로 들어가는 아이콘입니다.

③ 갤럭시S 프로요 조작하기

갤럭시S 프로요 조작에서 가장 중요한 것은 어떠한 화면에 있더라도 [홈] 화면으로 갈 수 있는 [홈] 단추와 터치 스크린입니다. 터치 스크린을 손가락으로 살짝 누르거나 밀면서 원하는 기능을 이용할 수 있고, 두 손가락을 동시에 이용하여 화면 확대와 축소가 가능합니다.

🔵 [홈] 단추

현재 어떤 작업을 하고 있더라도 [홈] 단추를 누르면 [홈] 화면으로 돌아갑니다. 이때 실행중이던 어플은 그대로 실행중에 있게 됩니다.

🔵 꾸욱 누르기

화면을 길게 꾸욱 누르면 해당 화면에서 사용할 수 있는 메뉴가 표시됩니다. 사용할 수 있는 메뉴가 없는 경우에는 아무런 반응이 없습니다.

● 터치

손가락으로 톡하고 한 번 누르는 것을 터치라고 합
니다. 어플을 실행하거나 메뉴를 선택할 때 사용합
니다.

● 더블 터치

손가락으로 톡톡하고 두 번 누르는 것을 말합니다.
인터넷 화면의 단을 화면에 맞게 확대할 때 이용합
니다.

● 드래그(밀기)

손가락으로 화면을 위, 아래, 또는 좌우로 드래그합
니다. 앨범 등에서 사진을 넘기면서 볼 때나 화면을
이동할 때 이용합니다.

● 스크롤

손가락으로 화면을 위, 아래로 드래그하여 화면을 이동합니다. 웹 페이지와 같은 일부 화면에서는 가로로 스크롤할 수도 있습니다. 스크롤하기 위해 드래그할 때는 어떤 것도 선택하거나 활성하지 않습니다.

● 화면 확대와 축소

사진, 웹 페이지, 이메일 또는 지도를 볼 때 화면을 축소하거나 확대할 수 있습니다. 스크린에 두 손가락을 대고 벌리면 화면이 확대되고, 오므리면 화면이 축소됩니다.

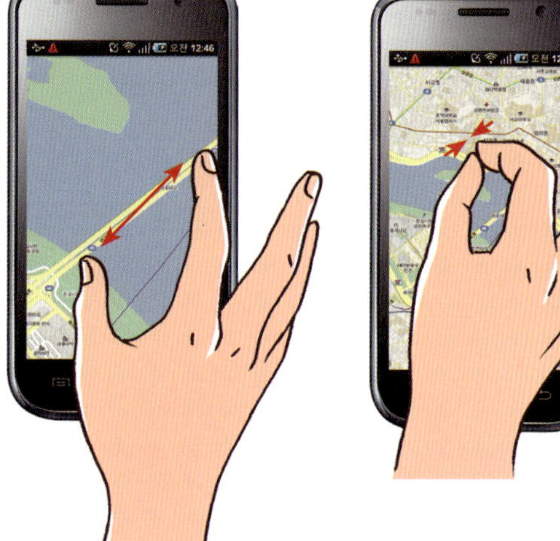

⊕ 확대와 축소

사진이나 웹 페이지는 화면을 빠르게 두 번 터치하면 확대되고, 다시 두 번 터치하면 축소됩니다.

● 가로로 보기

인터넷을 하거나 메모 입력, 앨범 등을 사용할 때 갤럭시S 프로요를 옆으로 돌리면 화면이 가로로 표시됩니다.

④ 문자 입력하기

갤럭시S 프로요는 쿼티 키패드, 3×4 키패드(천지인), 필기 인식의 3가지 방법으로 문자를 입력할 수 있습니다. 데이터를 검색하거나 메모를 작성할 때 적합한 키패드로 연락처 정보나 문자, 메일과 같은 텍스트를 입력합니다.

● 문자 입력 방법 지정하기

메모나 메시지 등 문자를 입력해야 하는 화면에서 [⚙]를 터치하면 [삼성 키패드 설정] 선택 화면이 나타납니다. [한글], [영문], [숫자 및 기호]를 각각 선택하여 입력 방법을 선택합니다. [한글]을 선택하면 오른쪽과 같은 화면이 나타납니다. 쿼티 키패드는 키보드와 같은 배열을 가진 키패드이고, 3×4 키패드는 천지인 입력 방법을 말합니다. 필기 인식은 직접 써서 입력하는 방법입니다.

● 키패드 형식으로 입력하기

원하는 키를 살짝 눌러 입력합니다. 키를 살짝 누르면 해당 글자가 크게 보입니다. 만일 오타가 난 경우에는 손가락을 올바른 키로 미끄러지듯이 옮기면 됩니다. 손가락을 뗄 때까지 입력되지 않습니다. 오른쪽은 [메모] 어플에 내용을 입력하는 화면입니다.

- [⬆] [⬆] : 한글 입력 상태에서 한 번 터치하면 ㄲ, ㅃ 등을 입력할 수 있습니다. 영문 입력 상태에서는 한 번 터치한 다음 영문을 터치하면 대문자로 입력되며, 연속으로 두 번 터치하면 항상 대문자로 입력됩니다.

- [⎵] : 마침표를 입력합니다. 글자를 입력한 다음 이어서 [⎵]을 두 번 터치해도 마침표가 입력되는데, 문자 뒤가 아닌 공백 뒤에서 두 번 터치하면 그냥 공백 두 칸만 입력됩니다.

- [⌫] : 바로 앞의 문자를 삭제합니다.

- [한/영] : 한 번 터치할 때마다 한글/영문 입력 상태가 전환됩니다.

- [123/기호] : 숫자나 기호를 입력할 수 있는 화면으로 바뀝니다.

- [⚙] : 키패드 선택을 할 수 있도록 [키패드 모드] 화면이 표시됩니다.

● 3X4 키패드(천지인) 형식으로 입력하기

천지인 형식으로 문자를 입력하는 방법입니다. 모두 12개의 키로 문자를 입력할 수 있습니다. 천지인은 일반
핸드폰에서 많이 이용하는 입력 방법입니다.

● 필기 인식 형식으로 입력하기

필기 인식란에 직접 펜으로 입력하듯이 쓰면 바로 문자가 입력됩니다. 너무 흘려 쓰지만 않으면 쓰는 대로
문자가 바로바로 입력됩니다.

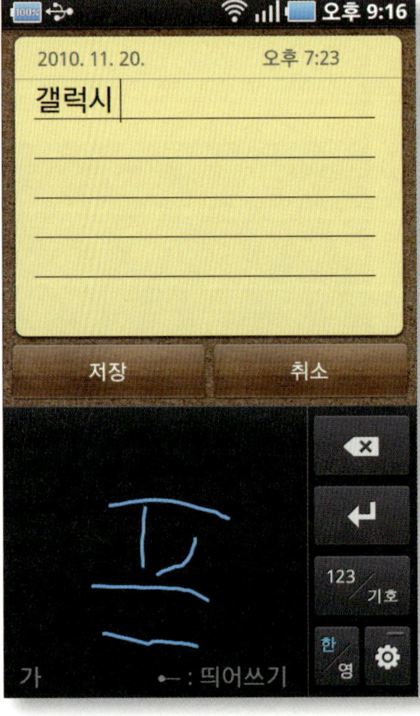

⑤ 음성으로 입력하기

갤럭시S 프로요 버전에서는 음성으로 문자를 입력할 수 있습니다. 키패드에서 ▣를 터치한 다음 텍스트 내용을 또박또박 말하면 입력됩니다. 보다 쉽게 문자를 입력할 수 있습니다.

01 음성으로 입력하려면 음성 입력이 가능하도록 설정되어 있는지 확인해야 합니다. 메모나 메시지 입력 화면에서 ▣를 터치하여 [삼성 키패드 설정] 화면이 표시되면 [음성 입력] 항목이 체크되어 있는지 확인합니다.

02 음성으로 텍스트를 입력하려면 먼저 ▣ 아이콘을 터치합니다.

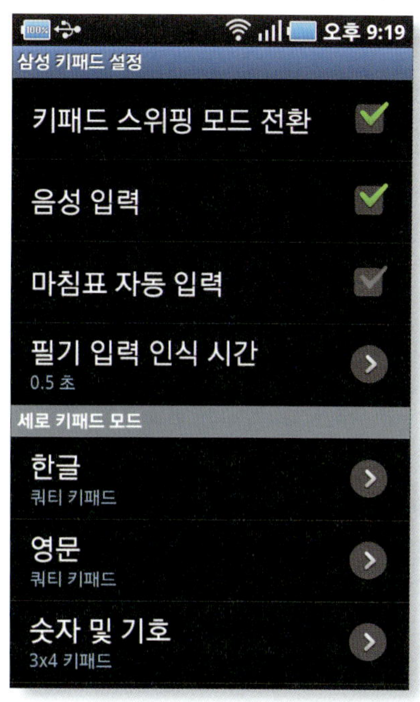

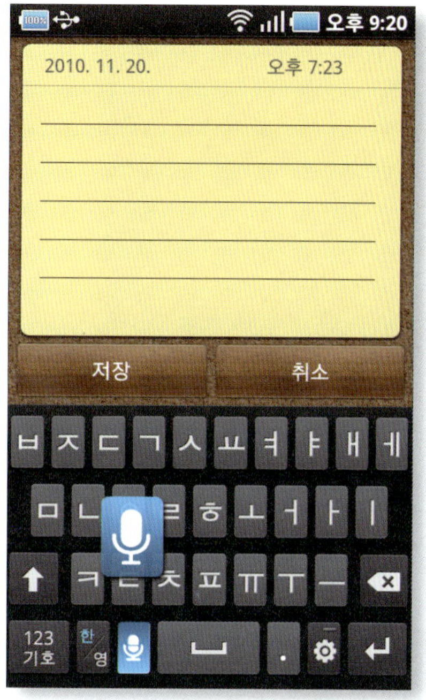

03 ▣ 아이콘을 터치하면 [지금 말하세요.]가 나타납니다. 이 화면이 나타난 다음 입력할 내용을 말합니다. 여기서는 [갤럭시 프로요]라고 말했습니다.

04 음성 입력을 마치면 [실행 중…] 화면이 표시됩니다.

05 그림과 같이 음성으로 말한 내용이 입력되었습니다.

06 다음은 메시지를 보낼 때 음성으로 입력하는 모습입니다.

07 음성에 관한 환경 설정은 [메인 메뉴]-[환경 설정]-[음성 입력 및 출력]을 터치하여 [Google 음성 인식 설정] 화면에서 설정합니다.

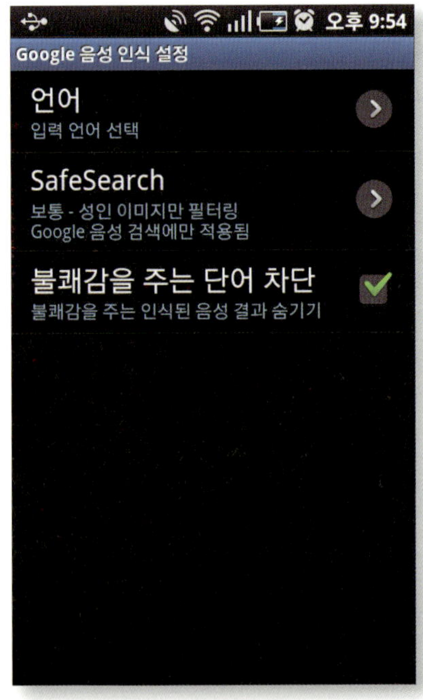

⑥ 텍스트 편집하기

텍스트를 선택하고 복사, 이동하는 등의 편집 방법에 대해 알아봅니다.

🔵 삽입점 위치 지정하기

원하는 부분을 터치하면 삽입점 표시 아이콘이 표시됩니다. 이 아이콘을 밀어 원하는 위치로 이동합니다.

`01` 다음 텍스트에서는 [시]와 [와]의 빈 칸을 없애 보겠습니다.

`02` 텍스트 부분을 터치하면 삽입점 아 이콘이 표시됩니다.

 삽입점을 필요한 곳으로 밀어줍
니다. 함께 나타나는 IT을 터치하면 복사, 오
려두기, 붙이기 등의 메뉴를 선택할 수 있습
니다.

 ⟨×⟩를 터치하여 빈 칸을 삭제합
니다.

 빈 칸이 삭제되었습니다.

● [메모] 어플에서 텍스트 선택하기

텍스트를 가장 빈번하게 사용해야 하는 [메모] 어플에서 텍스트를 선택하는 방법에 대해 알아보겠습니다.

`01` 문자를 선택하고 싶은 부분을 꾹 눌러 IT 아이콘이 표시되면 터치합니다.

`02` 삽입점을 밀면 텍스트가 블록으로 설정됩니다. 파란색 부분이 선택된 부분입니다. 이 때 함께 나타나는 [복사하기]와 [오려두기] 아이콘을 터치하면 텍스트를 편집할 수 있습니다.

`03` 여기서는 [복사하기] 아이콘을 터치했습니다.

편집 아이콘 모양

복사하기
오려두기
붙이기

04 복사한 내용을 붙여넣을 부분을 다시 터치합니다. 나타나는 아이콘에서 [붙이기] 아이콘을 터치합니다.

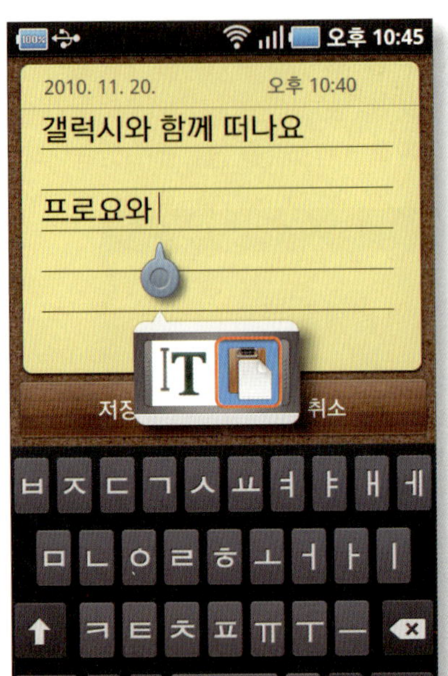

05 내용이 붙여넣어졌습니다.

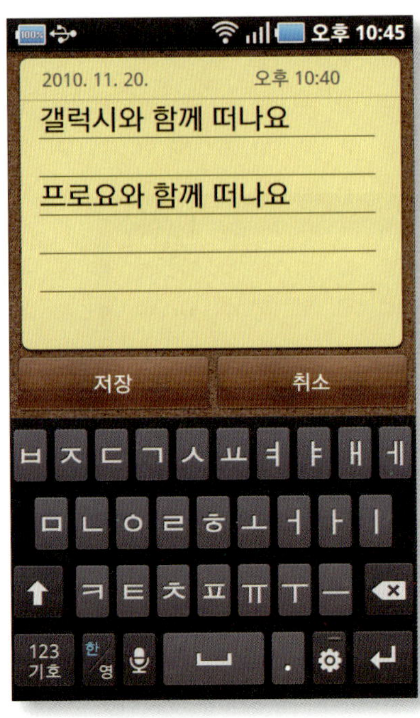

인터넷 화면에서 텍스트 선택하고 복사하기

인터넷에서 복사한 텍스트를 메모로 저장하기 위해 붙여넣는 등의 작업을 하려면 먼저 텍스트를 선택해야 합니다. 텍스트 선택이나 복사, 이동 등의 과정은 컴퓨터에서의 작업과 같습니다. 여기서는 인터넷의 정보를 메모로 복사하는 방법에 대해 알아봅니다.

01 다음은 인터넷에서 찾은 시사용어 화면입니다. 여기서 필요한 부분을 선택하여 복사해 보겠습니다. 복사하고 싶은 부분을 꾸욱 누르고 있으면 그 부분이 크게 표시되며 바로 선택됩니다.

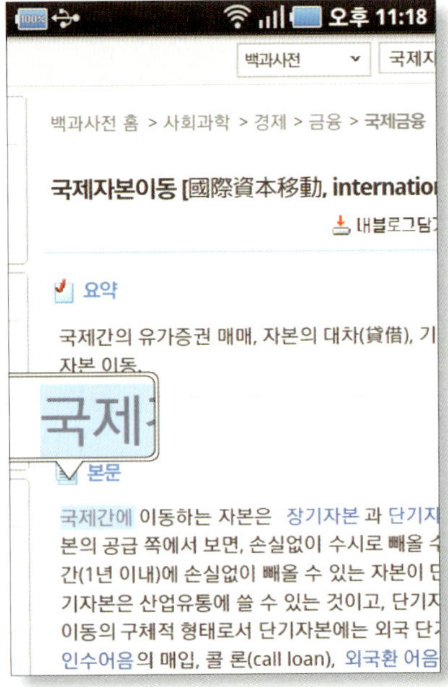

02 그림과 같이 선택할 수 있는 메뉴와 삽입점이 표시됩니다.

03 복사할 부분을 확대하려면 삽입점을 원하는 부분까지 밀면 됩니다. 복사할 부분을 모두 선택했으면 [복사]를 터치합니다.

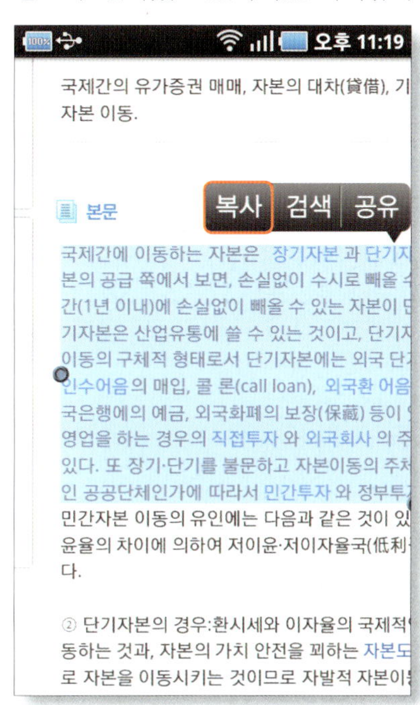

04 이제 [메모] 어플을 실행한 다음 화면을 터치하면 그림과 같이 [붙이기] 아이콘이 표시됩니다. 이 아이콘을 터치합니다.

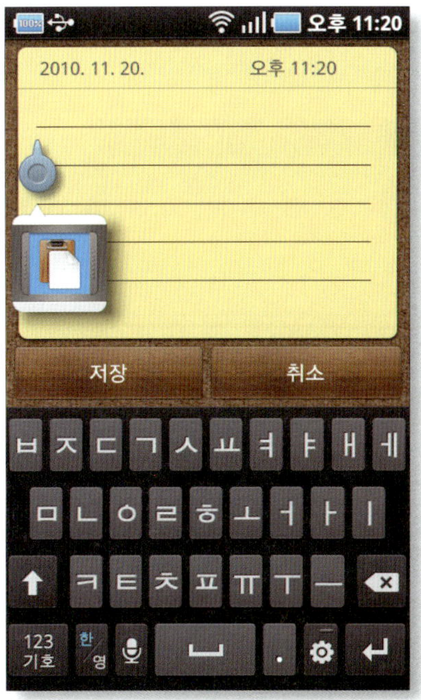

05 인터넷에서 복사한 내용이 붙여넣어졌습니다.

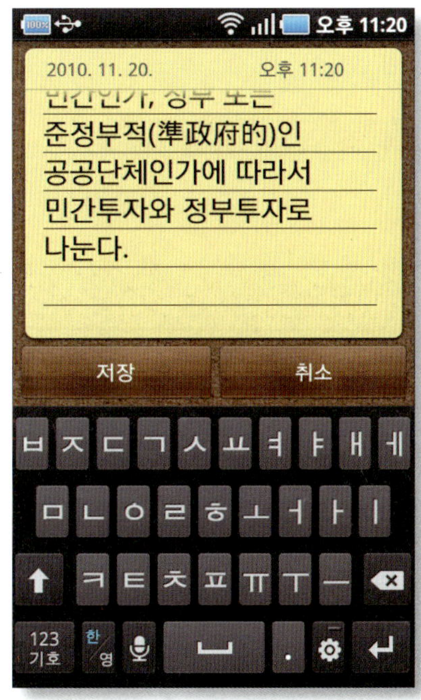

● 지도에서 텍스트 복사하기

텍스트를 복사하거나 붙여넣는 작업은 다양하게 사용할 수 있습니다. 여기서는 지도에서 찾은 주소나 명칭을 메모 어플에 붙여넣는 방법에 대해 알아보겠습니다.

01 다음은 지도 화면에서 위치를 검색한 모습입니다. 복사할 내용이 있는 부분을 꾹 누릅니다.

02 텍스트가 선택되며 삽입점이 표시됩니다.

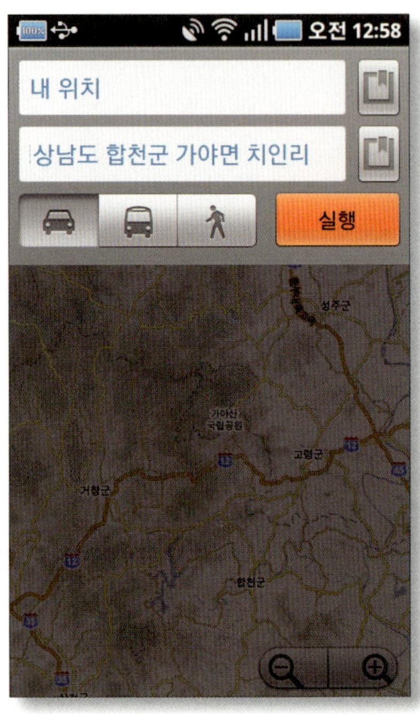

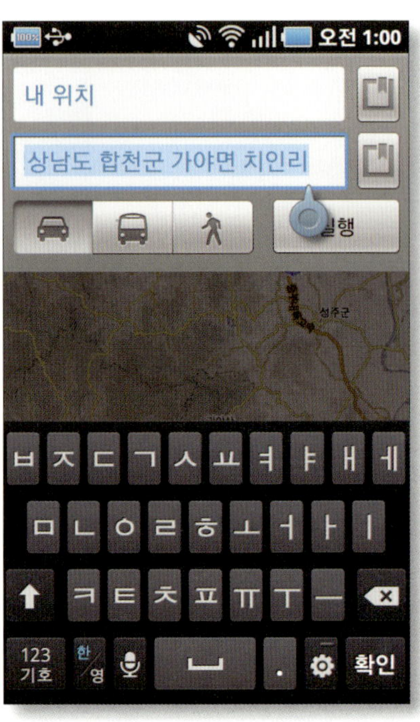

03 편집 아이콘이 표시되면 [복사하기] 아이콘을 터치합니다.

04 [메모] 어플을 실행한 다음 붙여넣을 부분을 꾹 누릅니다.

 [붙이기] 아이콘이 표시되면 터치합
니다.

 내용이 복사되었습니다.

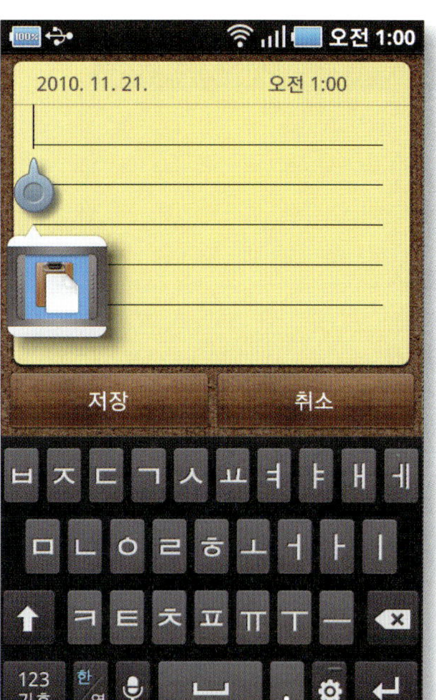

⑦ 구글 검색에서 텍스트로 검색하기

연락처 내용뿐 아니라 어플 이름, 북마크, 인터넷 등을 [홈] 화면의 구글에서 검색할 수 있습니다. 텍스트
뿐 아니라 음성으로 입력하여 검색할 수도 있습니다. 여기서는 텍스트로 검색하는 방법을 알아봅니다.

 [홈] 화면 위쪽을 보면 Google 검색
상자가 있습니다. 이곳을 터치한 다음 검색 내
용을 입력하면 됩니다.

 다음은 검색을 처음 사용할 때 나타
나는 화면입니다. [동의함]을 터치합니다.

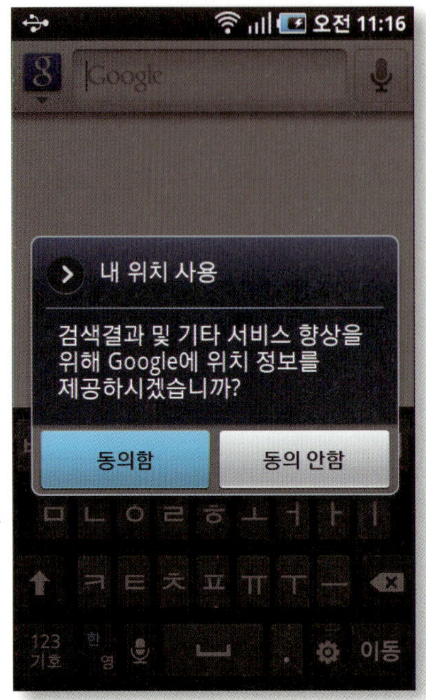

 '갤'을 입력하면 갤이 들어가는 텍스
트들이 표시됩니다. 계속해서 필요한 단어를
완성하면 해당 내용이 검색됩니다.

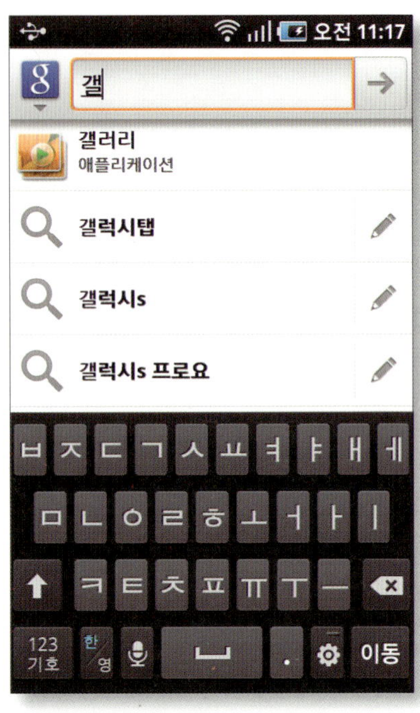

 앞에서 내용을 터치하면 해당 어
플이 실행되며 내용을 확인할 수 있습니다.

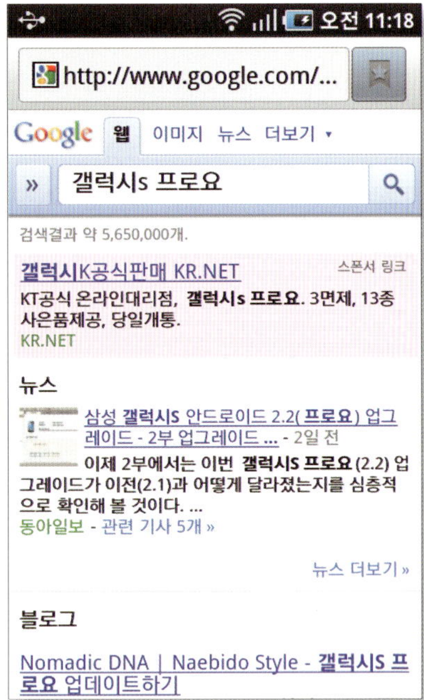

8 음성으로 텍스트 검색하기

텍스트만이 아니라 음성으로도 검색을 할 수 있습니다. 따로 어플을 설치하지 않고 이용할 수 있으므로 편리합니다. 음성으로 검색할 때는 또박또박 말해야 합니다.

01 [홈] 화면 위쪽의 Google 검색 상자 옆에 있는 ♣ 을 터치합니다.

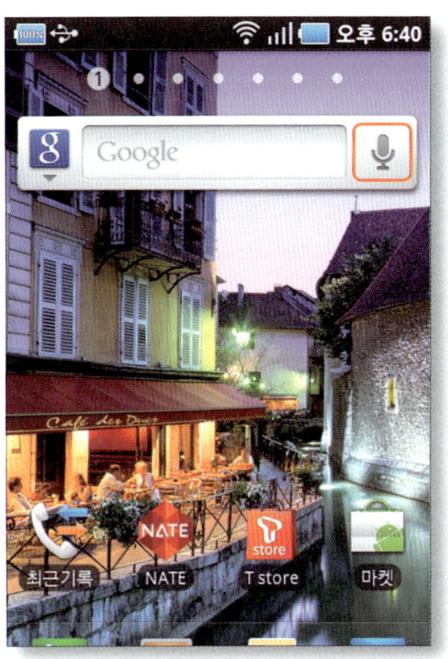

02 [지금 말하세요.] 화면이 표시되면 검색할 내용을 말합니다.

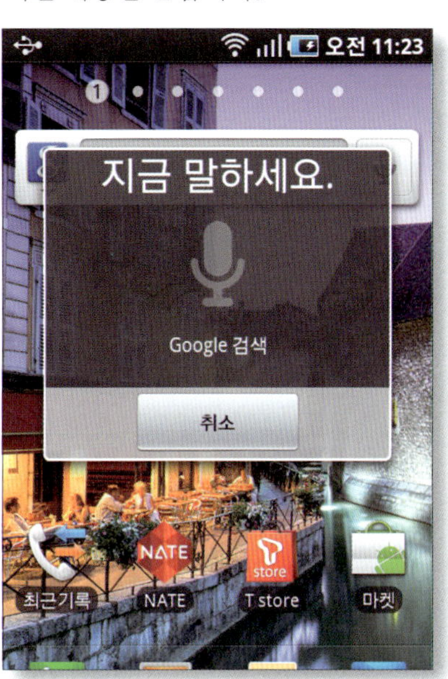

03 말이 끝나면 [인식 중] 화면이 표시됩니다. 잠시 기다립니다.

04 음성으로 말한 [아시안 게임]이라는 단어에 해당하는 내용들이 검색되었습니다.

⑨ 알림줄 내용 확인하기

화면 맨 위에는 도착한 메일이나 부재 중 전화가 있음을 알리거나 또는 진동 설정 등을 표시하는 아이콘이 있습니다. 이 아이콘들만 보아도 현재 휴대폰의 상황을 웬만큼 알 수 있습니다.

`01` 알림줄에 새 메시지가 도착했다는 내용이 표시되어 있습니다.

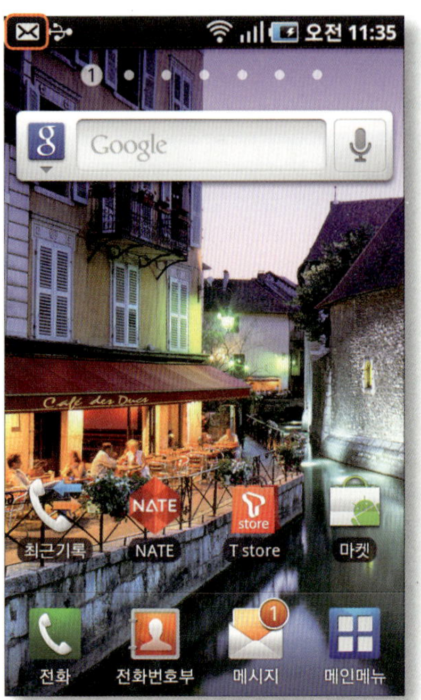

`02` 알림줄을 아래쪽으로 살짝 밀면 내용이 표시됩니다.

`03` 앞 화면에서 [새 메시지]를 터치하면 바로 메시지 화면이 표시되어 내용을 확인할 수 있습니다.

 알림줄 열기

[홈] 화면에서 📖을 터치하면 나타나는 메뉴에서 [알림]을 터치해도 알림줄의 내용이 표시됩니다.

P·A·R·T·3

갤럭시S 프로요
기본편

03 [홈] 화면 사용하기

갤럭시S 프로요의 [홈] 화면은 컴퓨터의 데스크톱과 같습니다. 배경화면을 변경할 수도 있고 위젯을 배치하거나 어플을 실행할 수도 있습니다. 이러한 [홈] 화면은 보이는 화면 하나뿐이 아니라 모두 5개가 있습니다. 이 화면에 업무용, 개인용, 취미생활, 멀티미디어 등 용도에 따라 어플들을 나누어 배치하고 사용하면 좋습니다. 갤럭시S 프로요의 [홈] 화면에는 여러 위젯을 설치하거나 폴더를 작성할 수 있고, 어플을 배치할 수도 있습니다. 여기서는 [홈] 화면을 관리하는 방법에 대해 알아봅니다.

① 배경화면 변경하기

컴퓨터 데스크톱의 배경화면과 같이 갤럭시S 프로요의 배경화면도 자신이 좋아하는 화면으로 변경할 수 있습니다. 갤럭시S 프로요에서 제공하는 이미지 외에 카메라로 찍은 사진도 배경화면으로 설정할 수 있습니다.

`01` [홈] 화면을 꾸욱 누르면 [홈 화면에 추가] 화면이 표시됩니다. [배경화면]을 터치합니다.

`02` [배경화면 선택] 화면이 표시되면 원하는 항목을 터치하면 됩니다. 여기서는 [라이브 배경화면]을 선택해 보겠습니다.

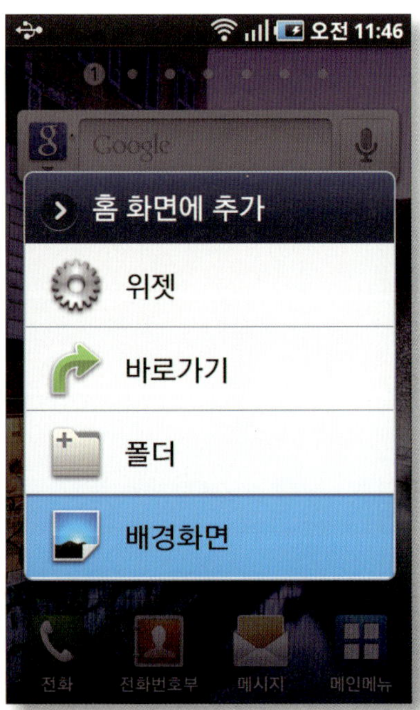

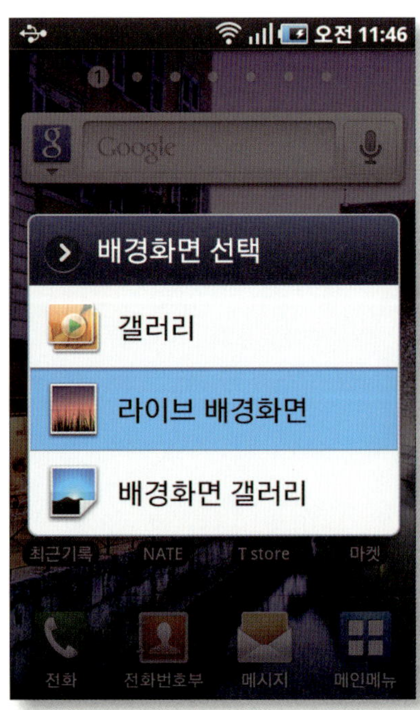

03 라이브 배경화면 목록이 표시됩니다. [은하수]를 터치해 보겠습니다.

04 선택한 배경화면이 미리 보여집니다. 배경이 마음에 들면 [배경화면 설정]을 터치합니다.

05 [홈] 화면의 배경화면이 변경되었습니다. 오른쪽 이미지는 [배경화면 갤러리]에서 선택한 배경화면 중 하나입니다.

배경화면 종류

배경화면은 3가지 중에서 선택할 수 있습니다. 특징은 다음과 같습니다.

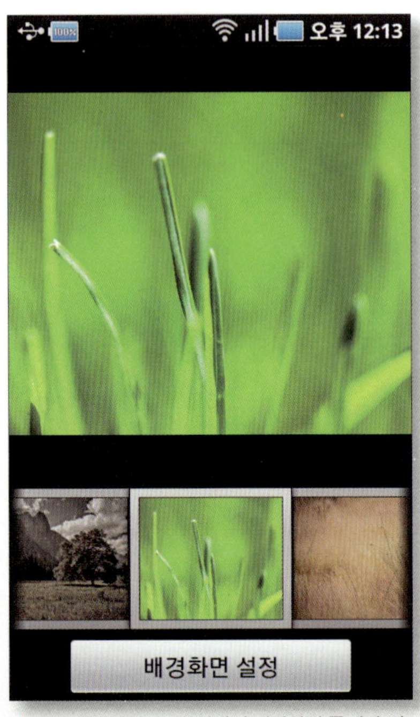

▲ 배경화면 갤러리 : 13가지의 배경화면 중에서 선택합니다.

▲ 라이브 배경화면 : 애니메이션 배경화면을 선택합니다.

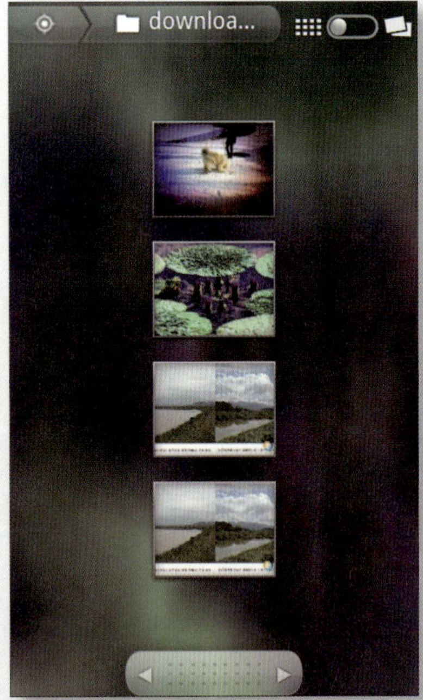

▲ 갤러리 : 사용자가 찍은 사진이나 이미지 중에서 선택합니다.

② 화면 서체 변경하기

갤럭시S 프로요 화면의 서체를 변경할 수 있습니다. 자신이 좋아하는 서체로 변경하여 사용합니다.

`01` [메인메뉴]-[환경 설정]을 터치합니다.

`02` [환경 설정] 화면에서 [디스플레이]를 터치합니다.

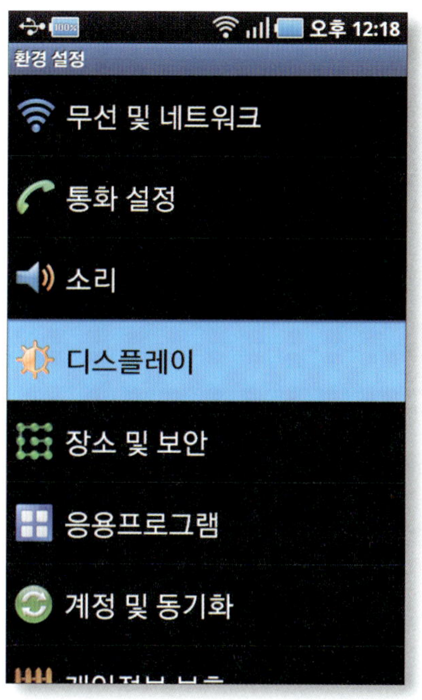

`03` [디스플레이] 화면이 표시되면 [서체 설정]을 터치합니다.

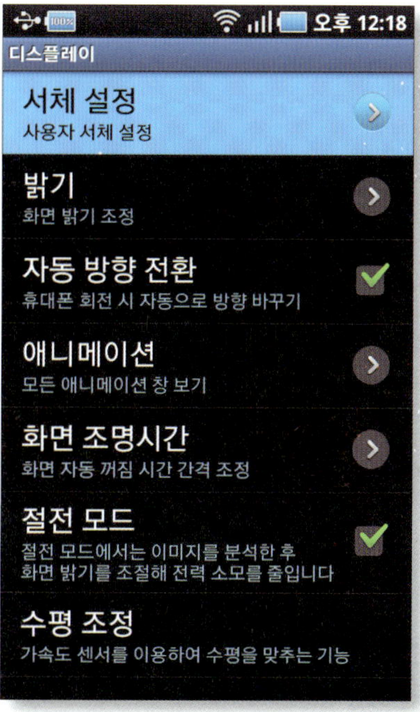

04 [새 서체 선택] 화면이 표시되면 서체를 선택합니다. 여기서는 [애플 민트]를 선택해 보겠습니다.

05 서체를 변경할 것인지 확인하는 화면이 표시되면 [확인]을 터치합니다.

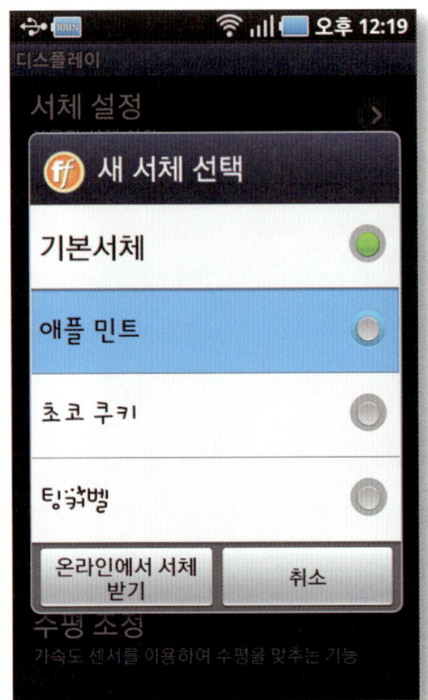

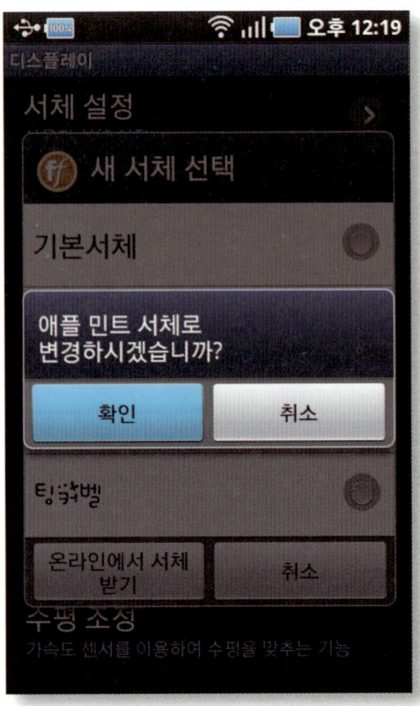

06 설정한 서체로 바로 변경된 것을 확인할 수 있습니다. 다음 3개의 화면은 [환경 설정] 메뉴, [홈] 화면, [메모] 어플 화면에 서체가 적용된 모습입니다.

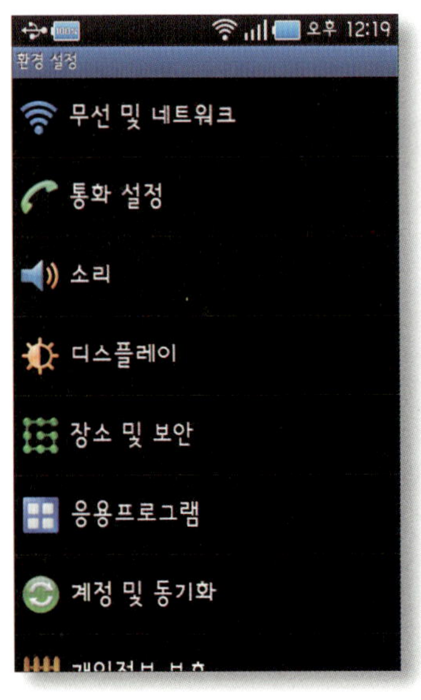

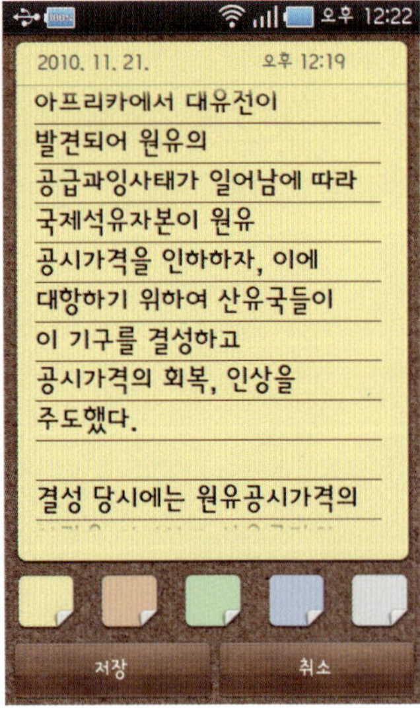

③ 바탕화면에 위젯 설치하기

갤럭시S 프로요는 컴퓨터와 같이 [홈] 화면 상에 위젯이라는 어플을 배치할 수 있습니다. 위젯이란 페이지 안에서 구동하는 소프트웨어를 말하며, 검색, 시계, 일정 등이 대표적입니다. 위젯을 설치해두면 바로 시간을 확인하거나 메뉴 화면에서 직접 검색하는 등의 작업을 할 수 있습니다. 기본적으로 갤럭시S 프로요에서 제공되는 위젯 몇 가지를 이용할 수 있으며, 마켓을 이용하면 더 많은 위젯을 다운받아 설치할 수 있습니다. 실용적인 것에서부터 게임까지 여러 가지가 있으니 자신에게 필요한 위젯을 검색하고 설치하여 사용합니다.

`01` [홈] 화면의 아무 곳이나 꾸욱 누릅니다.

`02` [홈 화면에 추가] 화면이 표시되면 [위젯]을 터치합니다.

03 [위젯 선택] 화면이 표시됩니다. [날씨(무료)]를 터치해 보겠습니다.

04 현재 [홈] 화면에 날씨 위젯이 설치되었습니다. 설치된 위젯을 터치해 보겠습니다.

05 위젯이 실행되어 실시간으로 날씨를 볼 수 있습니다.

06 다음은 두 번째 페이지에 설치해본 위젯들의 모습입니다.

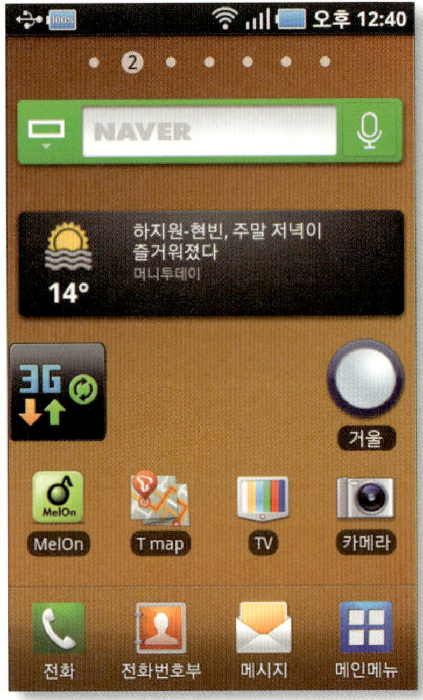

④ 위젯 삭제하기

[메인메뉴] 화면에 있는 기본 어플은 삭제할 수 없습니다. 하지만 [메인메뉴] 화면에 있는 어플을 [홈] 화면으로 복사한 것과 마켓에서 다운받아 설치한 어플이나 위젯은 삭제할 수 있습니다.

01 [홈] 화면에서 삭제하고 싶은 위젯을 꾸욱 누른 다음 아래쪽으로 드래그합니다.

02 그림과 같이 빨갛게 바뀌었을 때 손을 떼면 위젯이 삭제됩니다.

03 위젯이 삭제되었습니다. 삭제한 위젯은 필요할 때 다시 설치할 수 있습니다.

(5) **[메인메뉴] 화면의 아이콘 목록 편집하기**

[메인메뉴]는 블록이나 리스트 모양으로 표시할 수 있습니다. 기본적으로는 블록 모양으로 설정되어 있습니다. 보기 편한 모양으로 변경하고 사용합니다.

01 [메인메뉴] 화면에서 ▣을 터치한 후 [리스트 보기]를 터치합니다.

02 다음과 같이 아이콘들이 리스트 모양으로 표시됩니다.

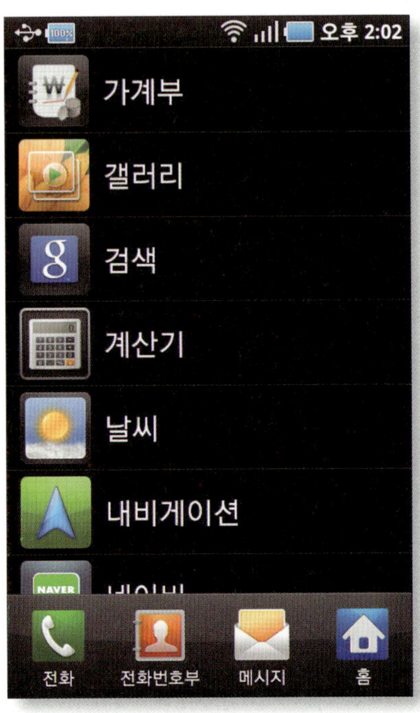

03 이 상태에서 다시 ▣을 터치한 후 [바둑판 보기]를 터치하면 원래대로 표시됩니다.

⑥ [홈] 화면에 폴더 추가하기

[홈] 화면에는 위젯과 어플만이 아니라 [폴더]와 [바로가기] 아이콘을 추가할 수 있습니다. 폴더에는 연락처나 문서 등을 넣을 수 있고, 바로가기에는 어플을 넣을 수 있습니다.

`01` 홈의 바탕화면을 꾸욱 누르면 [홈 화면에 추가] 화면이 표시됩니다. [폴더]를 터치합니다.

`02` 일반적인 폴더를 작성하려면 [새 폴더]를 터치합니다.

`03` [홈] 화면에 [폴더] 아이콘이 만들어졌습니다.

04 [폴더] 아이콘을 터치하면 폴더가 열립니다.

05 [폴더] 화면이 열린 상태에서 이곳에 넣고 싶은 어플을 찾아 꾸욱 누릅니다.

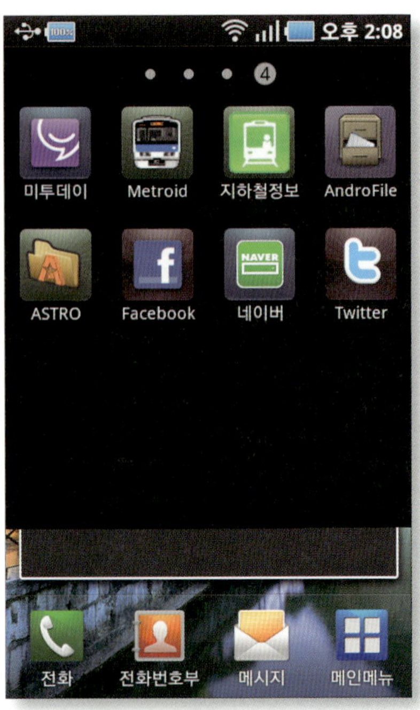

06 작성한 폴더에 어플이 들어갑니다. 계속해서 폴더 안에 묶을 어플을 넣을 수 있습니다.

07 작성한 폴더의 이름을 변경하려면 제목줄 부분을 꾸욱 누릅니다.

 [폴더 이름 바꾸기] 화면이 표시되면
폴더 이름 입력란을 터치합니다. 변경할 폴더
명을 입력하고 [확인]을 터치합니다.

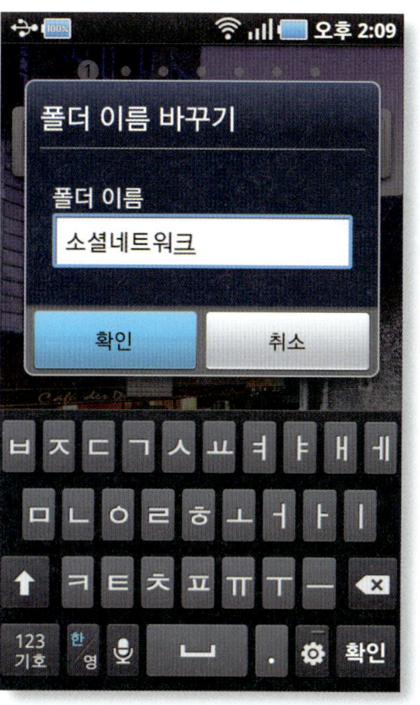

 폴더 이름이 변경되었습니다.

 폴더 작성 시 [전화번호가 있는 연락처]와 [모든 연락처]를 터치하여 폴더를 만들면 다음과
같이 자동으로 폴더가 만들어지며 폴더 안에 필요한 내용들이 복사됩니다. 사용자는 폴더를 열어
사용하기만 하면 됩니다.

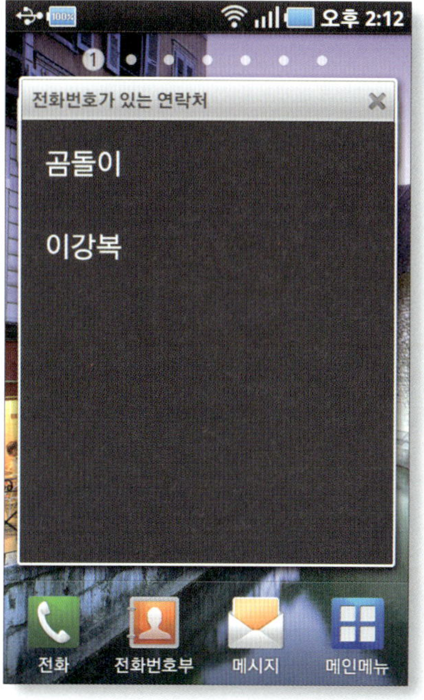

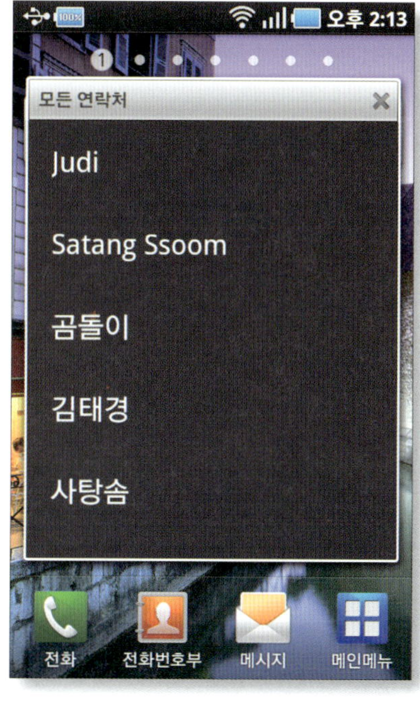

04 어플 사용하기

컴퓨터에서 사용하는 응용 프로그램과 같은 어플을 활용하여 갤럭시S 프로요를 더욱 즐겁고 편하게 사용할 수 있습니다. 어플은 마켓, T store, 삼성 Apps에서 다운받아 설치하고 이용합니다.

① 어플 시작하고 종료하기

어플은 [홈] 화면에 정렬되어 있는 아이콘을 터치하면 사용할 수 있습니다. 예를 들어 인터넷 어플을 사용하고 싶으면 [메인메뉴]를 터치한 다음 [인터넷] 어플을 터치하면 됩니다. 그리고 어플 사용을 끝내고 싶다면 가볍게 [홈] 단추를 누르면 됩니다. 다음에 같은 어플을 다시 실행하면 전에 작업하던 화면이 그대로 나타납니다. 예를 들어 메모 작성중에 다른 작업을 하다가 [메모] 어플을 다시 실행하면 작성중이었던 메모가 그대로 표시되므로 계속해서 하던 일을 할 수 있습니다.

01 [홈] 화면에서 [메인메뉴]를 터치합니다.

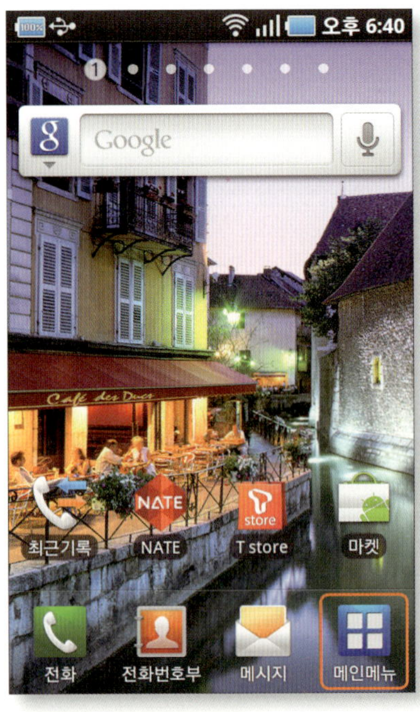

 3페이지에 있는 [미니 다이어리] 어플을 터치해 보겠습니다.

 미니 다이어리가 실행되었습니다. 화면을 터치하고 키패드를 이용하여 내용을 입력합니다.

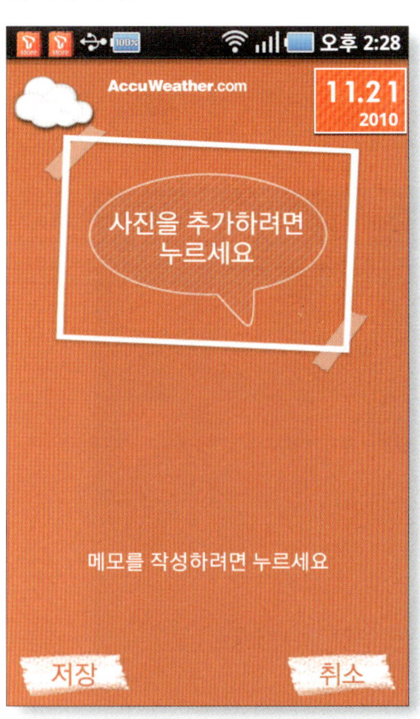

 어플을 종료하려면 [홈] 단추를 눌러 [홈] 화면으로 가거나, 을 터치하여 전 화면으로 돌아갑니다.

 다시 같은 어플을 실행하면 앞에서 작업 중이던 화면 그대로 표시됩니다.

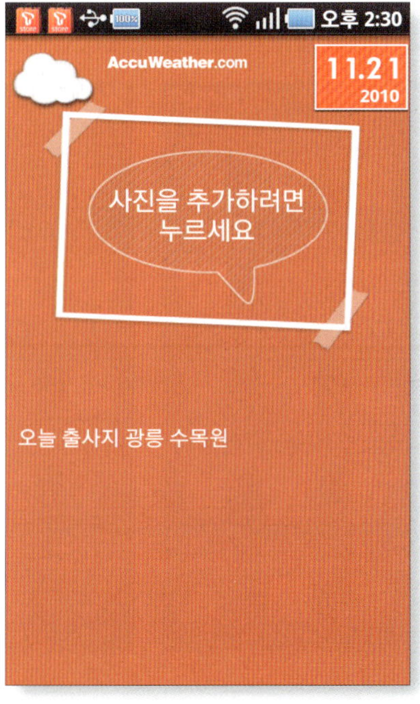

② 어플 위치 변경하기

[메인메뉴] 화면에 있는 어플의 위치를 바꿀 수 있습니다. 기본 어플과 나중에 설치한 어플 모두 위치를 변경할 수 있습니다.

`01` [메인메뉴] 화면에서 ▦을 터치하면 나타나는 메뉴 화면에서 [편집]을 터치합니다.

`02` 어플 위치를 변경할 수 있는 화면으로 전환됩니다.

`03` 위치를 변경할 어플을 꾸욱 누른 다음 원하는 위치로 밀면 위치가 이동됩니다.

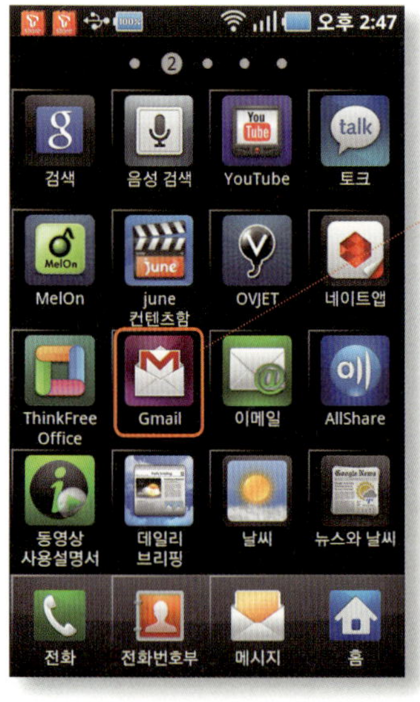
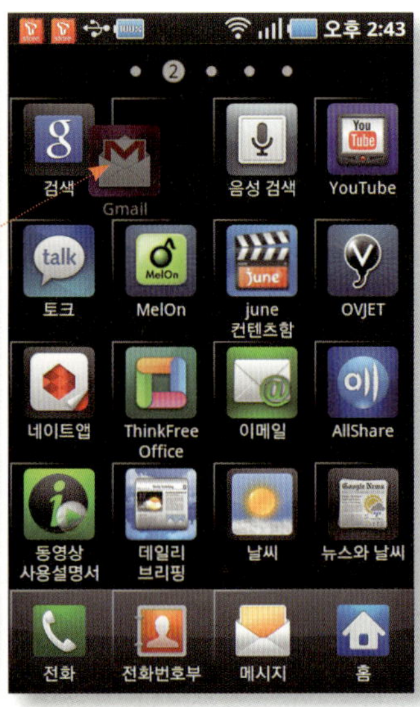
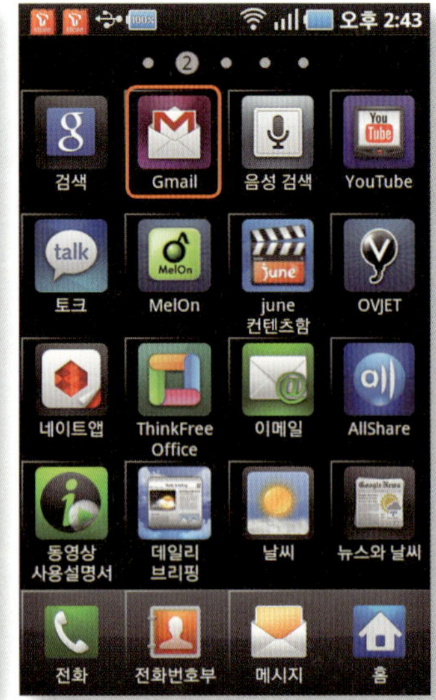

③ [홈] 화면에서 바로 어플 삭제하기

위치 변경뿐만 아니라 어플들을 삭제할 수 있습니다. 하지만 여기서 설명하는 방법으로는 기본 어플은 삭제할 수 없고 추가로 설치한 어플만 삭제할 수 있습니다.

01 [메인메뉴] 화면에서 █을 터치하면 나타나는 메뉴 화면에서 [편집]을 터치합니다.

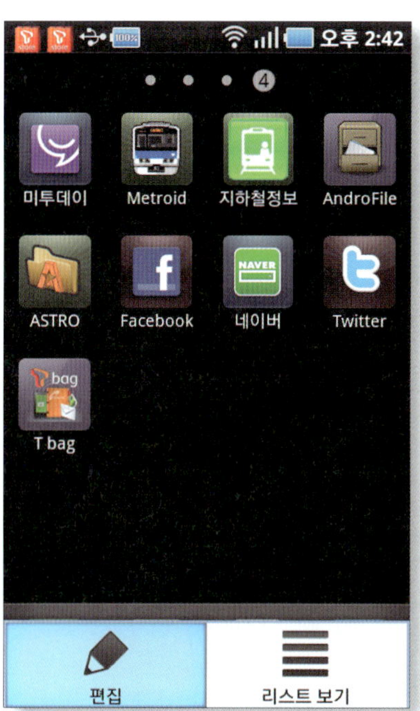

02 삭제할 수 있는 어플에는 삭제 아이콘 이 표시됩니다. 삭제할 어플을 터치하면 나타나 는 [삭제] 화면에서 [확인] 단추를 터치합니다.

03 어플이 삭제되었습니다. 삭제한 어 플은 다시 설치할 수 있습니다.

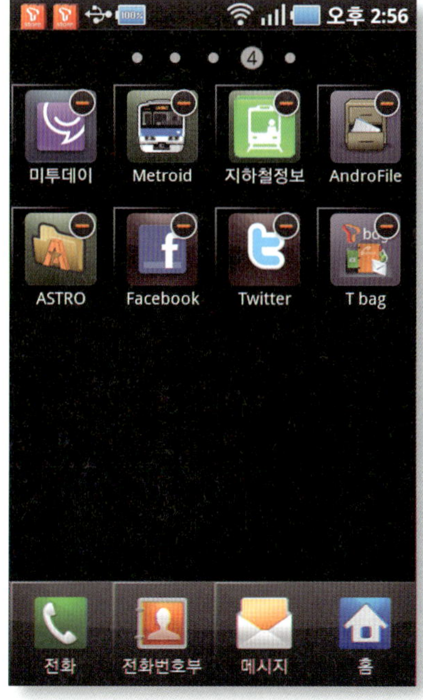

④ 멀티태스킹

갤럭시S 프로요에서는 음악을 들으면서 인터넷을 하거나 다른 어플을 사용하는 등 두 가지 이상의 작업을 동시에 하는 멀티태스킹이 가능합니다. 멀티태스킹을 유용하게 사용하는 방법에 대해 알아봅니다. 여러 개의 어플을 동시에 실행하고, 어플을 전환하는 등의 작업을 살펴보겠습니다.

01 먼저 [뮤직 플레이어]를 실행하여 음악을 들어 보겠습니다.

02 [홈] 단추를 누르면 위의 알림줄에 뮤직 플레이어 아이콘이 표시되어 실행 중임을 알립니다. 알림줄을 아래로 밀어보세요. 뮤직 플레이어가 실행 중인 것을 확인할 수 있습니다.

03 이번에는 [인터넷] 어플을 실행해 보세요. 화면은 인터넷이지만 계속해서 음악이 들릴 것입니다.

04 다시 알림줄을 내려 보면 여전히 뮤직 플레이어가 실행 중임을 알 수 있습니다.

05 [홈] 단추를 길게 눌러 보면 최근에 실행했던 어플들이 표시됩니다. 여기 표시되는 어플들은 실행하는 상태에 따라 항상 다르게 나타납니다. [작업 관리자]를 터치합니다.

06 [작업 관리자]를 터치하면 현재 실행 중인 어플이 표시됩니다. 종료하고 싶은 어플이 있다면 [종료]를 터치하여 종료합니다. 여기서는 [인터넷]의 [종료] 단추를 터치하겠습니다.

07 [인터넷] 어플이 종료되었습니다. 사용하지 않는 어플이 계속 돌아가고 있으면 메모리를 사용하게 되므로 현재 사용하지 않는 어플은 그때그때 종료하는 것이 좋습니다.

05 필요한 어플 설치하기

갤럭시S 프로요에서 어플을 다운 받으려면 [홈] 화면에 있는 [T store]와 [마켓], [삼성 Apps]를 이용합니다. 컴퓨터에 접속하여 데이터를 따로 받을 필요 없이 휴대폰에서 바로 다운 받으면 되므로 편리합니다.

① 안드로이드 마켓에서 어플 설치하기

안드로이드 마켓을 이용하면 실용적인 툴에서부터 게임, 전자책에 이르기까지 여러 가지 어플을 다운받을 수 있습니다. 한국만이 아니라 해외의 어플도 간단하게 이용할 수 있습니다.

`01` [홈] 화면에서 [마켓]을 터치합니다.

`02` [마켓] 화면이 표시됩니다. 이 화면에서 필요한 어플을 찾아 사용합니다. 어플을 검색하기 위해 🔍을 터치합니다.

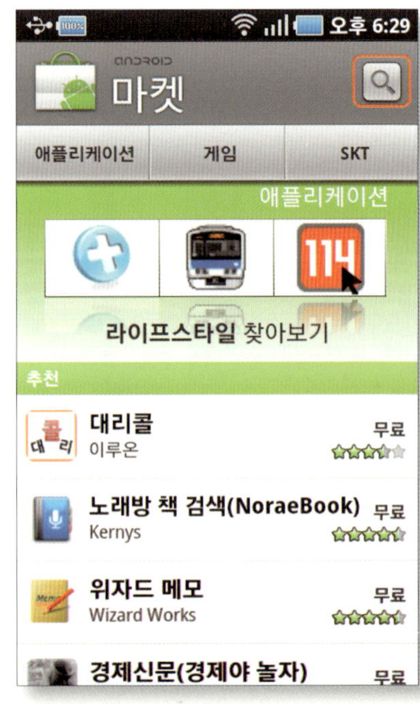

03 찍은 사진을 합성해주는 어플인
[photoFunia]를 입력하고 🔍를 터치합니다.

04 검색 결과 화면이 표시됩니다. 검색
된 [PhotoFunia]를 터치합니다.

05 해당 어플에 대한 설명이 나타납
니다. 설명을 보고 마음에 들면 [설치]를 터치
하여 설치를 진행합니다.

06 계속해서 다음과 같은 화면이 표시
되면 [확인]을 터치합니다.

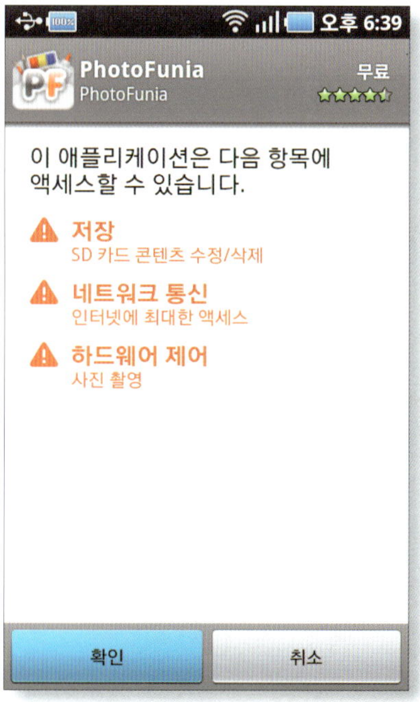

07 어플이 설치 중임을 알리는 이 알림줄에 나타납니다.

08 잠시 후 아이콘이 사라지면 알림줄을 아래로 밀어 보세요. [PhotoFunia] 어플이 모두 설치되었다는 것을 확인할 수 있습니다.

104

09 [메인메뉴]를 터치하고 마지막 페이지를 열면 어플이 설치된 것을 알 수 있습니다.

10 [PhotoFunia] 어플을 터치하면 다음과 같이 실행됩니다.

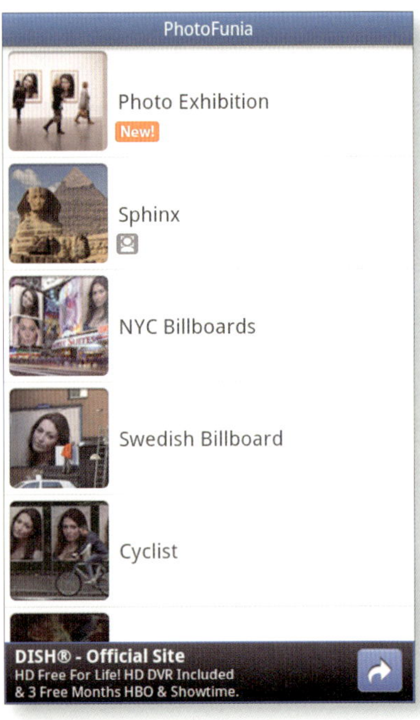

이번에는 두 번째로 어플을 다운받을 수 있는 T store를 이용해 보겠습니다. 어플을 다운 받을 때 Wi-Fi와 3G를 이용하므로 3G로 전환되는 경우에는 데이터 통화료가 부과된다는 점에 유의합니다.

`01` [홈] 화면에서 [T store]를 터치하거나 [마켓] 화면에서 [skt]를 터치합니다.

`02` 다음과 같은 화면이 표시되면 [확인]을 터치합니다.

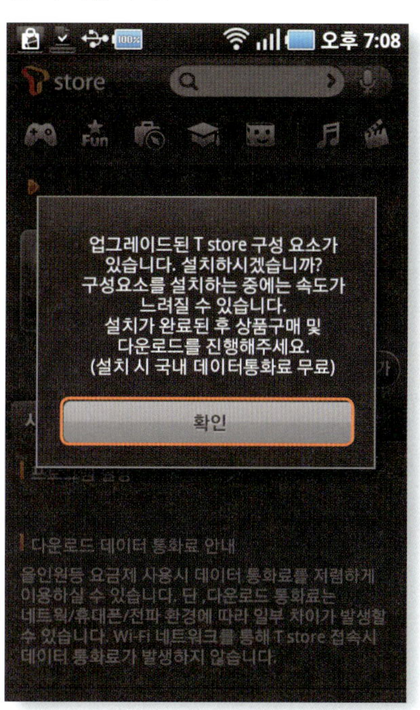

`03` [T store] 화면이 표시됩니다. 유료Best, 무료Best, 추천, NEW의 4가지 탭이 보입니다. ◐를 터치하여 항목을 더 볼 수 있습니다. 이 중에서 필요한 어플을 다운받습니다. [무료Best]를 터치해 보겠습니다.

검색 상자에 원하는 어플명을 입력하여 어플을 검색해도 됩니다.

04 [무료 Best] 탭의 상위권에 있는 어플을 설치해 보겠습니다. [미니 T World] 어플을 터치해 보겠습니다.

06 [메인메뉴] 화면을 확인해 보면 [미니 T World] 어플이 설치된 것을 알 수 있습니다. 설치된 어플을 터치합니다.

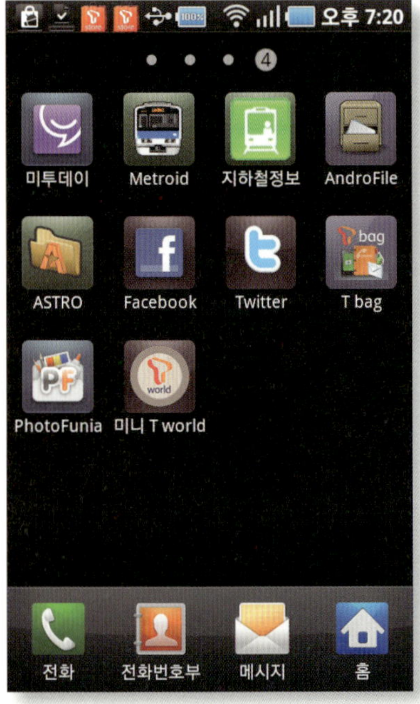

05 화면이 표시되면 [다운로드]를 터치하여 설치를 진행합니다.

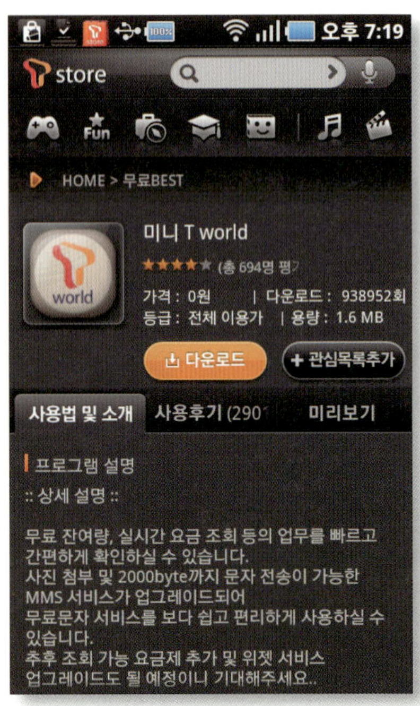

07 [미니 T World] 어플이 실행되었습니다. 다음과 같이 로그인 화면이 나타나는 경우에는 웹사이트에서 회원 가입을 해야 이용 가능합니다.

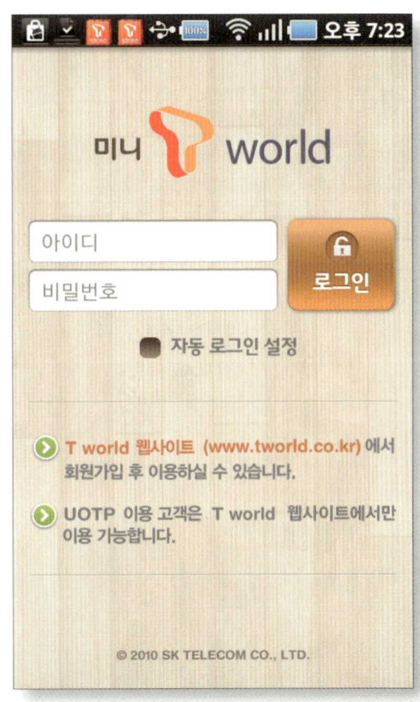

08 해당 사이트에 접속한 다음 [회원가입] 아이콘을 클릭하여 회원으로 가입한 다음 이용하면 됩니다.

http://www.tworld.co.kr

 **[마이페이지]의 구매 목록**

T Store 화면에서 메뉴 아이콘을 터치합니다. 메뉴 아이콘이 표시되면 [마이페이지]를 터치하여 자신이 다운받은 어플의 목록을 확인할 수 있습니다.

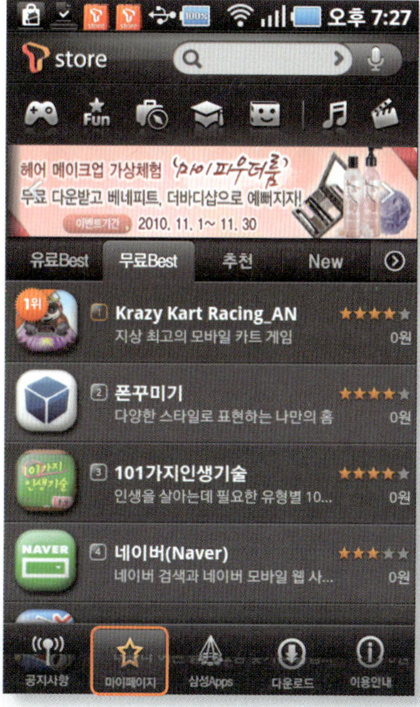

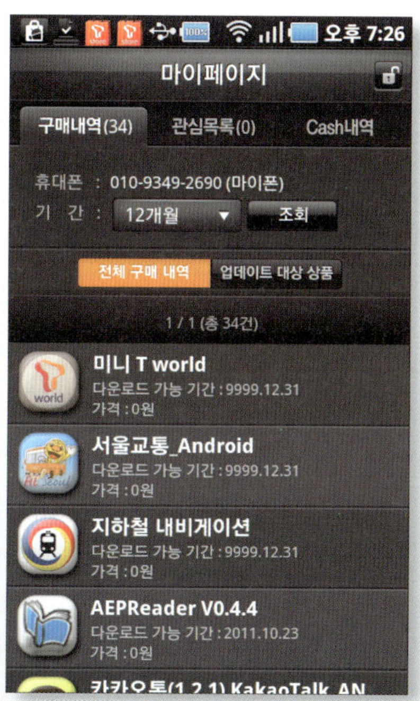

③ 삼성 Apps에서 어플 다운받기

삼성 Apps는 삼성전자가 독자적인 모바일 애플리케이션 마켓으로 운영하는 것으로, 메인 화면이나 [홈] 화면에서 바로 접속할 수는 없고, 일단 [T store]에 접속한 다음 터치해야 접속이 가능합니다. 현재 어플 수는 많지 않지만 계속해서 많아질 것입니다.

01 [T store] 화면에서 ▤을 터치한 다음 [삼성 Apps]를 터치합니다.

02 [삼성 Apps] 화면이 표시됩니다. 나타나는 목록에서 어플을 터치하여 다운로드하면 됩니다.

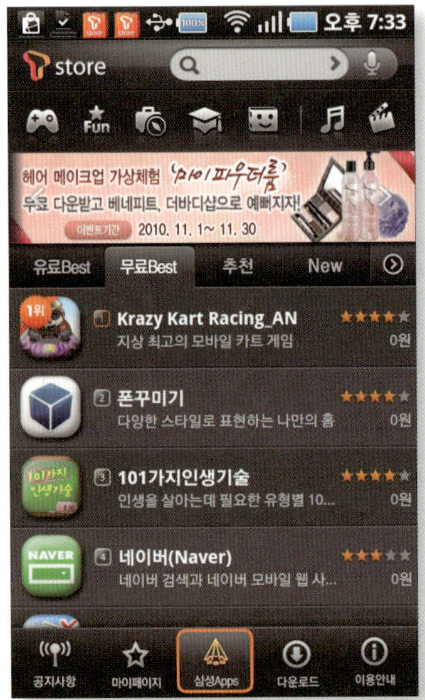

03 현재 등록되어 있는 어플 수와 카테고리를 확인할 수 있습니다. 메뉴에서 [생활/위치]를 터치해 보겠습니다.

04 [생활/위치] 카테고리에 속하는 어플 목록이 열립니다. 다운 받을 어플을 터치합니다.

05 [다운로드]를 터치하여 어플을 설치합니다.

06 다음은 설치한 어플을 터치하여 실행한 모습입니다.

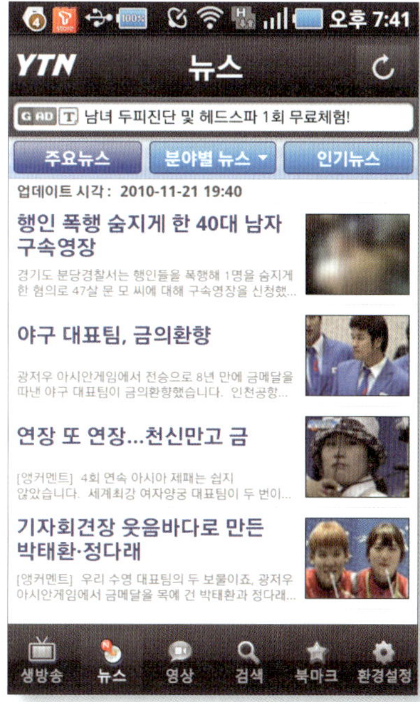

06 작업 관리자에서 어플 삭제하기

앞에서는 3가지 방법으로 어플을 설치하는 방법에 대해 알아보았습니다. 여기서는 작업 관리자를 이용하여 어플을 삭제하는 방법에 대해 알아보겠습니다.

01 [홈] 단추를 길게 누르면 작업 관리자 화면이 표시됩니다. [작업 관리자]를 터치합니다.

02 [프로그램] 탭을 터치하면 T store에서 설치한 어플 목록이 표시됩니다. 삭제하고 싶은 어플의 [제거]를 터치합니다.

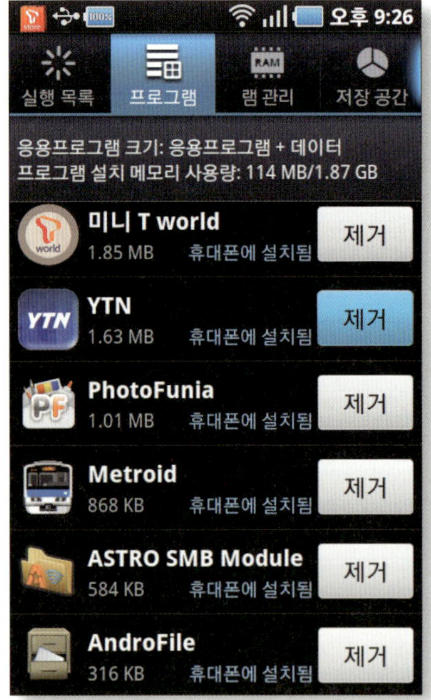

 어플을 제거할 것인지 묻는 화면이 표시되면 [확인]을 터치합니다.

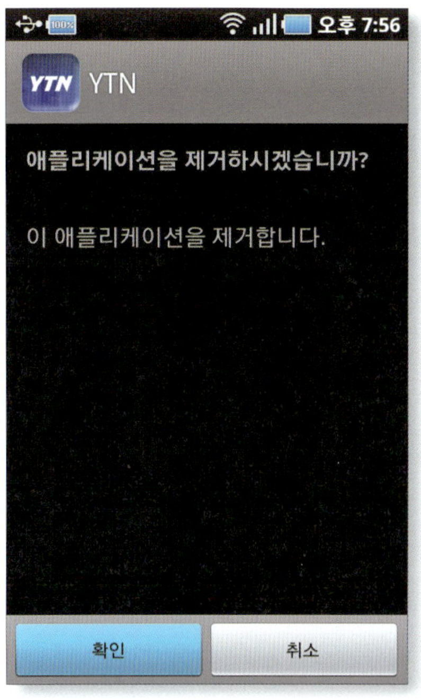

 제거가 완료되었다는 화면이 표시되면 [확인]을 터치합니다.

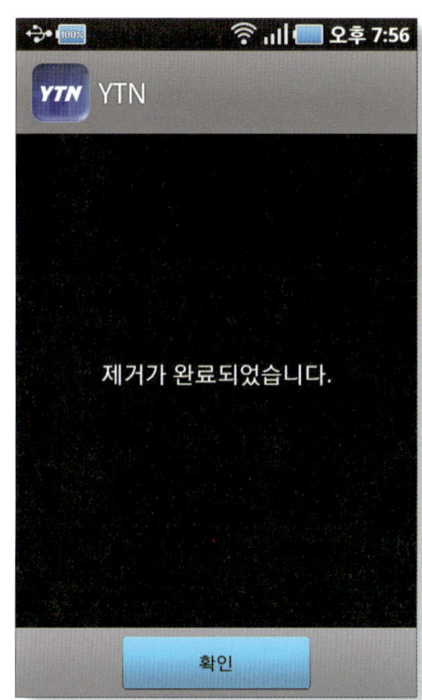

 **어플 정보 보기**

다음 화면에서 [제거]를 터치하지 않고 어플 이름을 터치하면 오른쪽 그림과 같이 어플에 대한 자세한 정보를 볼 수 있습니다.

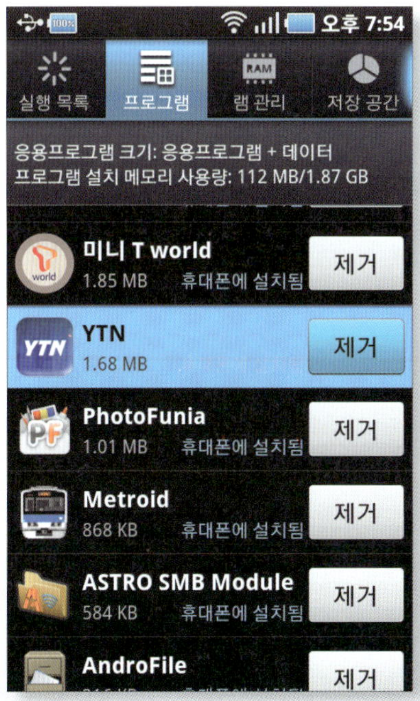

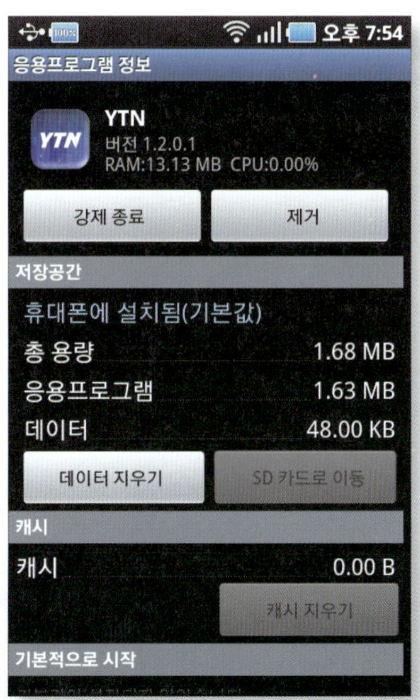

07 벨소리 설정하기

갤럭시S 프로요에는 30가지의 기본 벨소리가 준비되어 있으며, MP3 등의 파일도 벨소리로 지정하여 사용할 수 있습니다.

① 기본 벨소리로 설정하기

갤럭시S 프로요에서 제공하는 기본 벨소리 중에서 벨소리를 골라 설정하는 방법에 대해 알아봅니다. 전화번호마다 벨소리를 각각 다르게 지정할 수도 있습니다.

01 [홈] 화면에서 [메인메뉴]-[환경 설정]을 터치합니다.

02 [환경 설정] 화면이 표시되면 [소리]를 터치합니다.

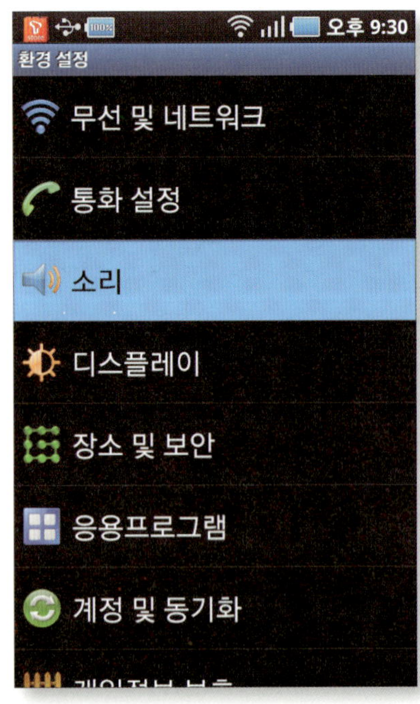

03 [소리] 화면이 표시되면 [음성전화 벨소리]를 터치합니다.

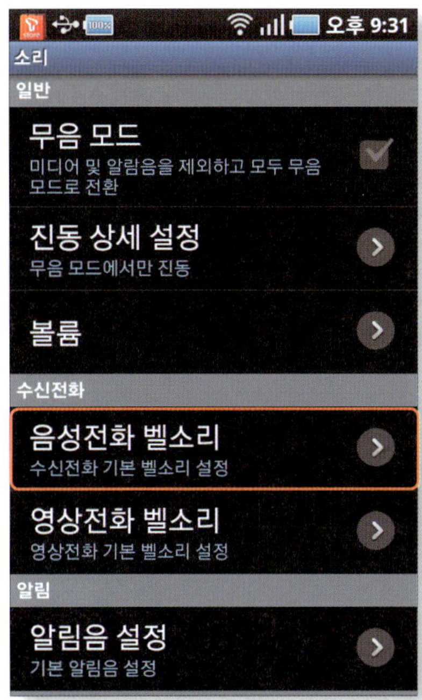

04 [음성전화 벨소리] 화면이 표시되면 원하는 벨소리를 터치합니다.

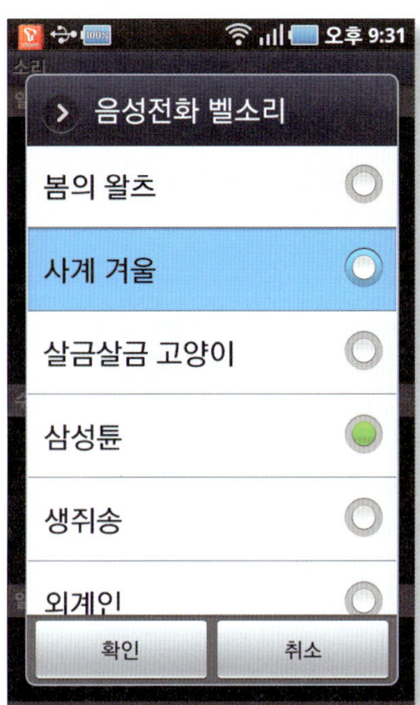

05 벨소리를 지정하고 [확인]을 터치하면 벨소리가 변경되어 저장됩니다.

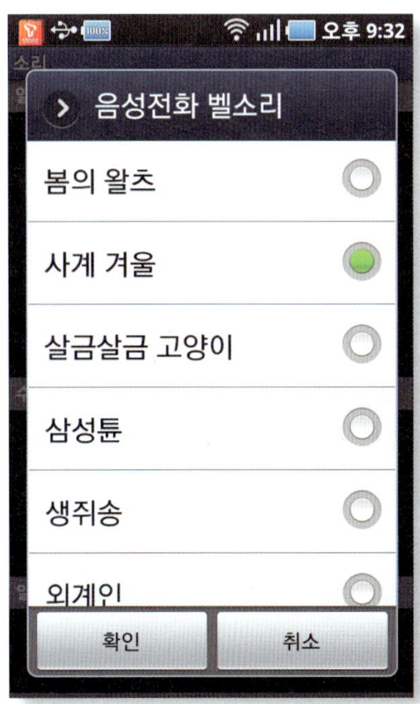

06 다음 화면은 [영상전화 벨소리]를 선택하여 지정하는 화면입니다.

② MP3 파일을 벨소리로 이용하기

컴퓨터에서 복사하거나 멜론에서 다운받은 MP3 파일을 휴대폰의 벨소리로 만들 수 있습니다. 음악 어플을 이용하여 원하는 부분만 잘라 벨소리로 이용할 수도 있습니다.

01 [홈] 화면에서 [메인메뉴]를 터치한 다음 [뮤직 플레이어] 어플을 터치하여 실행합니다.

02 컴퓨터에서 복사한 음악 파일과 멜론에서 다운받은 음악 파일이 함께 목록에 표시됩니다. 벨소리로 이용할 MP3 파일을 꾸욱 누릅니다.

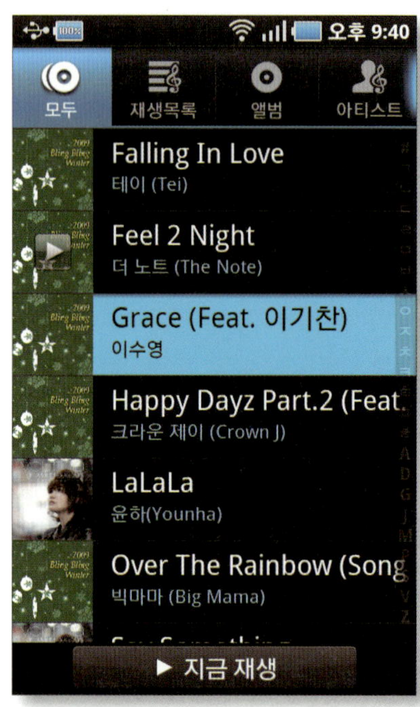

MP3 파일 복사하기
Kies 프로그램을 실행하고 컴퓨터에 저장되어 있는 음악 파일을 휴대폰으로 드래그하여 복사합니다.

MP3 파일 복사하기 ⊙ 이어 보면 좋아요! ▶ 340쪽
Kies 설치하기 ⊙ 이어 보면 좋아요! ▶ 372쪽

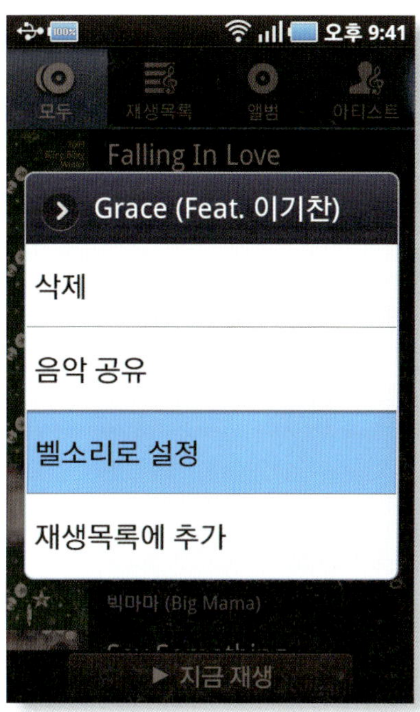

05 이제 [환경 설정]-[소리]-[음성전화 벨소리]를 터치하면 전화 벨소리로 등록된 노래를 확인할 수 있습니다.

③ 원하는 부분만 잘라 벨소리로 만들어 주는 Ringdroid

자신의 SD 메모리에 있는 음악 파일 중에서 원하는 부분만 잘라 벨소리로 이용할 수 있습니다. 좋아하는 부분이나 후렴구를 잘라 벨소리로 이용하면 좀더 귀에 쏙 들어오겠죠. 원하는 부분을 자르기 위해서는 [Ringdroid] 어플을 사용해야 합니다.

01 [마켓]을 실행하고 [Ringdroid]를 검색합니다. 다음과 같이 검색 목록이 표시되면 [Ringdroid]를 터치하여 설치합니다.

02 설치가 모두 끝나면 [메인메뉴] 화면에서 [Ringdroid] 어플을 터치하여 실행합니다.

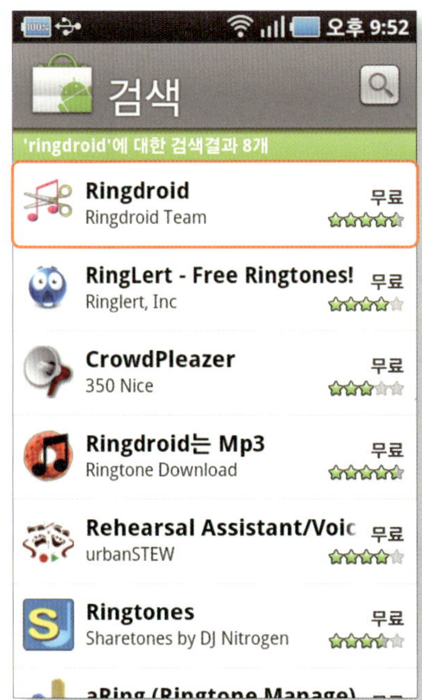

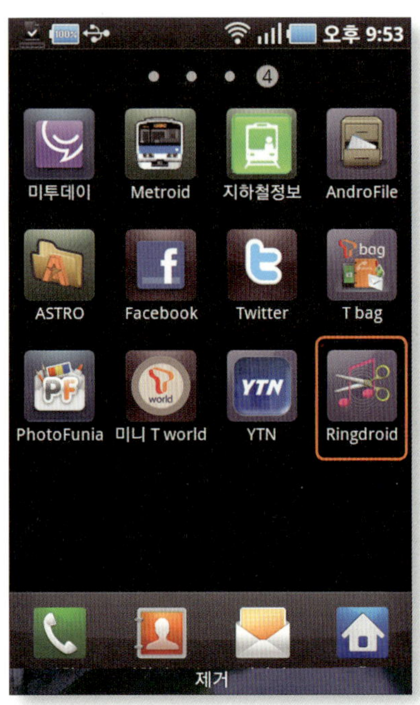

03 [Ringdroid] 어플이 실행되면 멜론에서 다운받은 음악 파일은 나타나지 않고 컴퓨터에서 복사한 MP3 파일만 표시됩니다. 원하는 부분을 잘라 편집할 음악 파일을 터치합니다.

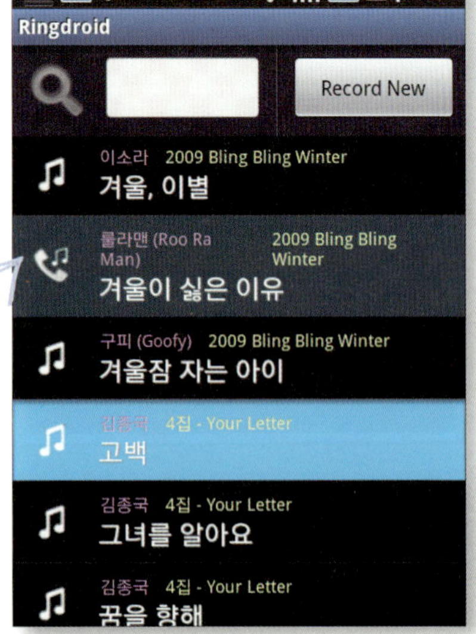

벨소리로 설정한 음악은 이렇게 녹색으로 표시됩니다.

04 다음과 같은 메뉴가 표시되면 [Edit]를 터치합니다.

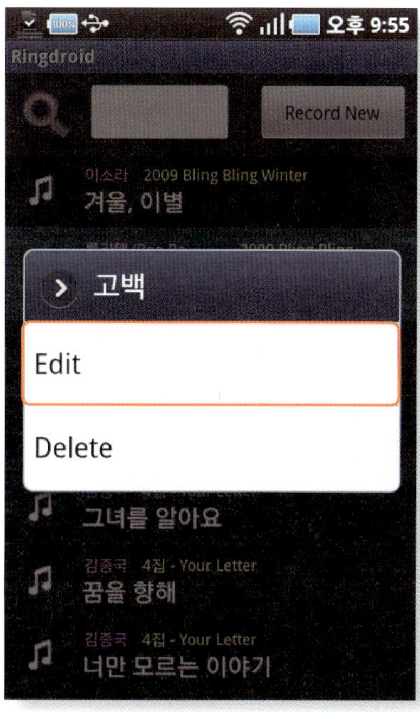

05 다음과 같은 화면이 표시되면 음악 파일의 시작 부분과 끝 부분의 슬라이드 단추를 드래그하여 자를 부분을 설정합니다.

06 자를 부분이 설정되었으면 💾을 터치합니다.

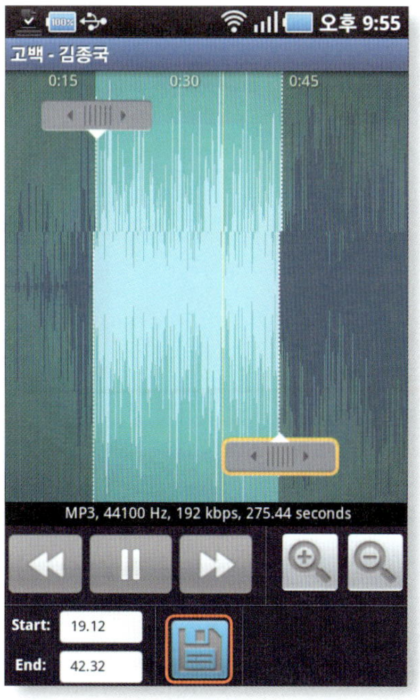

07 [Save]를 터치합니다.

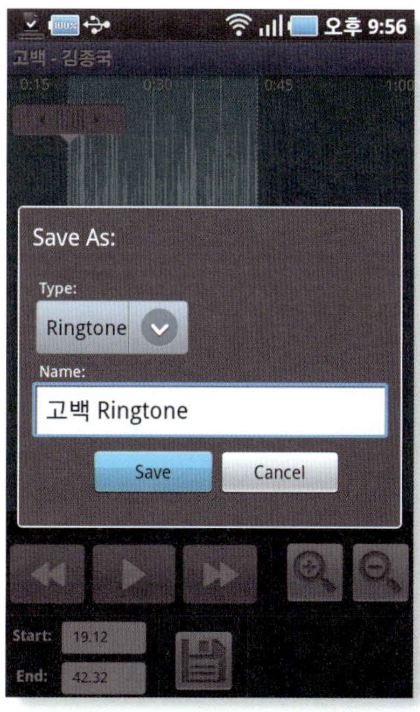

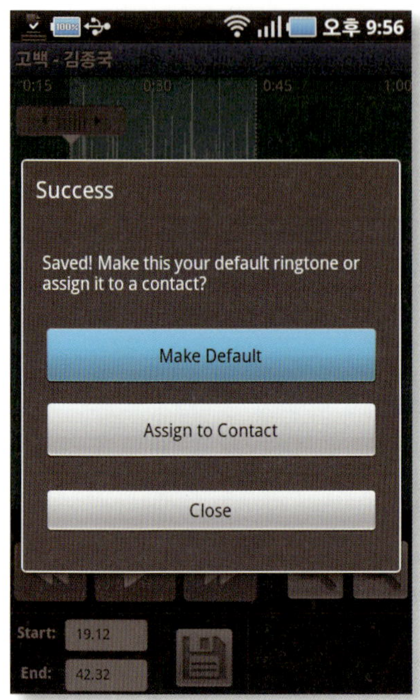

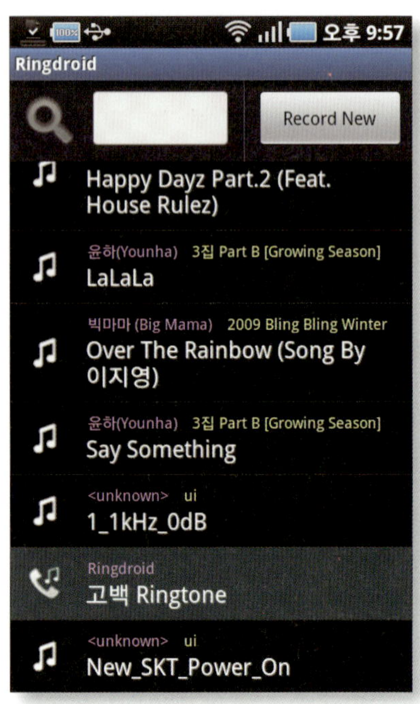

118

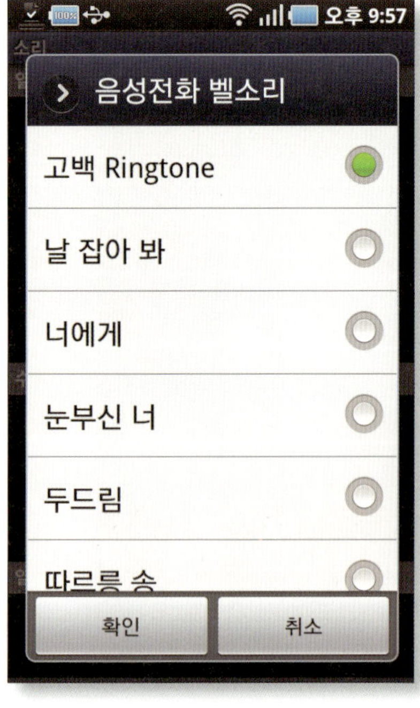

08 갤럭시S 프로요에 암호 설정하기

타인이 자신의 휴대폰을 사용할 수 없도록 암호를 설정하는 방법에 대해 알아봅니다. 암호는 숫자로만 설정할 수 있는 것이 아니라 패턴을 만들어 설정하는 등 여러 가지 방법이 있습니다.

1 패턴 암호 설정하기

01 [홈] 화면에서 [메인메뉴]-[환경 설정]을 터치합니다.

02 [환경 설정] 화면이 표시되면 [장소 및 보안]을 터치합니다.

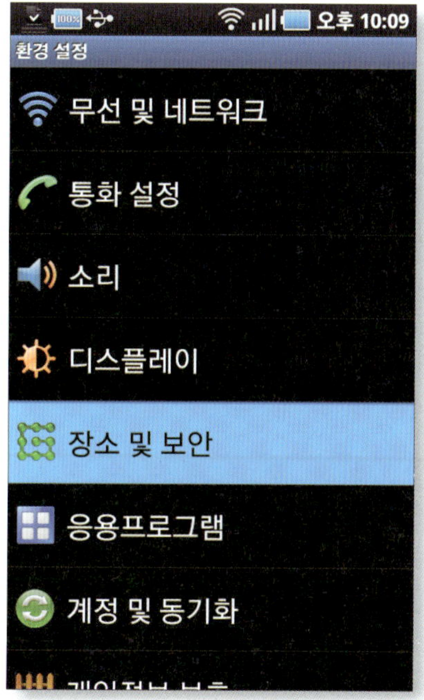

03 [화면 잠금 설정]을 터치합니다.

04 [화면 잠금 설정] 화면이 표시되면 [패턴]을 터치합니다.

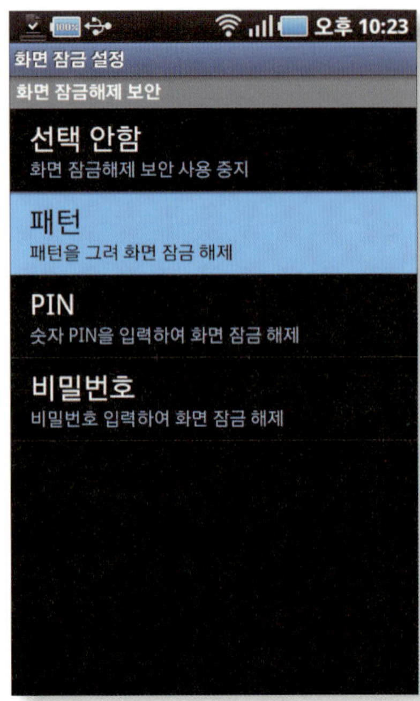

05 [휴대폰 보안 설정] 화면이 표시되면 내용을 잘 읽어보고 [다음]을 터치합니다.

06 [패턴 예] 화면이 표시되면 [다음]을 터치합니다.

07 [잠금해제 패턴 그리기] 화면이 표시
됩니다.

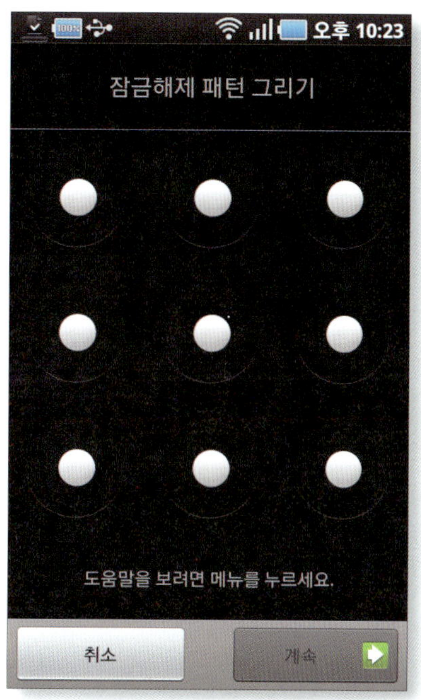

08 손가락으로 점과 점을 드래그하여 패턴을 그립니다. 최소 4개의 점을 통과해야 합니다. 패턴을 모두 완성하면 [계속]을 터치합니다.

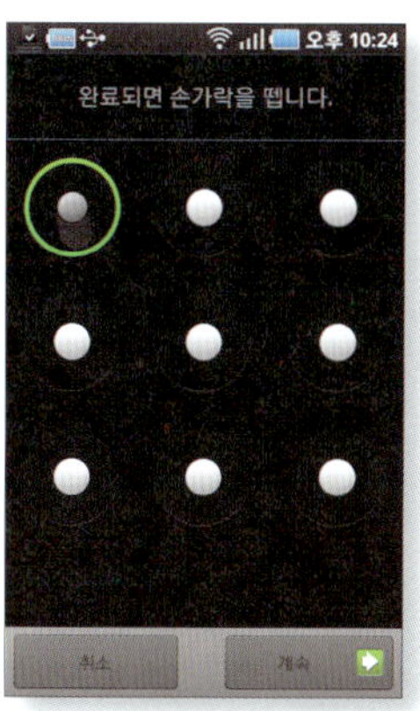
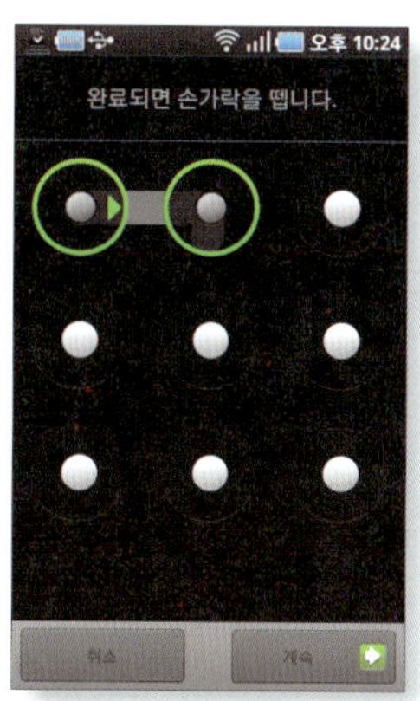

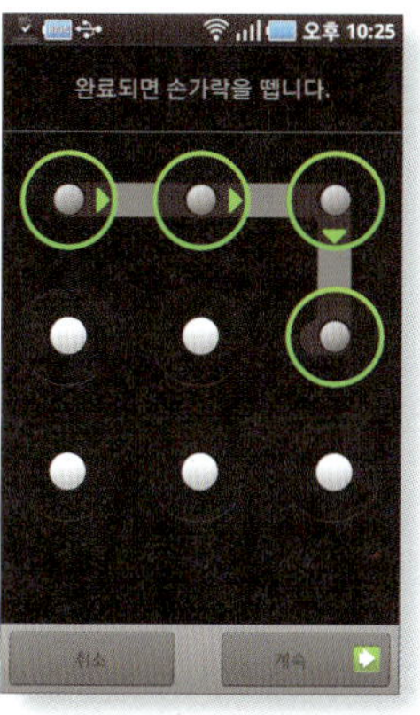
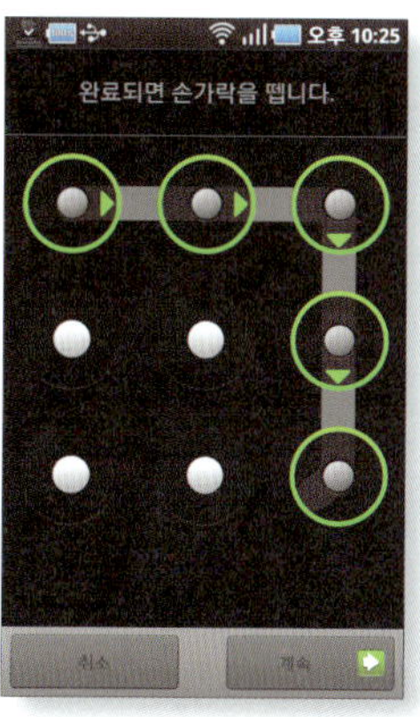
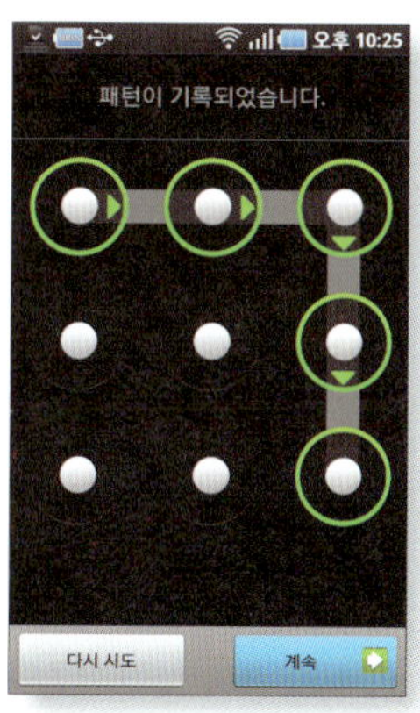

 [새 잠금해제 패턴] 화면이 표시되면 앞에서 작성한 패턴을 한번 더 그린 다음 [확인]을 터치합니다.

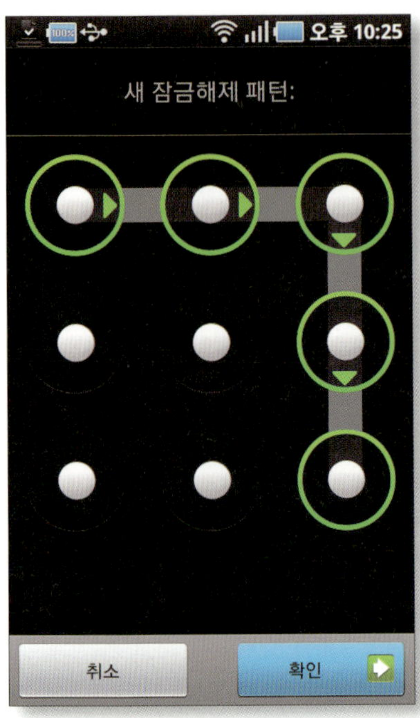

10 이제부터는 잠자는 휴대폰의 [홈] 단추를 누르면 다음과 같이 패턴을 그려야 하는 화면이 표시됩니다.

11 패턴을 올바르게 그리면 [홈] 화면이 표시되고, 휴대폰을 이용할 수 있게 됩니다.

12 만일 패턴을 잘못 그리면 다음과 같이 다시 시도하라는 메시지가 표시됩니다.

② **패턴 해제하기**

패턴을 설정하여 잠근 휴대폰의 패턴 암호를 해제하는 방법에 대해 알아봅니다.

01 [메인메뉴]-[환경 설정]-[장소 및 보안] 을 터치합니다.

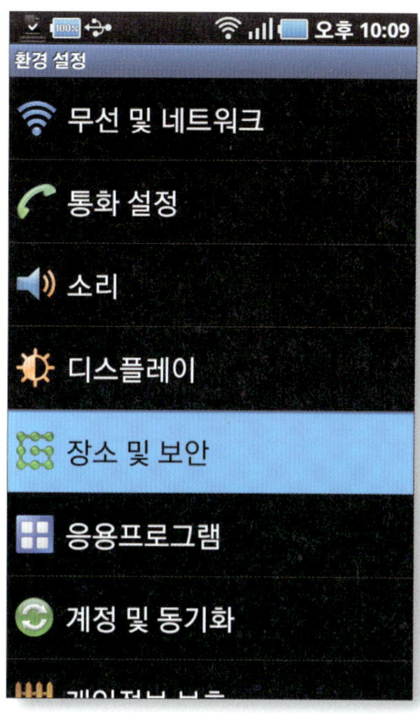

02 [장소 및 보안] 화면이 표시되면 [화면 잠금 변경]을 터치합니다.

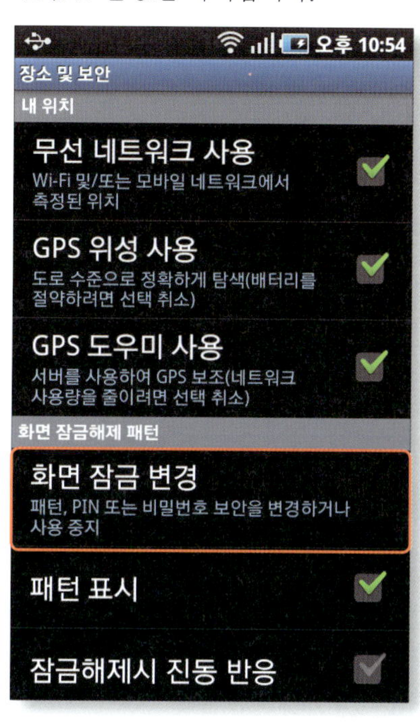

03 [저장된 패턴 확인] 화면이 표시되면 정확하게 패턴을 그립니다.

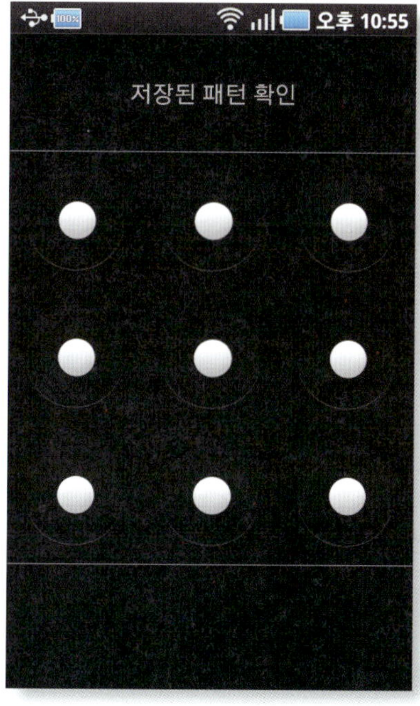

 [화면 잠금 설정] 화면이 표시되면 [선택 안함]을 터치합니다.

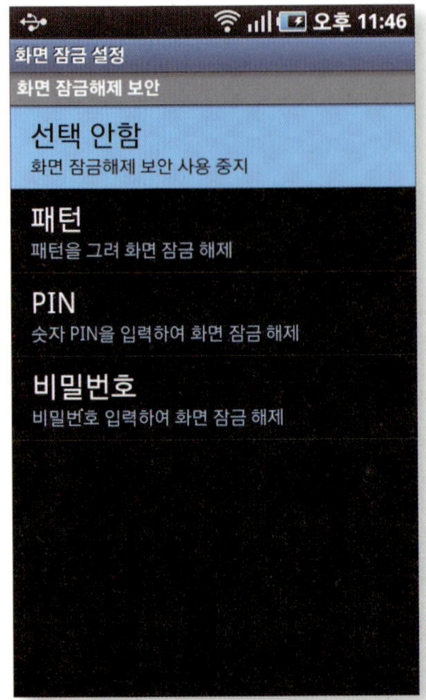

 설정 내용이 다음과 같이 변하면 해제된 것입니다.

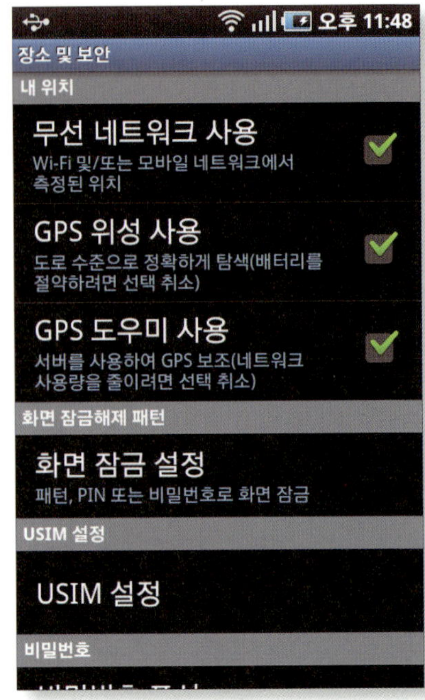

PIN과 비밀번호로 핸드폰 잠그기

패턴만이 아니라 PIN과 비밀번호를 만들어 핸드폰을 잠글 수 있습니다. 잠그는 방법은 패턴 부분을 참조합니다. 다음 그림은 설정 화면과 해제 화면입니다.

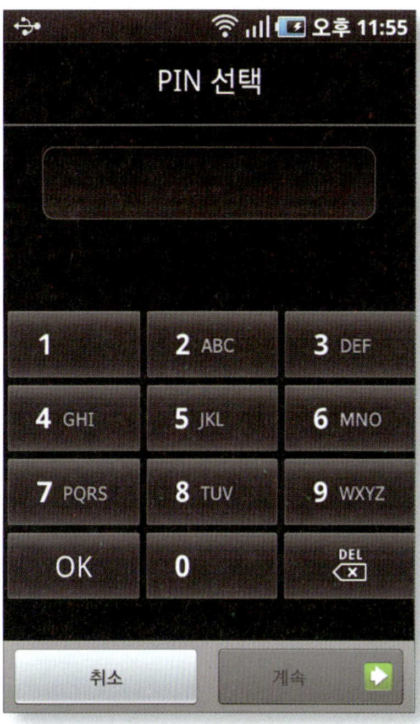

▲ PIN으로 설정하는 암호 설정 화면

▲ PIN 암호 해제 화면

▲ 비밀번호로 설정하는 암호 설정 화면

▲ 비밀번호 해제 화면

③ 암호를 모르는 경우 비상 전화 걸기

설정한 암호를 모르는 경우에는 전화를 이용할 수 없지만, 급한 경우 비상 전화는 걸 수 있습니다.

01 패턴 해제 화면에서 ✚을 오른쪽으로 밉니다.

02 [긴급전화] 목록이 나타납니다. 이 목록에 있는 곳에는 비상으로 전화를 걸 수 있습니다.

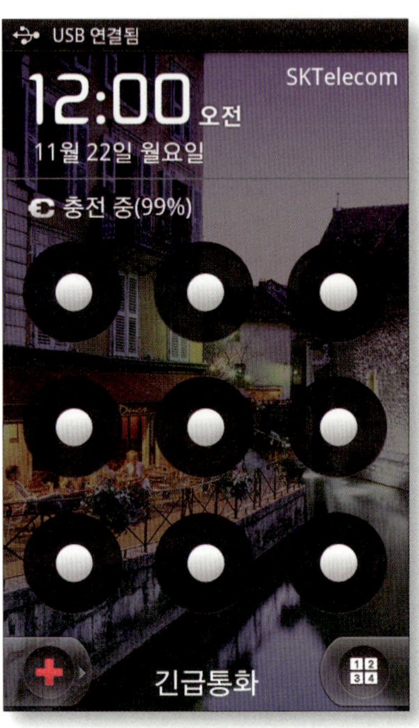

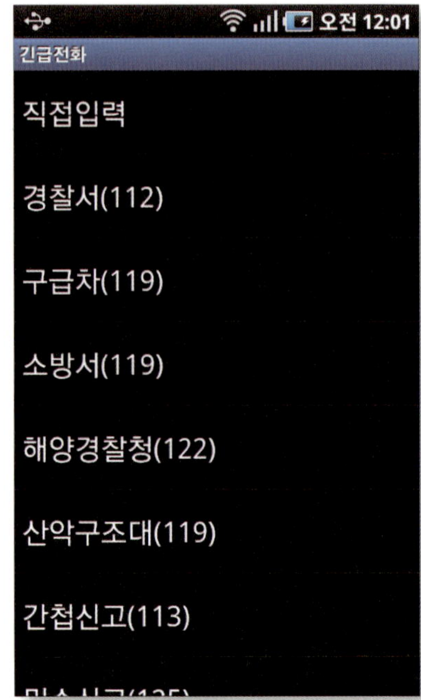

03 패턴 해제 화면에서 ▦를 왼쪽으로 밀면 [긴급통화] 화면이 표시됩니다. 알고 있는 긴급통화 전화번호를 입력하여 전화를 걸 수 있으며 긴급 전화가 아닌 경우 다음과 같은 메시지가 표시됩니다.

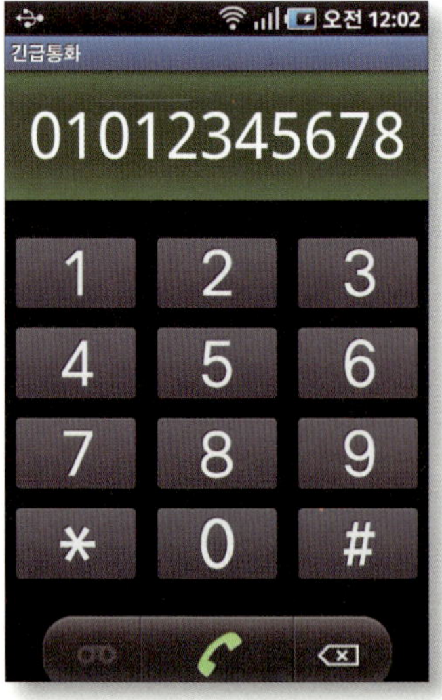

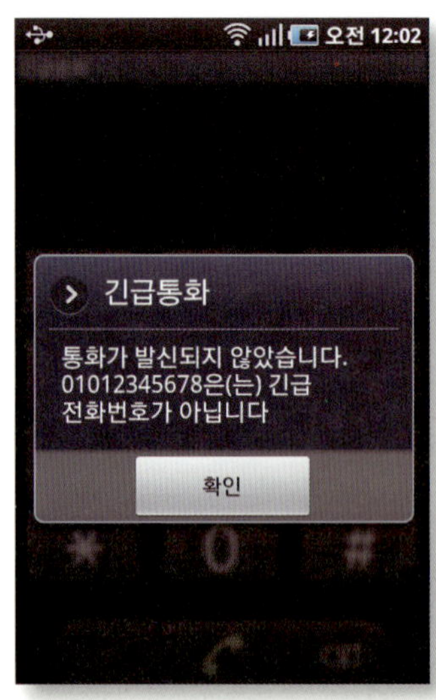

PART·4

갤럭시S 프로요
활용편

09 전화번호부 활용하기

갤 럭 시 S 프 로 요 제 대 로 쓰 기

전화번호부에는 연락처인 전화번호만이 아니라 이메일 주소, 메신저, 집주소, 생일 등의 정보를 기록할 수 있습니다. 여기서는 새로운 전화번호를 등록하는 등 전화번호에 관련된 여러 가지 기능에 대해 알아봅니다.

전화 기능 ⊙ 기억나세요? ◀━ 16쪽

① 새로운 전화번호부에 전화번호 등록하기

01 [홈] 화면에서 [최근 기록]을 터치합니다. 최근 기록 목록이 표시되면 연락처에 저장할 전화번호를 터치합니다.

02 다음과 같은 화면이 표시되면 [연락처 추가]를 터치합니다.

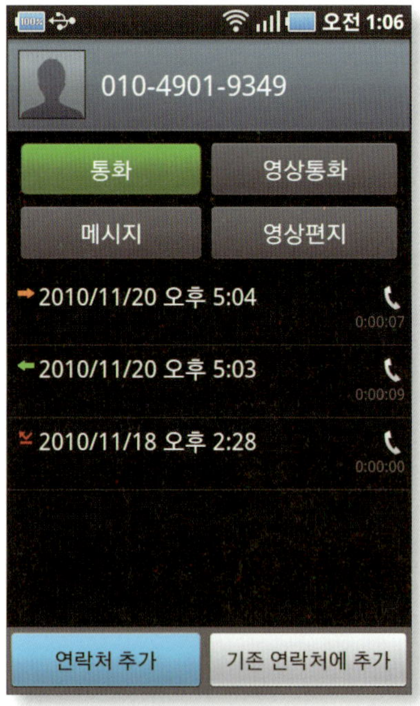

03 [전화번호부에 추가] 화면이 표시되면 [연락처 추가]를 터치합니다.

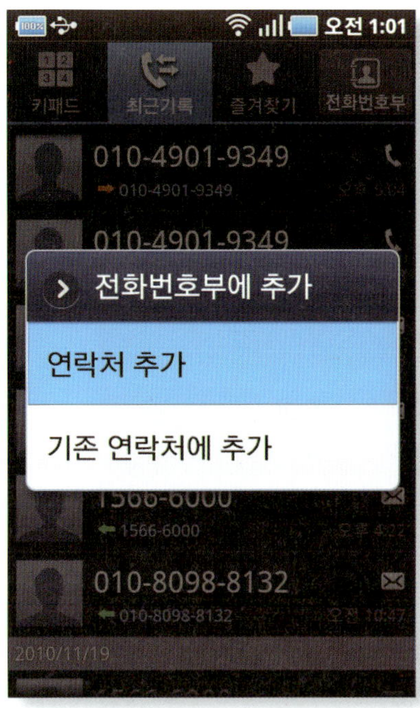

04 [전화번호 저장] 화면이 표시되면 [휴대폰]을 터치합니다.

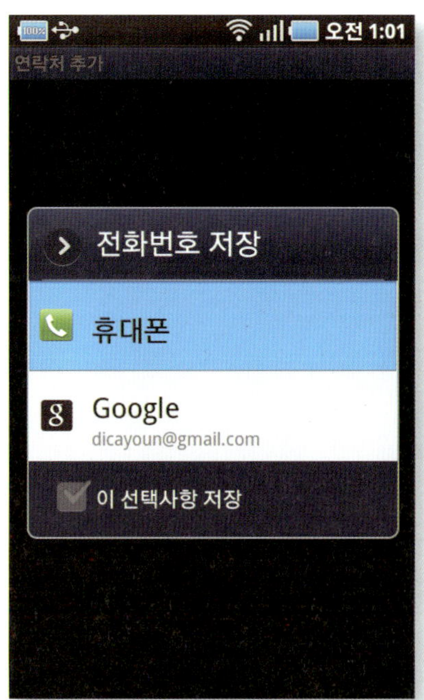

05 [연락처 추가] 화면이 나타납니다.

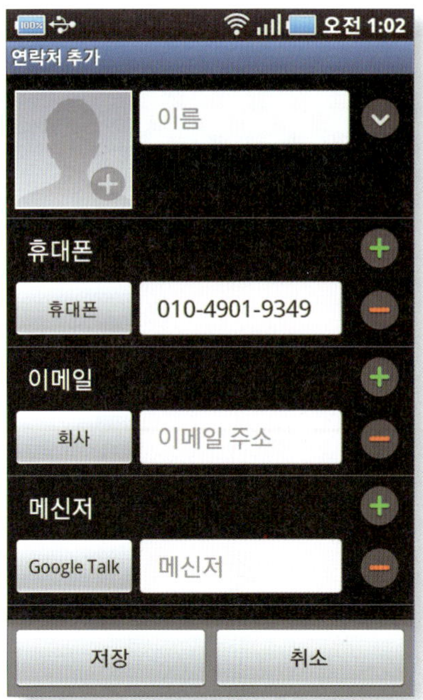

06 연락처에 입력할 내용을 모두 입력하고 [저장]을 터치합니다.

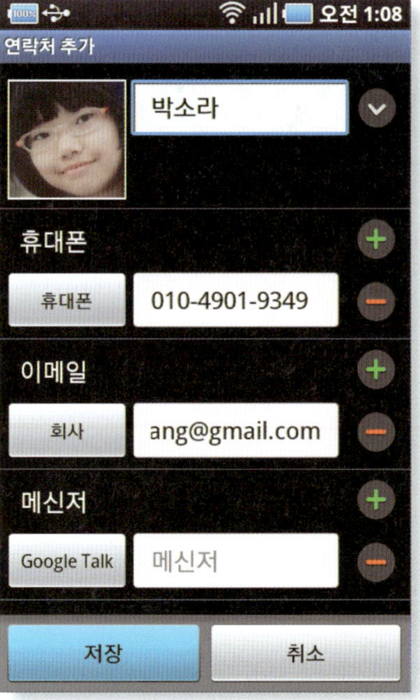

 연락처 하나가 등록되었습니다.

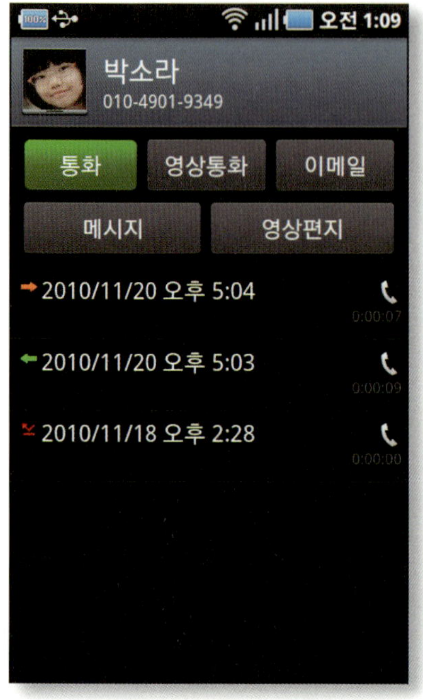

 [홈] 화면에서 [전화번호부]를 터치하여 실행한 다음 [전화번호부]를 터치하면 등록된 연락처 목록을 볼 수 있습니다.

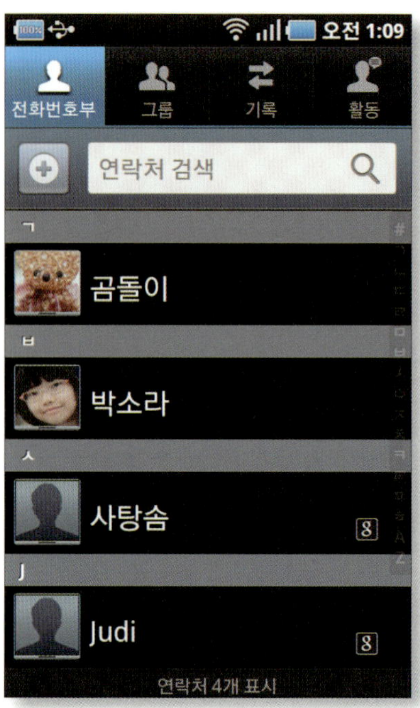

 연락처에서 선택하면 다음과 같은 화면이 표시되어 전화를 걸거나 메시지를 바로 보낼 수 있습니다.

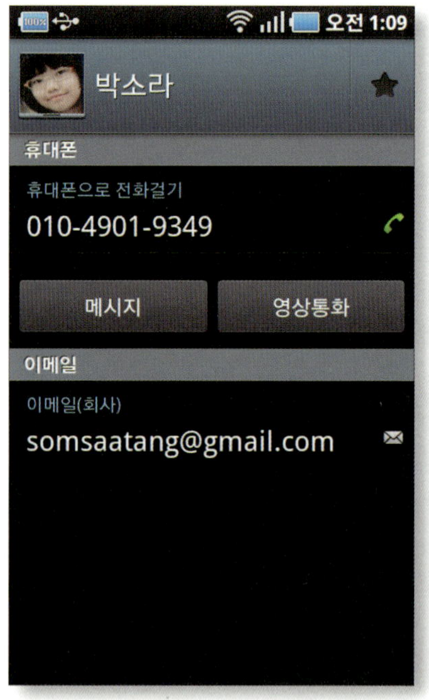

② 그룹 관리하기

연락처로 저장한 전화번호는 그룹으로 관리할 수 있습니다. [거래처]나 [가족] 등의 그룹으로 전화번호를 관리하면 이름으로 검색할 때 빠르게 찾아 사용할 수 있습니다.

01 전화번호부 화면에서 [그룹]을 터치하면 그룹별 항목이 표시됩니다. [가족] 목록에 연락처 1개가 있다는 것을 알 수 있습니다.

02 [가족]을 터치하면 가족으로 등록된 목록을 바로 확인할 수 있습니다.

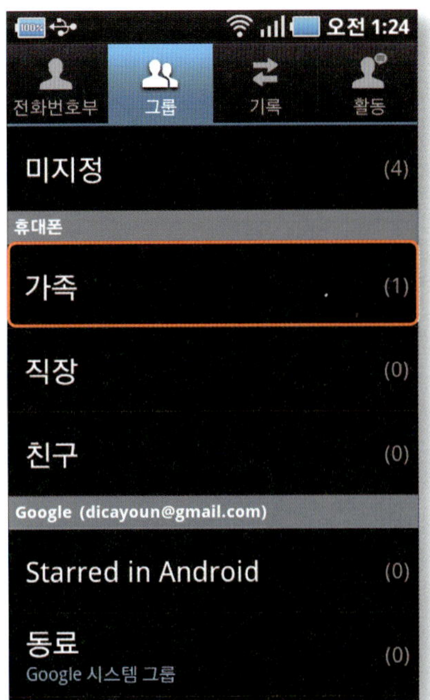

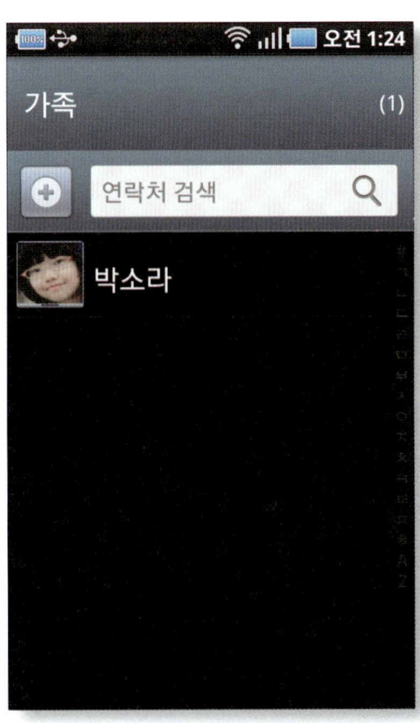

연락처 목록 검색하기

연락처로 등록되어 있는 범위 내에서 이름을 기준으로 연락처를 검색할 수 있습니다. 검색 입력 상자에 이름을 입력하면 입력한 글자와 일치하는 목록이 있는 경우 표시됩니다.

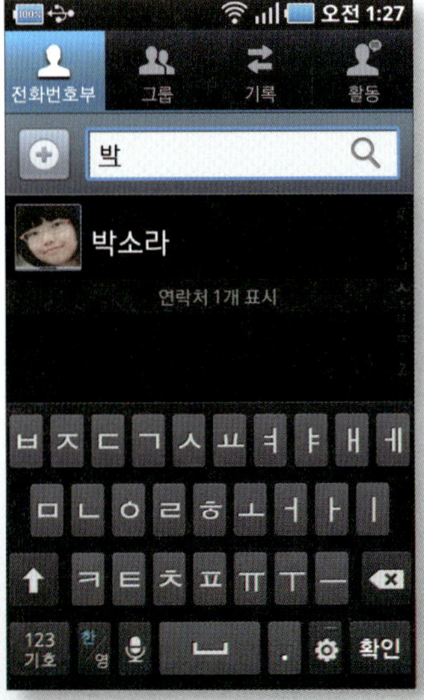

③ 최근 기록 정렬하기

최근 기록에서 부재 중 전화 목록이나 수신 전화 목록 등을 기준으로 정렬하여 볼 수 있습니다. 또한 최근 기록을 이용하면 자주 전화통화를 하는 사람에게 빠르게 전화를 걸 수 있습니다.

01 [홈] 화면에서 [최근 기록] 어플을 터치합니다. [최근 기록] 목록이 표시되면 ▤를 터치하고 [선택보기]를 터치합니다.

02 [선택 보기] 목록이 표시되면 [수신 통화]를 터치해 보겠습니다.

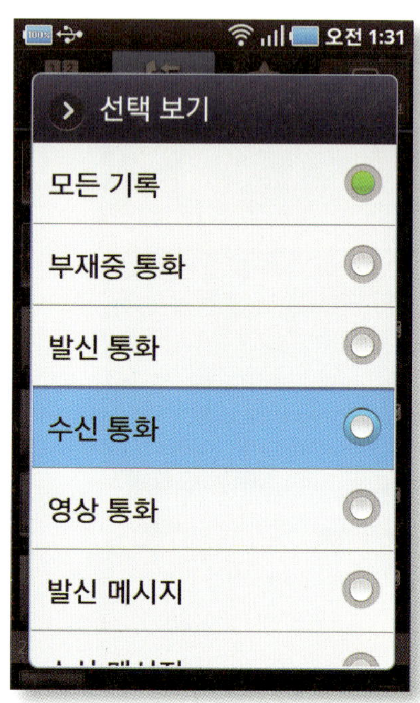

03 수신 기록만 보여집니다.

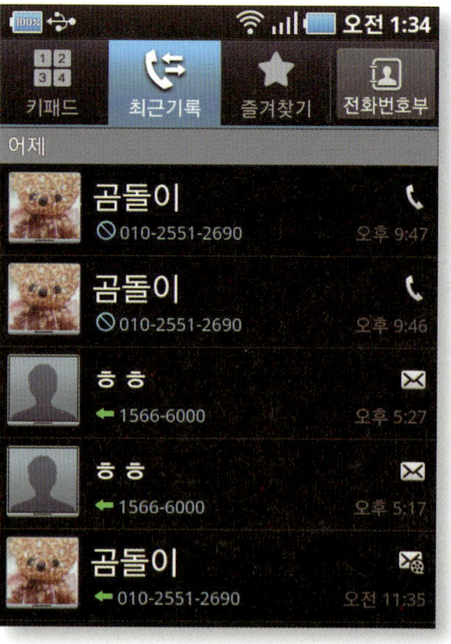

④ 최근 기록에서 목록 지우기

최근 기록 목록에서 원하는 목록만 삭제할 수 있습니다. 어떻게 하는지 알아봅니다.

`01` 최근 기록 목록이 열린 상태에서 ▤ 를 터치하여 메뉴 항목이 표시되면 [삭제]를 터치합니다.

`02` 삭제하고 싶은 기록을 터치하여 선택한 다음 [삭제]를 터치합니다.

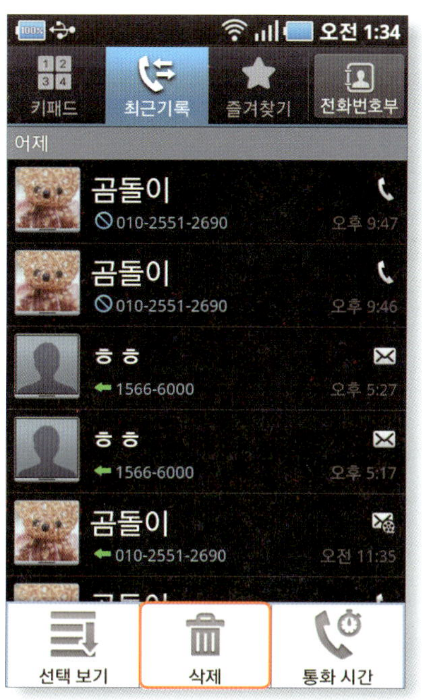

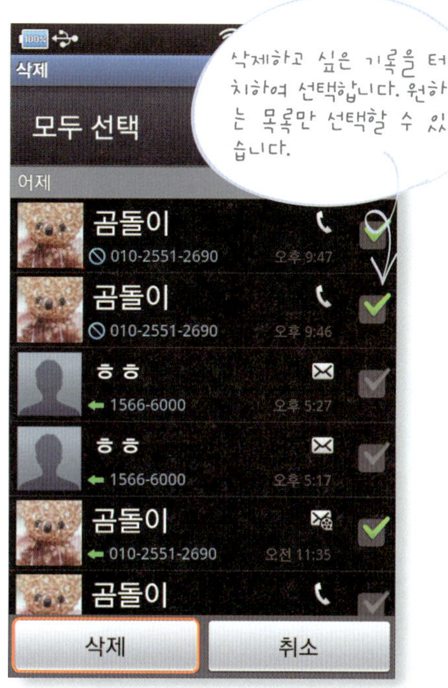

`03` [삭제] 화면이 표시되면 [확인]을 터치합니다.

`04` [최근기록]을 다시 보면 삭제한 연락처 내용은 보이지 않습니다.

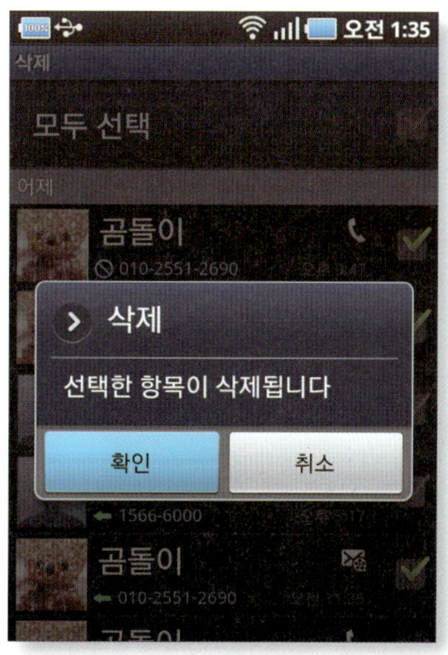

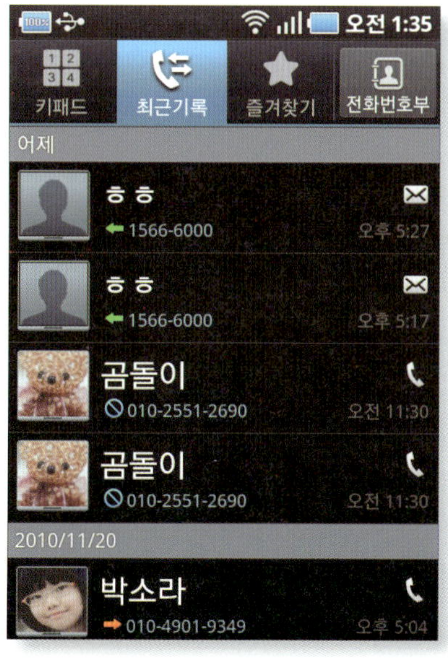

⑤ 전화번호 바로가기로 등록하여 터치 한 번으로 전화 걸기

전화번호나 메시지, 북마크 등을 바로가기로 등록해 두면 쉽게 전화를 걸거나 메시지를 보낼 수 있습니다. 필요에 따라 바로가기를 폴더 안에 넣고 사용하면 쉽게 원하는 상대방을 찾을 수 있습니다. 여기서는 전화번호를 등록하는 방법에 대해 알아보겠습니다. 나머지도 같은 방법으로 이용합니다.

01 [홈] 화면을 꾸욱 눌러 [홈 화면에 추가] 화면이 표시되면 [바로가기]를 터치합니다.

02 [바로가기 선택] 화면이 표시되면 [바로 전화 걸기]를 터치합니다.

03 연락처 목록이 표시되면 바로가기로 등록할 연락처를 터치합니다.

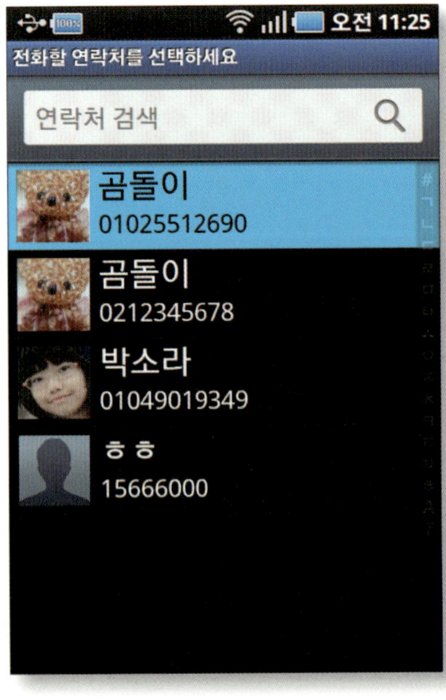

04 화면에 곰돌이 연락처가 등록되었습니다. 이 바로가기 아이콘을 터치하면 휴대폰으로 바로 전화가 걸립니다.

05 다음은 집과 직장의 전화번호, 연락처 자체, 메시지를 각각 바로가기로 등록하여 폴더에 넣어둔 모습입니다.

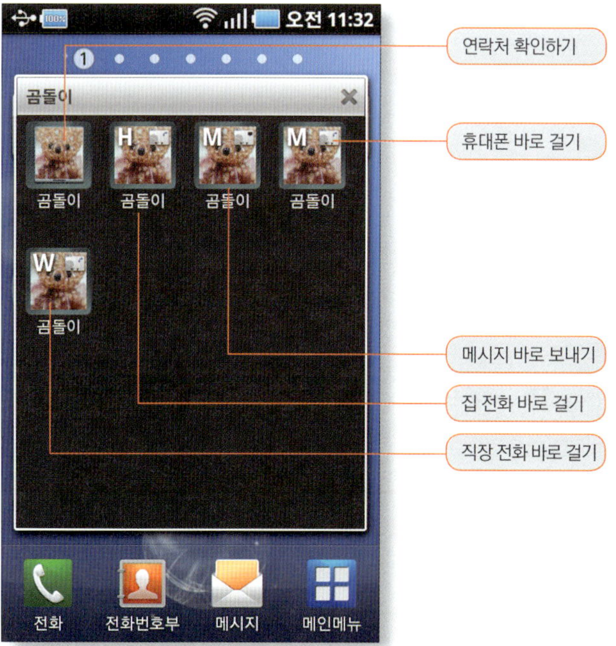

10 연락처 가져오기

아웃룩이나 다른 구글 계정에 저장되어 있는 연락처 목록을 갤럭시S 프로요로 가져올 수 있습니다. 만일 여러 곳에서 연락처를 관리하고 있었다면 이번 기회에 갤럭시S 프로요로 모아보는 것은 어떨까요?

① Kies에서 아웃룩 전화번호 목록 가져오기

아웃룩과 같이 컴퓨터에서 관리하는 연락처의 데이터를 갤럭시S 프로요에서도 그대로 사용할 수 있습니다.

01 컴퓨터를 실행하고 아웃룩의 연락처 화면을 연 모습입니다. 등록되어 있는 6개의 연락처 주소록을 모두 갤럭시S 프로요의 연락처와 동기화하겠습니다.

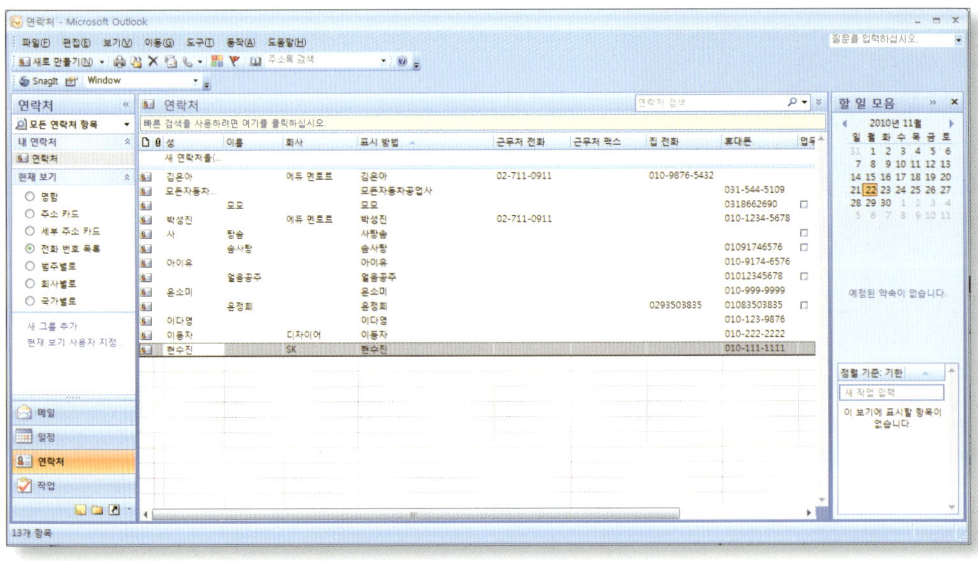

02 : Kies 프로그램을 실행한 다음 [전화번호부] 아이콘을 클릭하여 실행합니다. [전화번호부] 가 실행되면 [아웃룩 동기화] 단추를 클릭합니다.

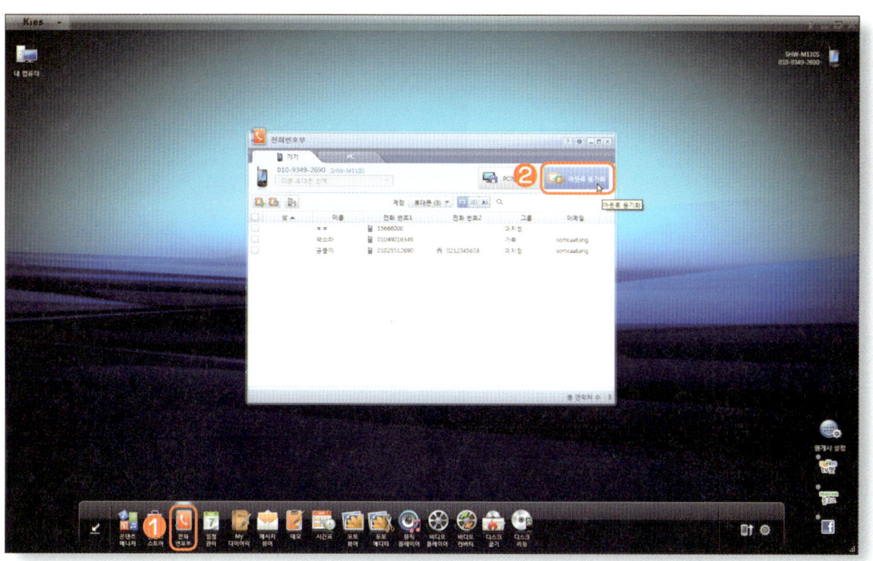

03 : [아웃룩 동기화] 대화상자가 표시되면 [예] 단추를 클릭하여 동기화를 합니다.

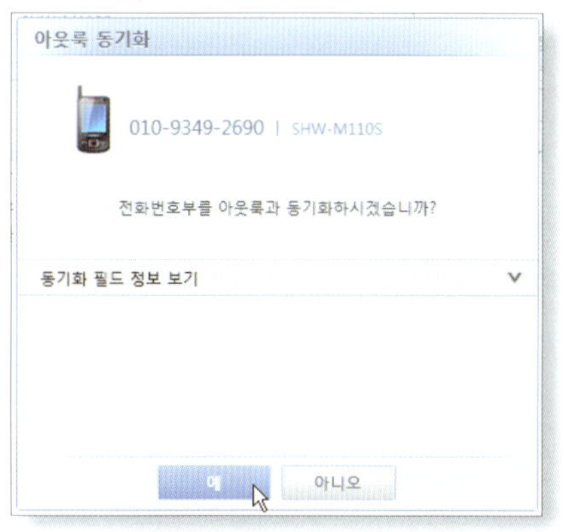

04 : 동기화가 끝나면 [확인] 단추를 클릭합니다.

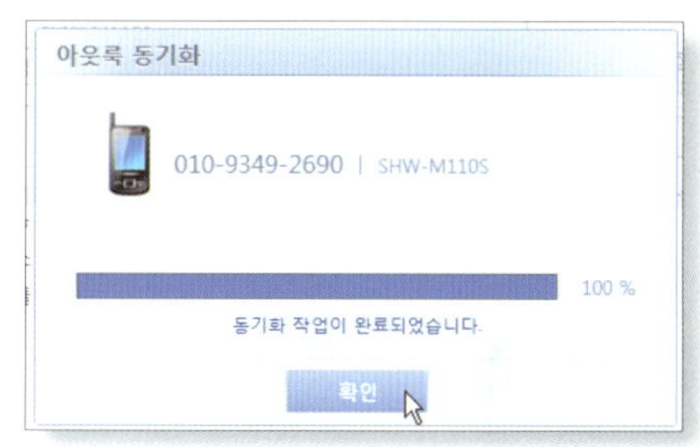

05 : 전화번호부에 아웃룩의 연락처가 동기화되어 목록이 표시됩니다.

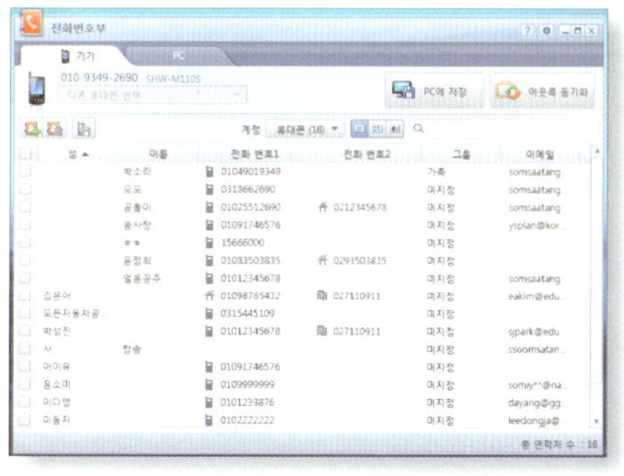

06 갤럭시S 프로요에서 연락처를 선택하면 아웃룩의 연락처 데이터가 들어와 있는 것을 확인할 수 있습니다.

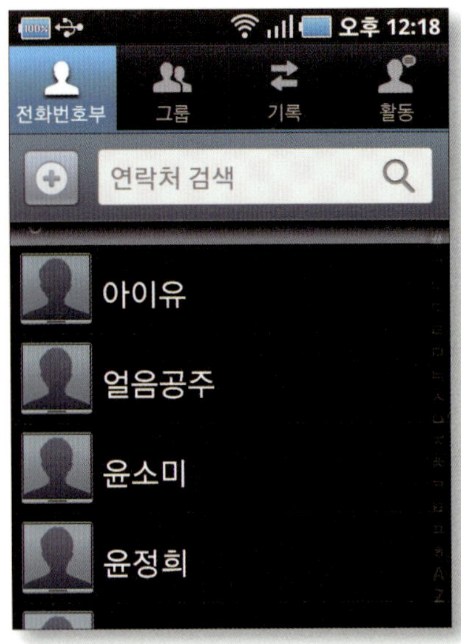

구글 계정 설정하기 ⊙ 이어 보면 좋아요! ▶ 181쪽

② 지메일 계정에 있는 연락처 동기화하여 갤럭시S 프로요로 가져오기

앞에서 지메일 계정을 동기화하였다면 지메일 주소록에 있는 연락처는 자동으로 가져와집니다. 이 기능은 따로 설정할 필요가 없고 동기화 설정만 되어 있으면 됩니다.

01 [메인메뉴]-[환경 설정]-[계정 및 동기화]를 터치합니다.

02 다음 화면과 같이 [계정 관리] 부분에 지메일이 설정되어 있고, [자동 동기화]에 체크되어 있으면 됩니다.

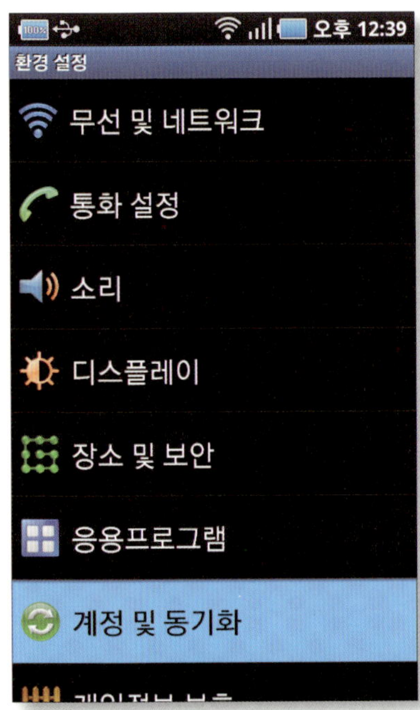

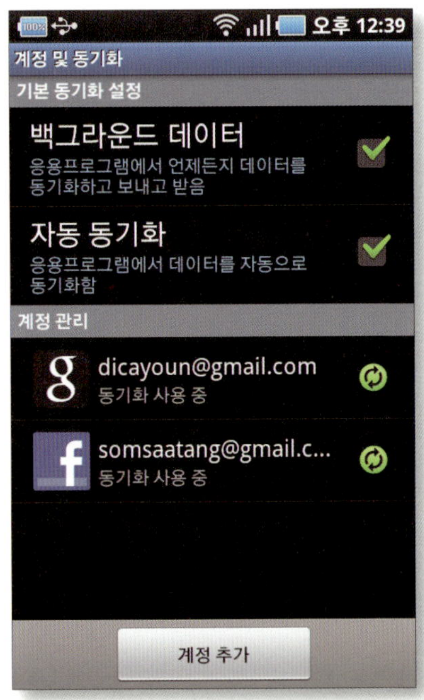

③ 다른 지메일 계정에서 연락처 가져오기

지메일 계정을 두 개 이상 가지고 있는 경우 핸드폰의 계정으로 등록한 지메일로 다른 지메일 계정의 연락처를 가져오는 방법입니다.

01 먼저 가져올 연락처가 있는 지메일에 로그인한 다음 [주소록]을 클릭합니다. 주소록 화면이 표시되면 [추가기능]-[내보내기]를 클릭합니다.

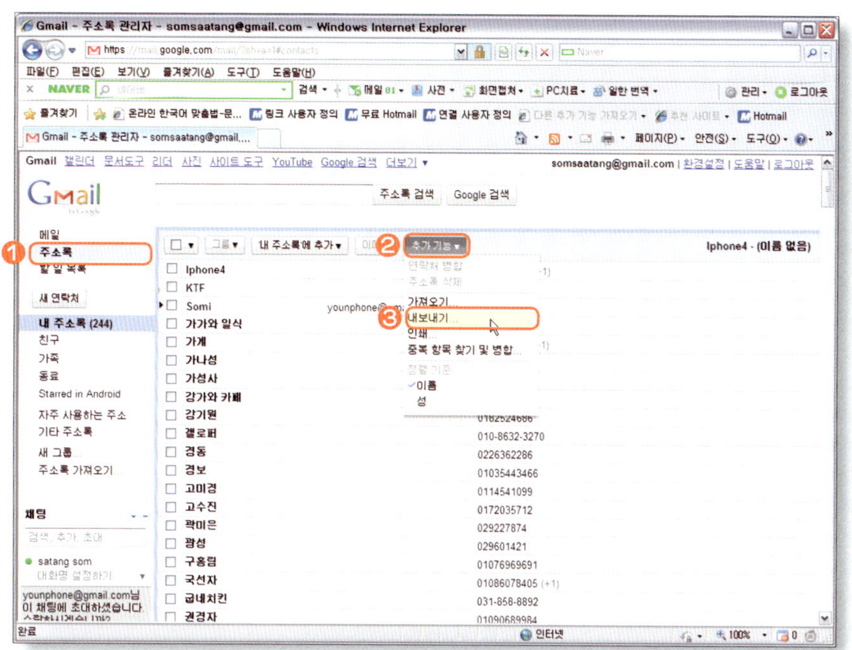

02 [주소록 내보내기] 화면이 표시되면 내보낼 주소록 목록을 선택합니다. 여기서는 [그룹]에서 [친구]를 선택하였습니다. 내보낼 형식은 [Google CSV 형식(Google 계정으로 가져오기용)]을 선택하고 [내보내기]를 클릭합니다.

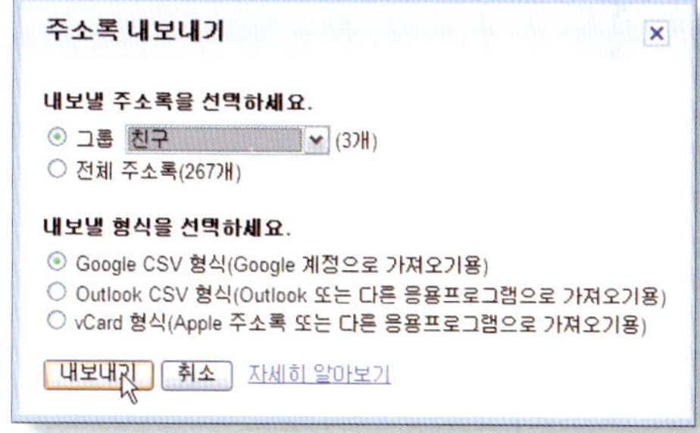

03 [파일 다운로드] 대화상자가 나타나면 [저장]을 클릭합니다.

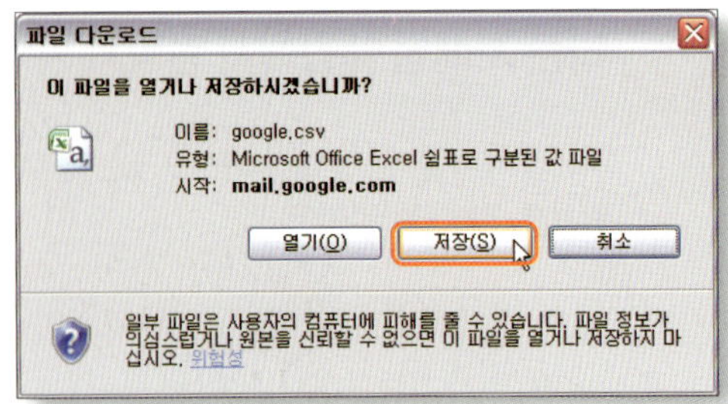

04 [다른 이름으로 저장] 대화상자가 나타나면 파일을 저장할 폴더를 지정하고 [저장] 단추를 클릭합니다.

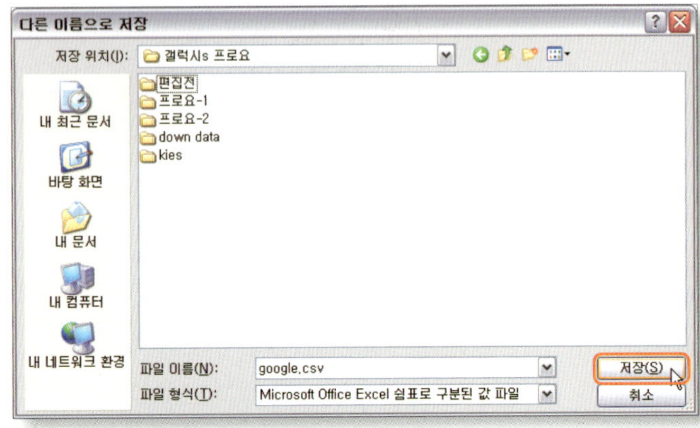

05 파일의 다운로드가 끝나고 다음과 같은 대화상자가 나타나면 [닫기] 단추를 클릭합니다.

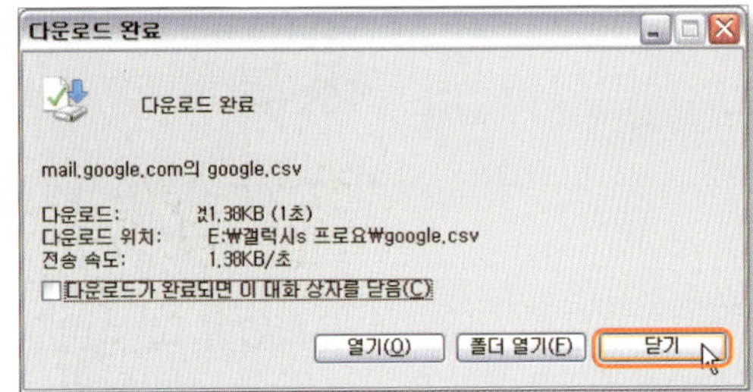

06 이제 휴대폰에 등록한 지메일 계정으로 다시 로그인한 다음 [주소록]-[추가기능]-[가져오기]를 클릭합니다.

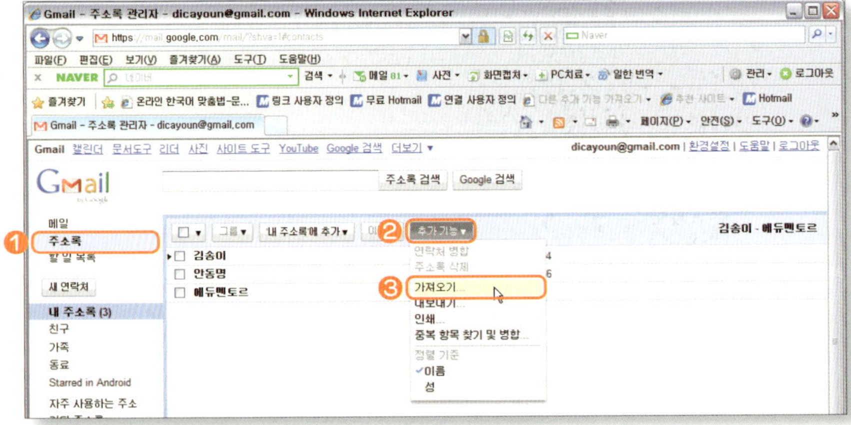

07 [주소록 가져오기] 화면이 표시되면
[찾아보기] 단추를 클릭합니다. [업로드할 파
일 선택] 대화상자가 나타나면 앞에서 저장한
폴더에서 파일을 선택한 다음 [열기] 단추를
클릭합니다.

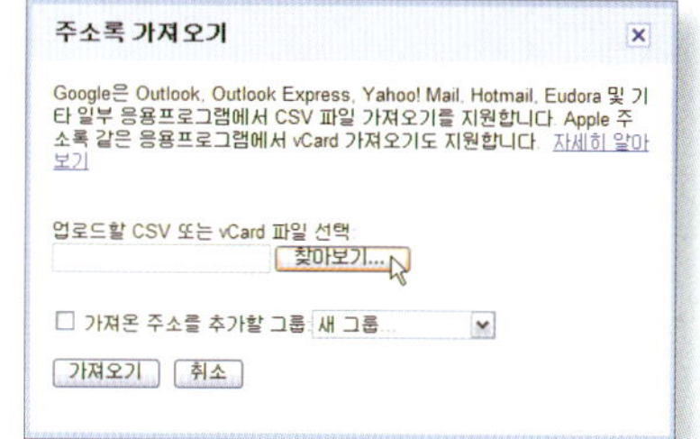

08 다시 [주소록 가져오기] 대화상자로
돌아오면[가져오기] 단추를 클릭합니다.

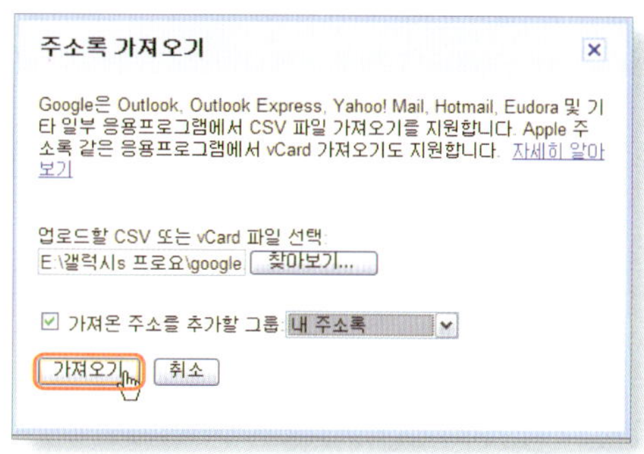

09 주소록을 모두 가져왔다는 메시지
가 표시되면[확인] 단추를 클릭합니다.

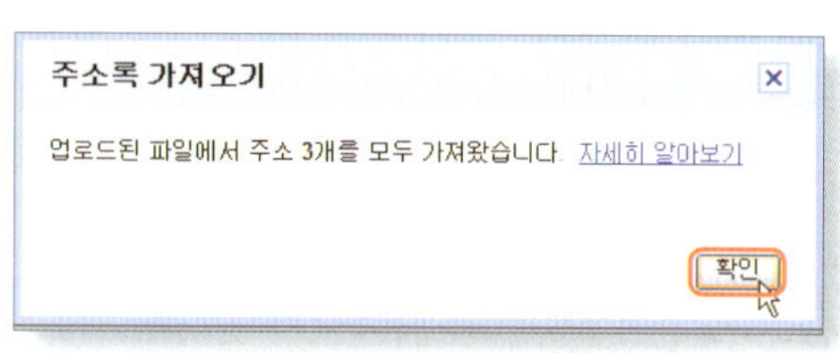

10 전화번호부를 확인해 보면 자동으
로 동기화가 되어 연락처가 표시되어 있습
니다.

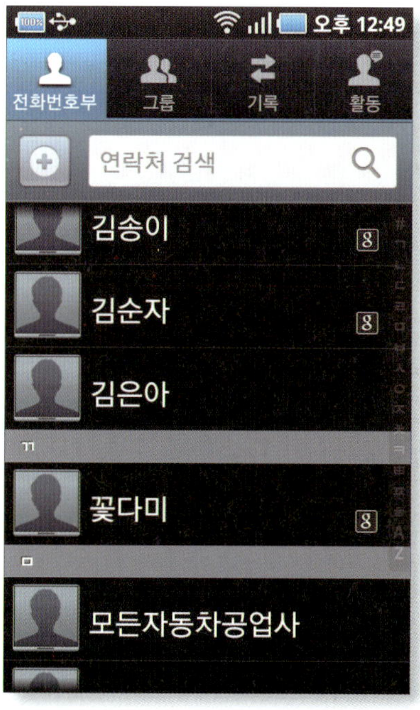

11 수신 거부로 설정하기

전화를 받고 싶지 않은 상대가 있다면 수신 거부로 설정하여 전화가 와도 벨이 울리지 않도록 설정할 수 있습니다. 걸려온 전화는 [최근기록]에 받지 않은 상태로 표시됩니다. 수신 거부로 등록한 상대방이 문자를 보내는 것은 아무런 제약 없이 받을 수 있습니다.

01 [홈] 화면에서 [최근기록]을 터치하여 실행합니다.

02 수신 거부로 등록할 연락처를 터치합니다.

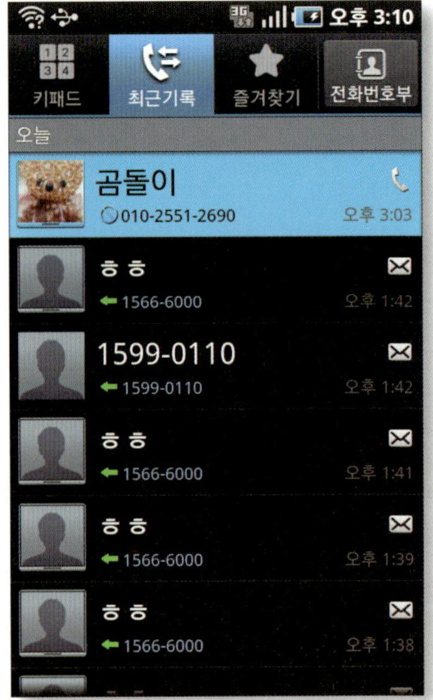

03 를 터치하여 메뉴가 표시되면 [수
신 거부 목록에 추가]를 터치합니다. 해당 연
락처가 수신 거부 목록에 등록되었습니다.

04 수신 거부로 등록한 사람에게 연락
이 오면 화면에 다음과 같이 표시되며 벨소리
는 울리지 않습니다. 전화를 거는 상대방은 계
속 벨이 울리는 상태가 됩니다.

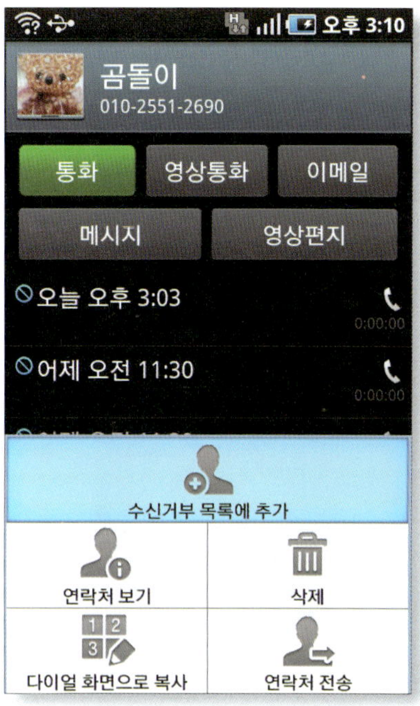

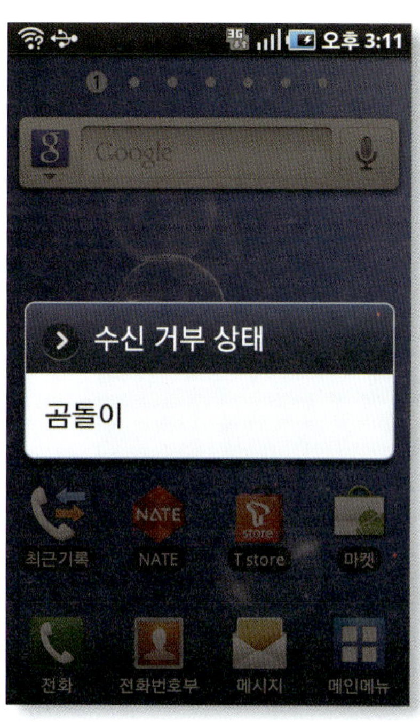

05 수신 거부 목록을 확인하려면 [메인
메뉴]-[환경 설정]-[통화 설정]을 터치합니다.

06 [통화 설정] 화면이 표시되면 [자동
수신 거부]를 터치합니다.

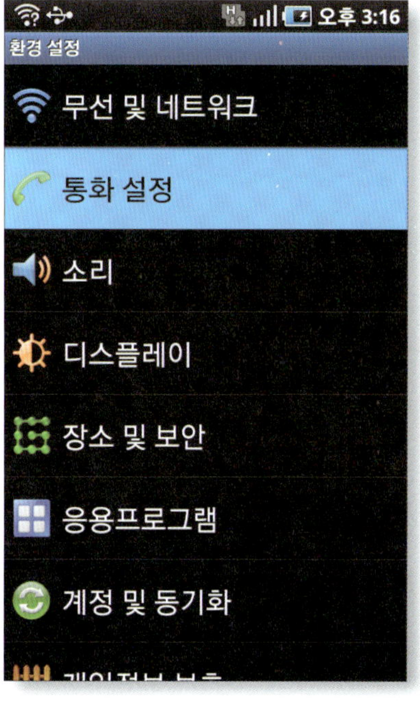

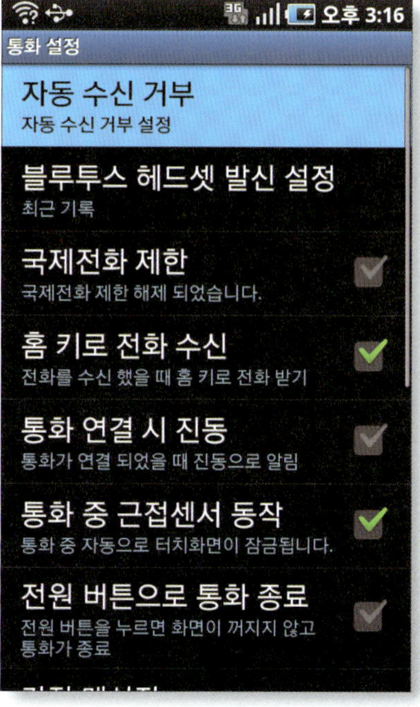

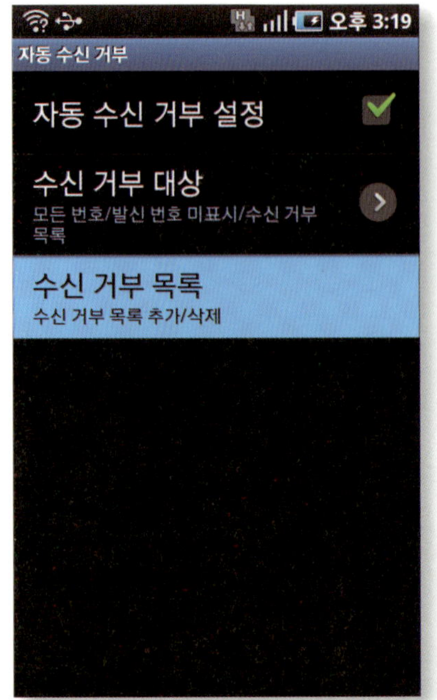

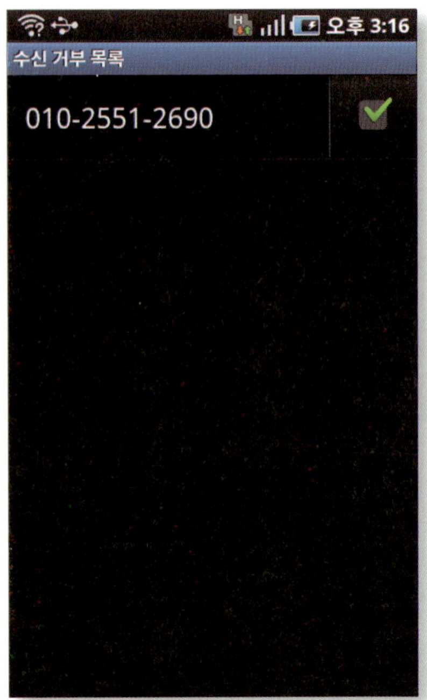

09 목록에서 수신 거부로 등록한 연락처를 다시 터치하여 체크가 해제되면 수신 거부가 되지 않고 정상적으로 전화벨이 울립니다.

메시지 스팸 설정 기능 ☺ 이어 보면 좋아요! ▶▶ 157쪽

발신번호 표시 제한 설정하기

내가 전화를 걸 때 상대방에게 [발신번호 표시 제한]이라고 표시되도록 하는 기능이 있습니다. 어떻게 하는지 알아보겠습니다.

❶ [메인메뉴]-[환경 설정]-[통화 설정]을 터치합니다.

❷ [통화 설정] 화면이 표시되면 [추가 설정]을 터치합니다.

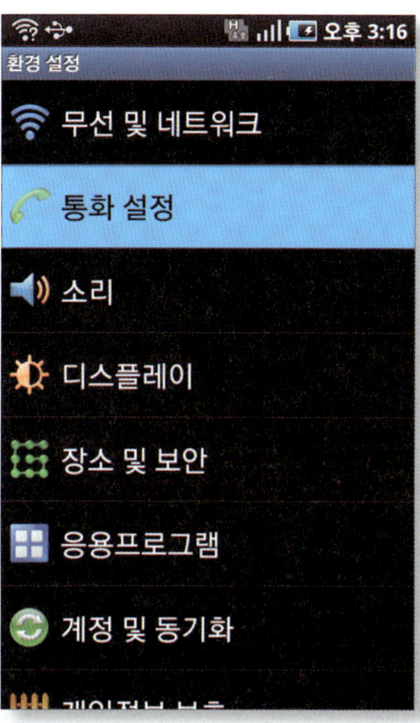

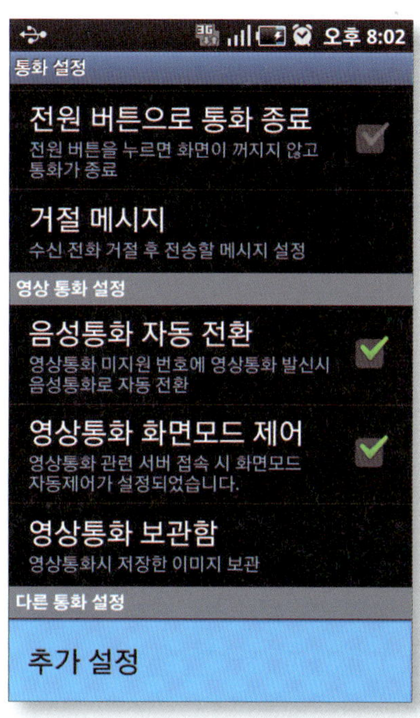

❸ [추가 설정] 화면이 표시되면 [발신자 ID]를 터치합니다.

❹ [발신자 ID] 화면이 표시되면 [발신번호표시 제한]을 터치하면 됩니다.

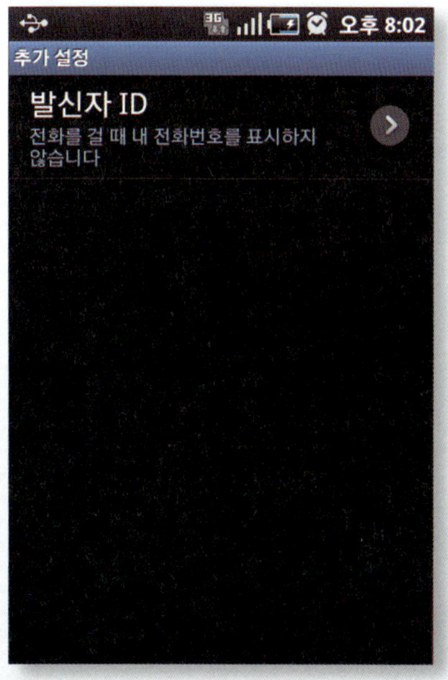

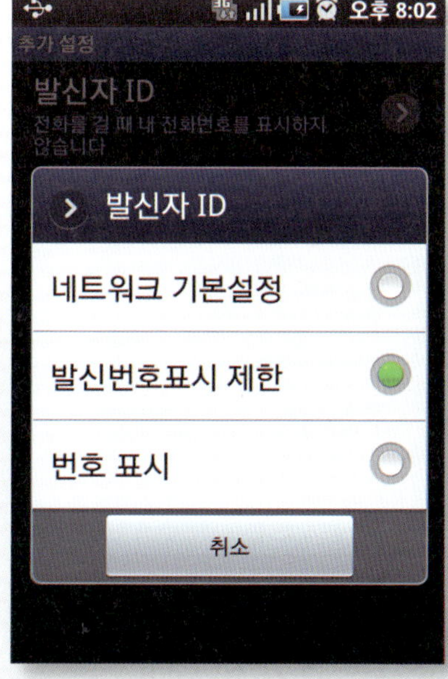

12 메시지 주고받기

가볍게 문자만 주고받는 것은 SMS, 사진이나 비디오를 첨부하여 문자를 주고받는 것은 MMS라고 합니다. 보통 짧은 문자, 긴 문자라고도 하는데 이러한 문자를 주고받는 메시지 기능에 대해 알아봅니다.

메시지 주고받기 ⊙ 기억나세요? ◀━ 21쪽

① 메시지 꾸미기

01 메시지를 입력하는 곳을 터치한 다음 ▣을 터치합니다. 나타나는 메뉴에서 [메시지 꾸미기]를 터치합니다.

02 [메시지 꾸미기] 화면이 표시되면 꾸미고 싶은 항목을 터치합니다. 여기서는 [편지지]를 터치해 보겠습니다.

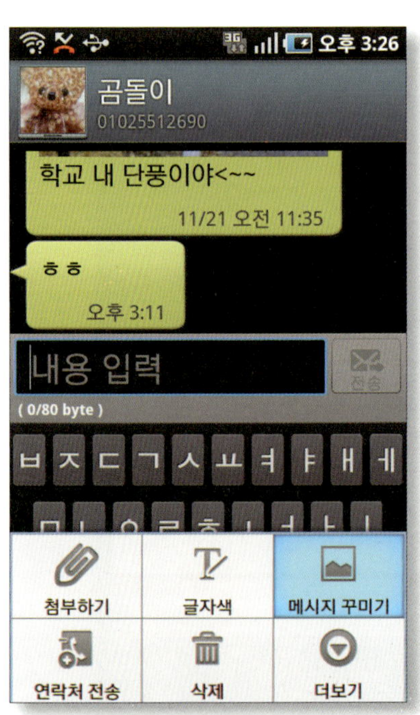

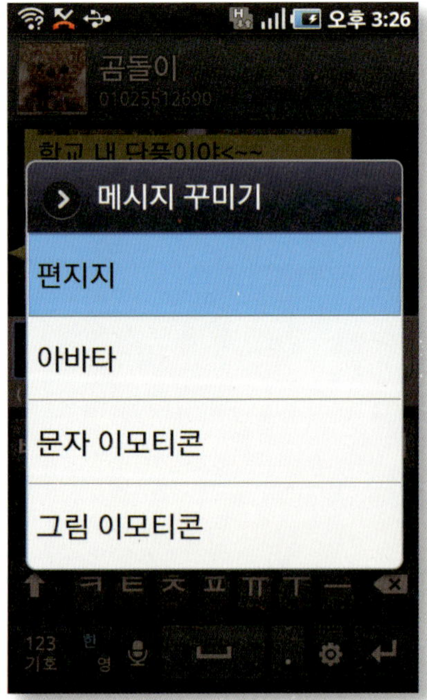

03 [편지지] 화면이 표시되면 편지지 모양을 선택합니다. 여기서는 [그림 편지지]를 선택했습니다.

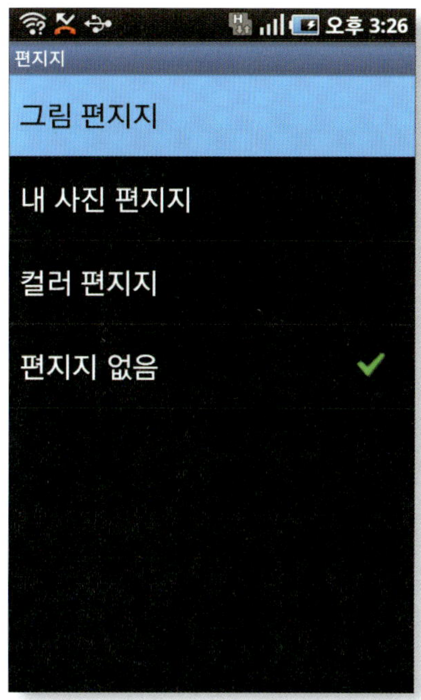

04 [그림 편지지] 화면이 표시되면 [축하해요]를 선택하고 [해피 크리스마스]를 터치합니다.

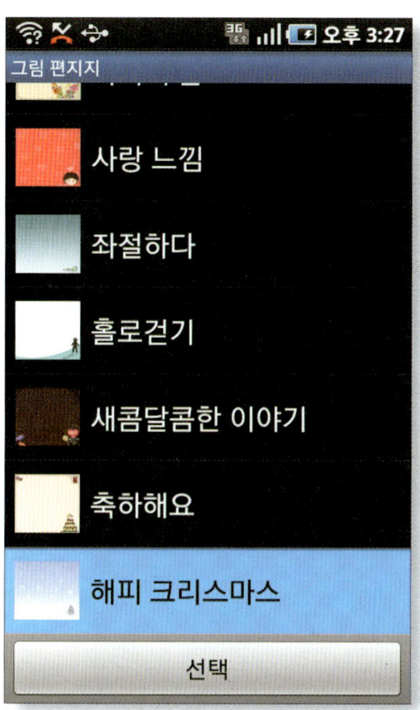

05 편지지 모양이 마음에 들면 [확인]을 터치합니다.

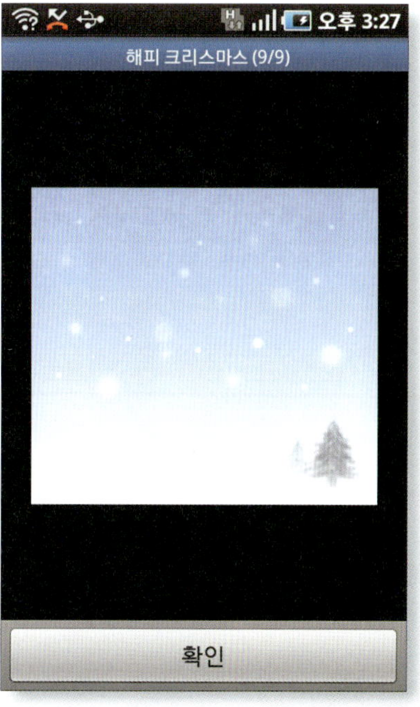

06 메시지 입력 화면이 표시됩니다.

07 메시지 내용을 입력하고 [전송]을 터치합니다.

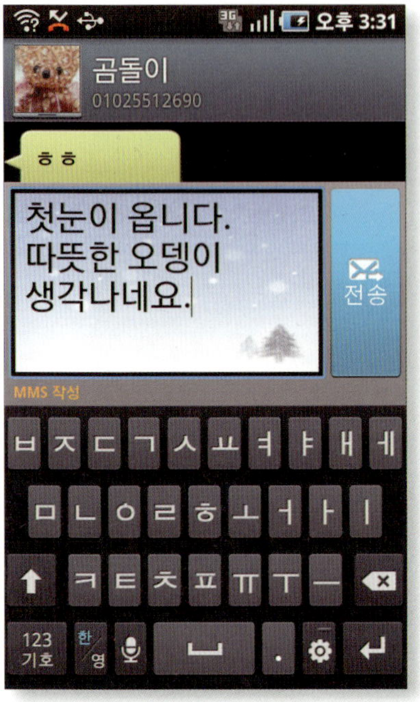

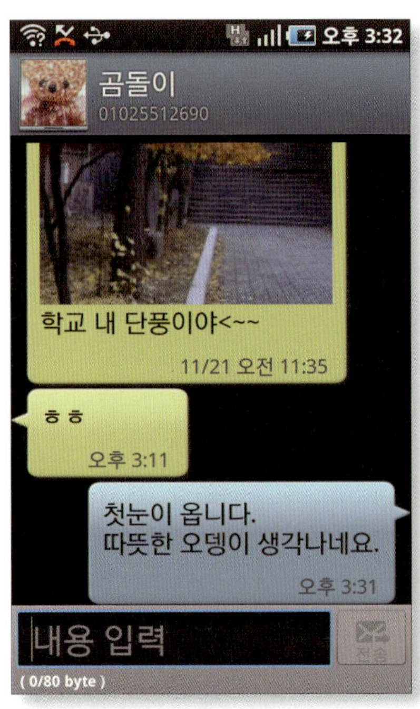

08 메시지를 보냈습니다. 보내는 사람의 화면에는 이렇게 표시되지만 받는 사람에게는 편지지 메시지가 전송됩니다.

문자 입력하기 ⊙ 기억나세요? ◀ 69쪽

2 이모티콘을 넣어 메시지 작성하기

01 메시지 화면에서 ▤를 터치하여 메뉴가 표시되면 [메시지 꾸미기]를 터치합니다.

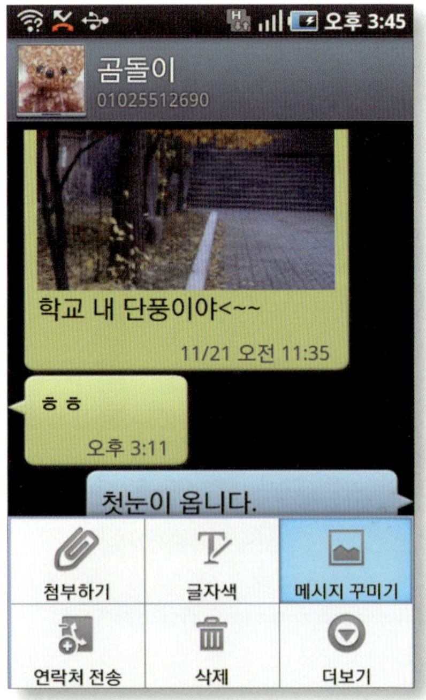

02 [메시지 꾸미기] 화면이 표시되면 [문자 이모티콘]을 터치합니다.

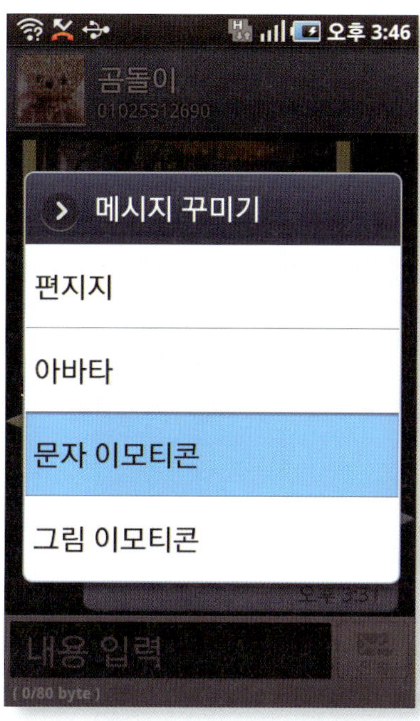

03 [문자 이모티콘] 화면이 표시되면 원하는 내용을 선택합니다. 여기서는 [날씨/계절]을 터치합니다.

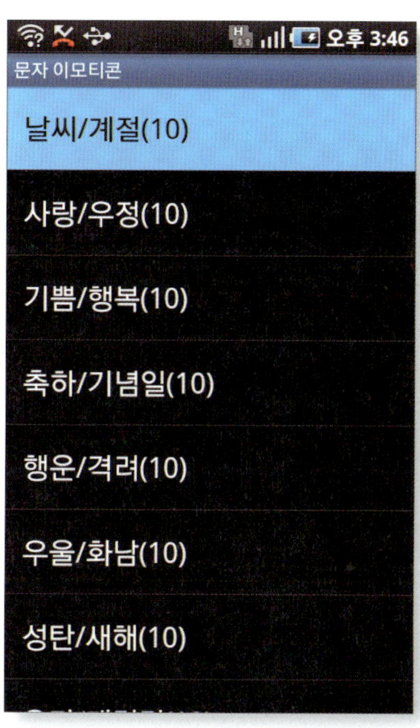

04 [날씨/계절]에 해당하는 내용을 하나 터치합니다.

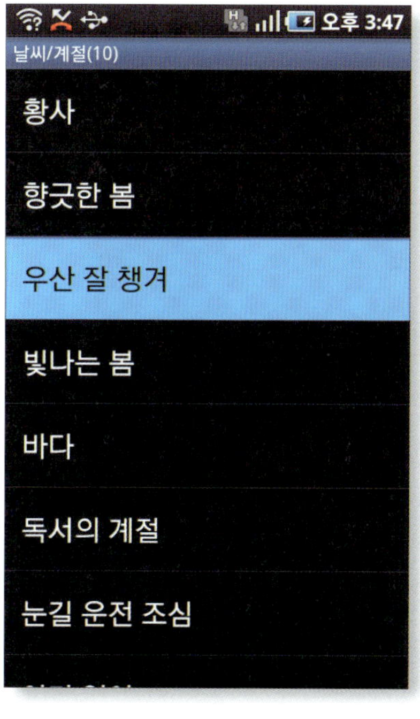

05 문자 이모티콘 내용을 확인한 다음 [확인]을 터치합니다.

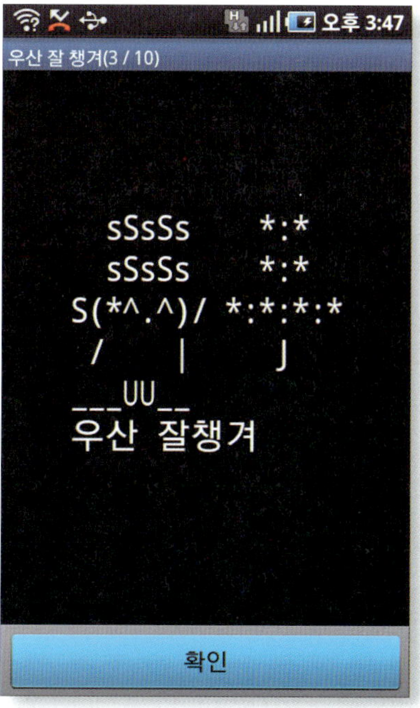

06 메시지 내용이 입력되면 [전송]을 터치하여 보내면 됩니다.

 그림 이모티콘 이용하기

그림 이모티콘을 선택하면 다음과 같은 화면이 표시됩니다. 원하는 이모티콘을 선택한 다음 [확인]을 터치하면 메시지 내용으로 입력됩니다.

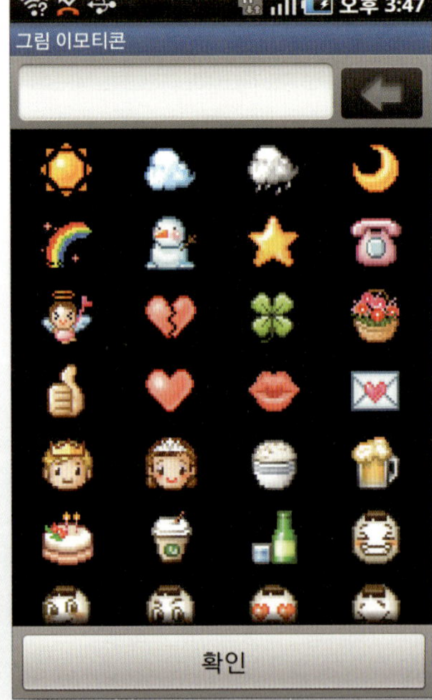

 메시지 목록 삭제하기

메시지를 지우는 방법에 대해 알아봅니다. 각 메시지 별로 선택하여 지울 수 있으며 전체를 선택하여 한 번에 모두 지울 수도 있습니다.

`01` 메시지 목록에서 ▭를 터치하면 나타나는 메뉴 항목에서 [삭제]를 터치합니다.

`02` 각 메시지 목록 옆에 ☑이 표시됩니다. 지우고 싶은 메시지를 터치하여 선택한 다음 [삭제]를 터치합니다.

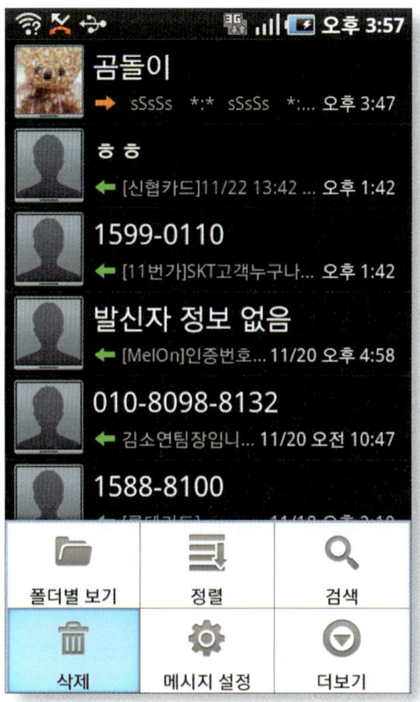

`03` [삭제] 확인 화면이 표시되면 [예]를 터치합니다. 선택한 메시지가 삭제됩니다.

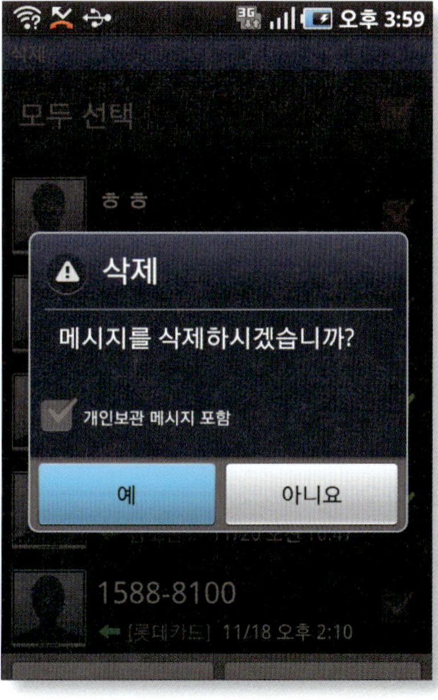

전체 선택하기
[모두 선택] 옆의 ☑을 터치하면 메시지 목록 전체가 한 번에 선택됩니다.

④ 메시지 내용 자체 삭제하기

메시지 목록을 삭제하는 것이 아니라 메시지 내용 중 필요없는 메시지만 삭제하는 기능이 있습니다. 메시지 내용 중 불필요한 내용만 지워야 할 때 유용한 기능입니다.

01 메시지 내용 화면에서 □를 터치하여 메뉴가 표시되면 [삭제]를 터치합니다.

02 메시지 내용 옆의 ☑를 터치하여 선택한 다음 [삭제]를 터치합니다.

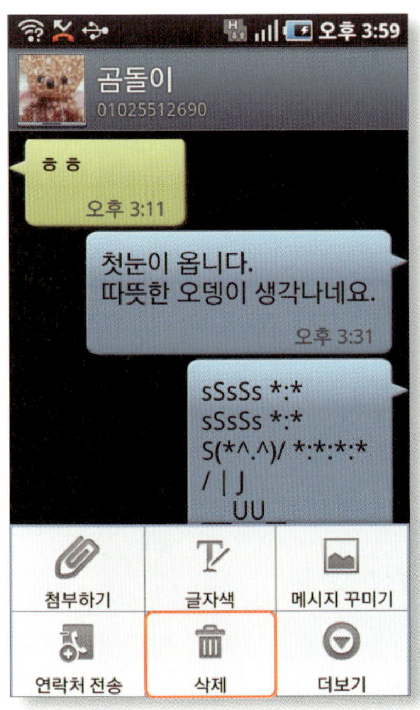

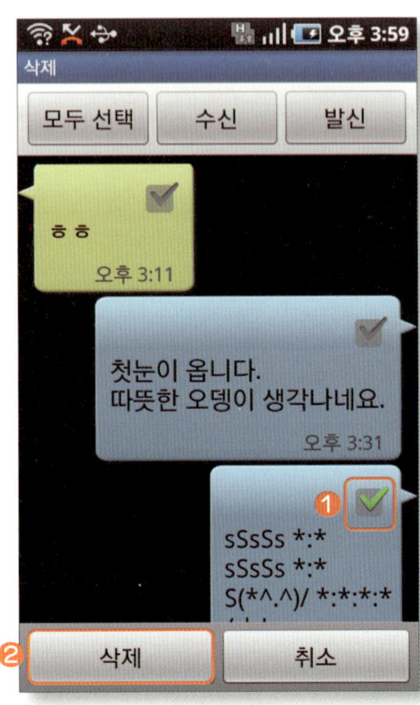

03 [삭제] 확인 화면이 표시되면 [예]를 터치합니다. 선택한 메시지가 삭제됩니다.

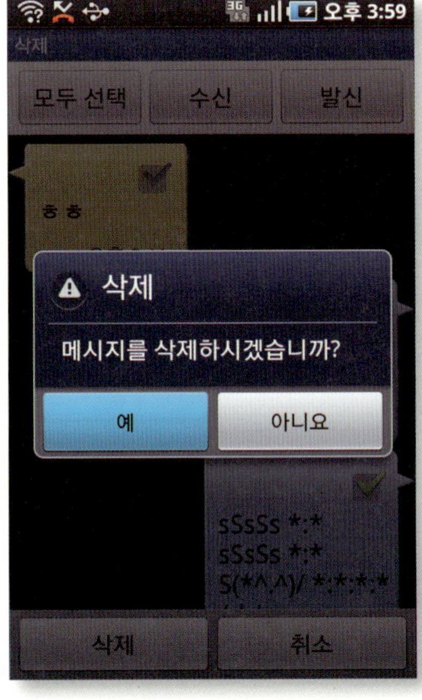

⑤ 스팸으로 등록하기/해제하기

받고 싶지 않은 전화번호를 스팸으로 등록하여 아예 문자를 받지 않도록 설정할 수 있습니다. 스팸으로
등록하는 경우 전화는 받을 수 있습니다.

`01` 스팸으로 등록할 문자 메시지 내용을
표시한 다음 █를 터치합니다.

`02` 메뉴가 표시되면 [더보기]를 터치합
니다.

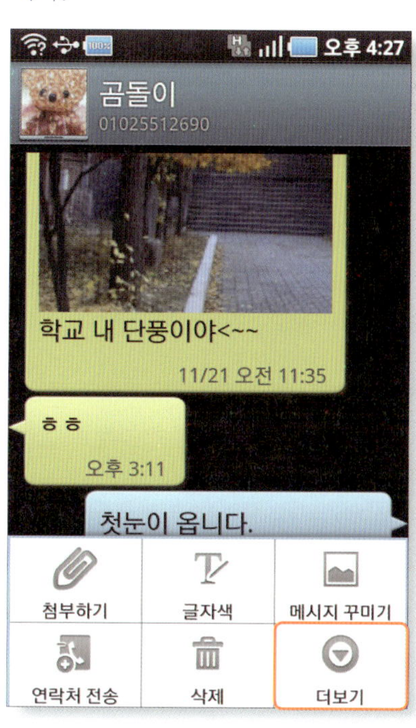

`03` [더보기] 화면이 표시되면 [스팸번호
등록]을 터치합니다.

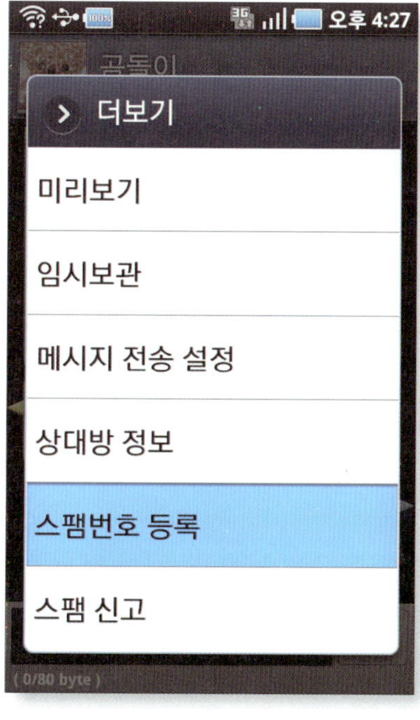

153

04 [알림]이 표시되면 [확인]을 터치합니다. 선택한 연락처의 문자가 스팸으로 등록되었습니다.

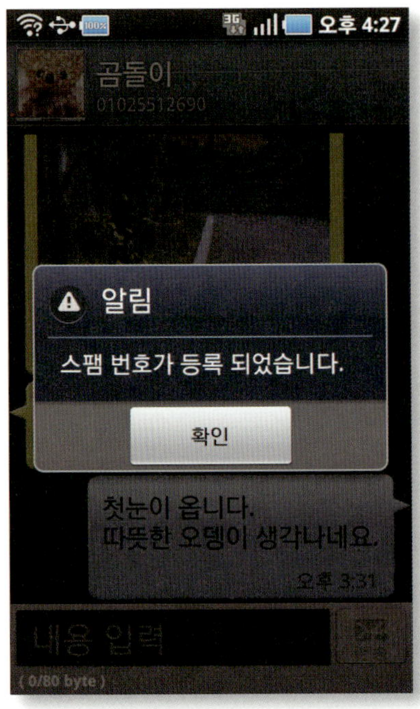

05 만일 스팸으로 등록한 번호를 다시 해제하고 싶다면 메시지 목록 화면에서 를 터치하여 [메시지 설정]을 터치합니다.

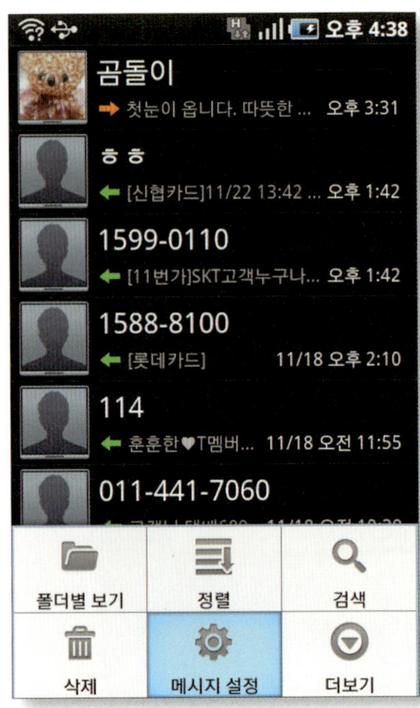

06 [메시지 설정] 화면이 표시되면 [스팸차단 설정]을 터치합니다.

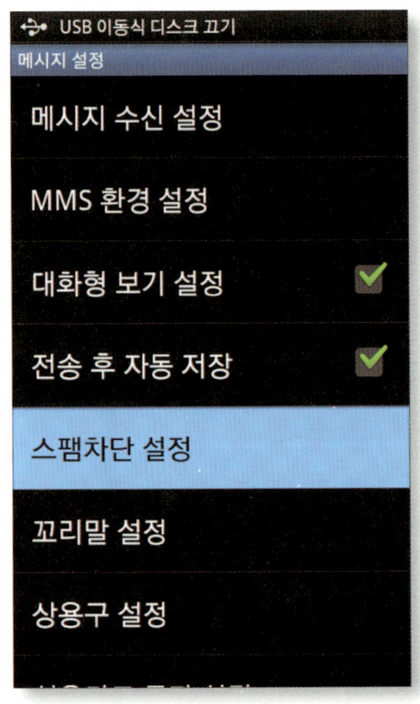

07 [스팸차단 설정] 화면이 표시되면 [스팸번호 등록]을 터치합니다.

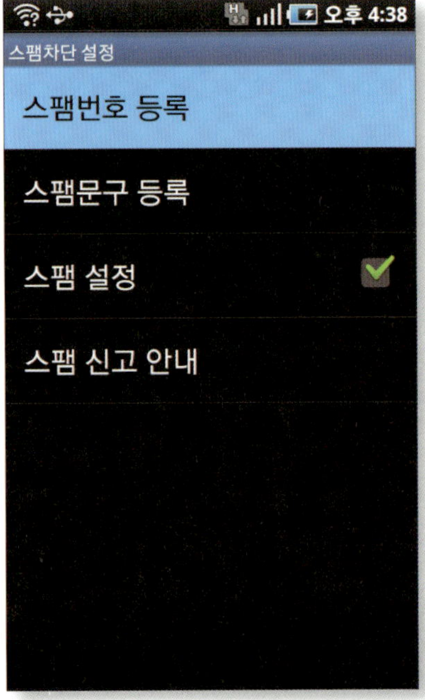

08 [스팸번호 등록] 화면이 표시되었습니다. 앞에서 스팸으로 등록한 전화번호가 표시됩니다. [삭제]를 터치합니다.

09 [삭제] 화면이 표시되면 해제할 번호를 선택하고 [삭제]를 터치합니다.

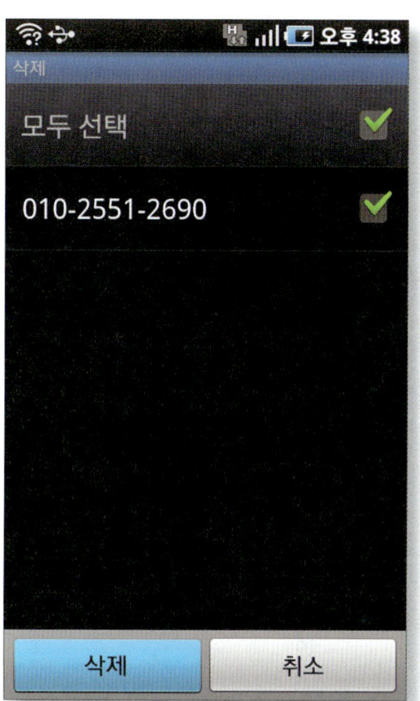

10 삭제 확인 화면이 표시되면 [예]를 터치하여 삭제를 완료합니다.

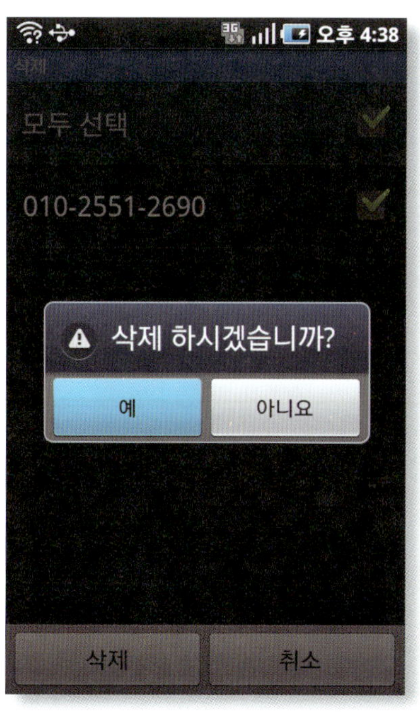

11 스팸 등록이 해제되었습니다.

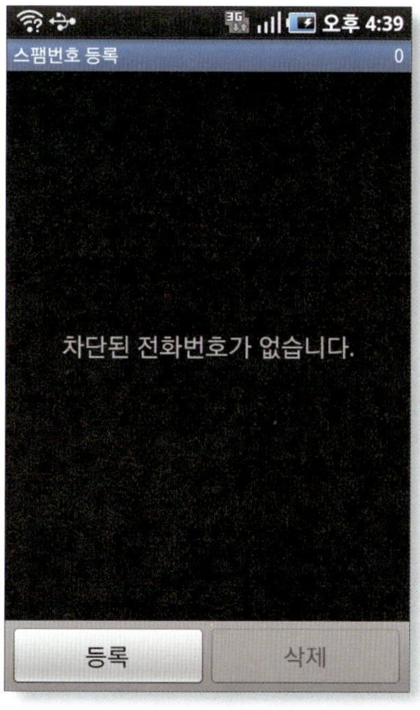

13 스마트폰끼리 부딪쳐 연락처 주고받기 BUMP

Wi-Fi가 되는 곳에서는 다른 스마트폰과 서로의 연락처를 주고받을 수 있습니다. 스마트폰끼리 부딪치기만 하면 서로의 연락처가 교환됩니다. BUMP라는 무료 어플을 이용합니다.

01 [마켓]에서 [BUMP] 어플을 설치하여 실행합니다. BUMP를 실행하기 전에 먼저 자신의 정보를 연락처에 저장해야 합니다.

02 [BUMP] 어플을 처음 실행하면 다음과 같은 화면이 표시됩니다. 미리 입력해 둔 자신의 연락처를 선택합니다.

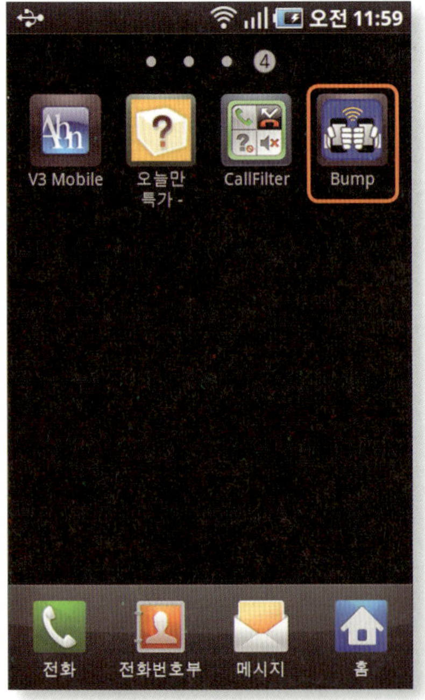

03 ____ GPS를 찾을 수 없다는 화면이 표시
되면 [OK]를 터치합니다.

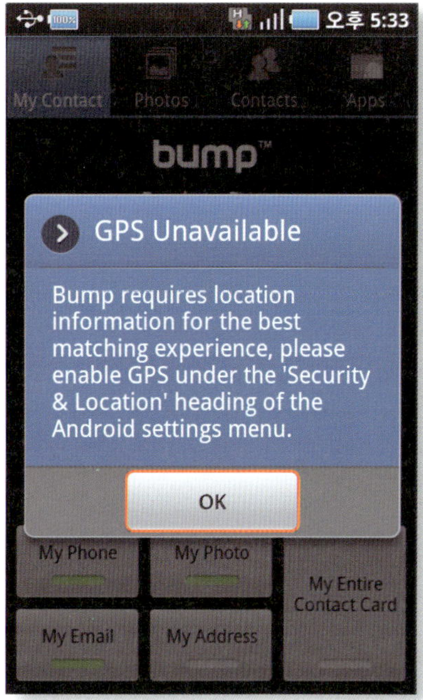

04 ____ 서로 교환할 정보를 선택한 다음 스
마트폰끼리 부딪칩니다.

05 ____ 다음은 상대방과 부딪쳐서 받은 연
락처 화면입니다. [Accept]를 터치합니다. 연
락처를 받으면 다음과 같이 표시됩니다. [OK]
를 터치하면 연락처가 교환됩니다.

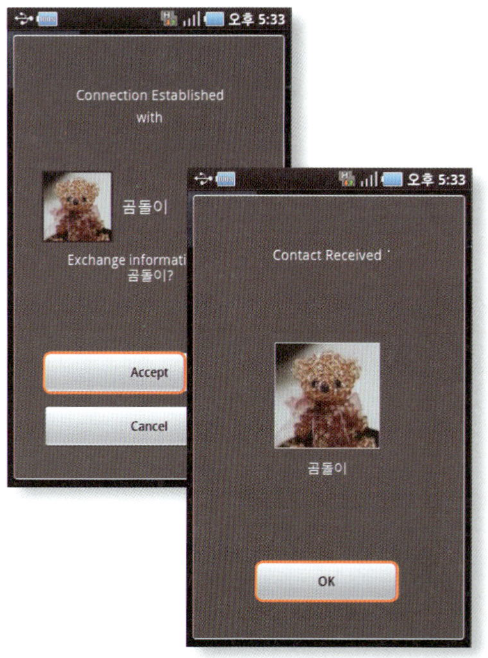

06 ____ 연락처를 보면 상대방 이름과 정보
가 저장된 것을 확인할 수 있습니다.

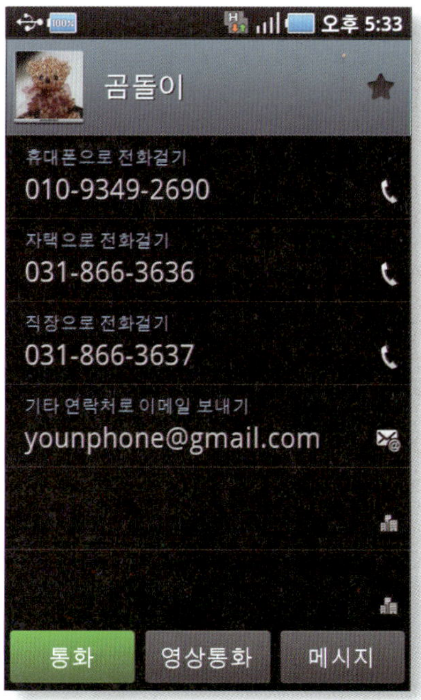

14 언제 어디서나 구글 토크

이제 갤럭시S 프로요만 있으면 언제 어디서나 친구들과 메신저를 할 수 있습니다. Wi-Fi가 접속되는 곳이라면 굳이 전화를 쓰지 않아도 되겠죠. 사무실에 있는 친구, 또 토크를 사용하는 다른 친구와 함께 이야기를 할 수도 있습니다. 토크를 이용하기 위해서는 상대방도 토크를 사용해야 합니다.

① 친구랑 이야기하기

친구와 이야기를 하려면 친구를 초대하거나 친구의 초대를 수락해야 합니다. 앞에서 작성한 구글 아이디를 이용합니다.

01 [메인메뉴] 화면에서 [토크] 어플을 실행합니다.

02 토크 어플이 실행되었습니다.

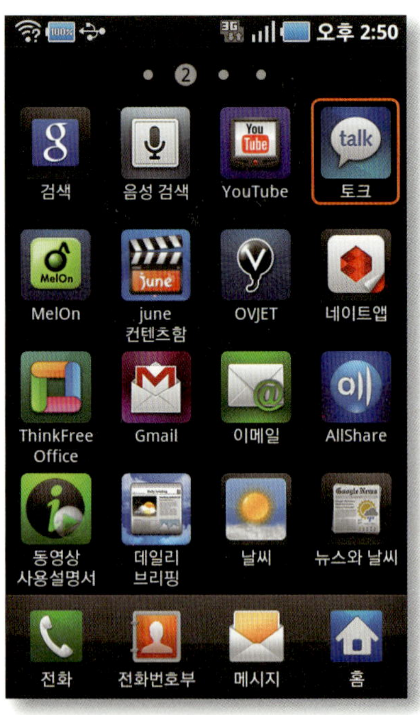

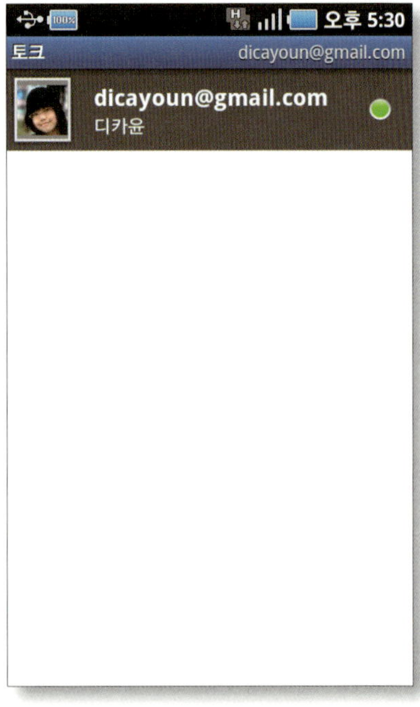

03 친구가 초대장을 보내면 화면에 다음과 같은 내용이 표시됩니다. [채팅 초대]를 터치합니다.

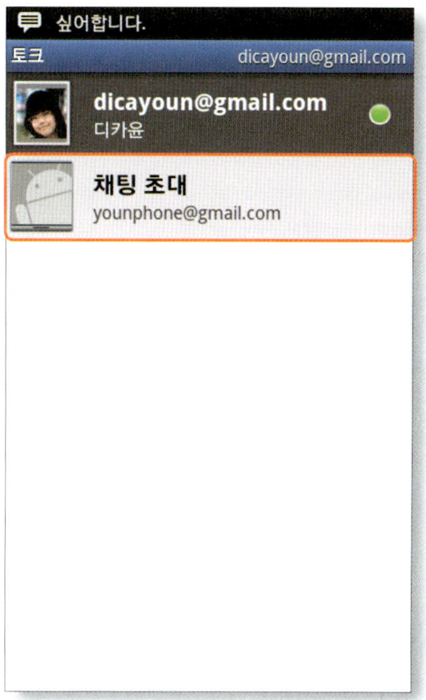

04 [초대 수락] 화면이 표시되면 [수락]을 터치합니다.

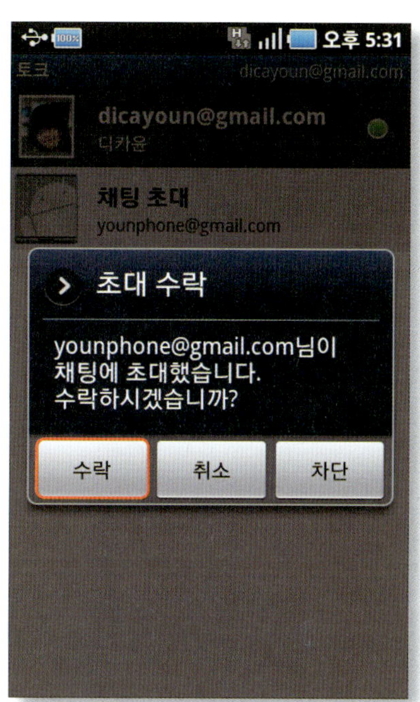

05 초대한 사람의 계정이 표시됩니다. 대화를 하려면 친구를 터치합니다.

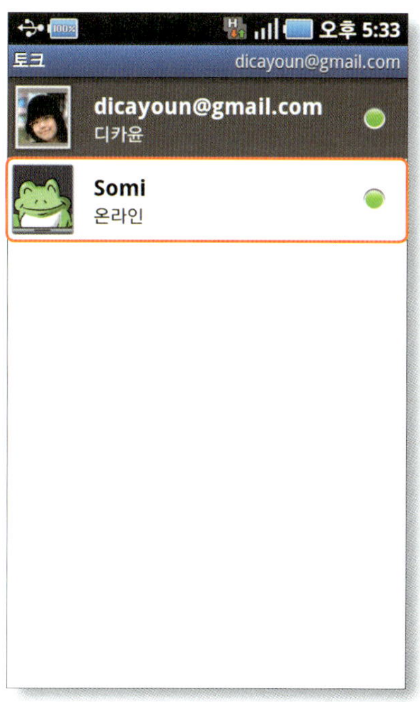

06 채팅 화면이 표시되면 내용을 입력하고 [전송]을 터치합니다.

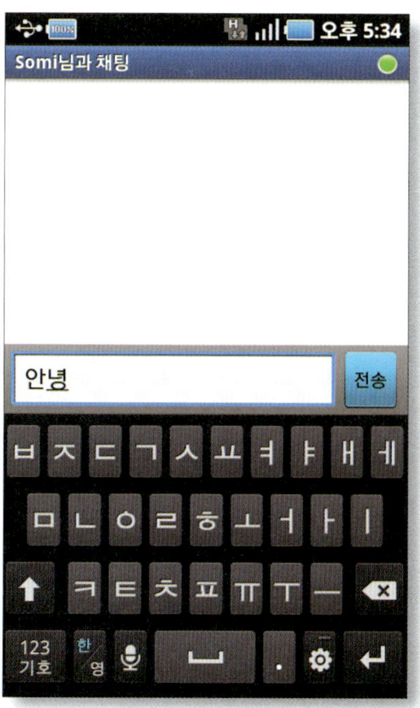

07 입력한 글이 표시됩니다. 친구도 이 글을 볼 수 있는 상태입니다.

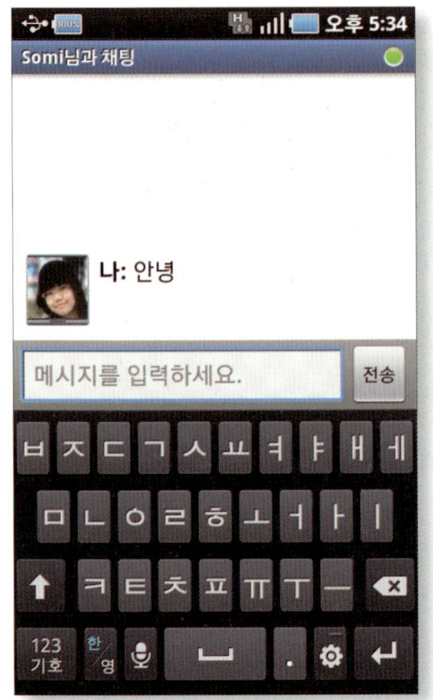

08 다음은 초대를 수락한 친구와 이야 기를 하고 있는 모습입니다.

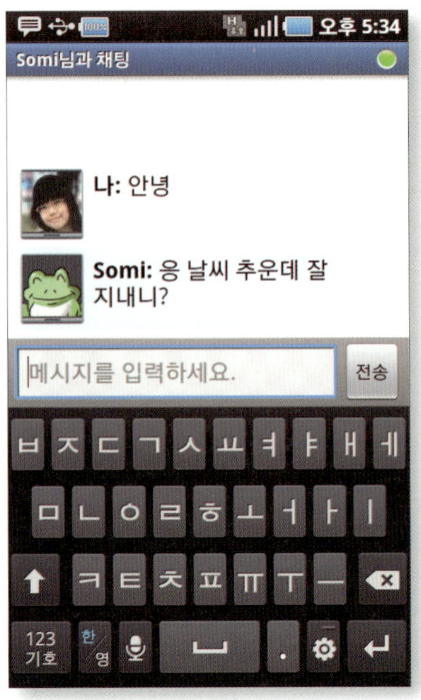

09 대화하는 상대방의 컴퓨터 화 면은 다음과 같이 표시됩니다.

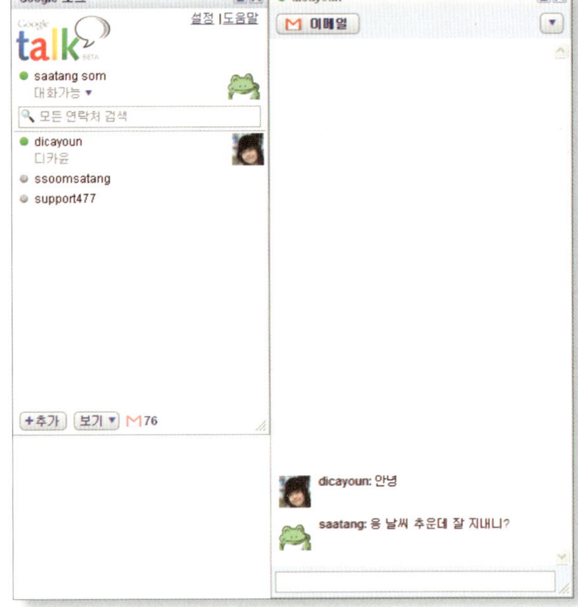

② 그룹으로 채팅하기

구글 토크에서는 두 사람만이 아니라 여러 명이 함께 채팅을 할 수 있습니다. 어떻게 하는지 알아 봅니다.

`01` 채팅 화면에서 ▭을 터치하여 메뉴 가 표시되면 [채팅에 초대]를 터치합니다.

`02` [초대할 친구 선택] 화면이 표시되면 온라인 친구 목록이 표시됩니다. 그룹으로 채 팅할 친구를 터치합니다.

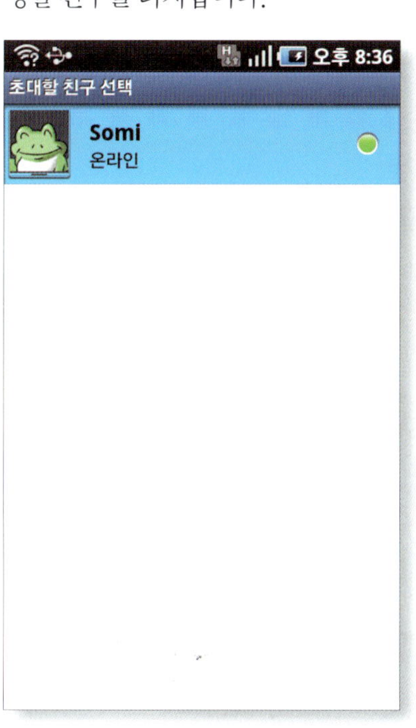

`03` 친구가 초대되었다는 메시지가 표 시됩니다.

04 다시 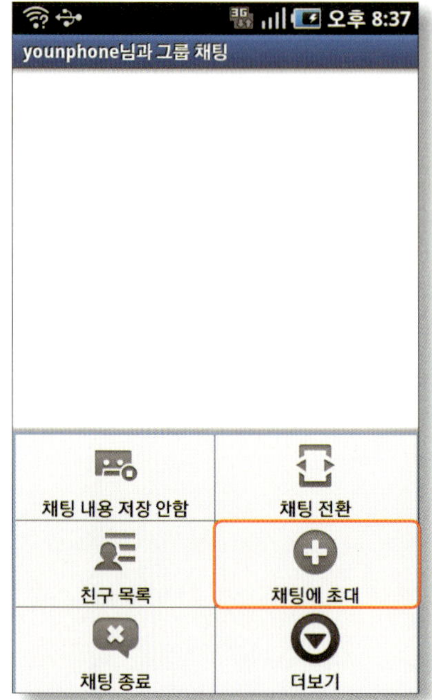을 터치하여 [채팅에 초대]를 터치합니다.

05 초대할 목록에서 친구를 터치합니다.

06 초대한 친구가 참여했다는 메시지가 표시됩니다.

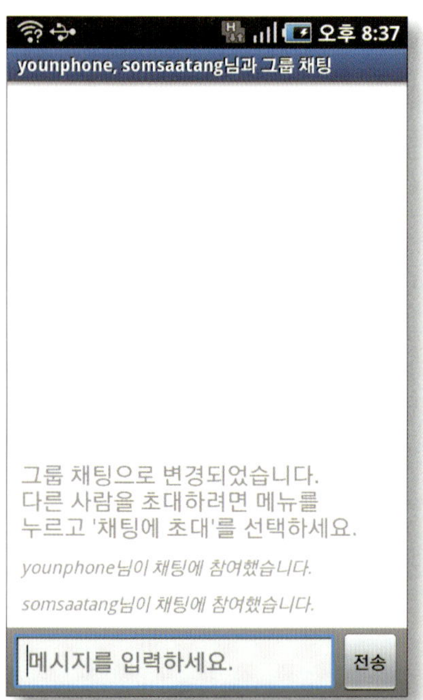

07 이제 메시지를 입력하면 그룹 채팅 화면에 모두 표시됩니다.

 진행중인 채팅을 종료하려면 █를
터치하여 나타나는 메뉴에서 [채팅 종료]를 터
치합니다.

 그룹 채팅이 종료되고 각 친구의 상
태만 표시됩니다.

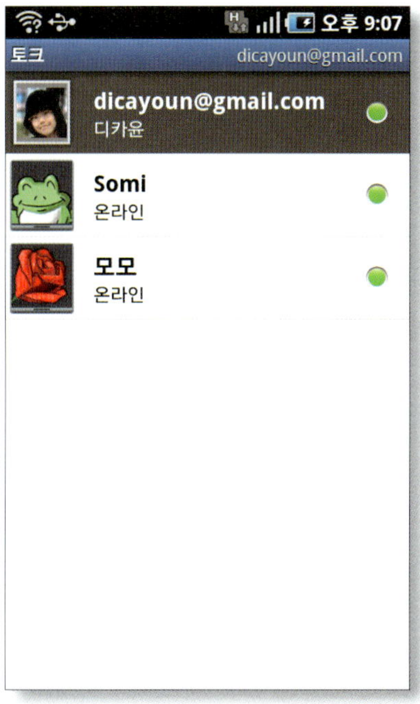

15 무료 문자 M&Talk

Wi-Fi가 되는 곳에서 무료로 문자를 주고받을 수 있는 어플입니다. Wi-Fi가 되지 않는 곳에서 사용해도 일반 문자보다 저렴합니다. 안드로이드폰끼리는 물론 아이폰과도 문자를 주고받을 수 있습니다.

01 [M&Talk]을 설치하고 실행합니다.

02 어플이 실행되면 서비스 이용 약관 화면이 표시됩니다 [이용약관에 동의합니다.] 항목을 터치하여 체크하고 [확인]을 터치합니다.

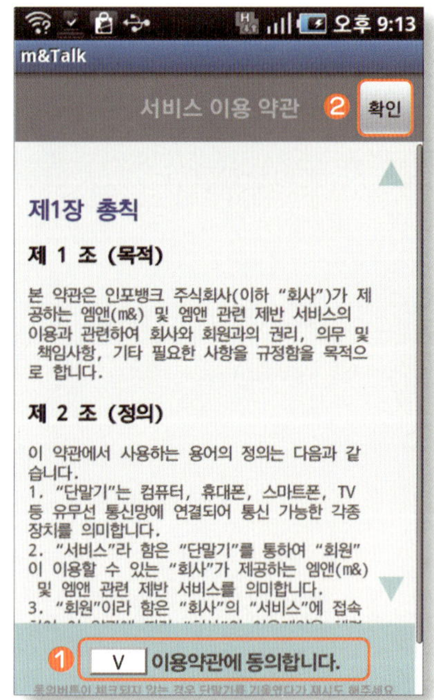

03 [개인정보 취급방침] 화면이 표시되면 [개인정보 취급방침에 동의합니다.] 항목을 터치하여 체크하고 [확인]을 터치합니다.

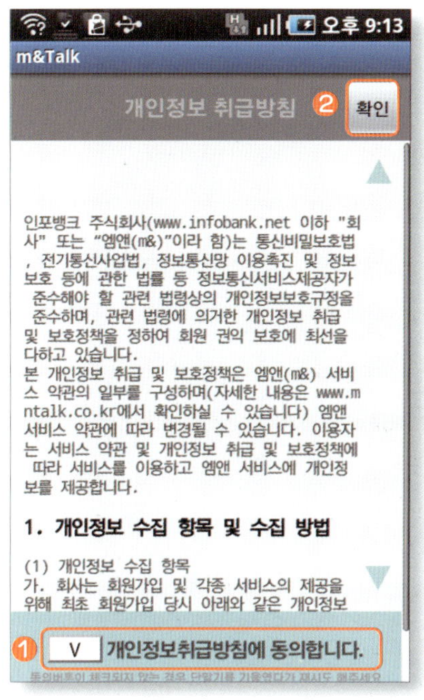

04 어플이 실행되면 자신의 전화번호를 입력하는 화면이 표시됩니다. 전화번호를 입력하고 [완료]를 터치합니다.

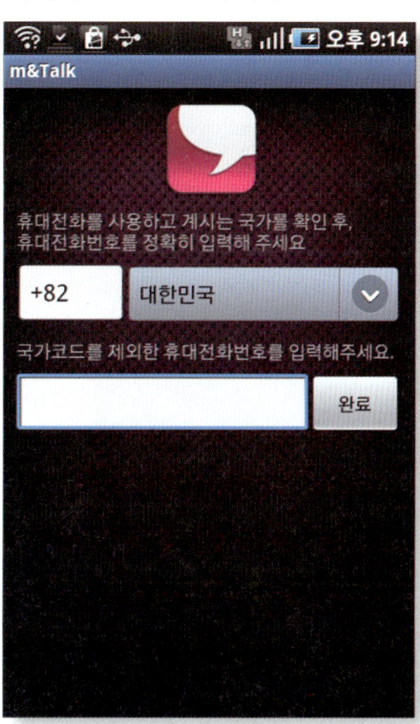

05 상대방에게 보여질 자신의 이름을 입력하고 [저장]을 터치합니다.

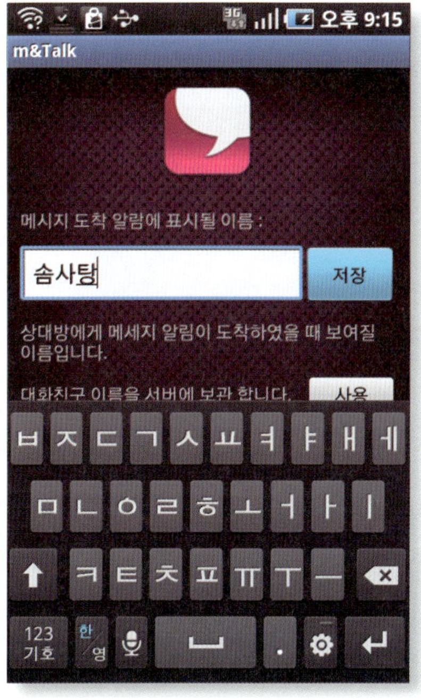

06 [주의!] 화면이 표시되면 [확인]을 터치합니다. [다시 보지 않기]를 터치하면 주의 화면이 나타나지 않습니다.

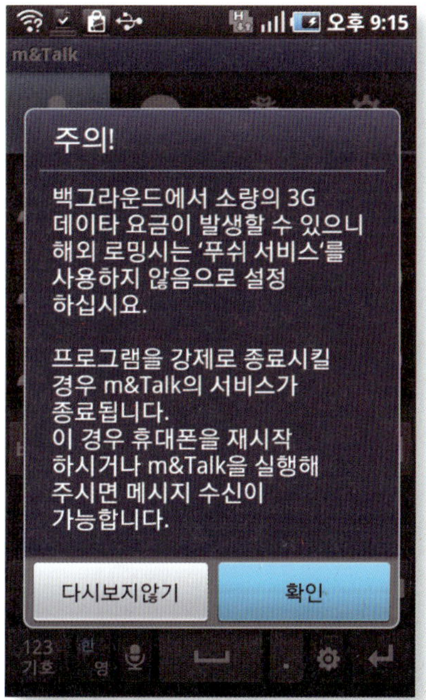

07 드디어 어플이 실행되었습니다. 자신의 휴대폰에 저장된 연락처 목록 중 [M&Talk]이 설치된 사람들의 목록이 표시됩니다.

08 문자를 주고받을 상대방을 선택하면 메시지 입력 화면이 표시됩니다.

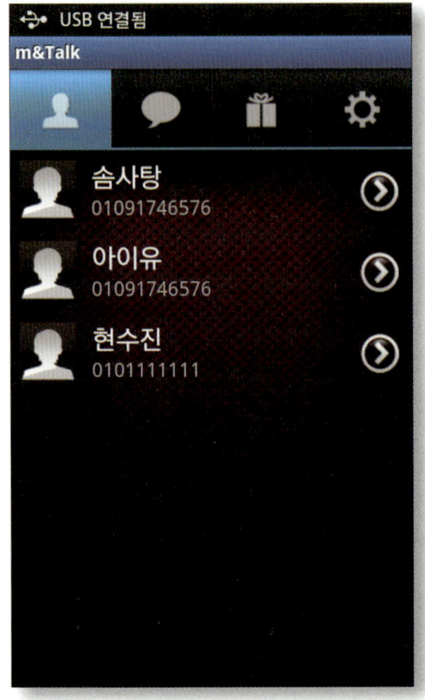

09 메시지를 입력하고 사진을 입력하기 위해 📁를 터치해 보겠습니다.

10 [이미지 전송] 화면이 표시되면 사진을 보낼 방법을 선택합니다. [갤러리]를 선택하여 앨범에서 사진을 선택하겠습니다.

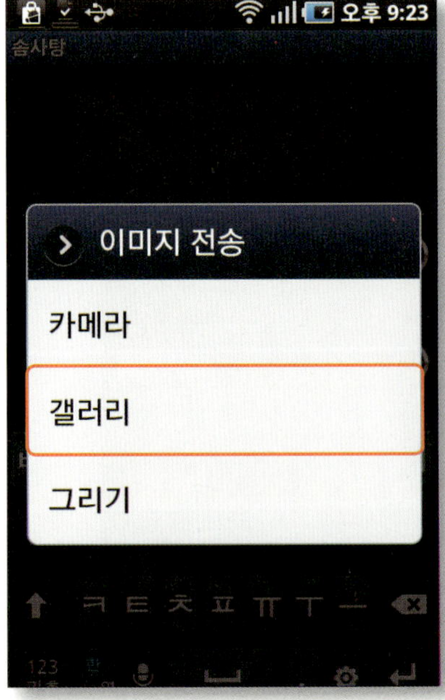

11 사진을 선택합니다.

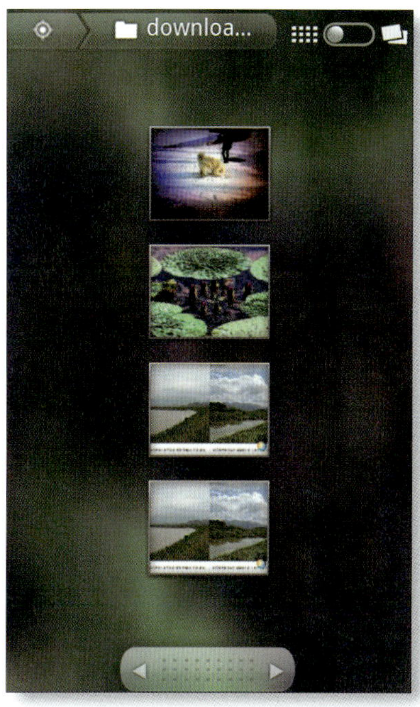

12 입력 상자에 사진이 바로 표시됩
니다. ➖를 터치하여 메시지를 전송합니다.

13 메시지가 전송되면 다음과 같이 표
시됩니다.

14 다음은 메시지를 주고받는 화면입
니다.

일일이 키패드를 누르지 않고 음성으로 필요한 내용을 입력할 수 있습니다.

❶ 메시지 상자에서 🎤 를 터치합니다.

❷ [지금 말하세요] 화면이 표시되면 입력할 내용을 말합니다.

❸ 말을 하면 그 말을 인식하는 과정을 잠시 거칩니다.

❹ 문자 메시지로 바로 입력됩니다.

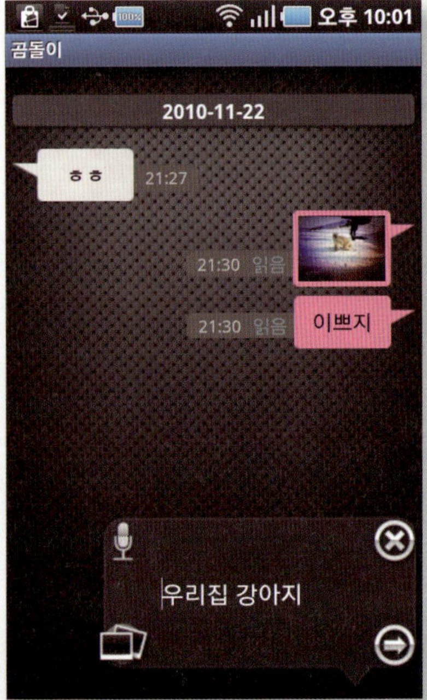

16 인터넷 사용하기

기본적인 인터넷의 사용법은 40쪽에서 익혀 보았습니다. 여기서는 새로운 창에서 웹 페이지를 검색하거나 자주 가는 사이트를 즐겨찾기에 추가하는 기능, 인터넷 상의 이미지를 저장하는 방법, 한번에 원하는 사이트로 바로 이동하는 방법 등에 대해 알아봅니다.

① 새로운 창에서 웹 페이지 검색하기

01 새로운 페이지를 만들려면 인터넷 화면에서 █을 터치합니다. 메뉴 항목이 표시되면[새 창]을 터치합니다.

02 새 창이 열리면 다시 원하는 내용을 검색합니다. 인터넷 화면에서 █을 터치하면 실행 창이 2에서 3으로 바뀐 것을 확인할 수 있습니다.

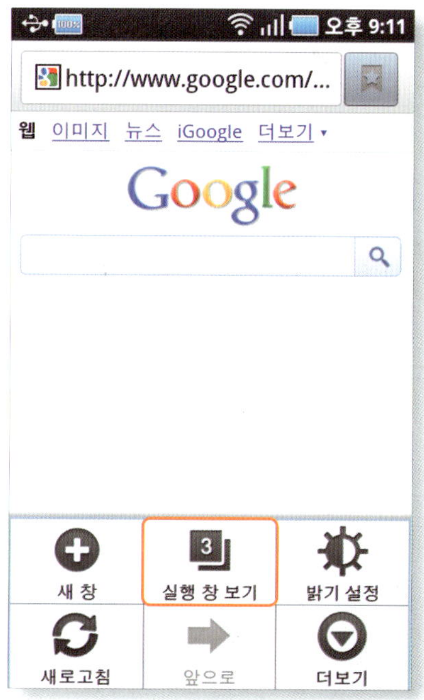

② 즐겨찾기 추가하기

자주 가는 사이트는 즐겨찾기로 설정해 놓고 사용하면 빠르게 원하는 사이트로 이동할 수 있습니다. 즐겨찾기로 등록하는 방법에 대해 알아봅니다.

0 즐겨찾기로 등록할 화면을 연 다음 [즐겨찾기] 아이콘을 터치합니다.

02 즐겨찾기 화면이 표시되면 해당 화면을 터치합니다. [즐겨찾기 추가 중…] 화면이 표시되면 [즐겨찾기 추가]를 터치합니다.

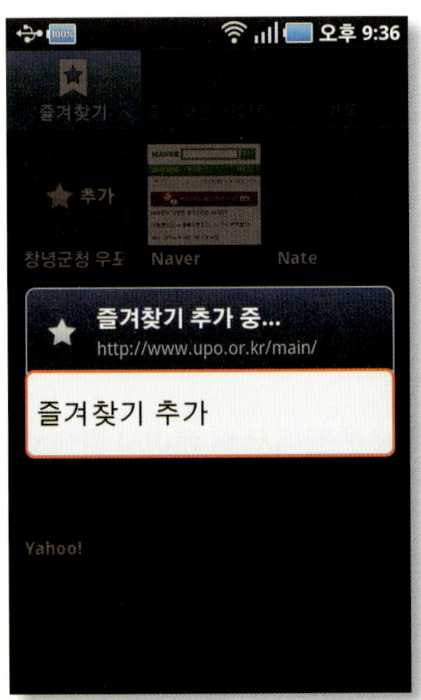

03 [즐겨찾기 추가] 화면이 표시되면 [확인]을 터치합니다. 이때 이름은 다시 입력하여 변결할 수 있습니다.

04 즐겨찾기로 등록되었습니다. 다음부터는 언제든지 [즐겨찾기] 아이콘을 터치하여 이 사이트로 이동할 수 있습니다.

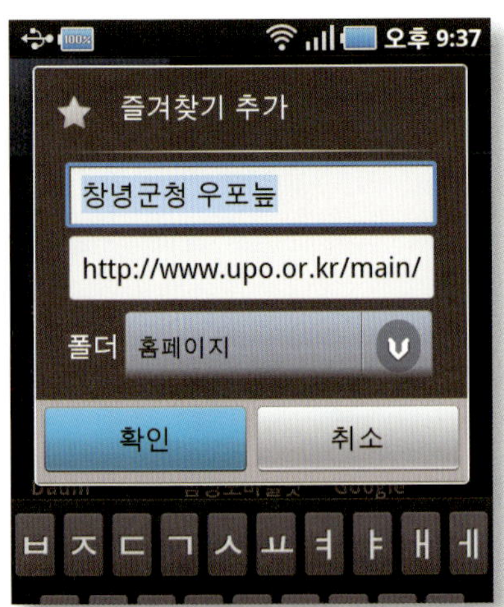

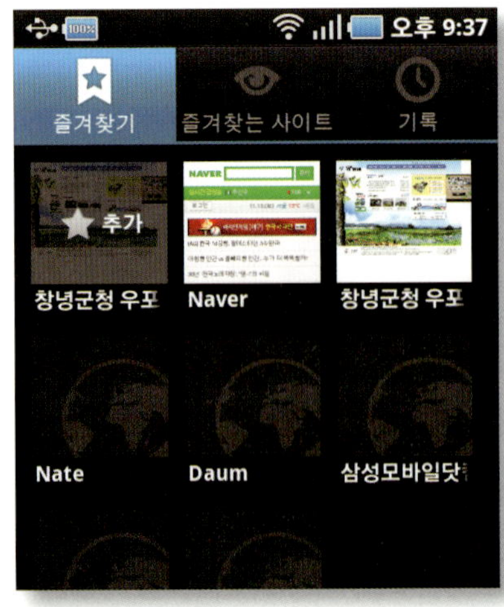

③ 웹 상의 이미지 저장하기

인터넷 상에서 본 이미지를 갤럭시S 프로요에서 바로 저장할 수 있습니다. 어떻게 저장하는지 알아봅니다.

01 저장하고 싶은 이미지를 꾸욱 누릅니다.

02 메뉴 화면이 표시되면 [이미지 저장]을 터치합니다.

03 이미지를 다운로드하였습니다. 위의 상태줄을 아래로 밀면 저장한 이미지를 확인할 수 있습니다. 다운로드한 이미지를 터치합니다.

04 나타나는 메뉴에서 [갤러리]를 터치합니다.

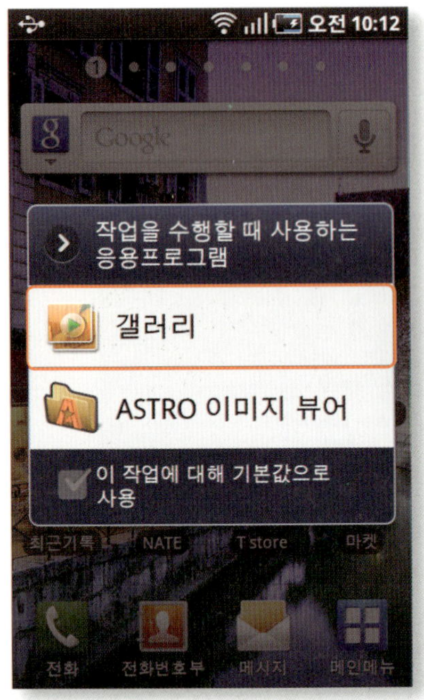

05 다운로드한 이미지를 확인할 수 있습니다.

06 [download]를 터치하면 섬네일 화면으로 볼 수 있습니다.

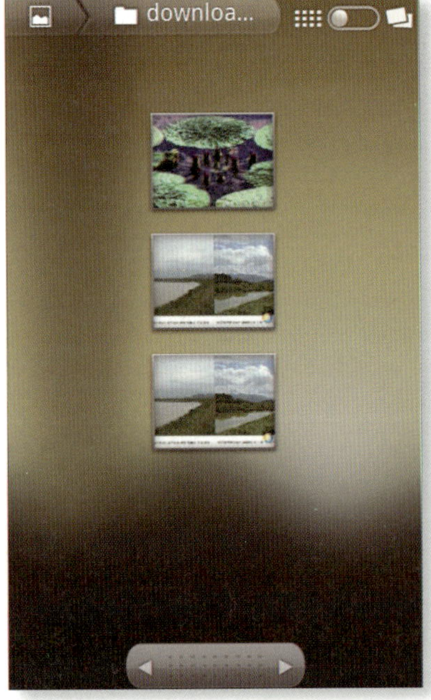

④ 자주 이용하는 사이트 한번에 접속하기

갤럭시S 프로요로 인터넷을 이용할 때는 컴퓨터에서 볼 수 있는 사이트가 그대로 열립니다. 하지만 원하는 사이트까지 가기 위해서는 여러 번의 터치가 필요합니다. 하지만 자주 가는 사이트라면 [홈] 화면에 아이콘을 만들어 두고 바로 접속할 수 있습니다.

01 인터넷 화면에서 █ 를 터치합니다.

02 즐겨찾기에 등록된 사이트 목록이 표시되면 [홈] 화면에 아이콘으로 등록하고 싶은 사이트를 길게 누릅니다.

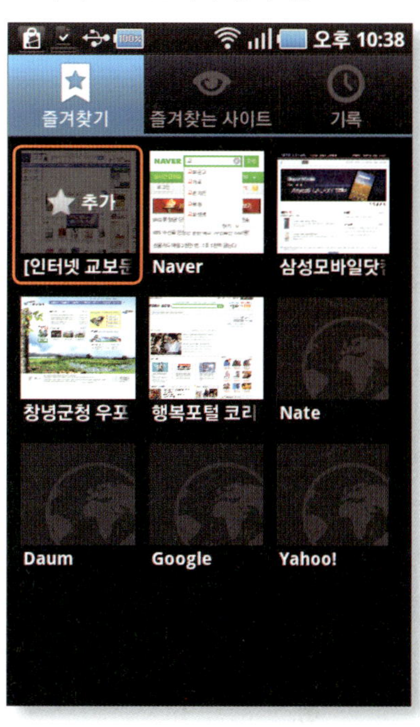

03 해당 사이트에서 사용할 수 있는 메뉴가 나타나면 [대기 화면에 단축메뉴 추가]를 터치합니다.

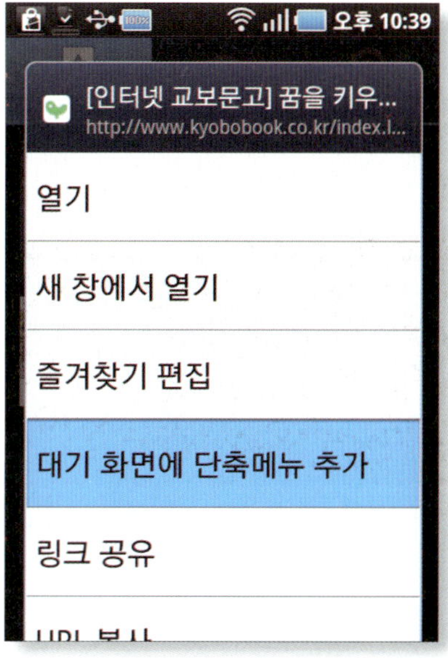

04 [홈] 화면에 생성된 아이콘을 터치해 보세요.

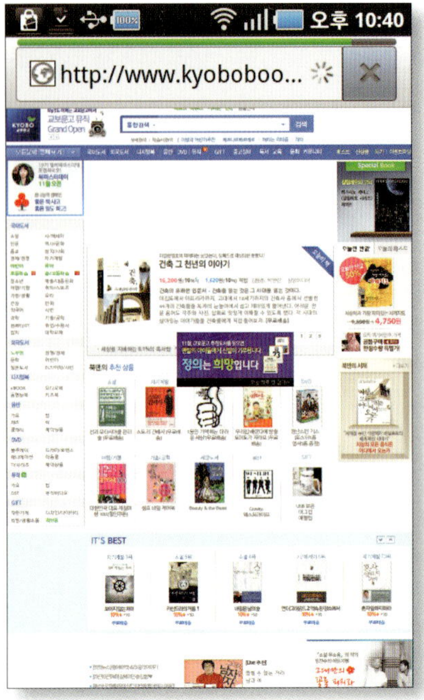

05 해당 사이트로 바로 이동합니다. 이제부터는 자주가는 사이트에 보다 빠르게 접속할 수 있습니다.

⑤ 열려 있는 창 확인하고 바꾸기

여러 개의 인터넷 창을 열어놓고 작업할 수 있습니다. 현재 화면에 보이는 것은 하나의 창이지만 현재 몇 개의 창을 열어놓고 작업하고 있는지 알 수 있으며 실행 창을 변경할 수 있습니다.

01 인터넷 화면에서 ▤를 터치하면 나타나는 메뉴에서 [실행 창 보기]를 터치합니다.

02 현재 실행중인 창을 확인할 수 있습니다. 화면을 밀어 접속하고 싶은 화면이 표시되면 터치합니다.

01 해당 인터넷 화면으로 바로 이동됩니다.

01 페이지가 표시된 상태에서 ▣를 터치하여 메뉴가 표시되면 [더보기]를 터치합니다.

01 메뉴가 표시되면 [페이지 내에서 검색] 메뉴를 터치합니다.

01 검색 입력란에 단어를 입력하면 입력하는 대로 단어를 찾아줍니다.

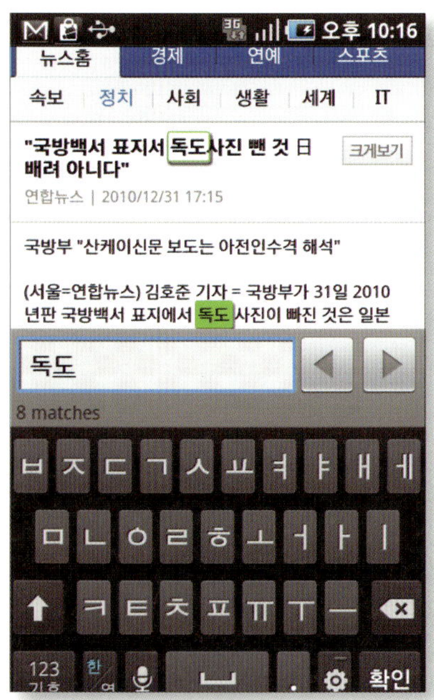

01 ◀나 ◀를 터치하여 계속해서 입력한 단어를 찾을 수 있습니다.

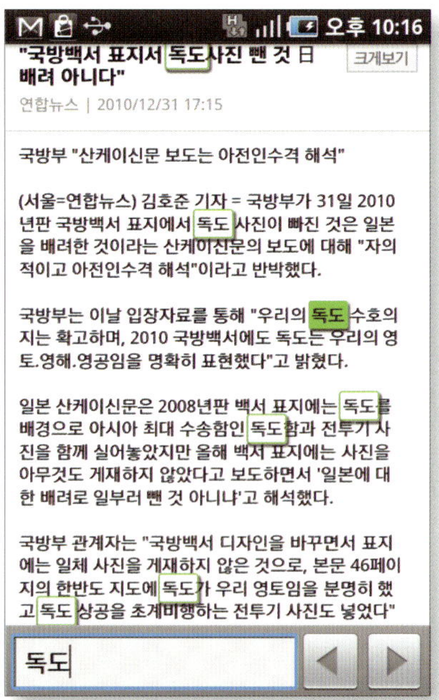

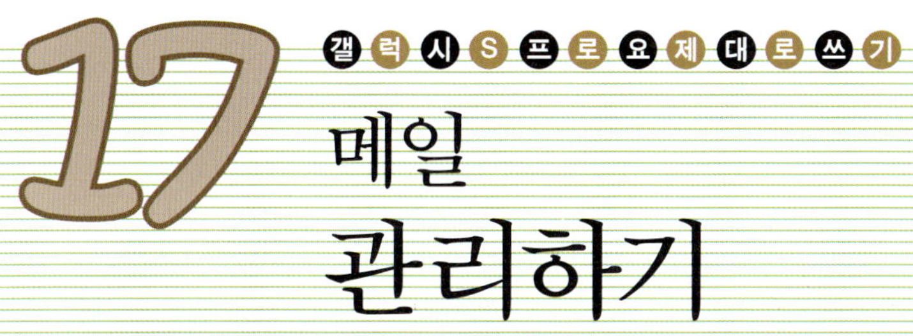

17 메일 관리하기

계정을 선택하는 방법과 라벨 변경하기, 메일을 삭제하는 등의 메일 관리 방법에 대해 알아봅니다. 계정을 만드는 등 메일의 기본적인 기능은 46쪽을 참조해 주세요.

① 메일을 다른 보관함으로 이동하기

받은 편지함에 있는 메일을 다른 보관함으로 이동할 수 있습니다. 보관함의 이름은 사용자가 마음대로 설정할 수 있습니다.

01 ▭를 터치하여 메뉴 항목이 표시되면 [라벨로 이동]을 터치합니다.

02 라벨 항목이 모두 표시됩니다. 받은 편지함, 중요편지함, 채팅보관함 등의 라벨 메뉴를 볼 수 있습니다. 보고 싶은 라벨을 터치하면 해당 편지함이나 보관함을 살펴볼 수 있습니다. [받은편지함]을 터치해 보겠습니다.

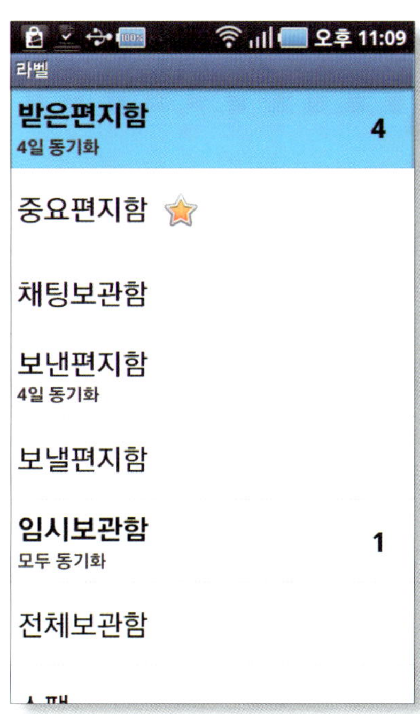

03 받은편지함에 저장되어 있는 메일을 모두 확인할 수 있습니다. 이동할 메일을 선택하고 [라벨]을 터치합니다.

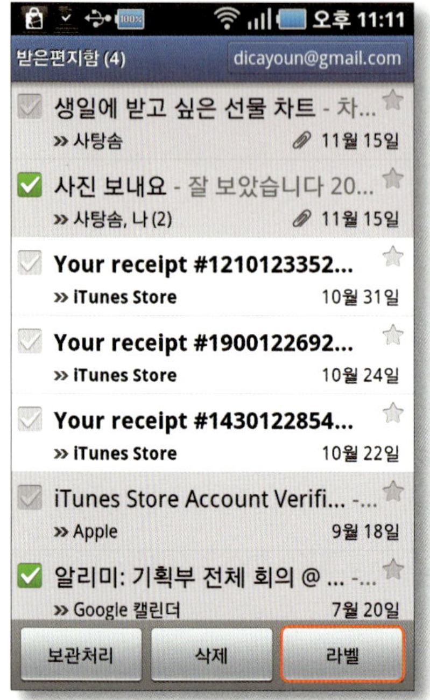

04 메일을 담을 수 있는 라벨 목록이 표시됩니다. 선택한 메일들을 [개인] 라벨로 이동해 보겠습니다. [개인]을 터치하고 [확인]을 터치합니다.

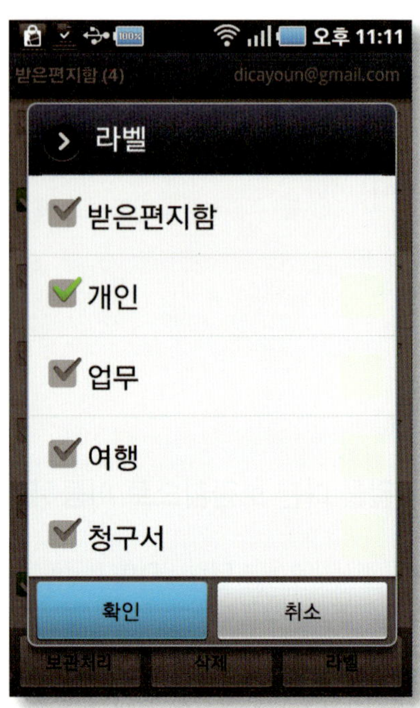

05 작업이 끝나면 다음과 같이 표시됩니다. 선택했던 메일들이 받은 편지함에서 없어졌습니다.

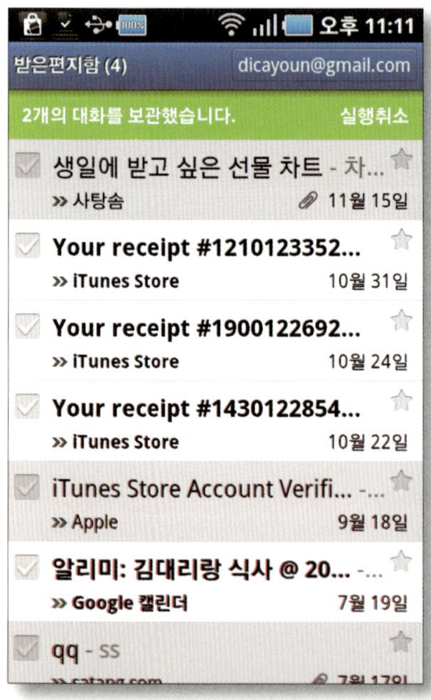

06 다시 [라벨] 화면으로 이동하여 앞서 지정한 [개인]을 터치해 봅니다.

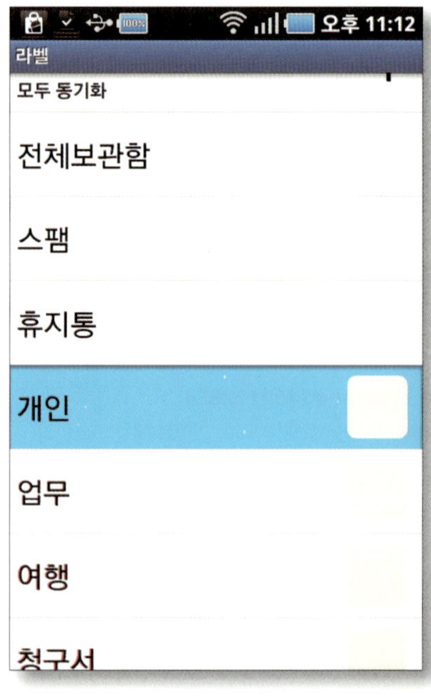

07 [개인] 라벨로 이동한 메일을 확인할 수 있습니다.

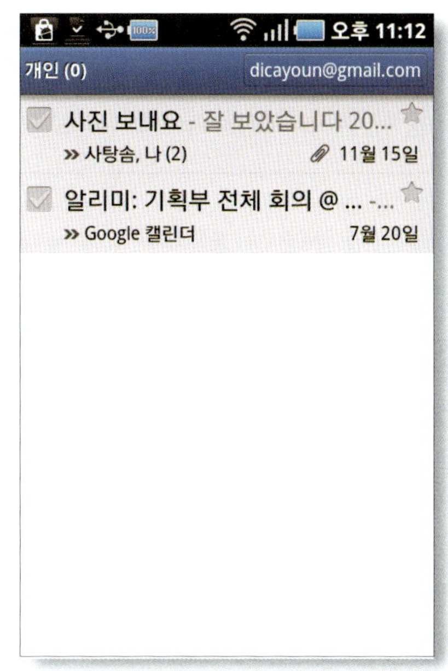

② 메일 삭제하기

핸드폰에서 바로 메일을 삭제할 수 있습니다.

01 삭제하고 싶은 메일의 체크 항목을 터치하여 표시한 다음 [삭제]를 터치합니다.

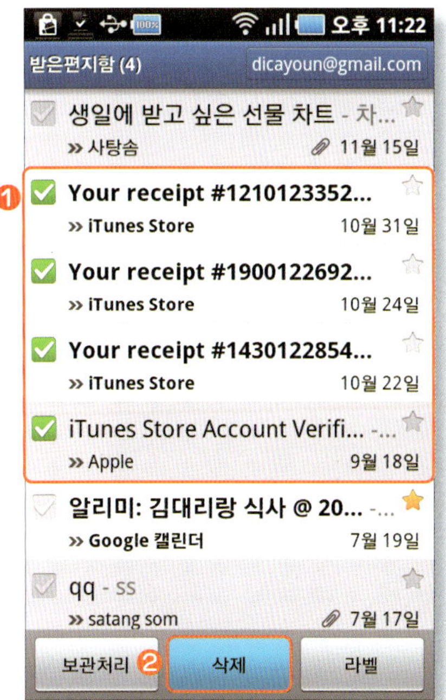

02 메일이 삭제되었습니다.

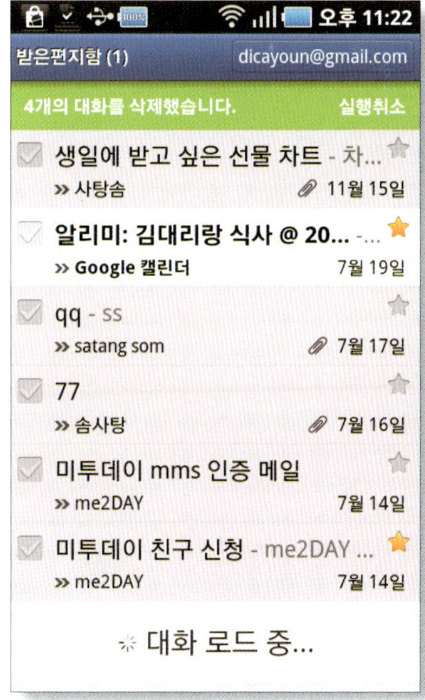

③ 지메일 계정 추가하기

사용중인 지메일 계정을 여러 개 추가하여 사용할 수 있습니다. 계정 추가 방법에 대해 알아봅니다. 계정 추가는 Wi-Fi 설정을 해제한 다음에 해야 합니다.

01 지메일 화면에서 目를 터치하여 메뉴 항목이 표시되면 [계정]을 터치합니다.

02 현재 사용하고 있는 계정이 보입니다. 이 화면에서 [계정 추가]를 터치합니다.

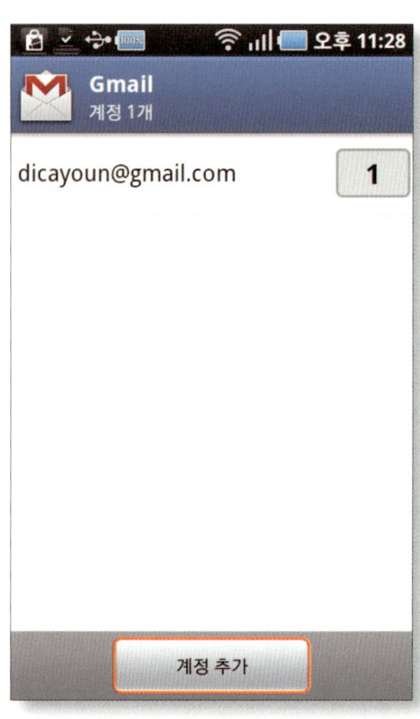

03 [Google 계정 추가] 화면이 표시되면 [다음]을 터치합니다.

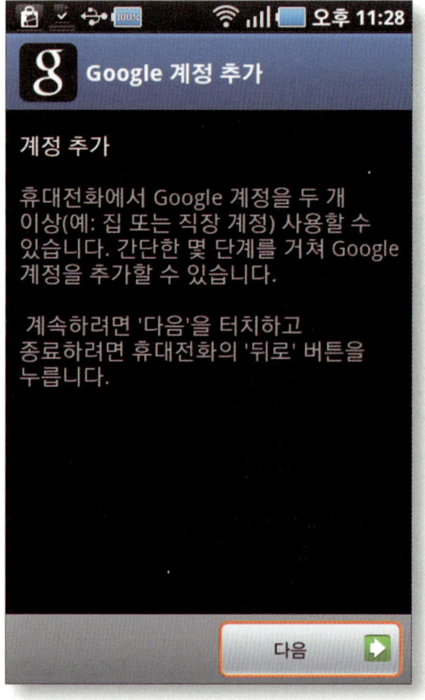

04 구글 계정이 없다면 [만들기]를 터치하여 계정을 만들어야 합니다. 여기서는 이미 만들어둔 계정을 추가할 것이므로 [로그인]을 터치합니다.

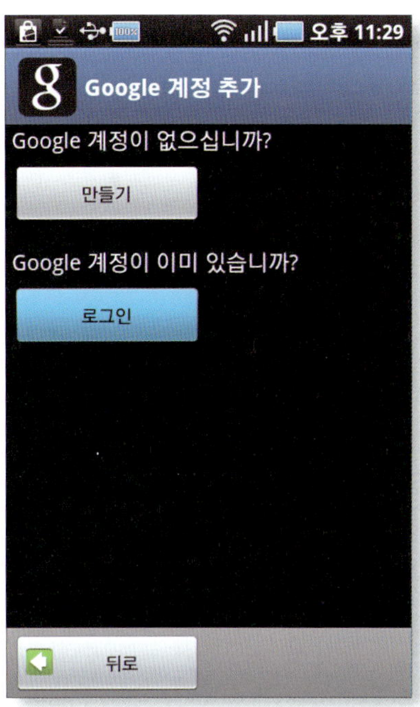

05 추가할 계정의 메일 주소와 비밀번호를 입력하고 [로그인]을 터치합니다.

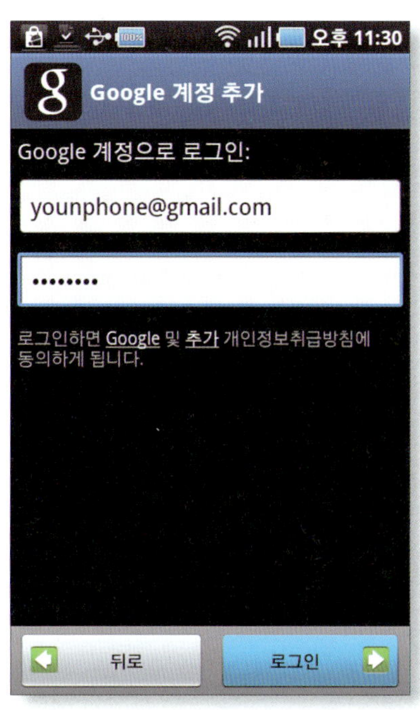

06 계정이 추가되었으면 동기화를 설정하고 [마침]을 터치합니다.

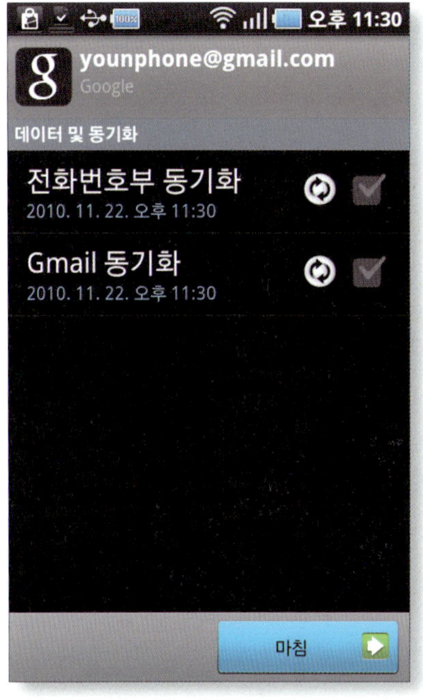

07 구글 계정이 휴대전화에 연결되었다는 화면이 표시되면 [설정 완료]를 터치합니다.

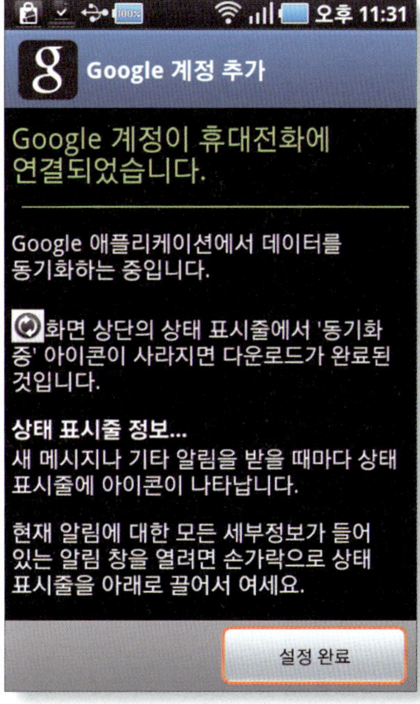

08 계정이 추가된 것을 확인할 수 있습니다. 또 동기화의 상태를 확인할 수 있는데, 현재는 추가된 계정의 동기화가 이루어지지 않았음을 알 수 있습니다.

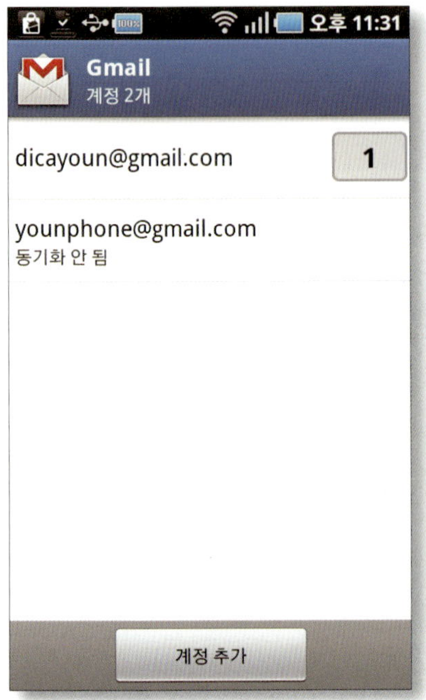

09 ▤를 터치하여 메뉴가 표시되면 [계정 설정]을 터치합니다.

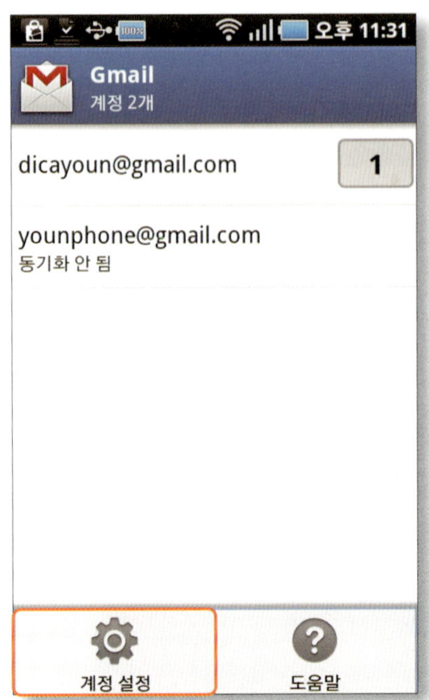

10 [계정 및 동기화] 화면이 표시되면 나중에 추가한 계정을 터치합니다.

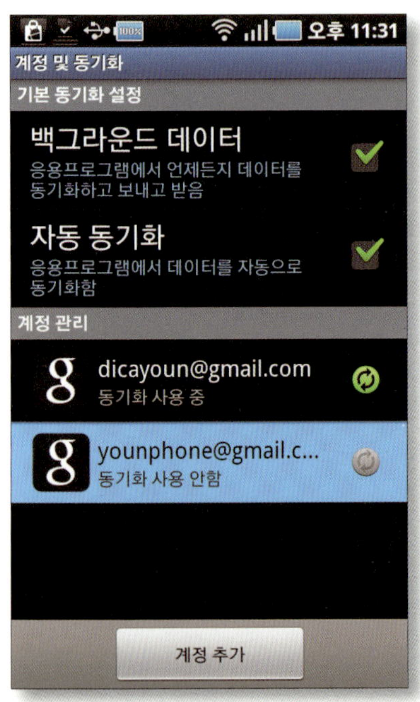

11 [전화번호부 동기화]와 [Gmail 동기화] 항목을 체크하면 자동으로 동기화가 진행됩니다.

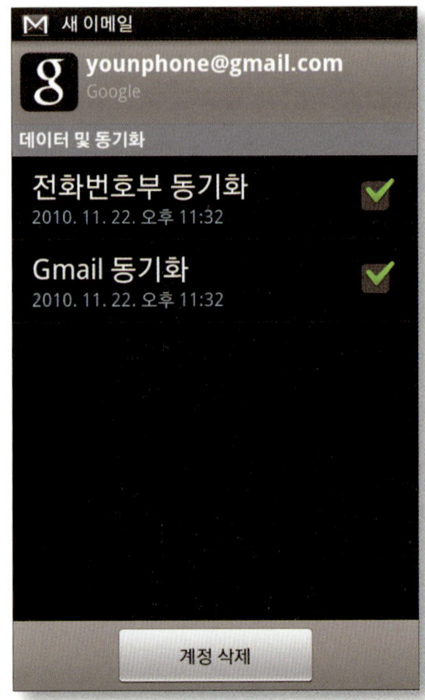

④ 사진을 찍어 메일로 보내기

갤럭시S 프로요에는 500만 화소 카메라가 내장되어 있습니다. 이 카메라로 촬영한 사진을 메일로 첨부하여 바로 보낼 수 있습니다.

01 [메인메뉴]-[카메라]를 터치합니다.

02 원하는 대상을 놓고 ⓒ를 터치하여 사진을 찍습니다. 찍은 사진을 보려면 ▶를 터치합니다.

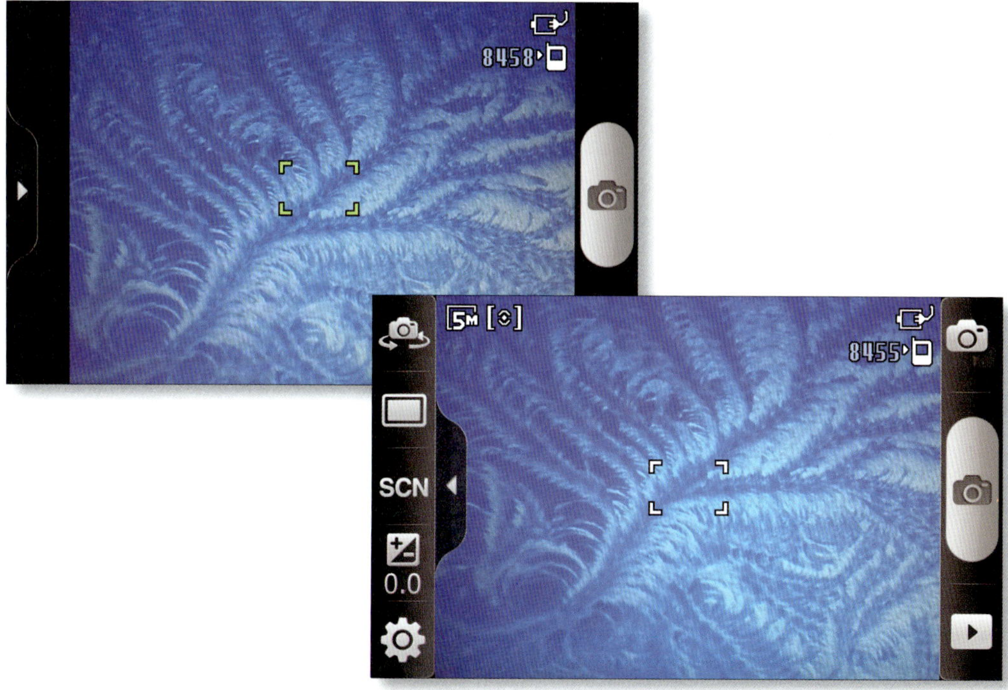

 사진이 표시되고 메뉴가 나타나면 [공유]를 터치합니다.

 [사진 공유 응용프로그램] 화면이 표시되면 [Gmail]을 터치합니다.

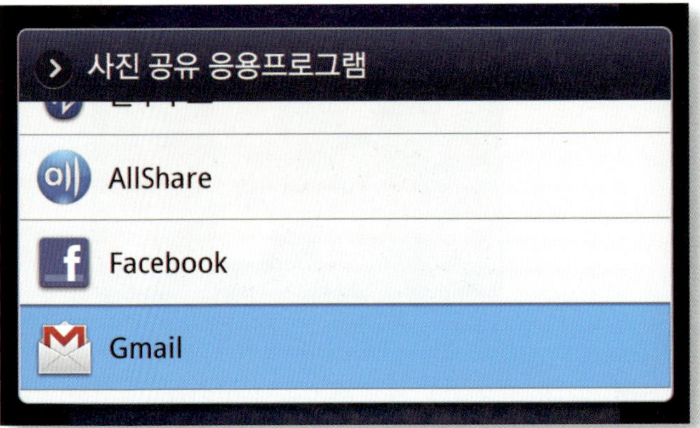

 메일을 보낼 수 있는 화면이 표시됩니다. 받는 사람과 제목, 내용을 입력한 다음 [전송]을 터치합니다. 찍은 사진이 바로 메일로 전송됩니다.

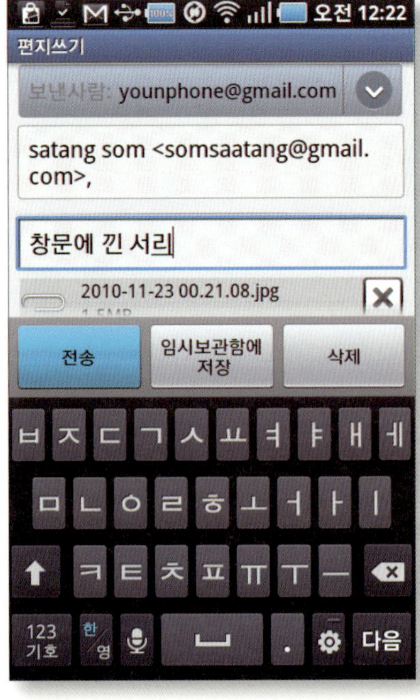

06 Gmail에 접속하여 전송된 메일을 확인해 보세요.

18 외부 메일(네이버 메일) 사용하기

지메일이 아닌 네이버 메일이나 야후 메일 등도 갤럭시S 프로요에서 자유롭게 이용할 수 있습니다. 외부 메일을 이용하려면 이메일 어플을 이용해야 합니다. 또 지메일과 이메일 어플을 구분하여 사용합니다.

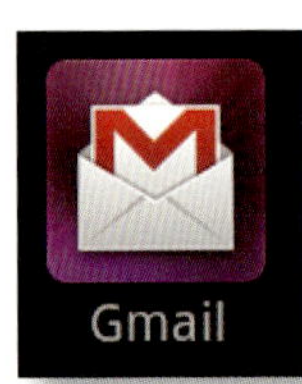

① 갤럭시S 프로요에서 네이버 메일 사용하기

갤럭시S 프로요에서는 구글 메일인 Gmail만이 아니라 이미 사용하고 있던 네이버 메일 등 외부 메일을 이용할 수 있습니다. 여기서는 많은 사람들이 이용하고 있는 네이버 메일을 갤럭시S 프로요에서 사용하는 방법에 대해 알아보겠습니다

01 먼저 네이버 사이트에 로그인한 다음 메일 페이지로 이동합니다. 화면 왼쪽의 [외부 메일 가져오기] 옆에 있는 [설정]을 클릭합니다.

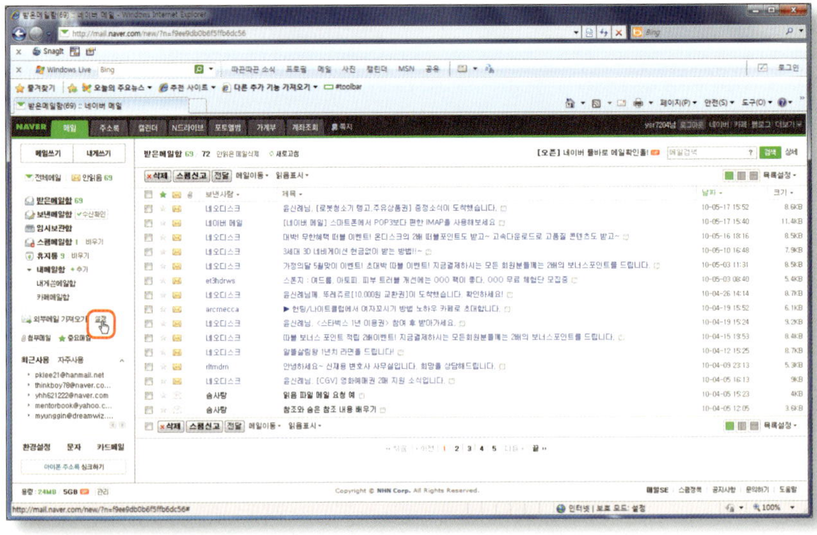

 다음과 같은 화면이 표시되면 왼쪽 탭에서 [IMAP/SMTP 설정]을 클릭합니다. [IMAP/SMTP 사용] 항목에서 [사용함]에 체크하고 [확인] 단추를 클릭합니다.

 이제 핸드폰에서 네이버 메일을 사용할 수 있도록 설정해야 합니다. [메인메뉴]-[이메일]을 터치합니다.

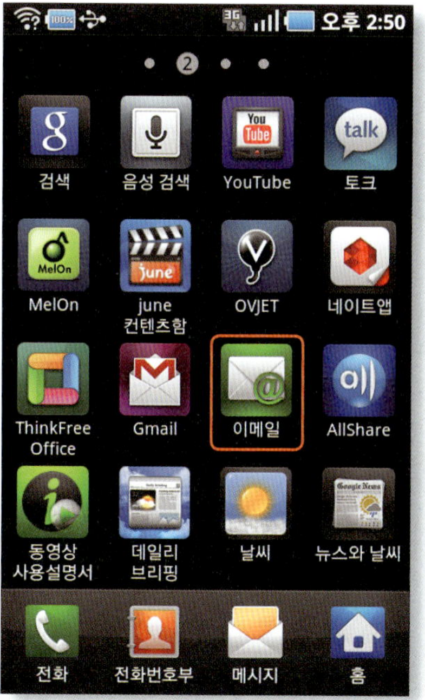

 [이메일 설정] 화면이 표시됩니다. [이메일 주소]와 [비밀번호] 입력란을 터치하여 네이버 계정 주소와 비밀번호를 각각 입력하고 [다음]을 터치합니다.

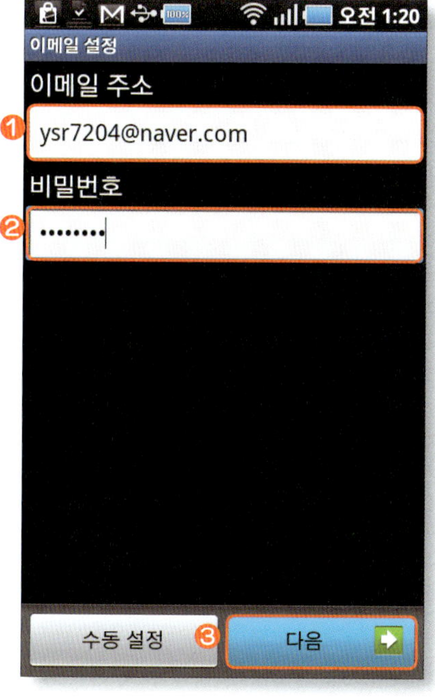

 다음과 같은 화면이 표시되면 계정 이름과 발신 메시지에 표시할 이름을 입력하고 [완료]를 터치합니다.

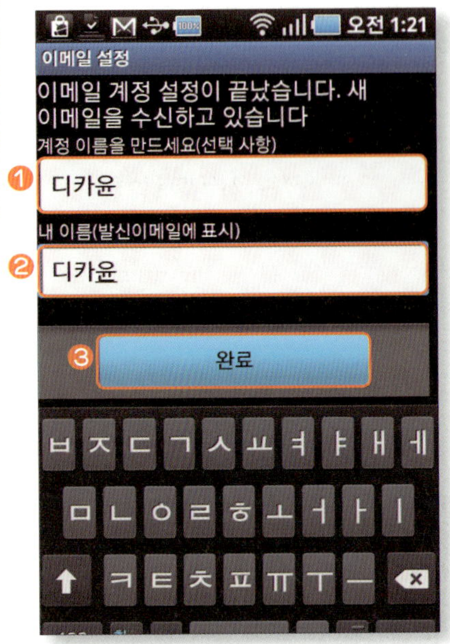

 이제 네이버 계정이 핸드폰에 등록되었습니다. 네이버 메일의 받은 편지함으로 이동하여 메일을 읽을 수 있습니다.

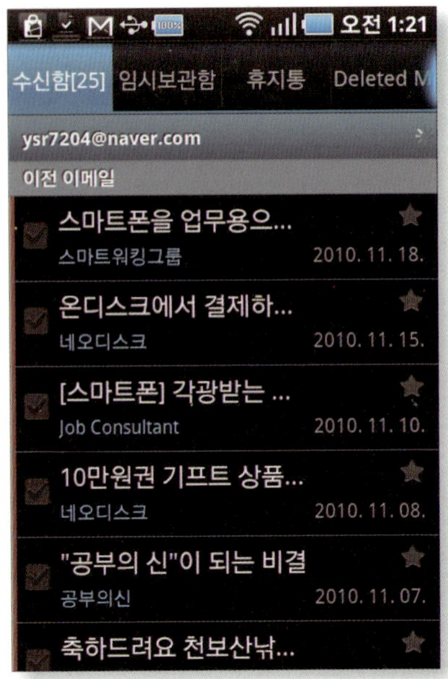

188

② 네이버 계정으로 메일 보내기

일반 계정인 네이버 계정을 이용하여 메일을 보내는 방법에 대해 알아봅니다.

 네이버 메일 화면에서 ▭을 터치하여 메뉴가 나타나면 [작성]을 터치합니다.

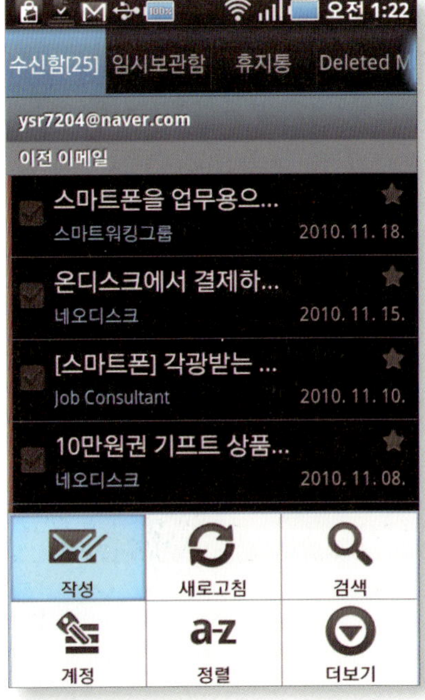

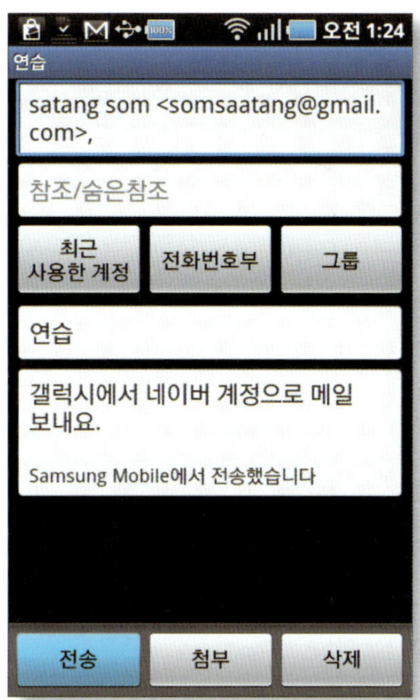

03 컴퓨터에서 메일을 확인하면 전송한 메일을 볼 수 있습니다.

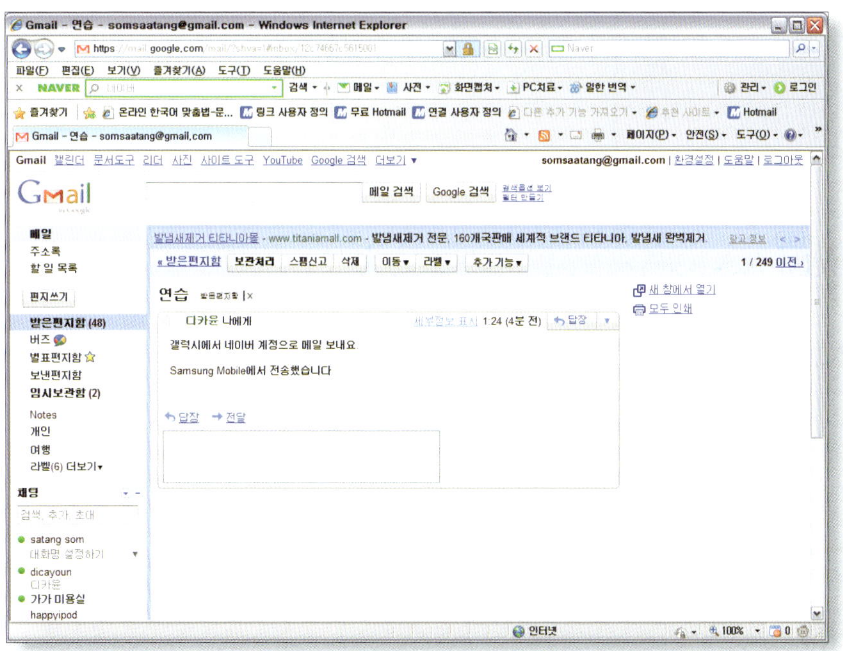

19 구글 서비스 활용하기

안드로이드가 탑재된 갤럭시S 프로요를 사용하게 되었으니 역시 구글 서비스를 이용해 보고 싶은 사람들이 많을 것입니다. 앞에서 본 것처럼 갤럭시S 프로요의 [홈] 화면에 바로 구글 검색 입력란이 있으므로 바로 정보를 검색하고 메일을 이용하거나 뉴스, 동영상 등을 찾아볼 수 있습니다. 갤럭시S 프로요에서 사용하는 구글은 컴퓨터 화면과는 약간 다릅니다. 스마트폰에서 이용하기 쉽도록 제공하기 때문입니다. 이용할 수 있는 서비스도 구글 검색, 이미지 관리의 Picasa 웹 앨범, 오피스 문서를 관리하는 구글 문서 도구, Igoogle 등입니다. 물론 Gmail과 구글 일정 관리도 이용할 수 있습니다.

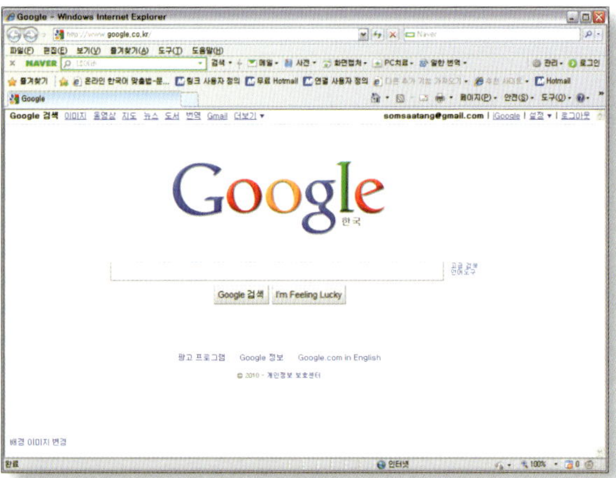

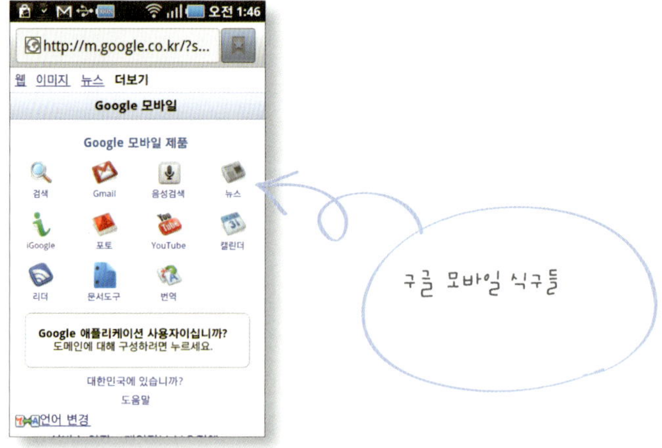

① 검색하기

웹 사이트 검색, 이미지 검색, 뉴스 검색, 지도 검색 등을 할 수 있습니다.

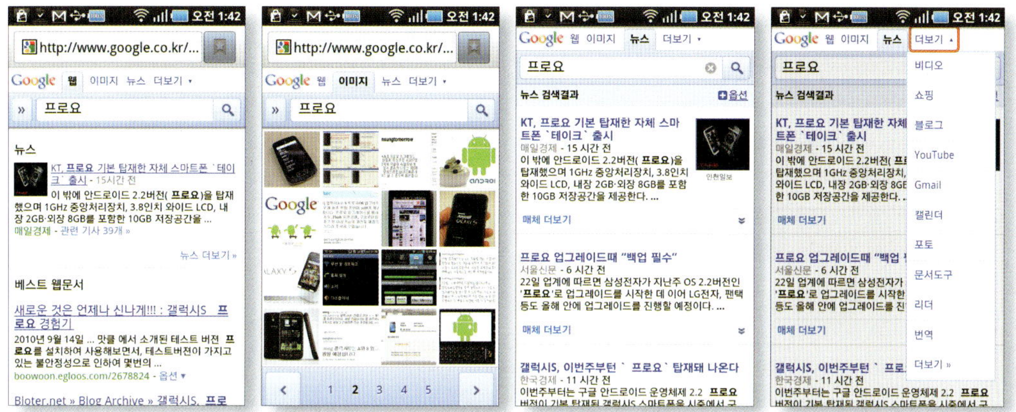

② iGoogle 보기

iGoogle은 일종의 포털 서비스로 컴퓨터에서 추가한 위젯을 표시할 수 있습니다. 자신만의 화면을 만들어 여러 가지 정보를 확인할 수 있습니다. 다음 그림은 [Google 뉴스 한국]이 표시된 모습입니다.

③ 웹 앨범 Picasa

웹 상에서 앨범을 공유하고 관리할 수 있는 Picasa를 이용할 수 있습니다. 컴퓨터에서 작업한 내용을 그대로 볼 수 있고, 갤럭시S 프로요에서 찍은 사진을 바로 웹 앨범에 등록할 수도 있습니다.

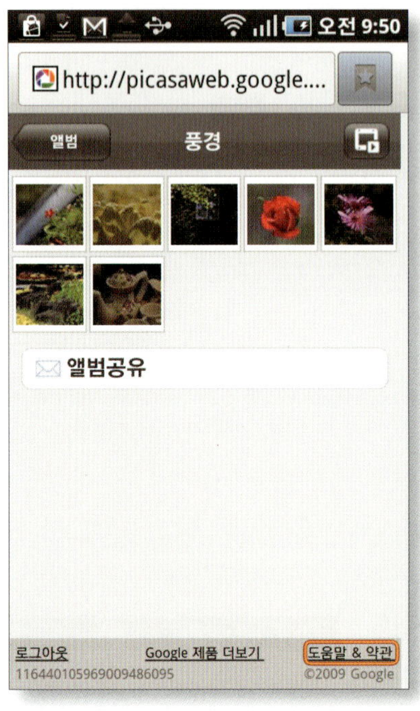
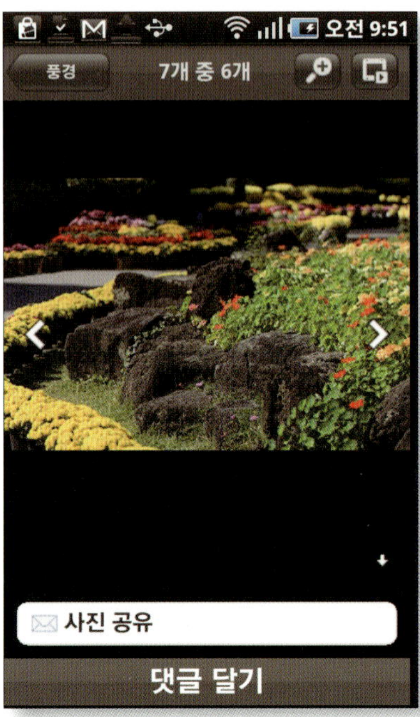

④ 번역

텍스트를 번역할 수 있습니다. 다음은 영문을 한글로 번역한 것입니다.

⑤ 문서 도구

구글 서비스로 제공하는 문서 도구를 갤럭시S 프로요에서도 이용할 수 있습니다. 문서를 보거나 편집도 할 수 있습니다.

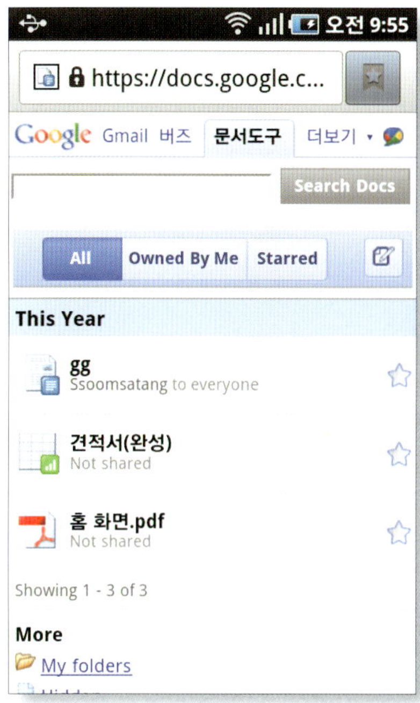

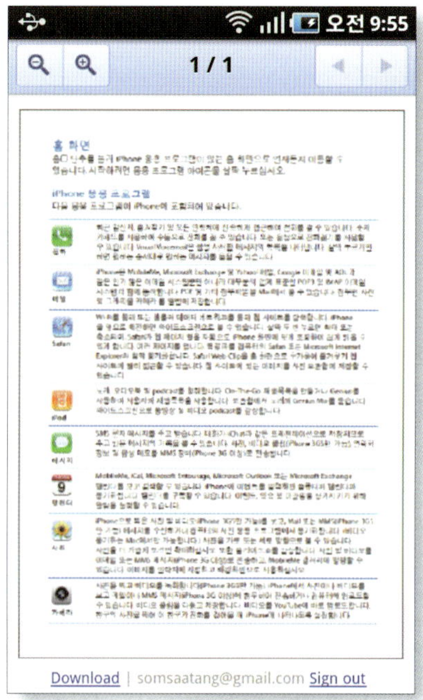

⑥ 컴퓨터와 같은 모양으로 구글 이용하기

갤럭시S 프로요에서 구글을 실행하면 기본적으로 스마트폰에서 사용할 수 있도록 조절된 화면이 표시됩니다. 하지만 컴퓨터와 같은 환경에서 작업할 수 있도록 설정할 수 있습니다. 화면에서 [기본]을 터치하면 됩니다.

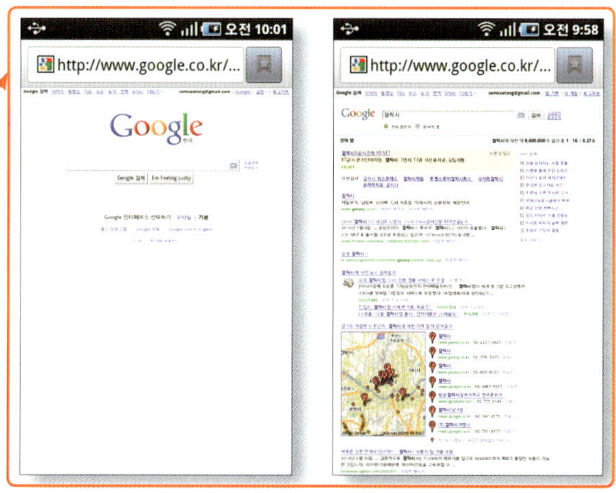

20 RSS 리더로 항상 새로운 뉴스 보기

와이파이가 되는 곳에서 수집한 정보를 와이파이가 되지 않는 곳에서 업데이트되는 대로 새롭게 볼 수 있는 것이 RSS의 장점입니다. 여기서 소개하는 BlueRSS 어플은 무료로 사용할 수 있습니다.

① 구글 리더에서 뉴스 구독하기(컴퓨터)

01 Google에 접속한 다음 [더 보기]-[리더]를 클릭합니다. 다음과 같은 화면이 표시되면 구독하고 싶은 뉴스를 선택합니다. 여기서는 [주요 뉴스]의 [구독하기]를 클릭합니다.

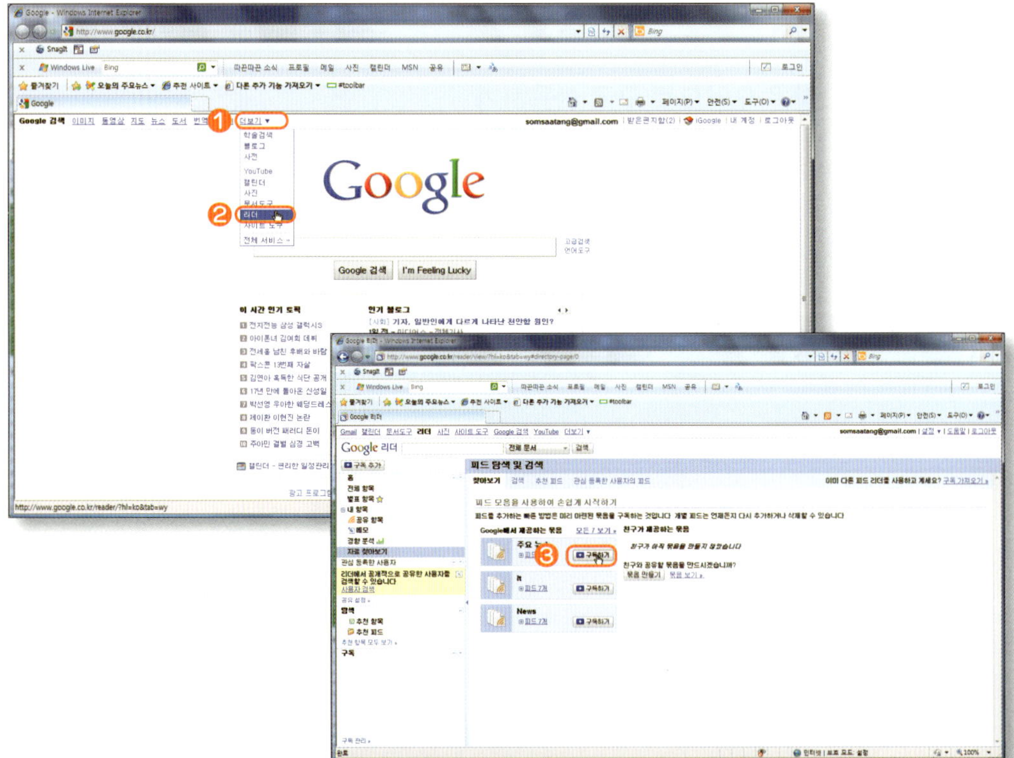

02 구독 목록이 표시되면[구독 관리]를 클릭합니다.

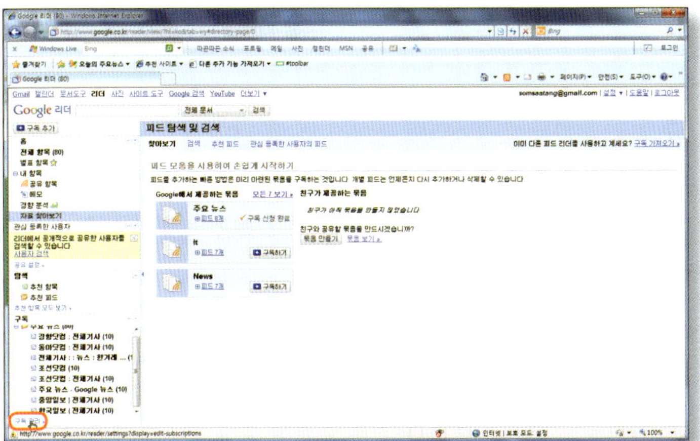

03 자신이 구독하고 싶은 것만 선택하여 구독할 수 있습니다. 홈으로 돌아오면 구독을 신청한 뉴스 항목을 확인할 수 있습니다.

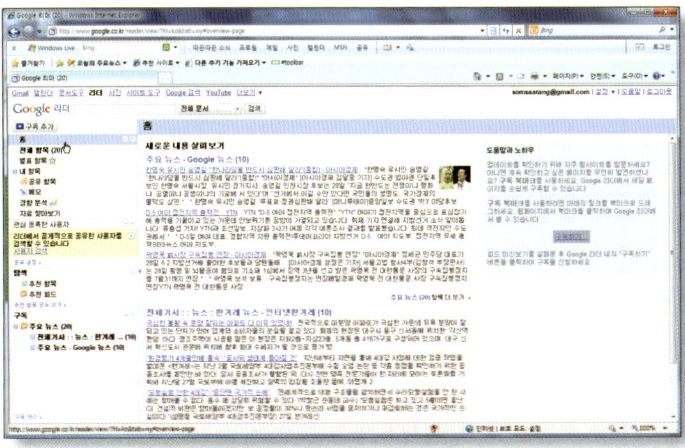

② 구글 리더에서 뉴스 구독하기(갤럭시S 프로요)

갤럭시S 프로요에서 바로 구글 리더를 이용하여 주요 뉴스를 구독하는 방법에 대해 알아보겠습니다.

`01` 구글에서 [더보기]-[리더]를 터치합니다.

`02` 리더 화면이 표시되면 [구독 추가]를 터치합니다.

`03` 구독하고 싶은 뉴스의 [구독 신청]을 터치합니다.

`04` 구독 등록 메시지가 나타나면 ⬅를 터치하여 등록한 화면으로 돌아갑니다.

05 리더로 돌아가 등록된 [주요 뉴스]를 터치해 봅니다.

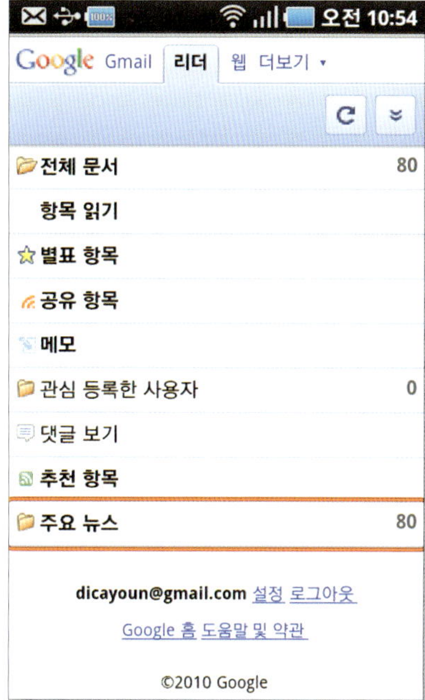

06 뉴스 목록이 표시됩니다.

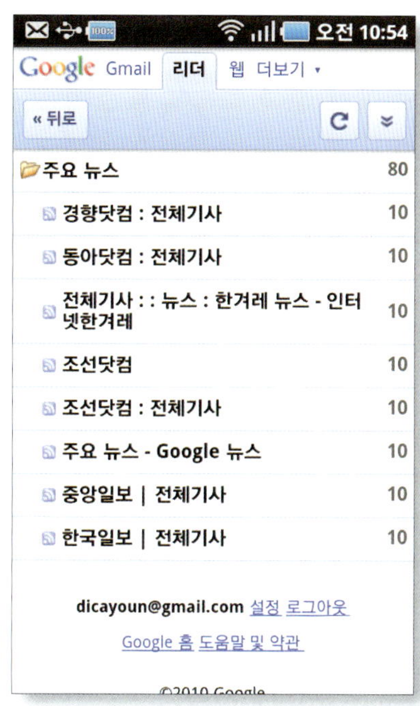

07 그 중 하나를 터치하면 뉴스 목록이 표시됩니다.

08 읽고 싶은 뉴스를 터치하면 뉴스를 볼 수 있습니다.

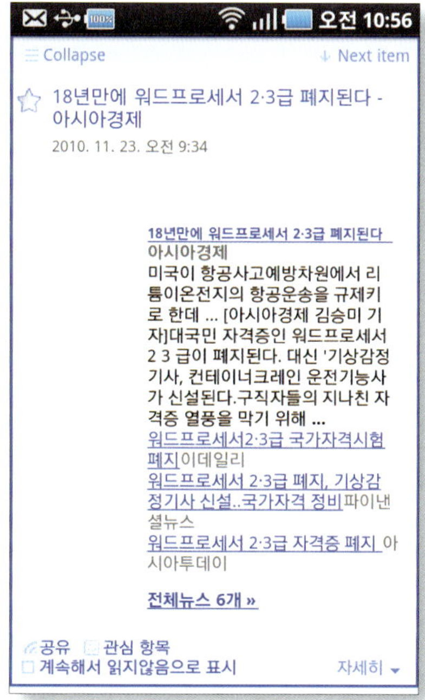

21 트위터 사용하기

전세계를 140자로 연결하는 트위터를 즐기는 사람이라면 갤럭시S 프로요에서도 이용할 수 있습니다. 트위터를 이용하면 언제 언디서든지 친구들과의 대화를 즐길 수 있습니다. 트위터를 하려면 http://twitter.com/에서 아이디와 비밀번호를 입력하여 자신이 사용할 이름을 만들어 두어야만 합니다.

1 트위터 아이디 만들기

아이디를 만드는 방법에 대해 알아보겠습니다. 아이디를 만드는 방법은 매우 간단합니다.

01 http://twitter.com 에 접속하여 다음과 같은 화면이 표시되면 [Join Today]를 클릭합니다.

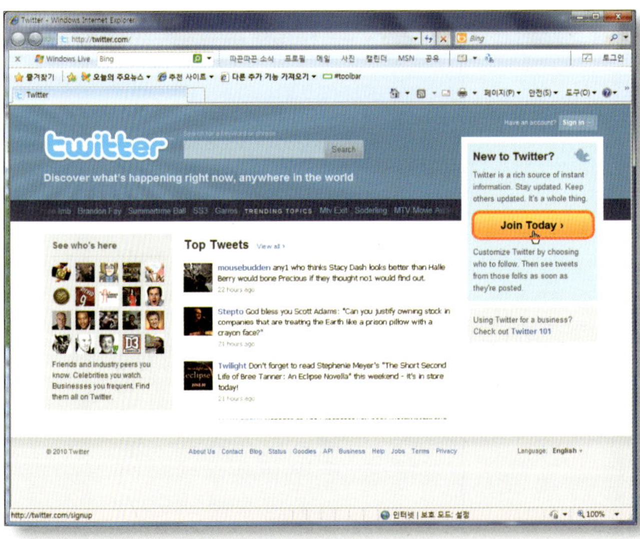

02 [Join the Conversation] 화면이 표시되면 이름과 사용자명, 비밀번호, 이메일을 모두 입력하고 [Create my account] 단추를 클릭합니다.

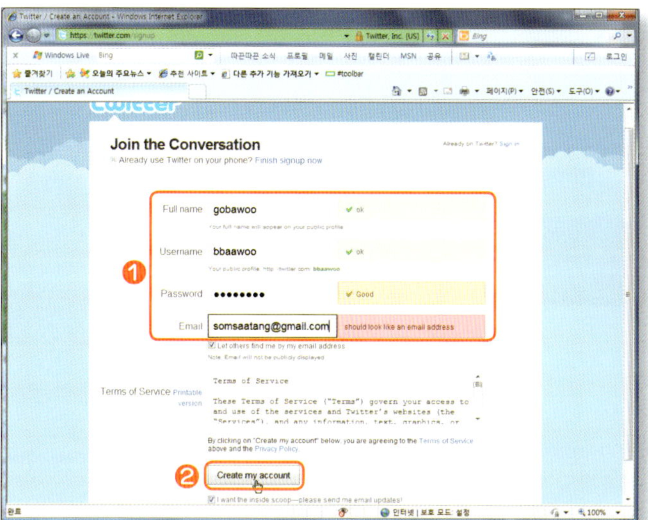

03 다음과 같은 화면이 표시되면 그대로 따라서 입력하고 [Finish] 단추를 클릭합니다. 이때 영문 대소문자를 구별하여 입력합니다.

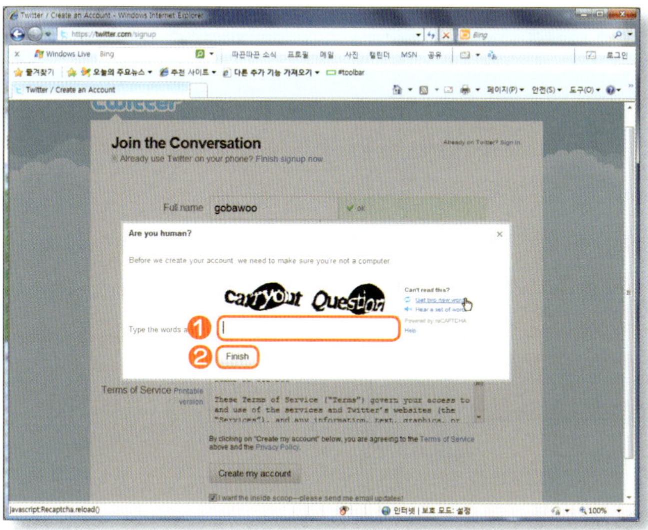

 다음과 같은 화면이 표시되면 [Next Step] 단추를 클릭합니다.

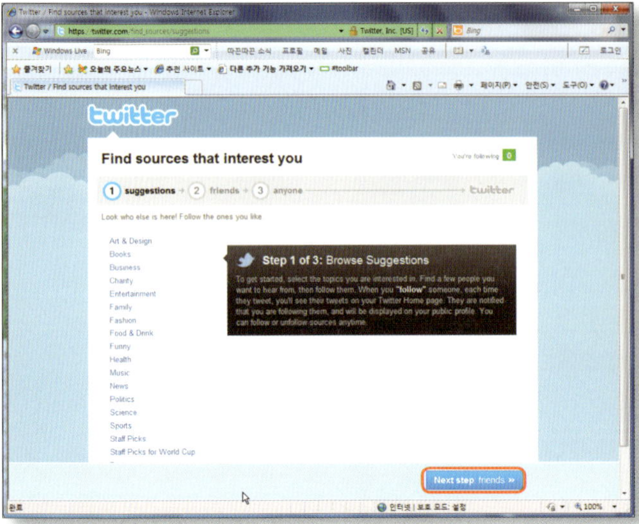

 다음과 같은 화면이 표시되면 사용하는 메일과 비밀번호를 입력하고 [Next Step] 단추를 클릭합니다.

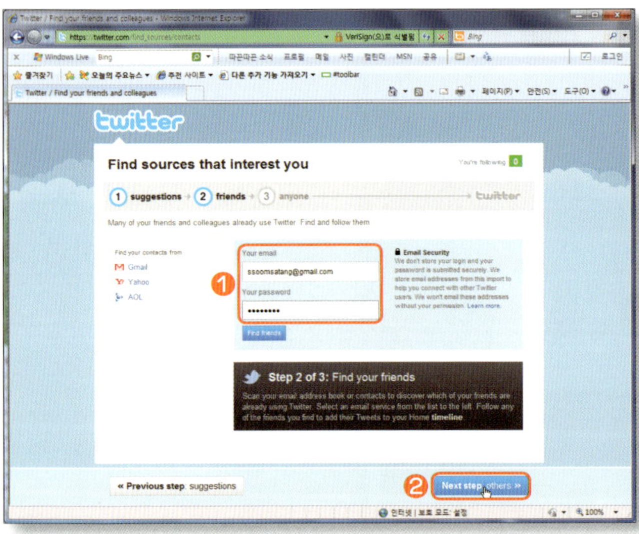

06 가입 절차의 끝으로 [Next Step] 단추를 클릭합니다.

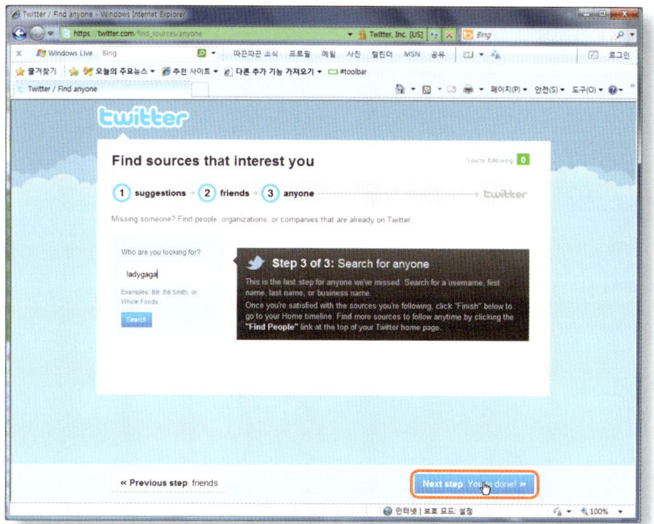

07 다음과 같은 메시지가 나타나면 일단 가입이 된 것입니다. 하지만 가입 인증 이메일을 수락해야만 모든 절차가 끝나게 됩니다. 트위터에 가입할 때 등록한 이메일 사이트에 접속합니다.

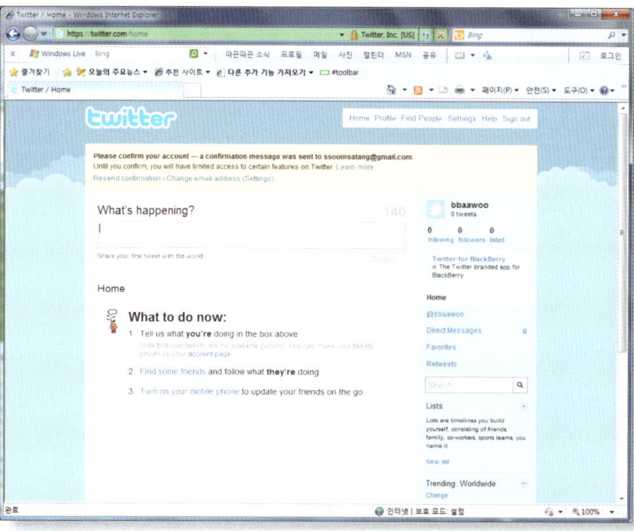

08 메일에 접속하여 Twitter에서 온 메일을 읽고 다음 부분을 클릭하여 트위터 사용 인증을 합니다.

09 이제 트위터 가입 절차가 모두 끝났습니다. 이제 전세계의 모든 친구들과 트윗을 할 수 있습니다.

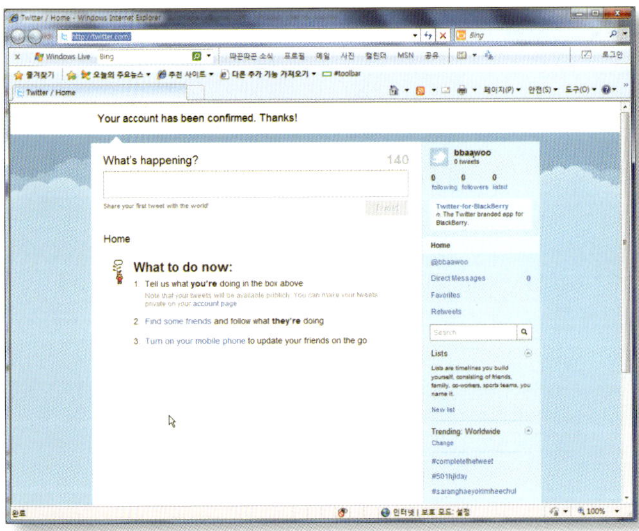

② Twitter 어플 다운받기

안드로이드 공식 Twitter 어플을 사용하는 방법에 대해 알아보겠습니다. Twitter는 먼저 마켓에서 다운받은 다음 사용해야 합니다.

`01` [마켓]에서 [Twitter]를 검색합니다. Twitter가 검색되면 터치하여 설치합니다.

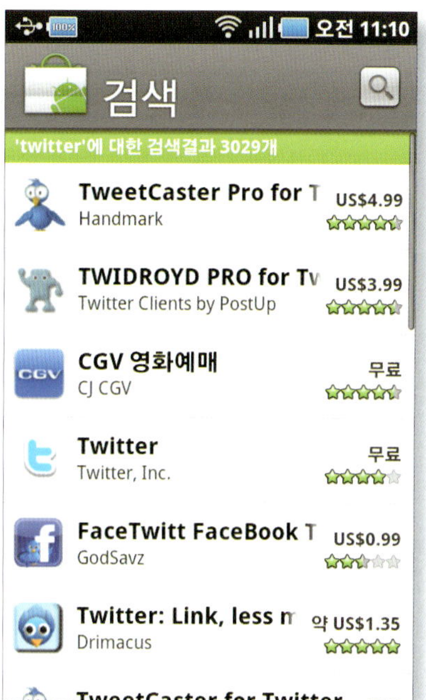

`02` [메인메뉴] 화면에서 [Twitter] 어플을 터치하여 실행합니다.

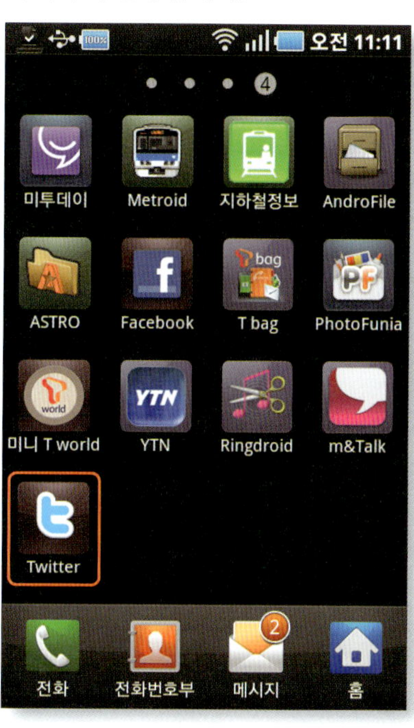

`03` 앞에서 만든 아이디와 비밀번호를 입력한 다음 [로그인]을 터치합니다.

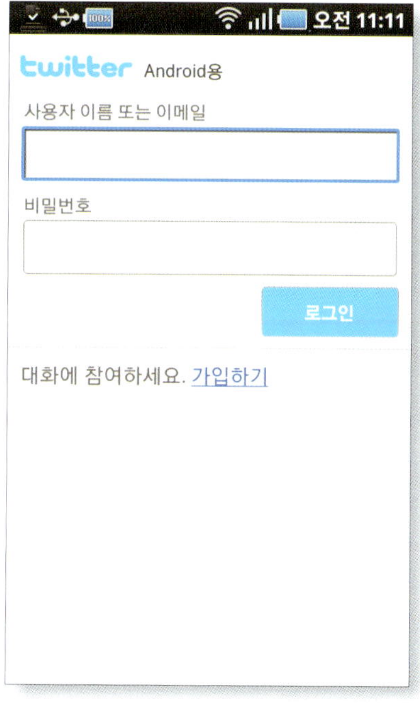

04 다음은 [Twitter]가 실행된 화면입니다.

오전 11:54
twitter
이야기   목록
내가 언급된 글   입소문
쪽지   내 프로필
인기 주제   검색

05 트위터를 처음 사용하는 것이라면 아무런 이야기도 없을 것입니다. 이제 하나하나 이야기를 만들어 가면 됩니다.

오전 11:28
twitter
이야기
이야기가 없습니다.

204

06 다음 화면은 이야기들이 많이 올라왔을 때의 모습입니다.

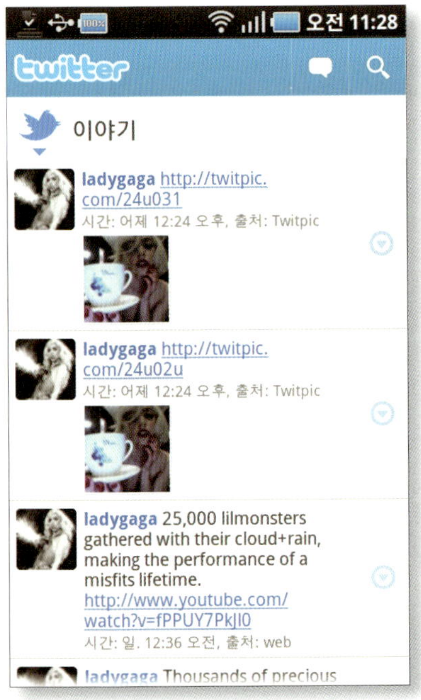
오전 11:28
twitter
이야기
ladygaga http://twitpic.com/24u031
시간: 어제 12:24 오후, 출처: Twitpic
ladygaga http://twitpic.com/24u02u
시간: 어제 12:24 오후, 출처: Twitpic
ladygaga 25,000 lilmonsters gathered with their cloud+rain, making the performance of a misfits lifetime.
http://www.youtube.com/watch?v=fPPUY7PkJl0
시간: 일. 12:36 오전, 출처: web
ladygaga Thousands of precious

07 트위터에 올라온 새 이야기를 보고 싶으면 Refresh 를 터치합니다.

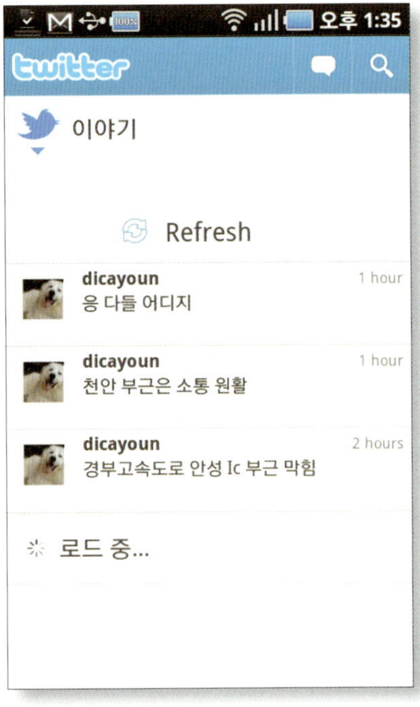
오후 1:35
twitter
이야기
Refresh
dicayoun   1 hour
응 다들 어디지
dicayoun   1 hour
천안 부근은 소통 원활
dicayoun   2 hours
경부고속도로 안성 Ic 부근 막힘
로드 중...

③ 다른 사람을 팔로우하기(관심 친구 등록하기)

안드로이드용 트위터 어플에서는 팔로우한다는 말을 '관심 친구 등록하기'로 대신합니다. 팔로우하기와 관심 친구 등록하기가 같은 말입니다.

`01` 트위터 화면에서 🔍을 터치합니다. 다음과 같은 화면이 표시되면 💬를 터치한 다음 [개인 주소록]을 터치합니다.

`02` 친구로 등록하고 싶은 사람의 아이디를 입력하고 🔍을 터치합니다.

`03` 사용자를 검색하여 결과가 표시되면 해당 아이디를 터치합니다.

`04` [관심 친구 추가] 아이콘(👤)을 터치합니다.

 친구로 등록되었습니다.

 이제부터는 등록한 친구가 게시한
이야기를 볼 수 있습니다.

206

 새로운 이야기하기

트위터에 새로운 이야기를 올리는 방법에 대해 알아봅니다.

01 Twitter 화면이나 이야기 화면에서 💬를 터치하면 이야기를 할 수 있습니다. 글쓰기 화면이 나타나면 내용을 입력하고 [업데이트]를 터치합니다.

02 이야기가 게시되었습니다. 특정한 사람한테만 이야기한 것이 아니므로 나를 팔로우하는 사람들의 타임 라인에 모두 보이게 됩니다.

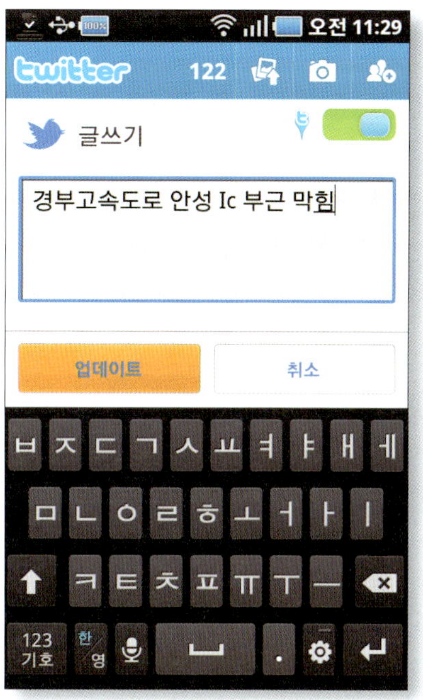

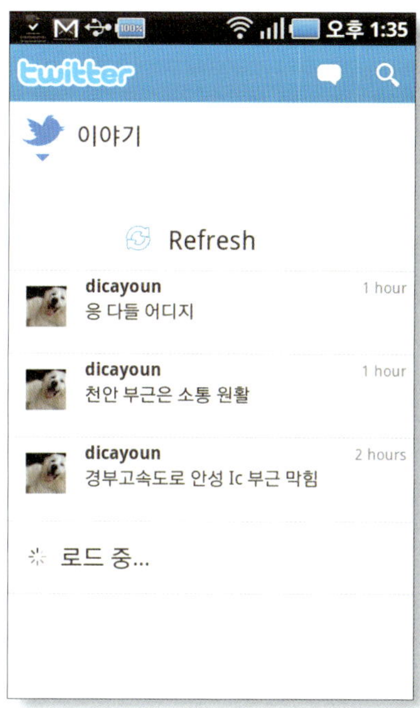

03 다음은 자신을 팔로우하는 사람의 타임라인을 컴퓨터에서 본 화면입니다.

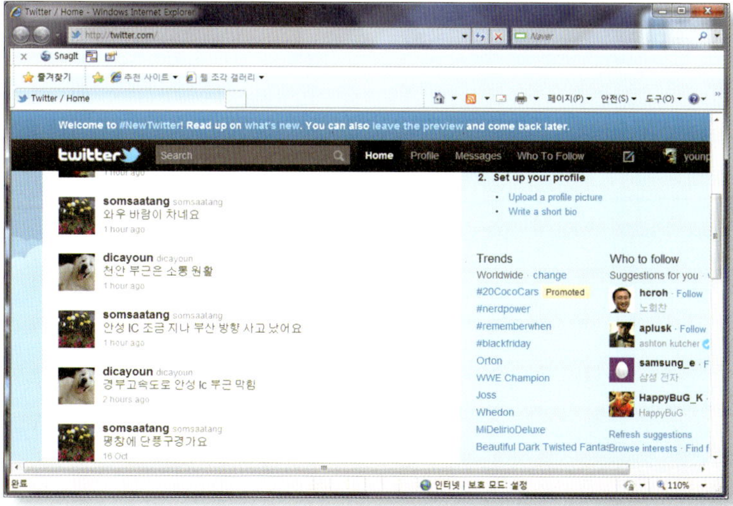

207

`04` 이번에는 관심 등록한 사람에게만 이야기를 하는 방법에 대해 알아봅니다. 기왕이면 사진도 넣어 보겠습니다. 글쓰기 화면에서 내용을 입력한 다음 을 터치합니다.

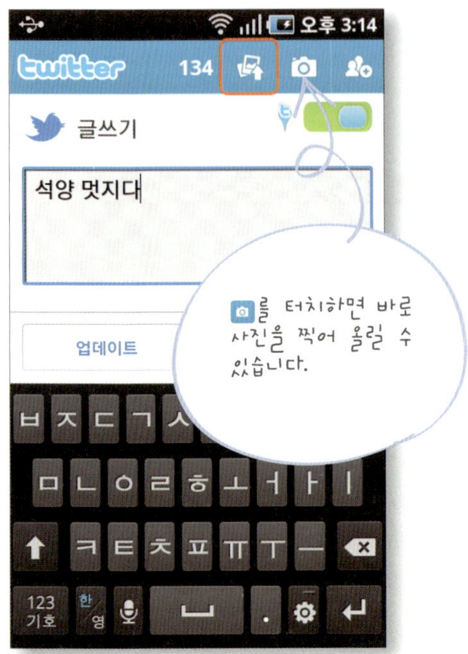

`05` 앨범 화면이 표시되면 보낼 사진을 선택합니다.

`06` 사진이 삽입되었으면 [관심 등록] 아이콘을 터치합니다.

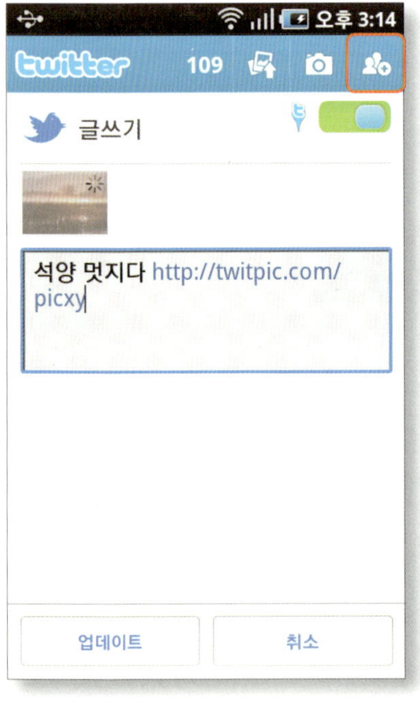

`07` 현재 관심 등록한 친구들이 보입니다. 이야기를 보낼 친구를 터치하여 선택한 다음 [확인]을 터치합니다.

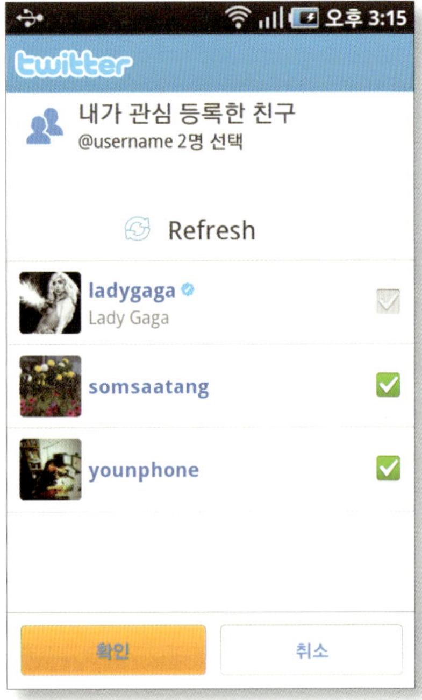

 글도 쓰고, 사진도 삽입하고, 친구도
설정했으면 [업데이트]를 터치하여 글쓰기를
완료합니다.

 타임라인에 글이 표시되었습니다.

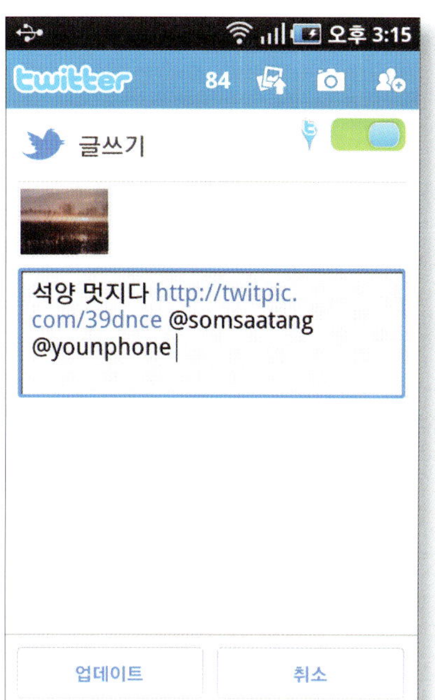

 **쪽지**

서로 등록한 사람에게 보내는 쪽지입니다. 상대방만 볼 수 있는 글로 트위터(컴퓨터)에서는 Messages에서 볼 수 있습니다.

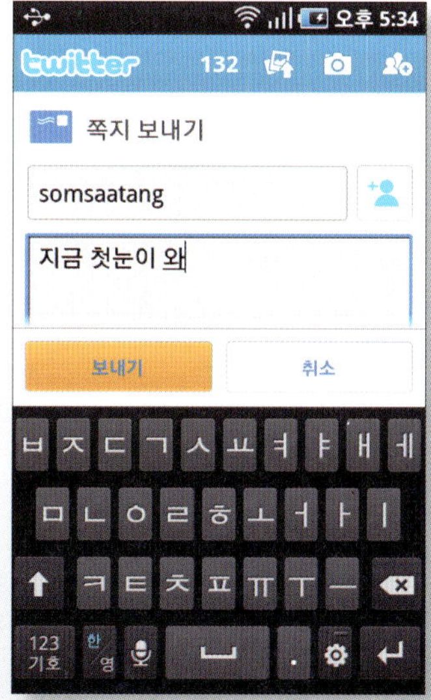

⑤ 답글 달기

이야기 중에서 답글을 달고 싶은 친구의 글이 있다면 답글을 달 수 있습니다.

`01` 이야기 중에서 답글을 달고 싶은 친구를 터치합니다.

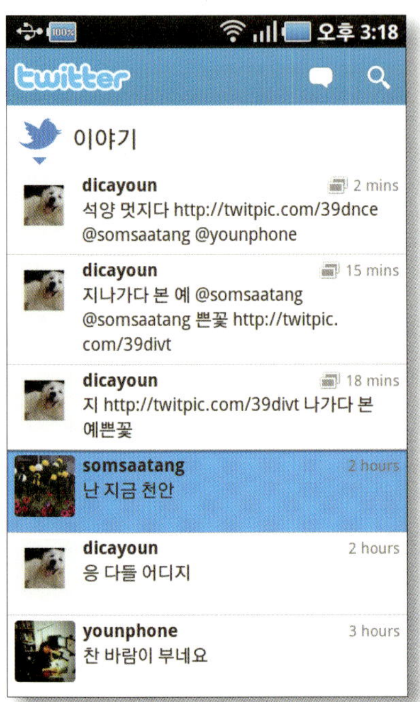

`02` 해당 친구한테만 이야기를 할 수 있도록 화면이 표시됩니다. [답글] 아이콘을 터치합니다.

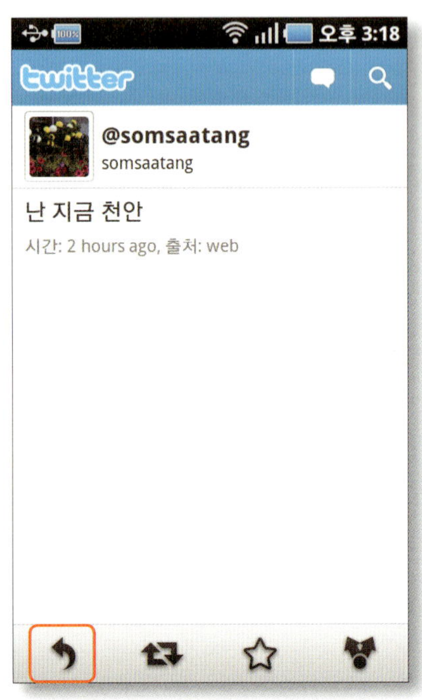

`03` '@친구 아이디' 뒤에 한 칸을 띄우고 답글을 입력합니다. [답글]을 터치하면 이 글은 현재 지정한 친구에게만 전달됩니다.

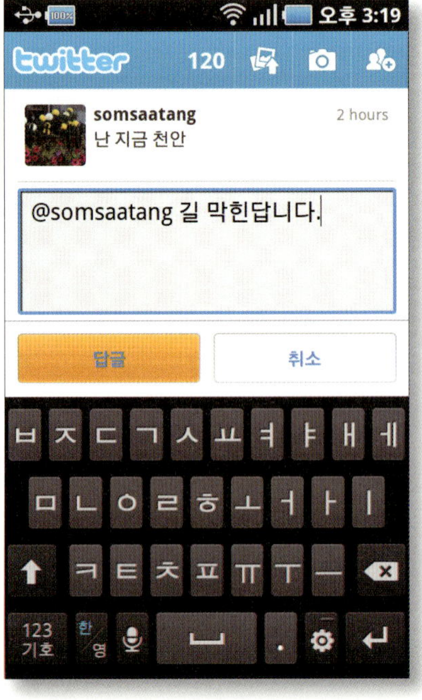

6 입소문내기

입소문내기는 친구의 이야기를 그대로 친구의 아이디까지 포함하여 다른 사람에게 보내는 것을 말합니다. 보통 RT를 입력한 다음 상대방의 아이디를 입력하고 내용을 전달하게 되는데 이런 과정을 한 번에 할 수 있는 방법이 있습니다.

01 입소문을 내고 싶은 내용을 터치합니다.

02 화면이 바뀌면 [입소문내기] 아이콘(↻)을 터치합니다.

03 [입소문내기] 화면이 표시되면 [입소문내기]를 터치합니다. 친구의 이야기가 내 들을 팔로우하는 사람들에게 전달됩니다.

 만일 자신의 이야기를 더해서 리트윗하려면 [Quote]를 터치합니다.

 글쓰기 화면에 자신이 입력할 내용을 더해 입력한 다음 [업데이트]를 터치합니다.

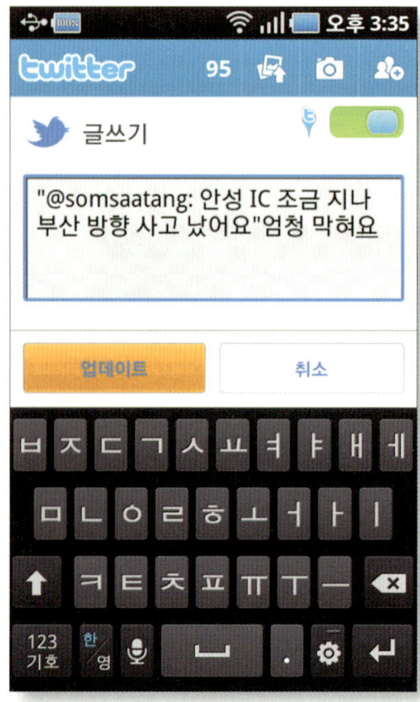

212

트위터의 규칙 1 : @

트위터를 사용하려면 지켜야 할 몇 가지의 규칙이 있습니다. 가장 기본적인 것은 140자 이내의 문자를 작성해야 한다는 것입니다. 이 140자 안에는 자신의 아이디까지 포함됩니다. 무의미해 보이는 문자수 제한이지만 인사말 등을 하지 않고 바로 본론만 얘기할 수 있으므로 화제 속도가 빨라지게 됩니다. 누군가 질문을 해도 빠르게 답을 할 수 있는 것입니다. 상대방을 지정해서 말을 하고 싶은 경우에는 @아이디를 입력한 다음 반각 띄우고 내용을 입력하면 해당 아이디를 가진 상대방에게 바로 글이 전달됩니다. 상대방이 자신을 팔로잉하지 않아도 글을 전달합니다.

트위터의 규칙 2 : RT

트위터에서는 RT라는 문자를 자주 보게 됩니다. 이것은 Retweet의 줄임말로 누군가가 보낸 내용을 그대로 아이디까지 포함하여 다른 사람에게 그대로 보낼 때 이용합니다. 트위터에서는 팔로우하는 사람들만 볼 수 있으므로 유용한 정보인 경우에는 RT를 넣어 발신자를 표시해주는 것입니다. 따라서 Retweet은 중요한 정보나 흥미로운 내용을 공유할 때 많이 이용하며 사적인 대화 시에는 가급적 사용하지 않는 것이 좋습니다.

갤 럭 시 S 프 로 요 제 대 로 쓰 기
지금 무슨 생각해?
me2DAY

150자의 문자로 자신의 생각이나 글을 바로바로 적어 올려 친구들과 소통하는 마이크로 블로그를 소개합니다. 미투데이로 많은 사람과 함께 생각을 나눠 보세요. 미투데이는 한국판 트위터라고 생각할 수도 있습니다.

01 갤럭시S 프로요에는 [미투데이] 어플이 있으므로 따로 설치하지 않고 바로 터치하여 실행합니다. 만일 없는 경우 T store에서 설치합니다.

02 미투데이 어플을 실행하면 다음과 같은 화면이 표시됩니다. 아이디를 입력하고 [확인]을 터치합니다. 회원이 아니라면 [회원가입]을 터치하여 가입합니다.

 비밀번호를 입력하고 [로그인]을 터
치합니다.

 다음과 같이 위치정보 사용 동의 화
면이 표시되면[동의함]을 터치합니다.

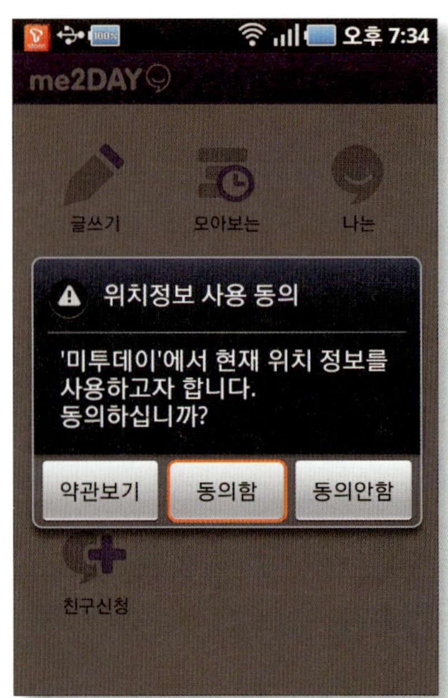

 미투데이가 실행되면 다음과 같은
미투데이 홈화면이 열립니다. 이제부터 미친
(미투데이 친구)도 만들고 자신의 글도 올려
보세요. 새로운 글을 쓰기 위해 [글쓰기]를 터
치합니다.

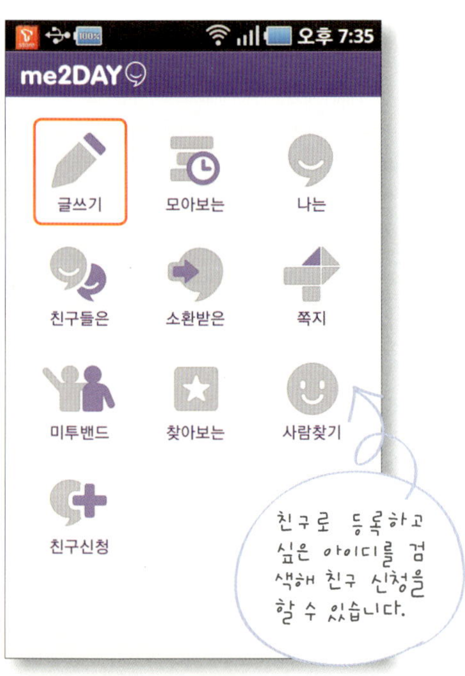

 본문과 태그를 입력하고 [올리기]를
터치하면 친구들이 내 글을 볼 수 있습니다.

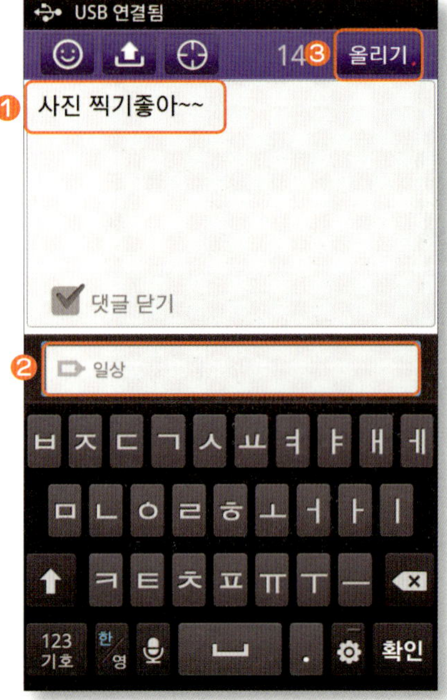

07 [홈] 화면에서 [모아보는]을 터치해 보세요. 그동안 입력했던 글들이 한 화면에 보입니다.

08 [홈] 화면에서 [친구들은]을 터치해 보세요. 친구로 등록되어 있는 친구들의 목록이 표시됩니다. 친구를 터치해 봅니다.

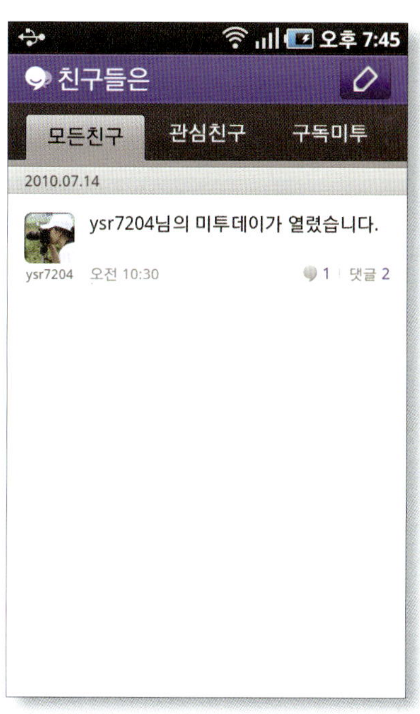

09 친구가 올린 글들을 바로 확인할 수 있습니다.

10 [홈] 화면에서 [사람찾기]를 터치하여 아이디를 검색하여 친구를 찾아 친구 신청을 할 수 있습니다.

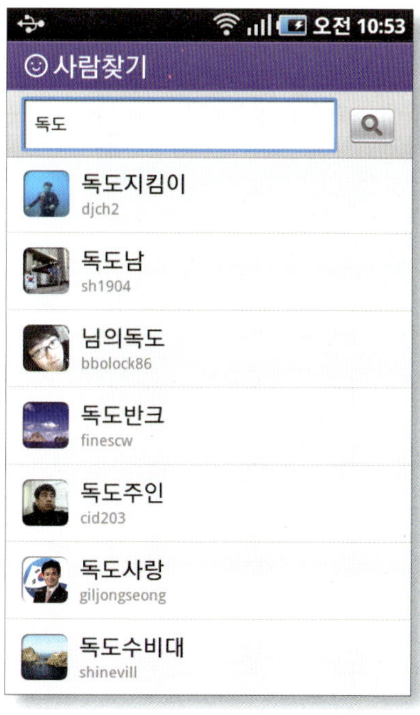

23 갤럭시S 프로요 제대로 쓰기

세계인이 모두 내 친구 Facebook

쪽지도 주고받고, 사진도 올리고, 친구들이 한 번에 볼 수 있도록 이벤트도 올릴 수 있는 소셜 네트워크 서비스인 Facebook을 소개합니다. 물론 컴퓨터상에서 사용하는 Facebook을 갤럭시S 프로요에서 사용하는 것입니다. 이 어플을 사용하려면 계정을 등록하여 가입해야 합니다. 여기서는 가입 절차에 대한 설명은 생략합니다. Facebook은 처음 계정 등록시 함께 설정할 수 있는 화면이 나타나므로 거기서 동기화를 설정하면 여기서는 따로 로그인을 하지 않아도 됩니다.

01 [마켓]에서 [Facebook] 어플을 다운받아 설치하고 실행합니다.

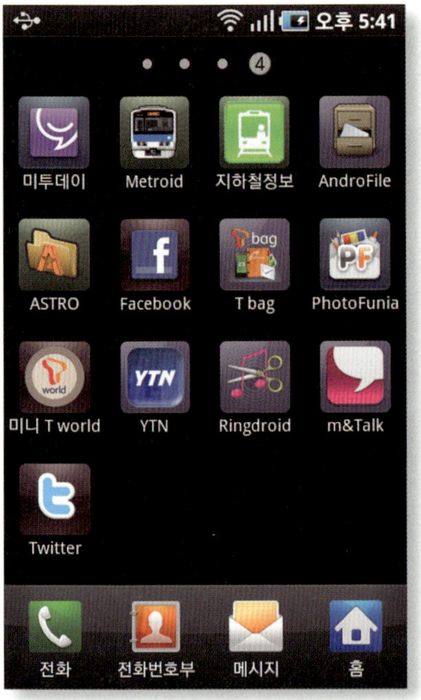

02 Facebook이 실행되었습니다. 앞에서(48쪽) 동기화를 하지 않았다면 여기서 이메일과 비밀번호를 입력하여 로그인해야 합니다.

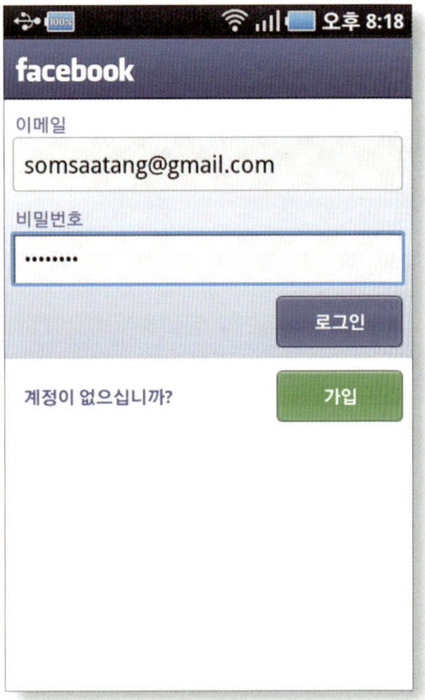

03 다음과 같은 화면이 표시되면 [모두 동기화]를 터치하고 [다음]을 터치합니다.

04 [유용한 도움말] 화면이 표시되면 내용을 읽어보고 [마침]을 터치합니다.

05 [facebook] 화면이 표시됩니다. 그림과 같이 7개의 카테고리를 이용하여 내용을 공유하세요.

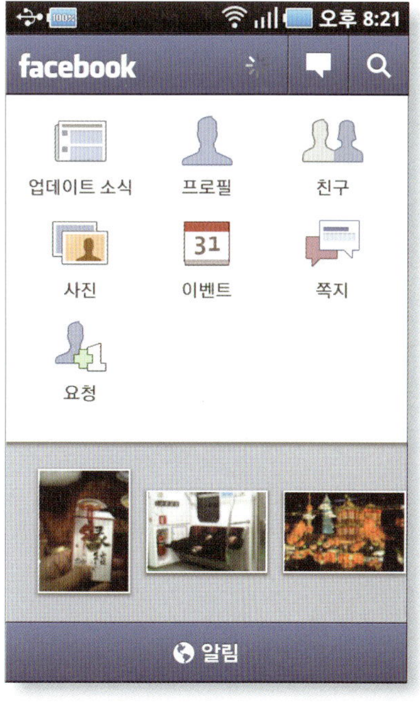

06 다음은 업데이트 소식을 선택했을 때의 화면입니다. 의견과 사진 등의 내용을 공유합니다. 화면에 나타나는 것은 나를 포함한 친구들이 올린 내용입니다.

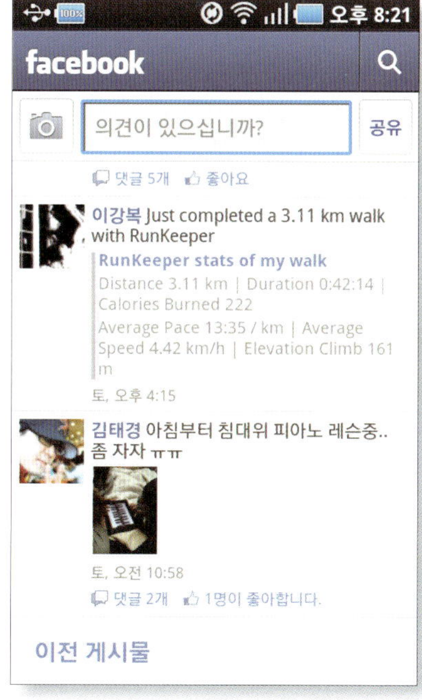

07 [의견이 있으십니까?]에 자신의 글을 입력하고 [공유]를 터치합니다.

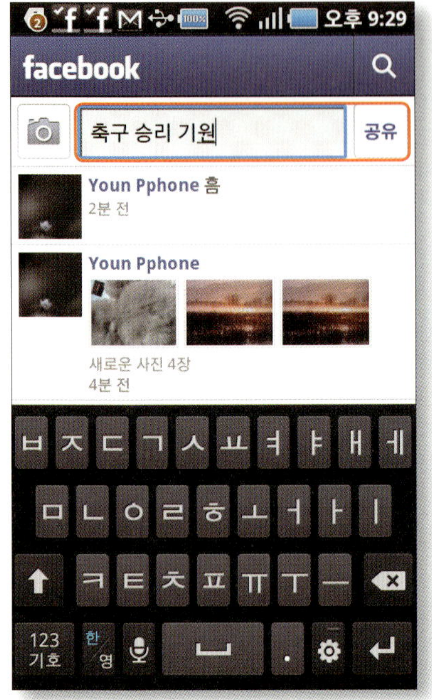

08 바로 담벼락에 글이 표시됩니다. 친구로 등록되어 있는 사람들이 내 글을 볼 수 있습니다.

09 글과 함께 사진을 올리고 싶다면 [카메라] 아이콘을 터치합니다.

10 [사진 올리기] 화면이 표시되면 [사진 선택]을 터치합니다.

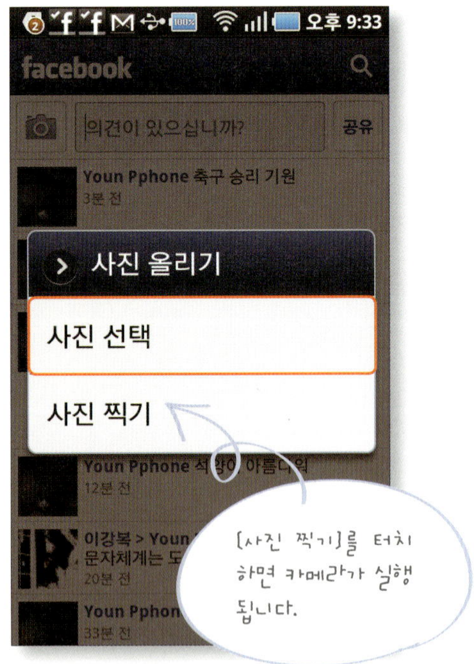

[사진 찍기]를 터치
하면 카메라가 실행
됩니다.

11 facebook에 올릴 사진을 터치합니다.

12 [사진 올리기] 화면이 표시되면 [여기에 캡션 추가] 부분을 터치합니다.

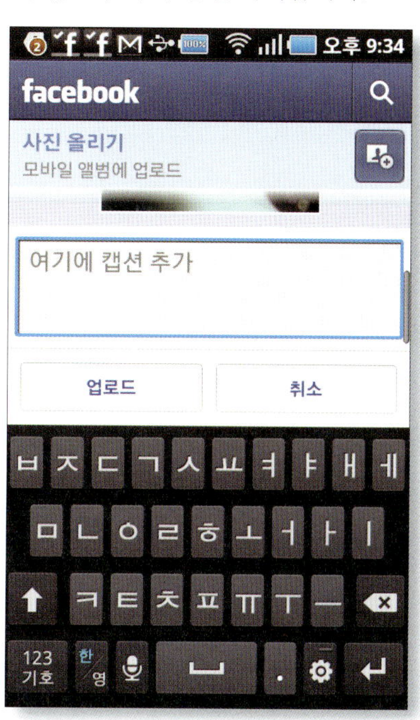

13 내용을 입력하고 [업로드]를 터치합니다.

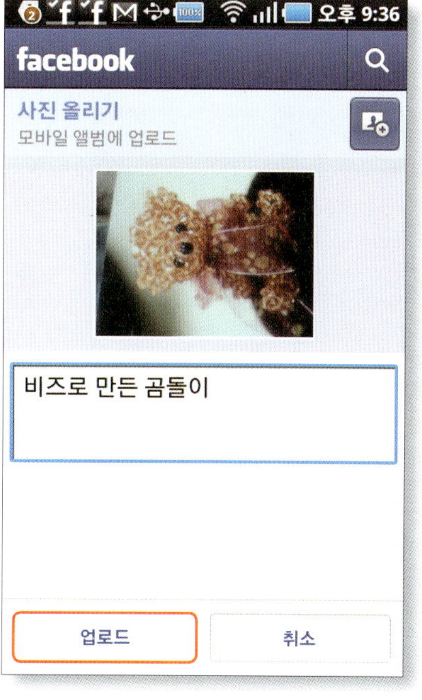

14 사진과 함께 글이 업로드되었습니다.

15 메인 화면에서 [친구]를 터치하면 친구와 모든 사용자가 표시됩니다. [모든 사용자] 탭을 터치합니다.

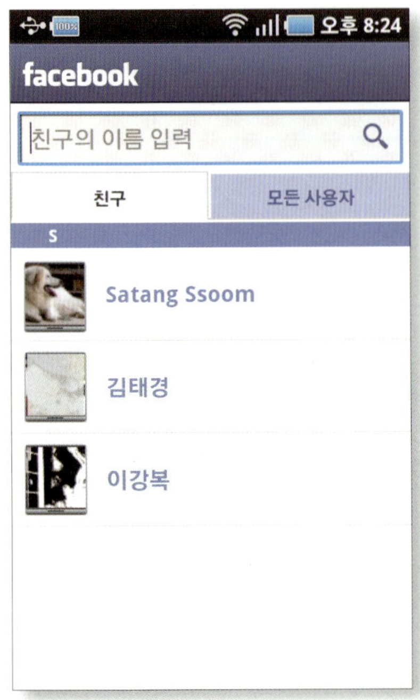

16 친구로 등록하고 싶은 사람의 이름을 입력하고 🔍를 터치합니다. 검색 결과가 표시되면 친구로 등록할 사람을 찾아 터치합니다.

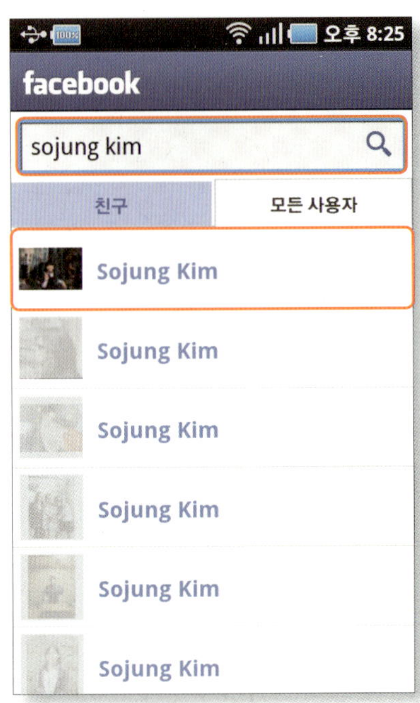

17 찾던 친구가 맞다면 [친구로 추가]를 터치하여 친구로 추가합니다.

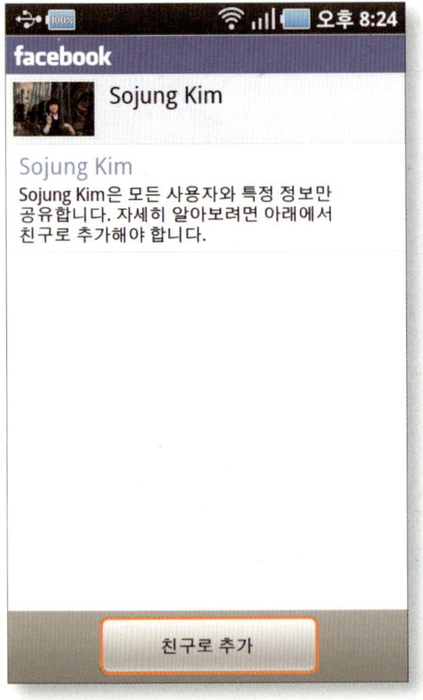

18 [친구로 추가] 화면이 표시되면 쪽지를 입력하고 [보내기]를 터치합니다. 친구가 수락해야만 친구가 됩니다.

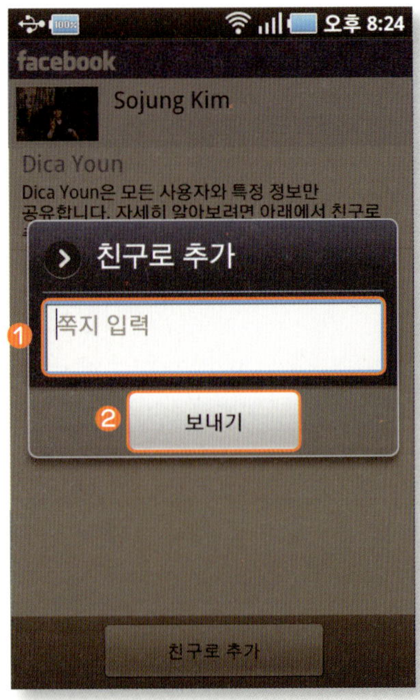

갤럭시S 프로요와 내 PC 자유롭게 넘나들기

갤럭시S 프로요에서 내 PC에 있는 사진을 보거나 영화를 볼 수 있고, 내 PC에서도 갤럭시S 프로요에 있는 동영상을 보거나 사진을 볼 수 있는 놀라운 기능입니다. 이 기능을 이용하려면 윈도우의 미디어 플레이어와 윈도우 미디어 센터 프로그램이 필요하며, 갤럭시S 프로요에서는 [AllShare] 어플을 이용합니다. 또한 USB 케이블 등은 연결할 필요가 없으며, 같은 랜 상에 컴퓨터와 갤럭시S 프로요가 있기만 하면 됩니다.

① 윈도우에서 폴더 설정하기

우선 윈도우7에서 미리 설정하는 방법부터 설명하겠습니다. 윈도우 미디어 센터와 미디어 플레이어를 먼저 실행한 다음 동영상 등을 넣을 폴더를 설정하는 방법입니다.

01 컴퓨터를 켜고 [시작]-[Windows Media Center]를 실행합니다.

02 [작업]을 선택한 다음 [설정]을 클릭합니다.

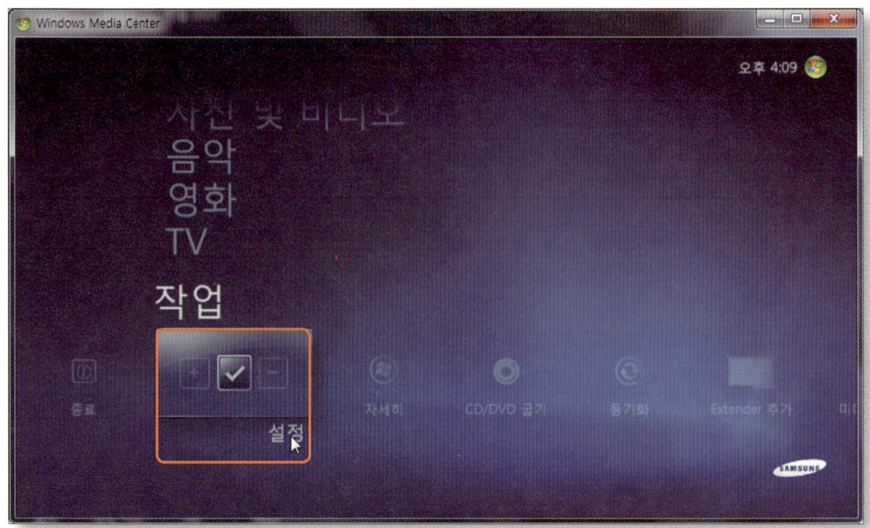
Windows Media Center
오후 4:09
사진 및 비디오
음악
영화
TV
작업
종료
설정
자세히
CD/DVD 굽기
동기화
Extender 추가
미디
SAMSUNG

03 [미디어 라이브러리]를 클릭합니다.

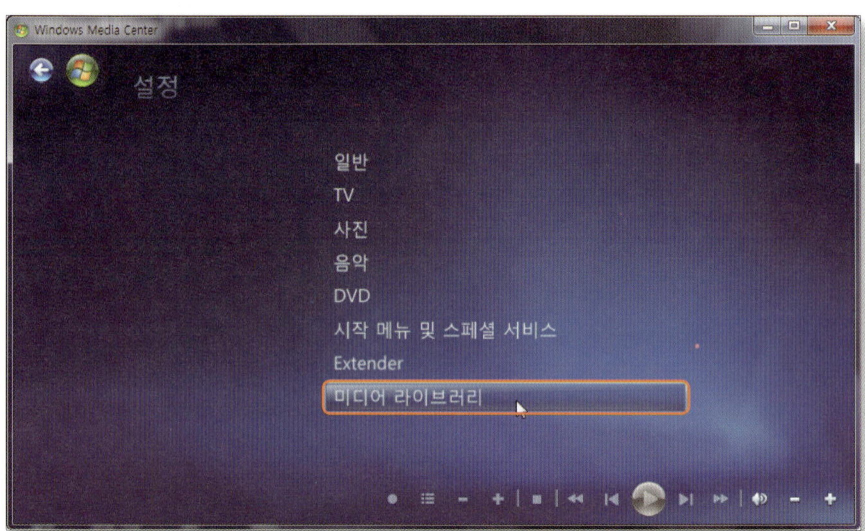
Windows Media Center
설정
일반
TV
사진
음악
DVD
시작 메뉴 및 스페셜 서비스
Extender
미디어 라이브러리

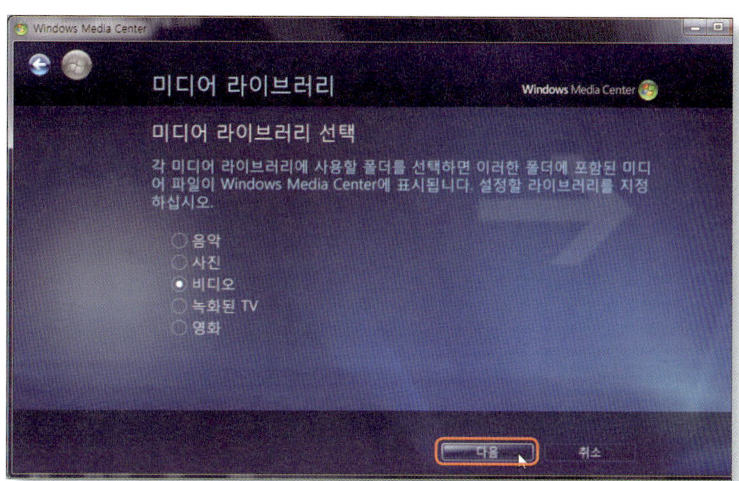

04 여기서는 [비디오]를 선택하고 [다음]을 클릭합니다.

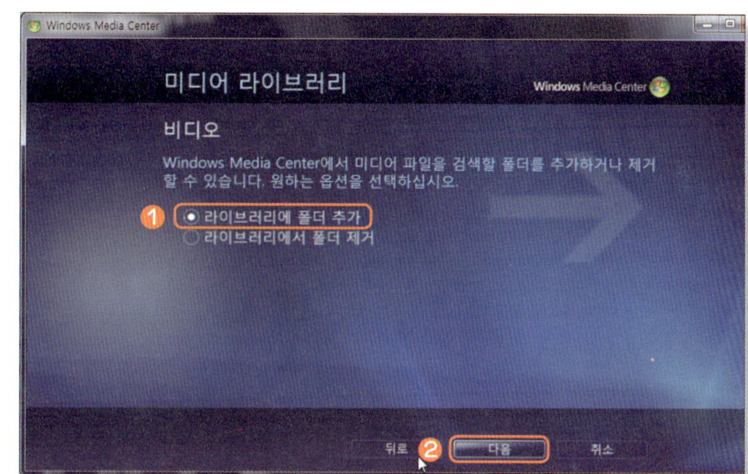

05 [비디오] 화면이 표시되면 [라이브러리에 폴더 추가]를 선택하고 [다음]을 클릭합니다.

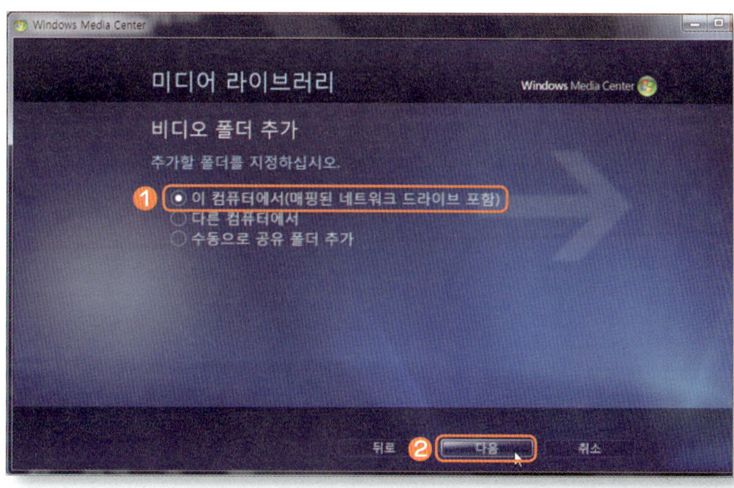

06 [비디오 폴더 추가] 화면이 표시되면 [이 컴퓨터에서]를 선택하고 [다음] 단추를 클릭합니다.

223

07 [비디오가 들어 있는 폴더 선택] 화면이 표시되면 원하는 폴더를 지정하고 [다음] 단추를 클릭합니다. 지정한 폴더의 하위 폴더에 있는 파일도 모두 적용됩니다.

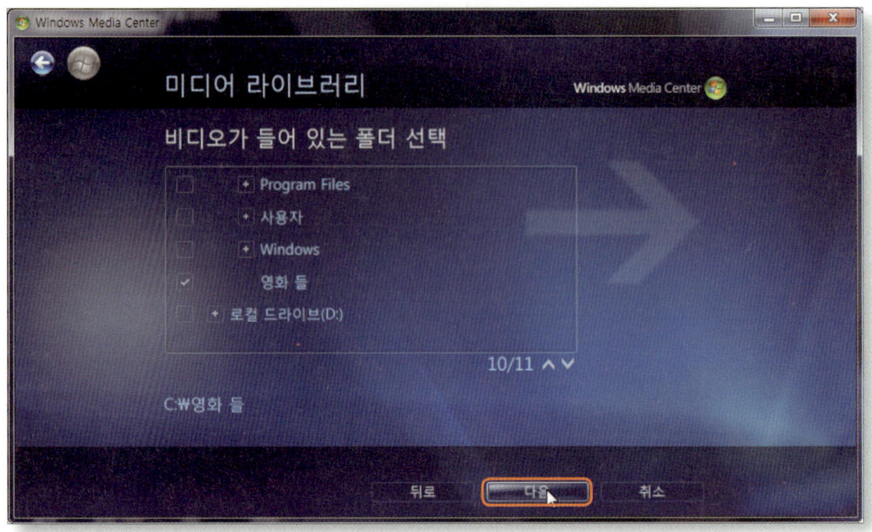

08 [변경 내용 확인] 화면이 표시되면 Windows Media Center에서의 설정이 끝납니다. [마침] 단추를 클릭합니다.

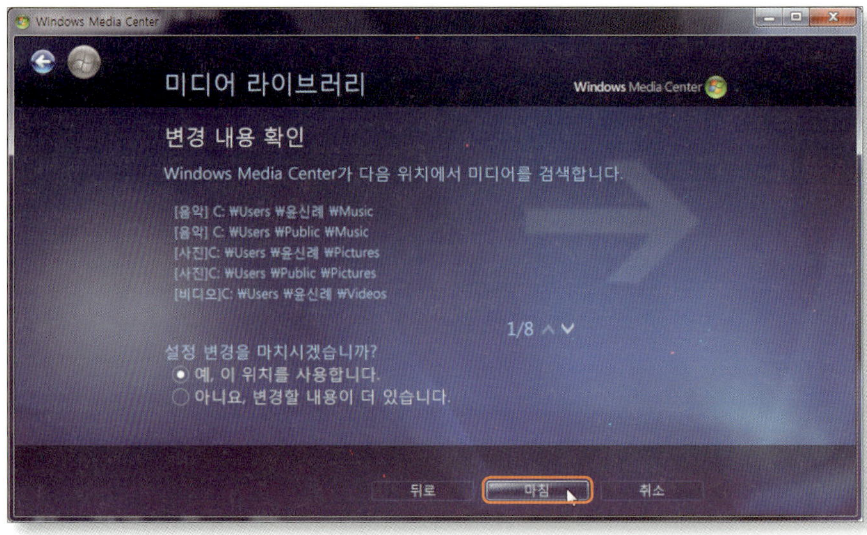

09 이번에는 [Windows Media Player]를 실행한 다음 [스트림] 메뉴에서 다음 그림과 같이 [내 플레이어 원격 제어 허용]과 [장치에서 내 미디어 자동 재생 허용]을 체크되어 있는 상태로 설정합니다.

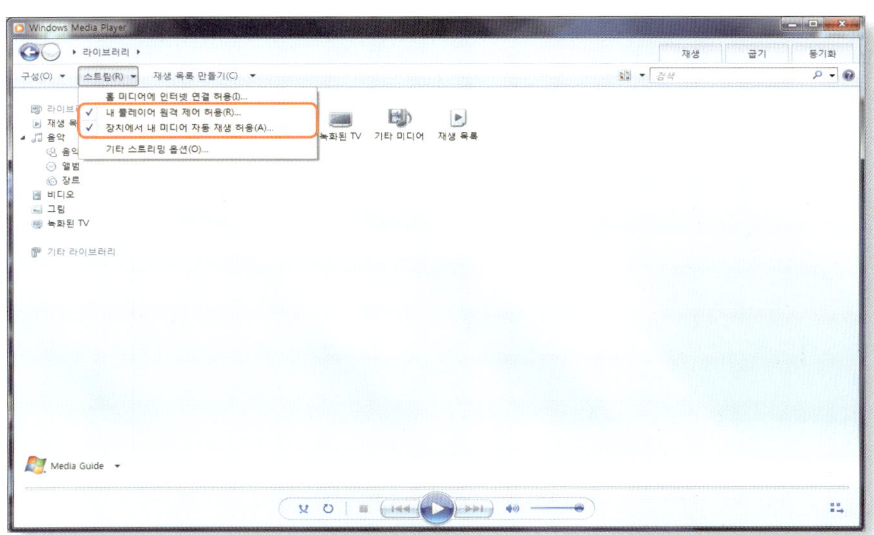

② 내 PC에서 휴대폰의 동영상 보기

[AllShare] 어플을 이용하여 내 PC에 있는 동영상을 갤럭시S 프로요에서 보거나 갤럭시S 프로요에 있는 동영상을 내 PC에서 보는 방법을 알아보겠습니다.

01 [메인메뉴] 화면에서 [AllShare] 어플을 터치하면 다음과 같이 실행됩니다. 3가지 항목을 볼 수 있습니다. 먼저 [내 휴대폰에 있는 파일을 다른 장치에서 재생]을 터치합니다.

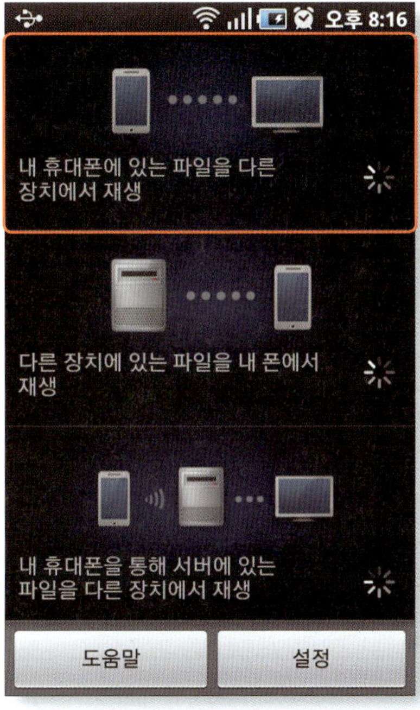

02 [내 장치] 화면이 표시되면 [동영상]을 터치합니다.

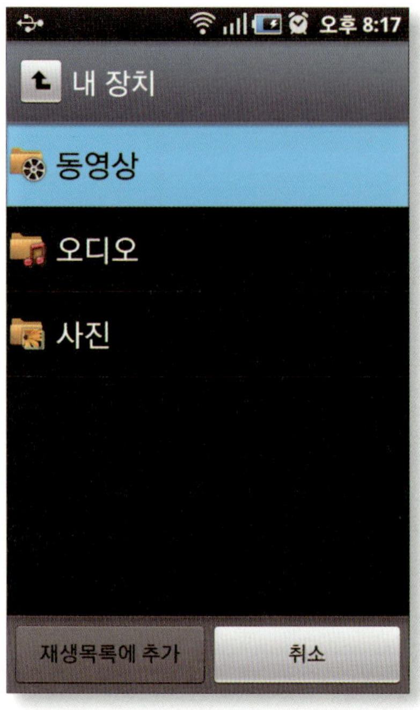

03 현재 휴대폰에 있는 동영상 파일 목록이 표시됩니다. 재생할 동영상을 터치하고 [재생 목록에 추가]를 터치합니다.

04 다음과 같은 화면이 표시되면 [재생]을 터치합니다.

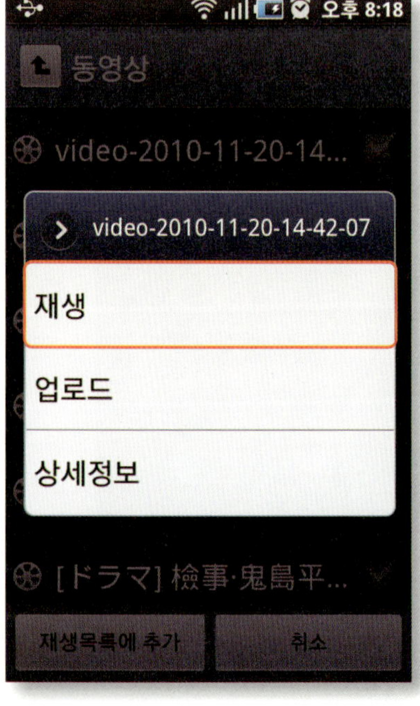

05 [미디어 파일을 재생할 기기를 선택하세요] 화면이 표시되면 현재 Windows Media Center가 실행중인 컴퓨터를 터치합니다.

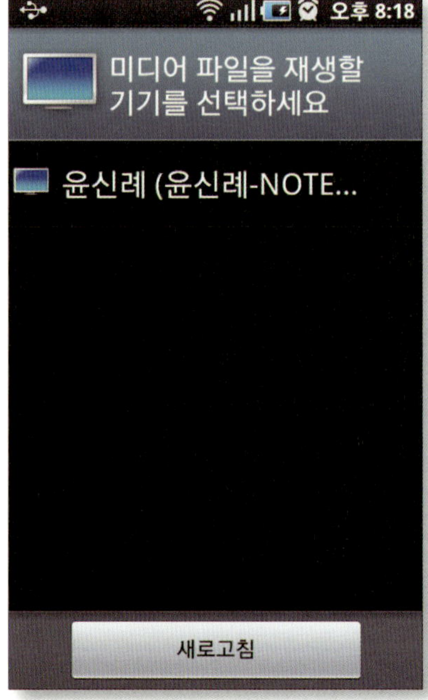

06 다음과 같은 화면이 표시되며 휴대
폰에서 재생됩니다.

07 컴퓨터의 Windows Media Center에서도 동영상이 재생됩니다.

이번에는 [AllShare] 어플을 이용하여 컴퓨터에 저장되어 있는 동영상을 휴대폰에서 바로 실행하여 보는 방법에 대해 알아봅니다.

01 [AllShare] 어플을 실행하여 다음과 같은 화면이 표시되면 [다른 장치에 있는 파일을 내 폰에서 재생]을 터치합니다.

02 [미디어 파일이 있는 기기를 선택하세요] 화면이 표시되면 컴퓨터 이름을 터치합니다.

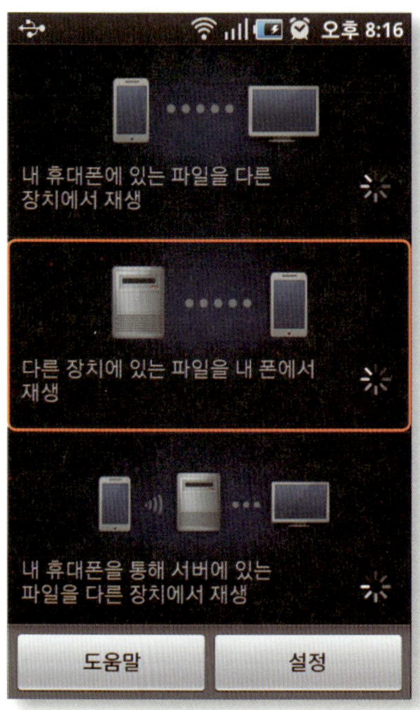

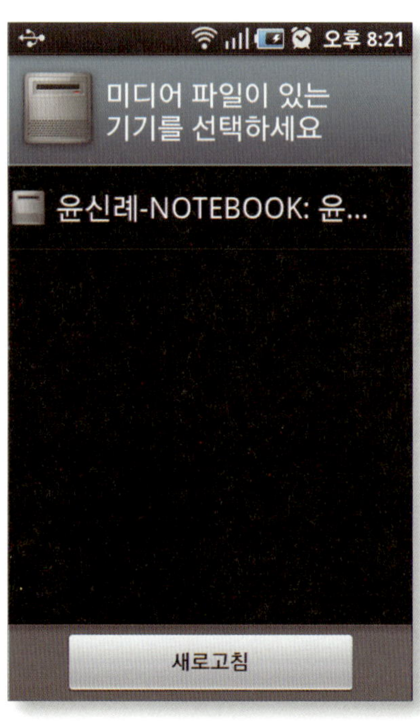

03 재생할 목록을 선택해야 하므로 여기서는 [비디오]를 터치합니다.

04 [비디오] 화면이 표시되면 [폴더]를 터치합니다. 윈도우에서 설정한 폴더를 이용하기 위해서입니다.

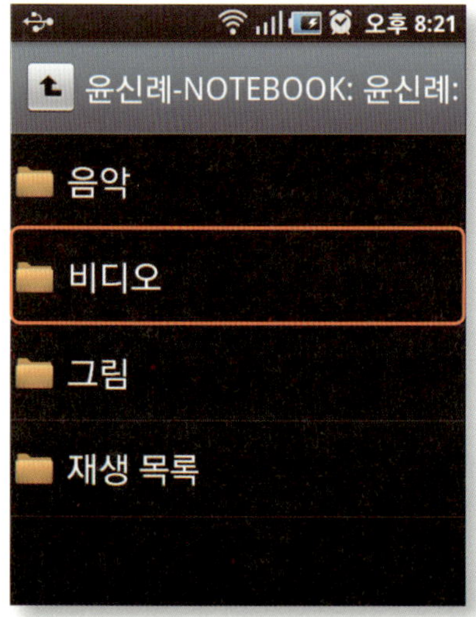

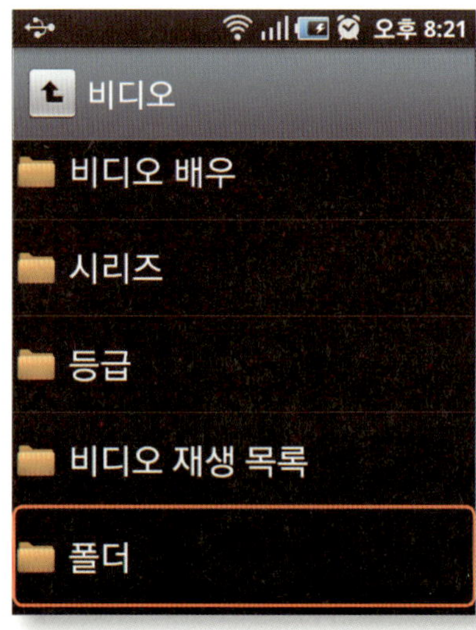

 [폴더] 화면이 표시됩니다. 사용자
마다 만든 폴더명이 다르게 나타날 것입니다.
여기서는 [영화 들]을 선택했습니다.

 [영화 들] 폴더가 표시되면 보고 싶은
비디오를 선택하고 [재생 목록에 추가]를 터치
합니다.

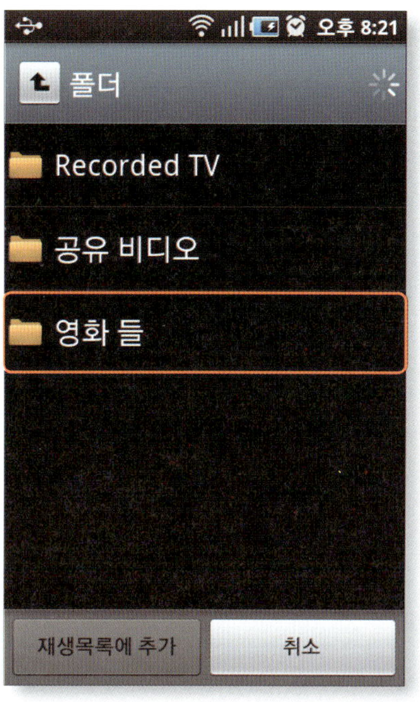

 휴대폰에서 컴퓨터에 있는 영화를 바로 볼 수 있습니다.

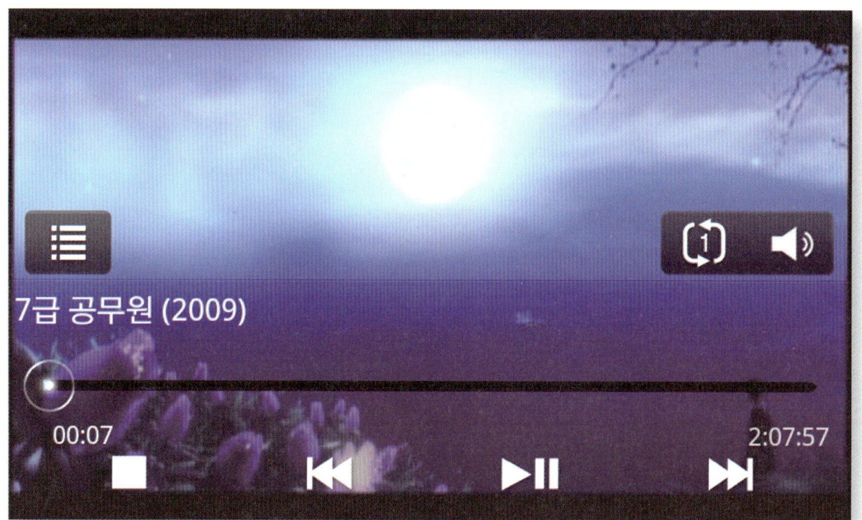

25 씽크프리로 문서 작성하기

워드 문서와 엑셀 등의 오피스 문서를 갤럭시S 프로요에서 쉽고 간단하게 작성할 수 있습니다. 문서 작성 어플은 [Think Free Office]입니다. 갤럭시S 프로요에서 작성하여 저장한 문서는 웹상에서도 살펴볼 수 있습니다. 이 기능을 사용하려면 먼저 계정을 만들어 로그인을 해야 합니다.

① 씽크프리 시작하기

01 [메인 메뉴] 화면에서 [Think Free Office] 어플을 터치하여 실행합니다. 다음과 같은 화면이 표시되면 [동의]를 터치합니다.

02 정품 인증 화면이 표시되면 [지금 정품 인증]을 터치합니다.

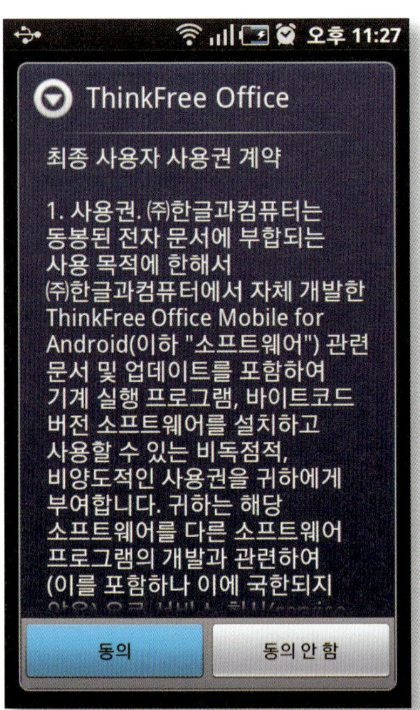

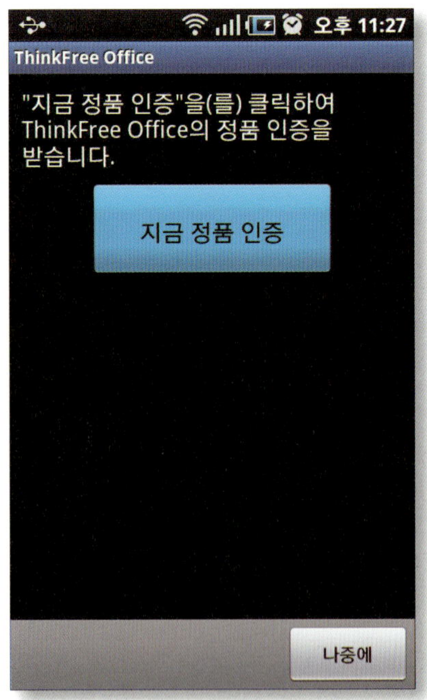

 정품 인증이 완료되었다는 화면이
표시되면 [닫기]를 터치합니다. 드디어 씽크프
리 화면이 표시됩니다.

 [온라인]을 터치하여 사용자 이름과
암호를 입력하여 로그인을 먼저 합니다.

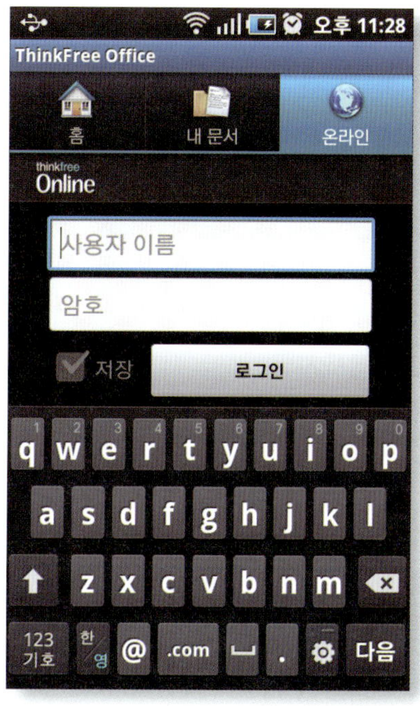

② 문서 작성하기

 [내문서]를 터치하고, 를 터치하
여 메뉴가 표시되면 [새로 만들기]를 터치합
니다.

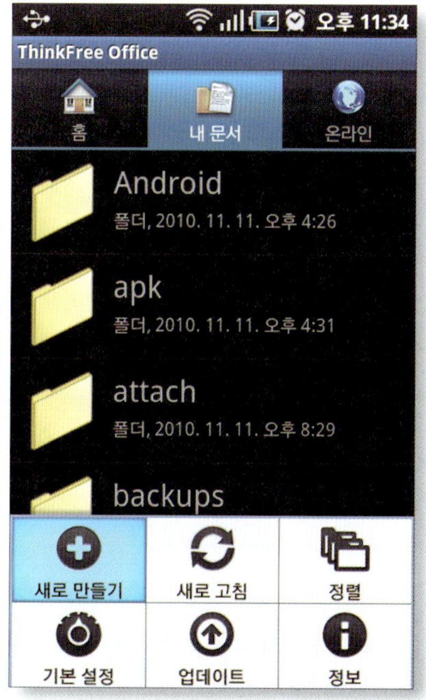

 [새로 만들기] 화면이 표시되면 작성할 문서를 터치합니다. 여기서는 [문서]를 터치해 보겠습니다.

 [새 문서 만들기] 화면이 표시되면 파일 이름을 입력하고 [확인]을 터치합니다.

 새로운 문서가 열리면 아래에 표시되되는 아이콘을 이용하여, 텍스트, 이미지, 편집 등을 할 수 있습니다. 먼저 [키보드] 아이콘을 터치합니다.

 키보드를 이용하여 글을 입력한 다음 [이미지] 아이콘을 터치해 보세요. 이미지 선택에 사용할 수 있는 아이콘들이 표시됩니다. 첫 번째 아이콘을 표시하여 이미지를 삽입하겠습니다.

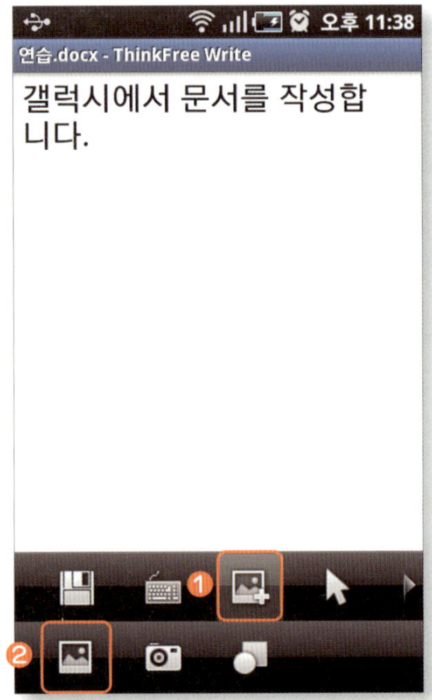

 앨범이 표시되면 삽입할 이미지를
터치합니다.

 이미지가 삽입됩니다.

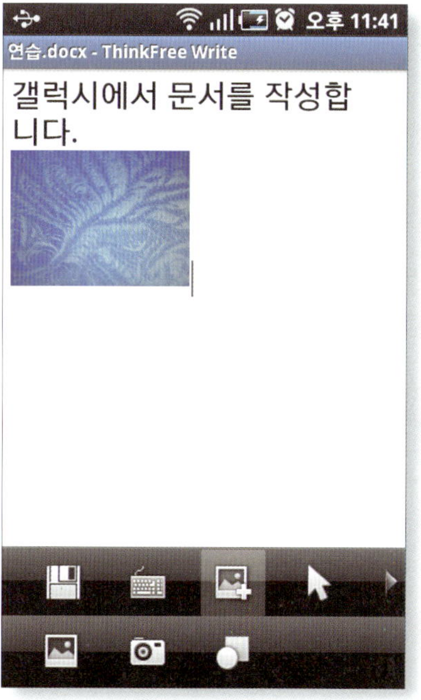

 [크기] 화면이 표시되면 슬라이더를
이동하여 크기를 설정하고 [확인]을 터치합
니다.

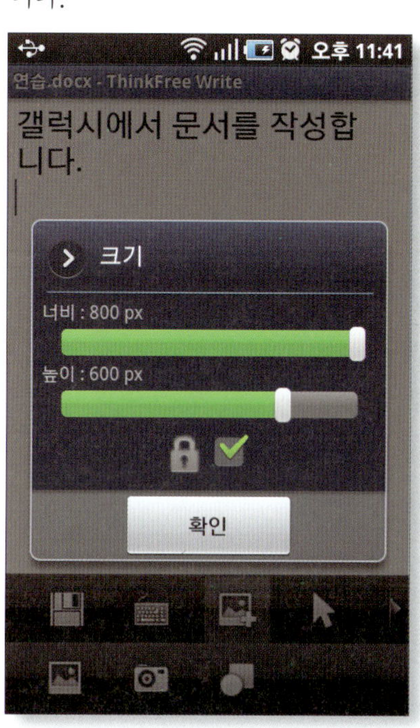

233

 이제 [저장] 아이콘을 터치하여 문서
를 저장합니다.

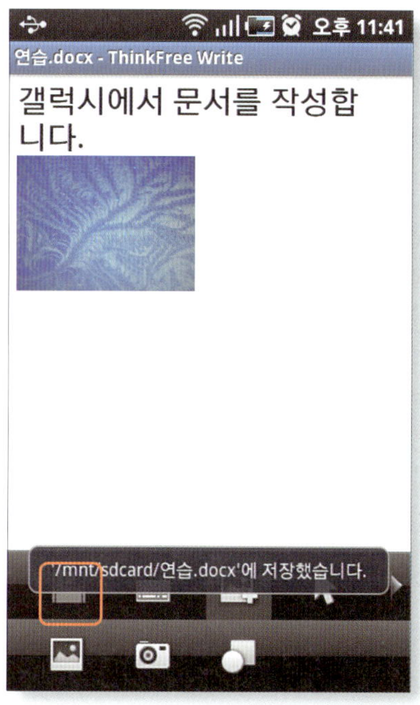

[10] 문서 파일이 작성되었습니다. 이제 이 문서를 웹에서도 공유해 보겠습니다. 해당 문서를 꾹욱 누릅니다.

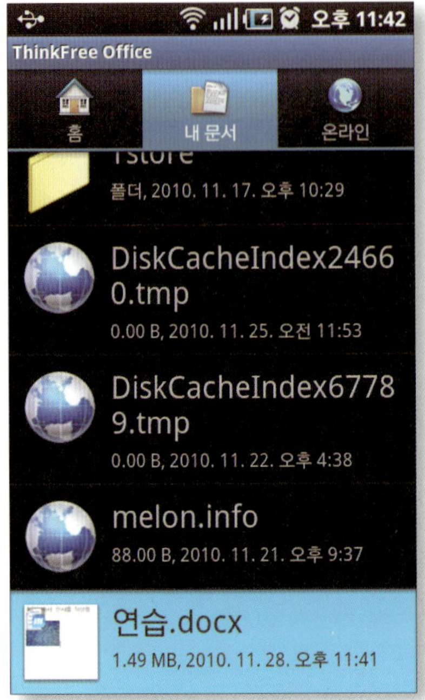

[11] 메뉴가 표시되면 [업로드]를 터치합니다.

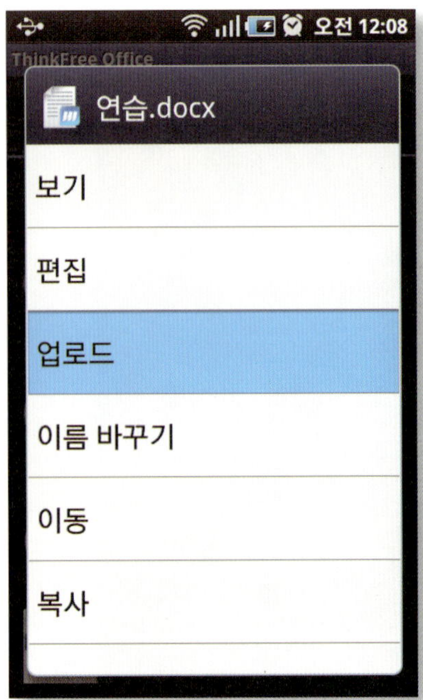

[12] 컴퓨터로 인터넷상에서 씽크프리 (http://www.thinkfree.com)에 접속해 보세요.

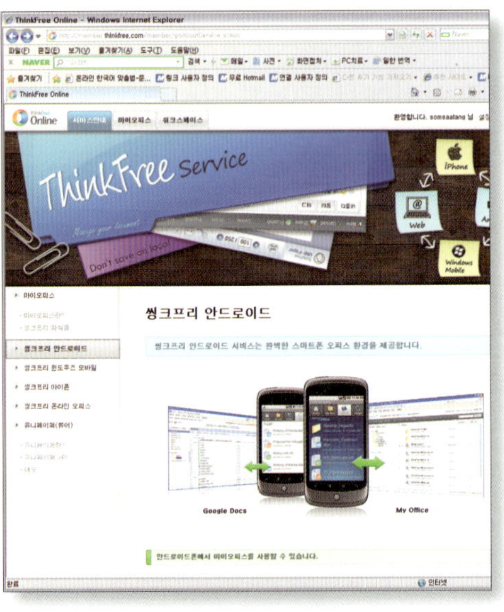

[13] 갤럭시S 프로요에서 저장한 문서를 확인할 수 있습니다.

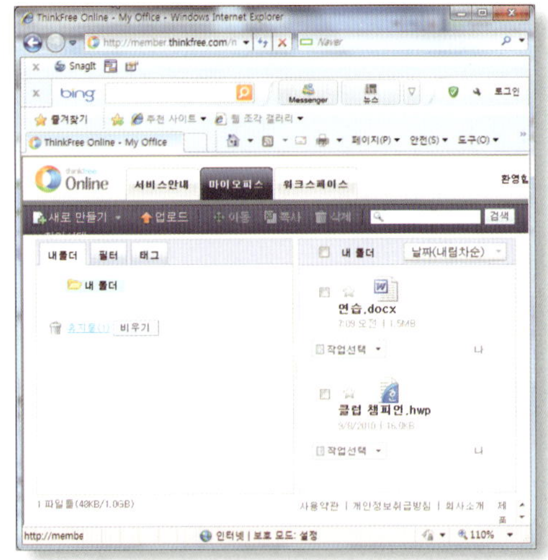

P·A·R·T·5

갤럭시S 프로요
기본 어플편

26 알람/시간 어플

알람, 세계 시각, 스톱워치, 타이머를 하나의 어플로 이용할 수 있는 [알람/시간] 어플입니다. 각각의 기능을 간단하게 살펴보겠습니다.

① 세계 시각 보기

[알람/시간] 어플을 이용하면 세계 시각을 한눈에 볼 수 있습니다. 우리 나라 외의 여러 나라를 설정할 수 있으며 설정한 도시의 낮과 밤 시계 색이 다르게 표시됩니다.

01 [메인메뉴]에서 [알람/시간] 어플을 터치하여 실행합니다.

02 현재 [서울/대한민국]이 등록되어 있습니다. 다른 도시를 추가하기 위해 [도시 추가]를 터치합니다.

03 나라나 도시 목록이 표시되면 시각을 알고 싶은 도시명을 터치하거나 입력하여 검색한 다음 터치하여 설정합니다.

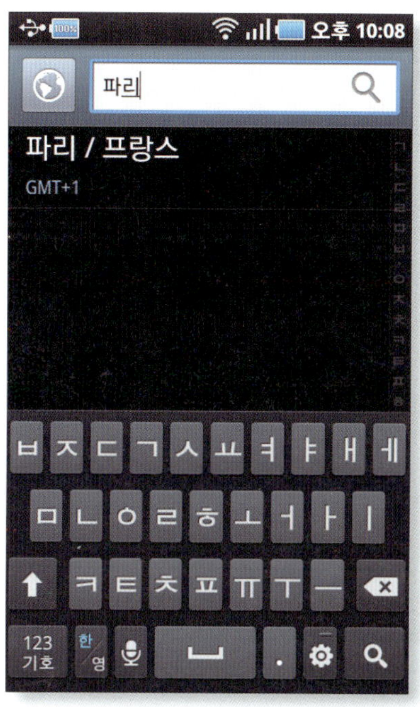

04 앞에서 지정한 프랑스 파리의 시각이 표시됩니다. 오른쪽 그림은 과테말라시티를 추가로 설정한 모습입니다.

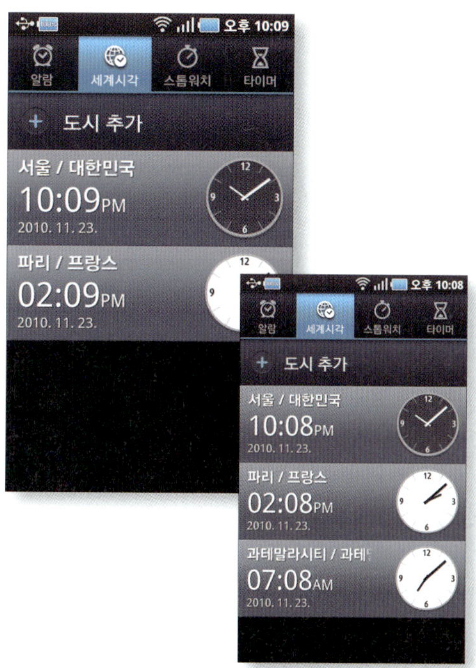

05 설정한 도시를 삭제하려면 해당 도시를 꾸욱 누릅니다. 메뉴가 표시되면 [삭제]를 터치합니다.

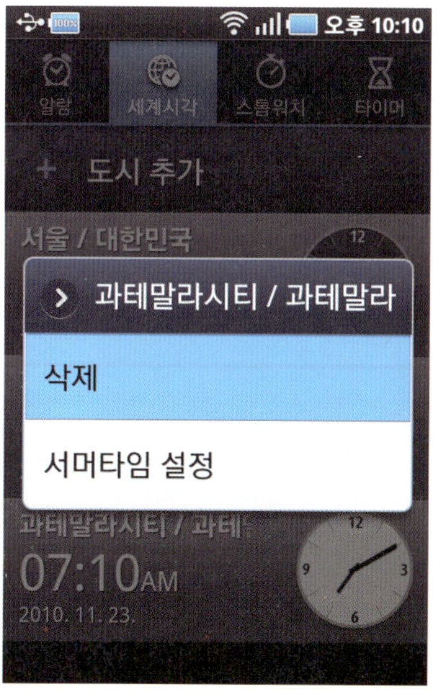

06 설정했던 도시의 시각이 바로 삭제됩니다.

② 알람 설정하기

알람을 설정하여 이용할 수 있습니다. 알람은 필요에 따라 여러 개 설정할 수 있으며, 간격을 두어 계속해서 알람을 울리게 할 수도 있습니다.

`01` [알람/시간] 어플을 실행한 다음 [알람]을 터치합니다.

`02` 아직 아무런 알람도 설정되어 있지 않으므로 현재 시각이 표시됩니다.

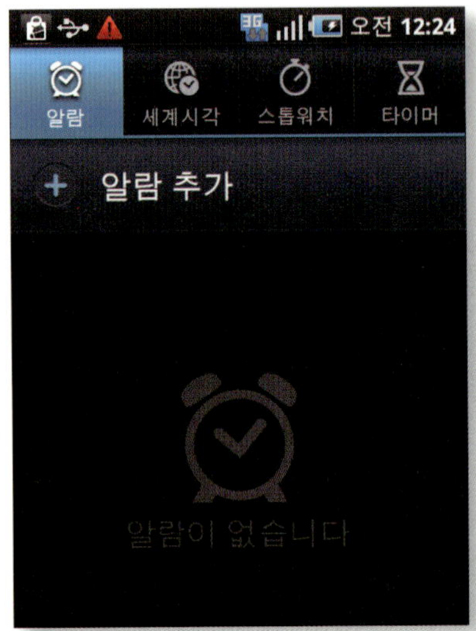

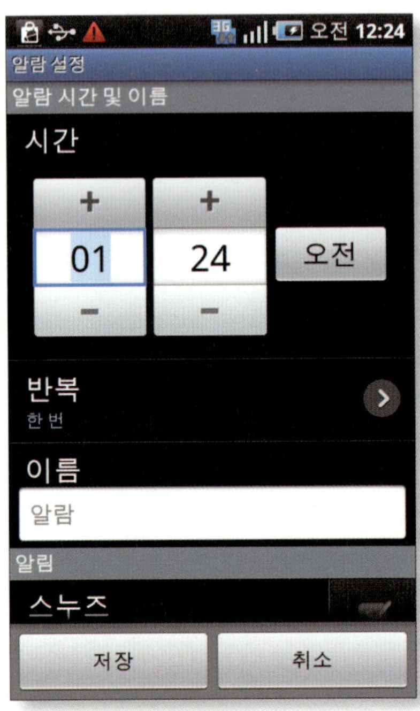

`03` 시간과 이름, 스누즈(snooze) 등을 설정하고 [저장]을 터치합니다. 스누즈는 알람을 울릴 간격을 말합니다.

`04` 알람이 설정된 화면입니다.

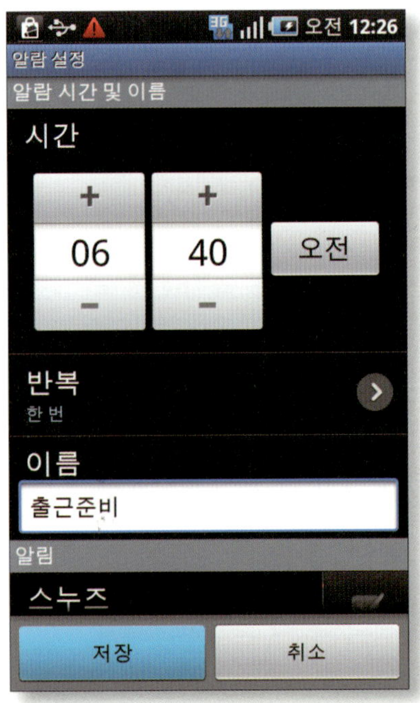

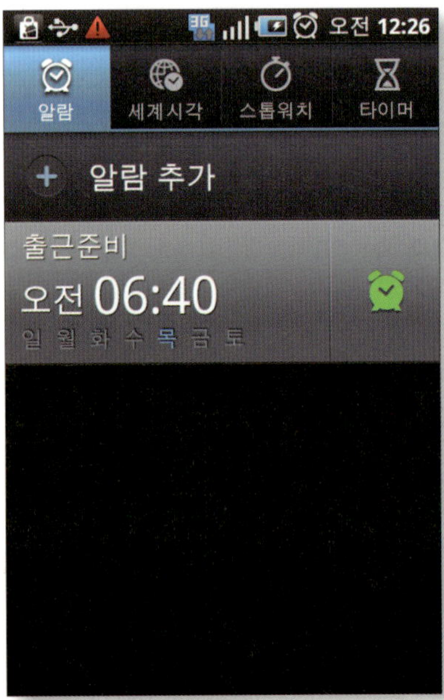

27 메모 어플 사용하기

메모 어플은 꽤 많이 나와 있습니다. 여기서는 기본 메모 어플과 다운 받은 어플을 사용하는 방법에 대해 알아보겠습니다. 메모만 잘 이용해도 생활이 편리해진다는 것 다 아시죠. 급할 때 종이와 연필 찾지 마시고 메모 어플을 이용하세요.

① 메모 어플에 메모 쓰기

갤럭시S 프로요에서 기본적으로 제공하는 [메모] 어플을 사용하는 방법에 대해 알아봅니다. 간단한 내용을 메모할 수 있으며 입력한 메모는 메일로 송신할 수도 있습니다.

239

01 [홈] 화면에서 [메인메뉴]-[메모] 어플을 터치합니다.

02 새로운 메모를 추가하기 위해 [새 메모 추가]를 터치합니다.

03 새로운 메모를 작성할 수 있는 화면이 표시됩니다. 필요한 내용을 입력하고 [저장]을 터치합니다.

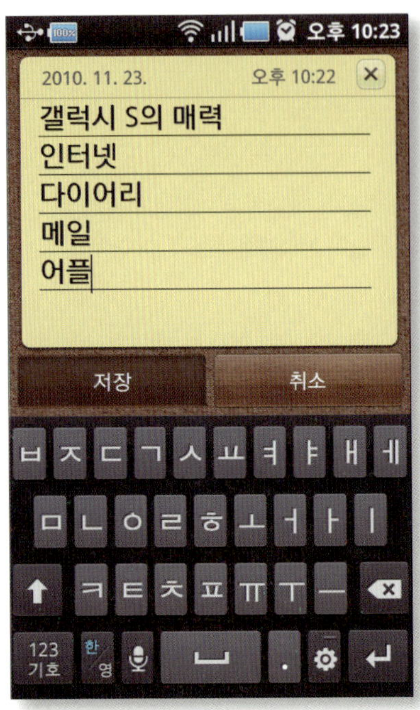

04 작성한 메모가 저장되었습니다. 새로운 메모를 다시 작성하려면 [새 메모 추가]를 터치하면 됩니다.

240

05 작성한 메모를 터치하면 다음과 같이 내용을 볼 수 있습니다. 메모 색상에서 원하는 색을 터치해 보세요.

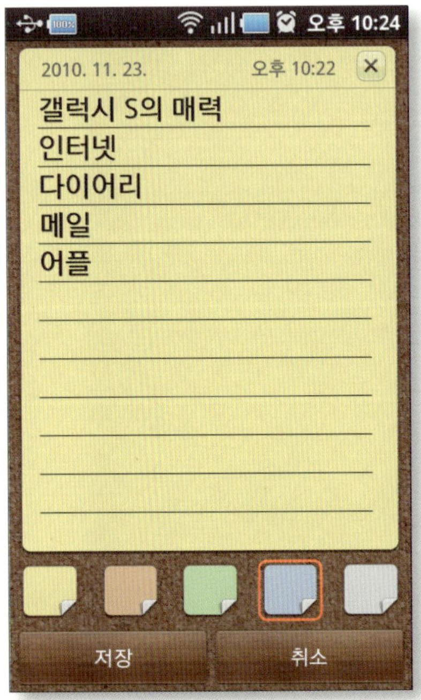

06 메모 색이 변경됩니다.

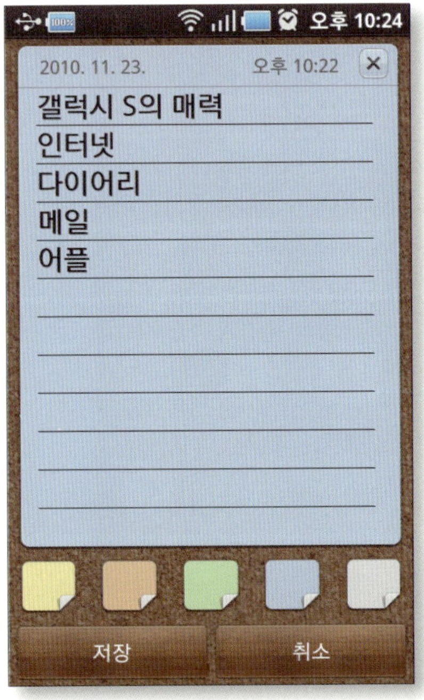

② 입력한 메모를 메시지나 메일로 보내기

01 메일로 전송하고 싶은 메모를 선택한 다음 █를 터치합니다. 바로 가기 메뉴가 나타나면[전송]을 터치합니다.

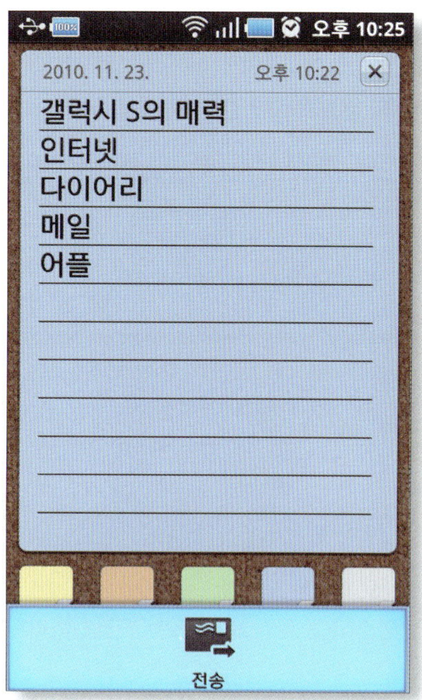

02 [작업을 수행할 때 사용하는 응용프로그램] 화면이 표시되면 [메시지]나 메일 계정을 터치하여 전송할 수 있습니다.

03 다음은 [메시지]를 선택했을 때의 화면입니다. 받는 사람의 전화번호를 입력하고 전송합니다.

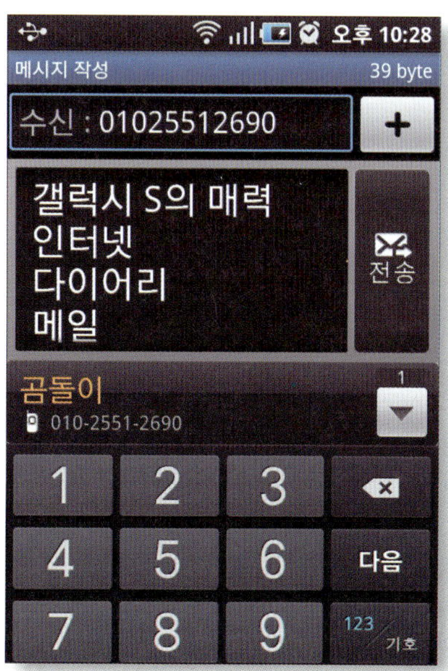

04 다음은 [Gmail]을 선택했을 때의 화면입니다. 받는 사람의 이메일 주소를 입력하여 메일로 보낼 수 있습니다.

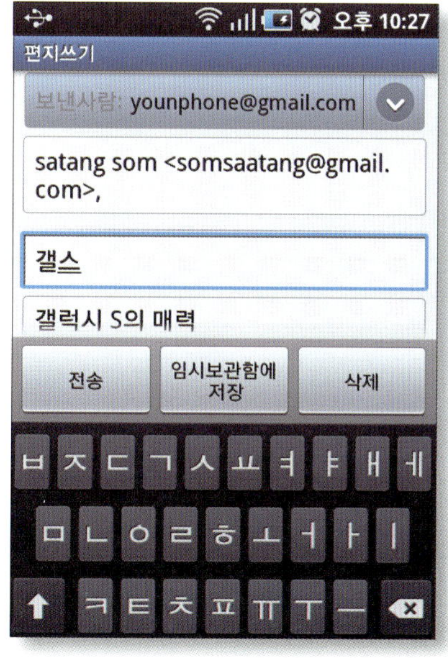

28 소리까지 메모하는 Note Everything

$Note$ Everything 어플을 이용하면 텍스트뿐만 아니라 손으로 직접 쓴 내용, 녹음 내용까지 모두 메모할 수 있습니다. 여기서 작성한 메모는 이메일이나 메시지로 바로 보낼 수 있습니다. Note Everything 어플의 사용법에 대해 알아봅니다.

① 메모 작성하기

문자뿐만 아니라 그림, 소리까지 이용하여 메모를 작성할 수 있습니다. 또한 바코드와 QR코드까지도 메모로 작성할 수 있습니다.

01 [마켓]에서 [Note Everything]을 검색하여 설치한 다음 실행합니다.

02 [로딩중...] 화면이 표시되면 [닫기]를 터치합니다. 설치하고 처음 실행할 때만 표시됩니다. 로딩되는 동안 잠시 기다립니다.

03 다음과 같은 인사말이 표시되면 [닫기]를 터치합니다.

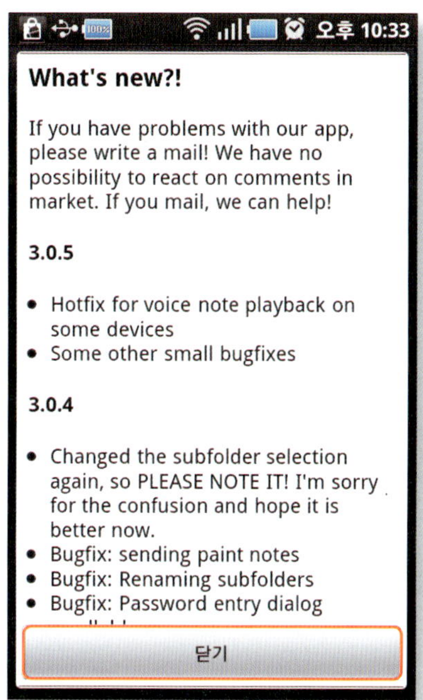

04 현재 아무런 메모가 없으므로 다음과 같은 메시지가 표시된 것입니다. 🔲을 눌러 메뉴를 표시합니다. 나타나는 메뉴에서 [새로운 메모]를 터치합니다

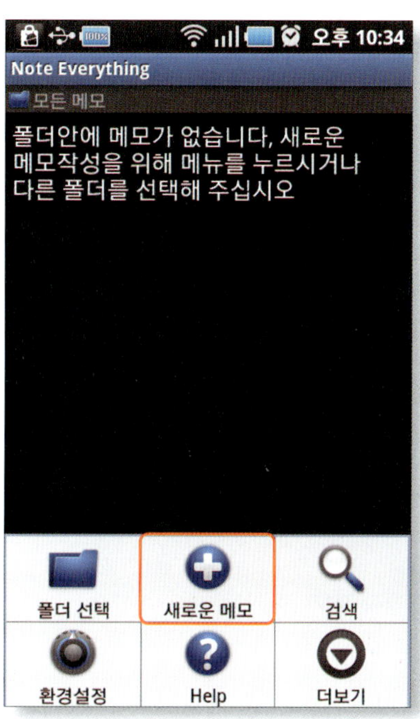

05 다음과 같은 화면이 표시되면 [닫기]를 터치합니다. 메모를 저장할 폴더를 생성하는 방법에 대한 설명입니다.

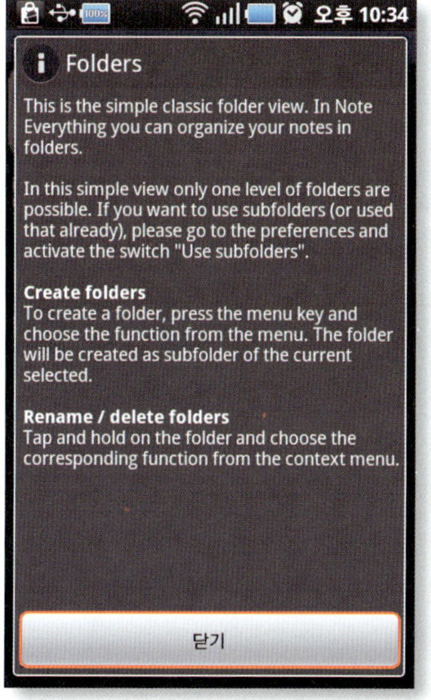

06 [새로운 메모] 화면이 표시되면 문자로 메모를 입력하기 위해 [텍스트 메모]를 터치합니다.

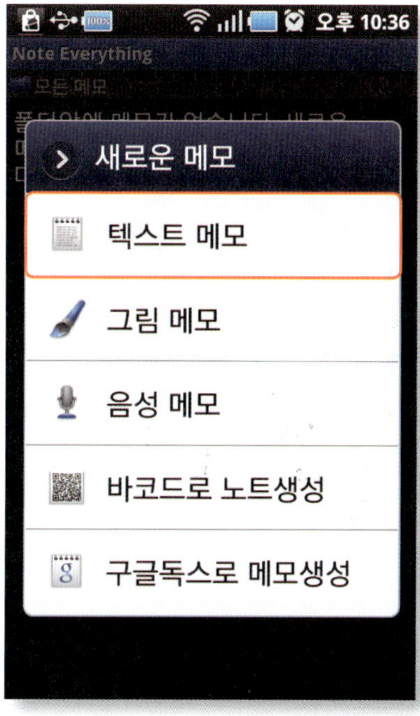

07 텍스트를 입력한 다음 ☜을 누르면 메모가 저장됩니다.

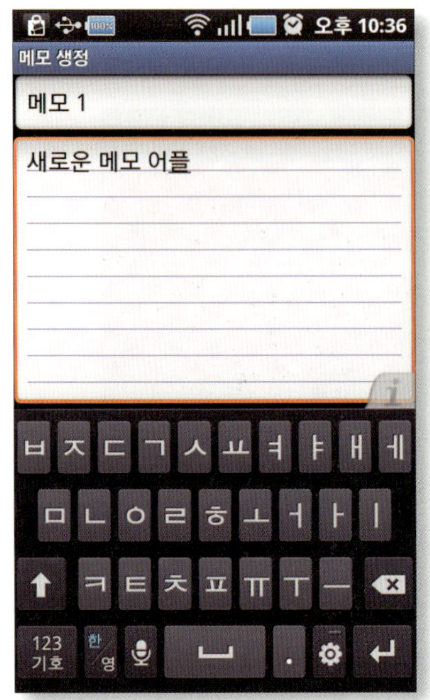

08 다음과 같이 새로운 메모가 작성된 것을 확인할 수 있습니다.

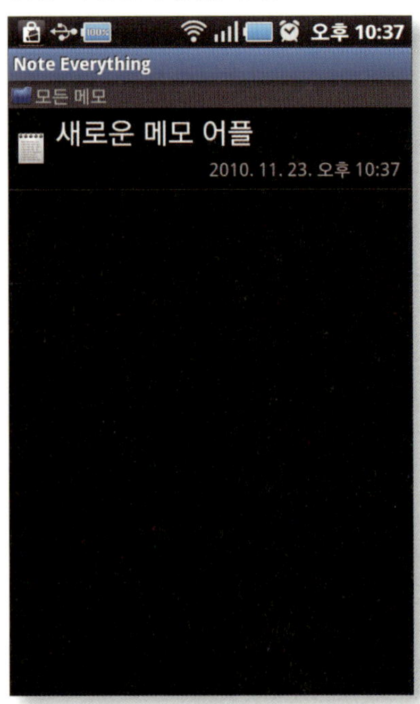

244

09 다음은 [새로운 메모] 화면에서 [그림 메모]를 터치했을 때의 모습입니다. 손으로 드래그하여 메모를 직접 작성합니다. 마찬가지로 ☜을 터치하면 바로 저장됩니다.

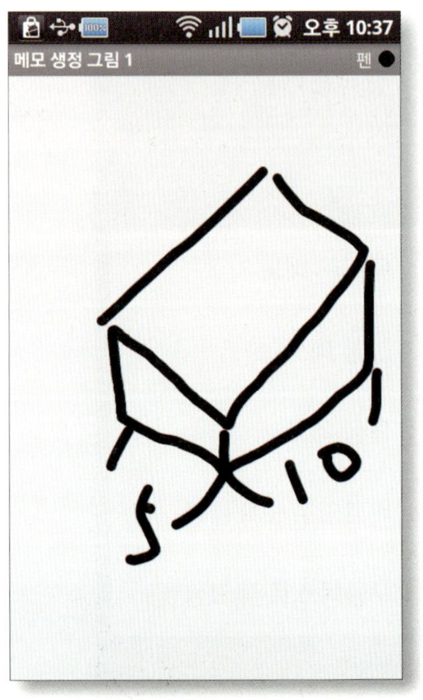

10 [새로운 메모] 화면에서 [음성 메모]를 터치하면 다음과 같은 화면이 표시됩니다. ● 단추를 터치하면 녹음이 시작되며, ■를 터치하면 녹음이 종료됩니다.

11 [이 기록 사용하기]를 터치하면 녹음한 내용이 저장됩니다. [삭제]를 터치하면 다시 녹음할 수 있는 화면이 표시됩니다.

12 12초짜리 녹음이 되었습니다. ▶을 터치하면 녹음된 메모를 확인할 수 있습니다.

13 [새로운 메모] 화면에서 [바코드로 노트 생성]을 터치하면 다음과 같은 화면이 표시됩니다. [예]를 터치하여 어플을 설치합니다.

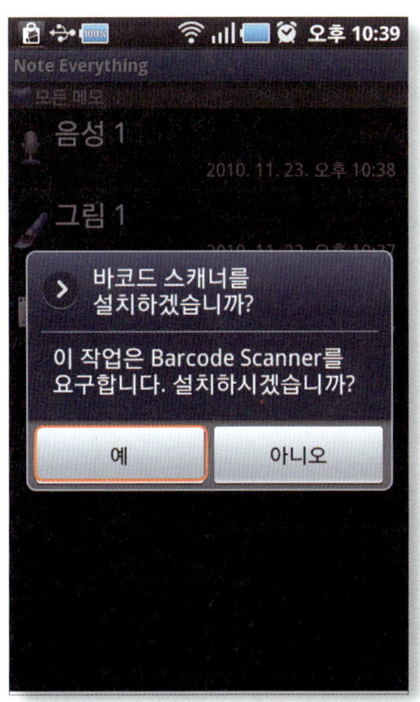

14 마켓 화면이 표시됩니다. [바코드 스캐너]를 터치하여 어플을 실행합니다.

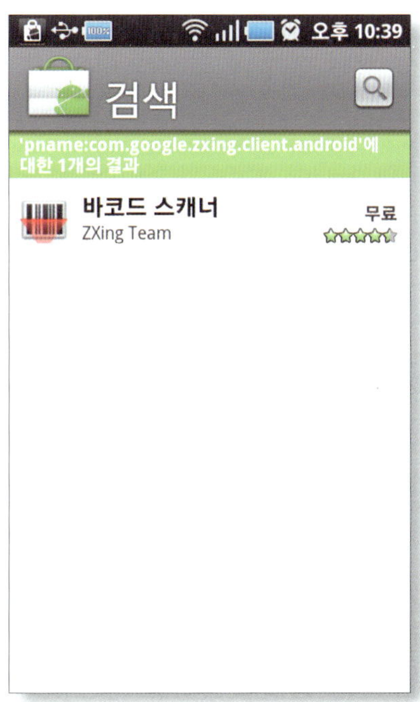

15 다시 바코드를 읽어들이기 위해 [바코드로 노트 생성]을 터치하면 다음과 같은 화면이 표시됩니다. [Done]을 터치합니다.

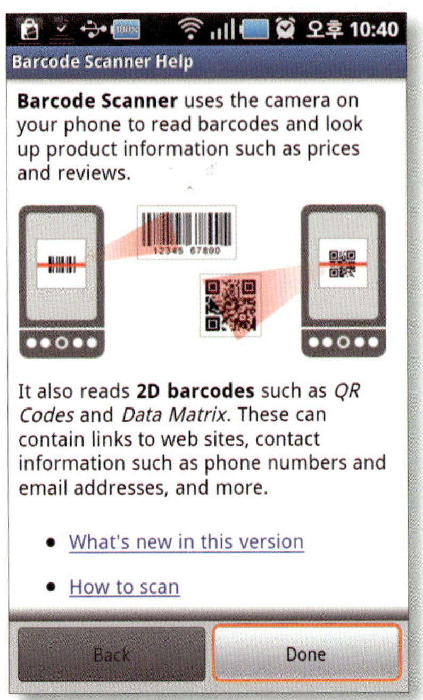

16 다시 [바코드 노트 생성]을 터치하면 다음과 같이 카메라가 작동합니다. 상품의 바코드를 찍습니다.

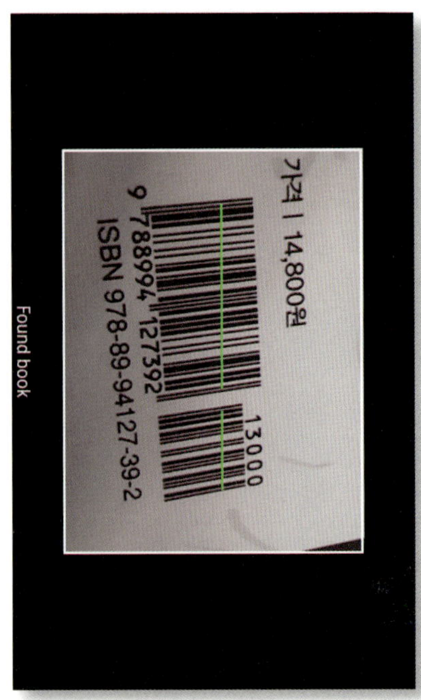

17 다음은 바코드를 찍어 저장한 메모입니다.

18 다음은 QR 코드를 찍어 저장한 메모입니다.

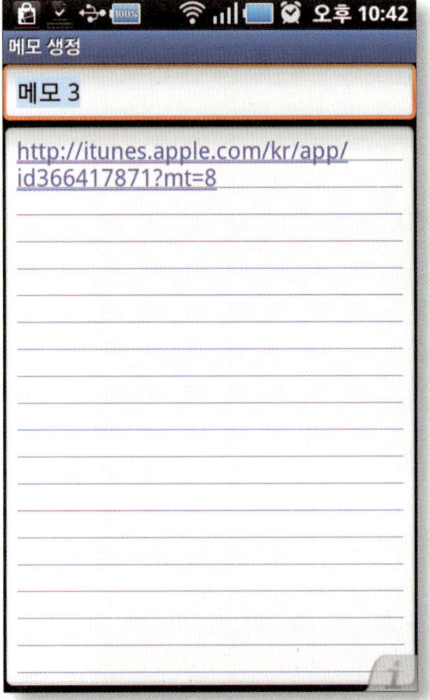

② 메모 공유하기

작성한 메모는 메시지나 이메일로 전송할 수 있음은 물론 Facebook 등에 올려 공유할 수 있습니다. 메모로 작성하자마자 바로 보낼 수 있으므로 편리합니다.

`01` [Note Everything] 화면에서 편집할 메모 파일을 꾸욱 누릅니다.

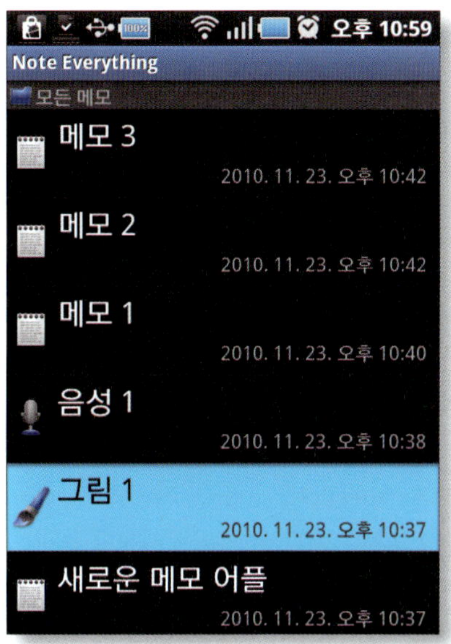

`02` 편집 메뉴 화면이 표시되면 메일로 전송하기 위해 [메모 보내기]를 터치합니다.

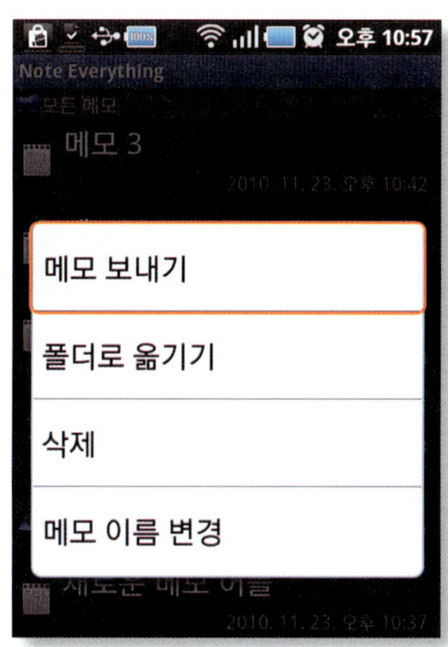

`03` [보내기...]를 터치합니다.

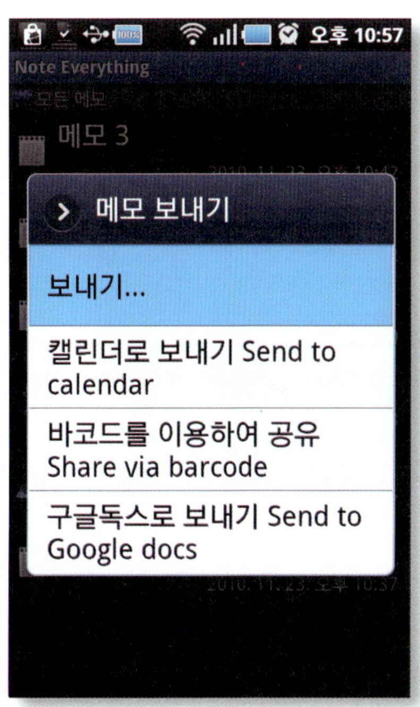

`04` 다음과 같은 화면이 나타나면 원하는 전송 방법을 터치하여 전송하면 됩니다.

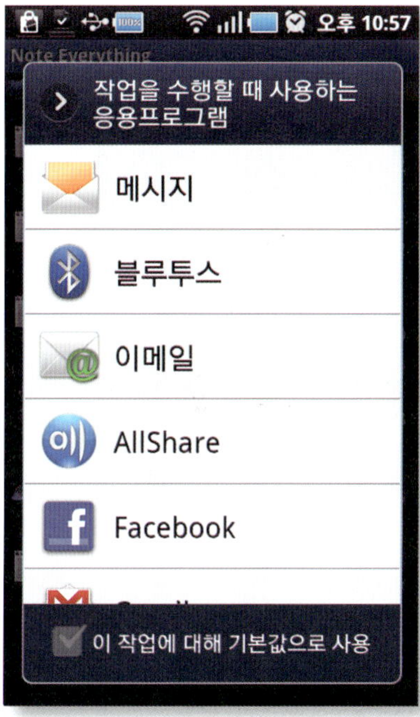

29

미니 다이어리

간단한 일기장을 대신할 수 있는 [미니 다이어리] 어플을 소개합니다. 기본적으로 설치되어 있는 어플이므로 따로 설치할 필요없이 사용하면 됩니다. 미니 다이어리는 일기장을 대신 할 수도 있으니 휴대폰에 잠금 장치를 해 주는 것도 좋을 것입니다.

01 [메인메뉴] 화면에서 [미니 다이어리] 어플을 터치하여 실행합니다.

02 다이어리에 내용을 기록하기 위해서는 항상 [날씨 정보 업데이트 중...] 화면이 지나가므로 잠시 기다립니다.

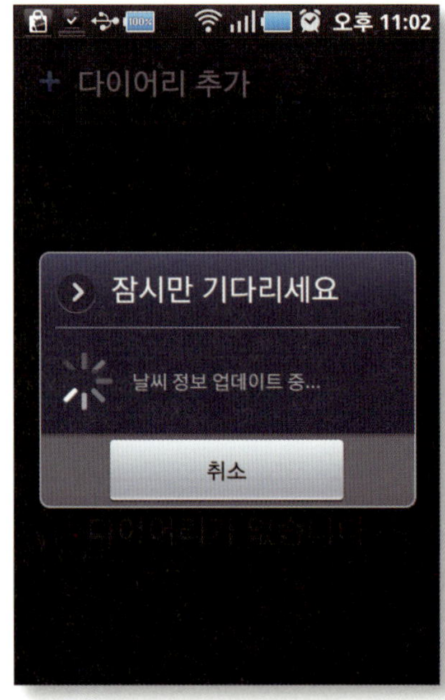

03 화면이 열리면 먼저 날씨를 기록하기 위해 날씨 부분을 터치합니다.

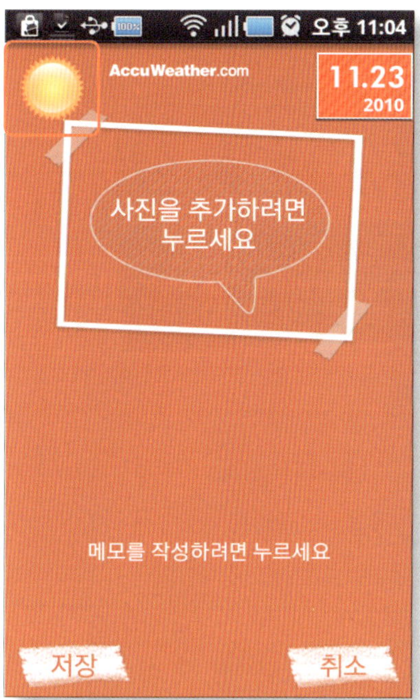

04 날씨 항목이 표시되면 그날의 날씨를 터치합니다.

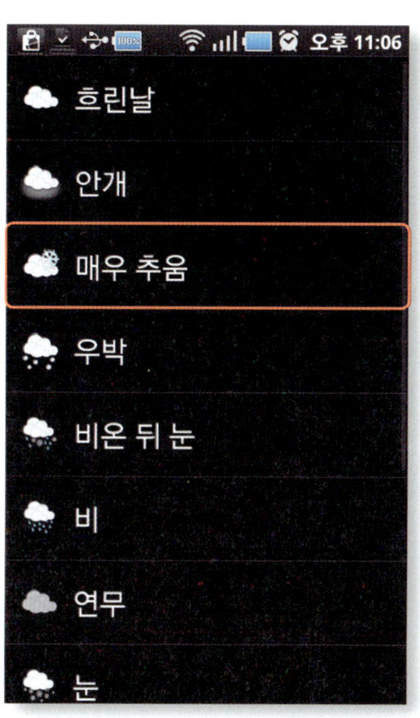

05 선택한 날씨가 표시됩니다. [사진을 추가하려면 누르세요] 부분을 터치하면 사진을 삽입할 수 있습니다.

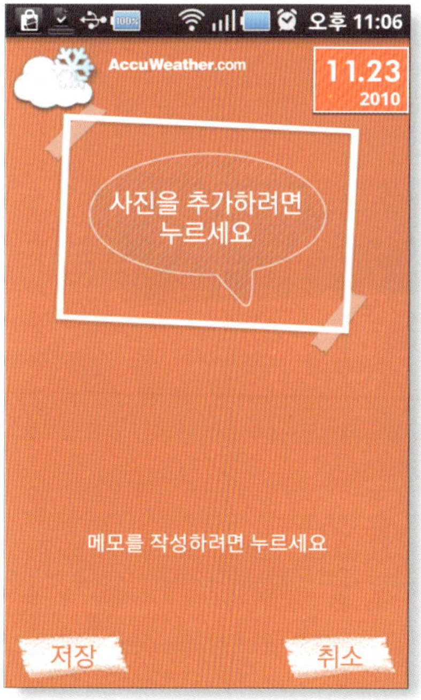

06 사진을 직접 찍으려면 [카메라]를, 앨범에서 가져오려면 [이미지]를 터치합니다. 여기서는 [이미지]를 터치하겠습니다.

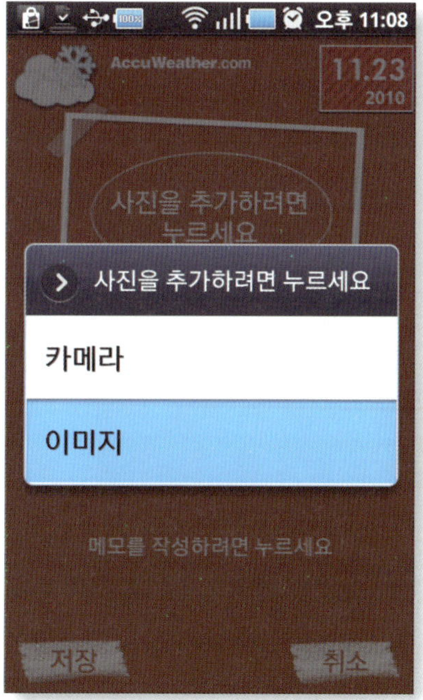

07 사진을 터치하여 삽입합니다.

08 사진이 삽입되었습니다. 이제 장소를 입력하기 위해 [장소 입력] 부분을 터치합니다.

09 사진이 찍힌 시간이 표시될 것입니다. 장소를 입력하고 [완료]를 터치합니다.

10 이제 메모를 입력해야 하므로 [메모를 작성하려면 누르세요] 부분을 터치합니다.

11 메모를 입력하고 [완료]를 터치합니다.

12 근사한 다이어리 한쪽이 완성되었습니다. [저장]을 터치합니다.

13 다이어리가 저장된 화면입니다. 새로운 메모를 작성하려면 [다이어리 추가]를 터치하면 됩니다.

30 카메라와 앨범 활용하기

카메라 어플을 이용하면 사진과 동영상을 찍을 수 있습니다. 갤럭시S 프로요에 있는 카메라는 500만 화소를 지원합니다. 디지털 카메라가 없어도 갤럭시S 프로요만 있으면 이제 멋진 사진을 찍을 수 있습니다. 줌 기능은 음량 버튼을 이용하면 됩니다.

카메라 기능 ⊙ 기억나세요?! ← 28쪽

① 찍은 사진을 배경화면으로 이용하기

카메라로 찍은 사진을 갤럭시의 배경화면으로 이용할 수 있습니다. 좋아하는 풍경이나 아끼는 사람들을 찍어 자신만의 배경화면으로 만들어 보세요.

01 [메인메뉴]에서 [갤러리]를 터치하여 실행하고, 갤러리 화면에서 배경화면으로 지정할 사진을 표시한 다음 [메뉴]를 터치합니다.

 [옵션]을 터치하여 메뉴
가 표시되면 [배경화면으로 설정]
을 터치합니다.

 그림과 같은 화면이 표
시됩니다. 노란색 선 안에 표시된
이미지가 배경화면으로 설정됩
니다. 손가락으로 드래그하여 영
역을 이동하거나 확대/축소할 수
있습니다. [저장]을 터치합니다.

 [홈] 화면을 보면 내 사진이 배경화면
으로 설정된 것을 볼 수 있습니다.

② 노출 설정하기

대상의 노출을 설정할 수 있습니다. 사진의 대상에 따라 사진을 밝게 하거나 어둡게 하여 촬영할 수 있습니다.

01 [노출] 아이콘을 터치하면 노출값이 0.0으로 표시됩니다. 왼쪽으로 밀면 마이너스 노출값이 되고, 오른쪽으로 밀면 플러스노출값이 됩니다.

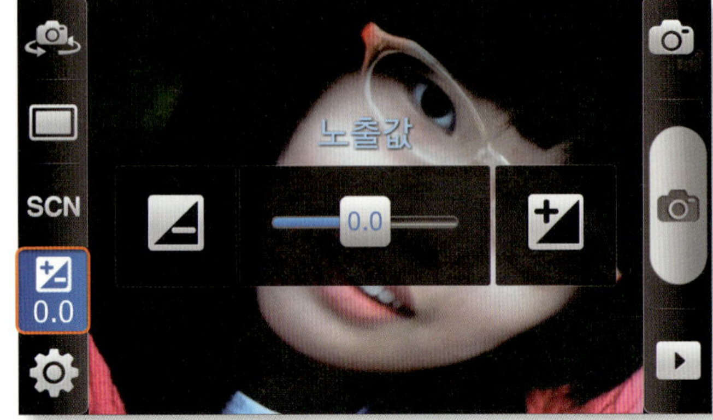

02 마이너스 노출값을 지정하면 이미지가 어두워집니다.

03 플러스 노출값을 지정하면 이미지가 밝아집니다.

촬영 모드 학인하기

갤럭시S 프로요에는 셀프 촬영을 비롯하여 뷰티 샷, 스마일 샷 등 여러 가지 촬영 모드가 있습니다. 대상에 어울리게 여러 가지 방법으로 사진을 찍어 보세요.

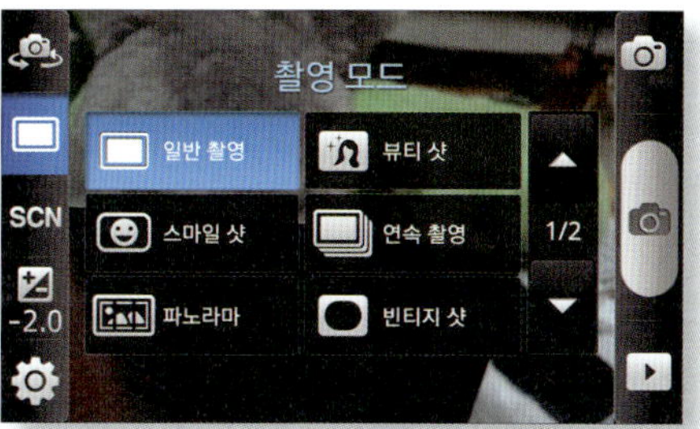

▲ 빈티지 샷

▲ 카툰

▲ 플러스미 샷

장면 모드 확인하기

갤럭시S 프로요에는 풍경이나 인물, 야간, 스포츠 등 장면에 따라 선택하여 사진을 찍을 수 있는 기능이 있습니다. 상황에 따라 여러 가지 설정값이 미리 세팅되어 있어 보다 적합하게 사진을 찍을 수 있도록 도와주는 기능입니다. 원하는 장면 모드를 선택하고 사진을 찍습니다.

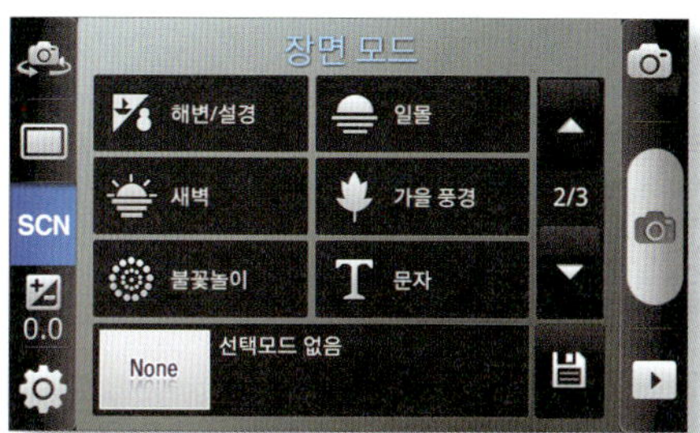

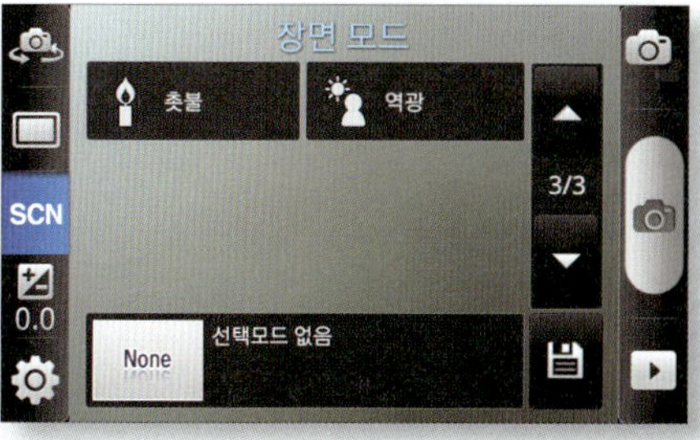

③ 셀카 촬영하기

요즘은 셀프 카메라가 대세입니다. 갤럭시S 프로요에서는 셀카도 손쉽게 찍을 수 있습니다. 셀카를 찍으려면 [촬영 모드]를 터치한 다음 [셀프 촬영]을 터치하고 찍으면 됩니다.

01 [카메라] 실행 화면에서 아이콘을 터치합니다.

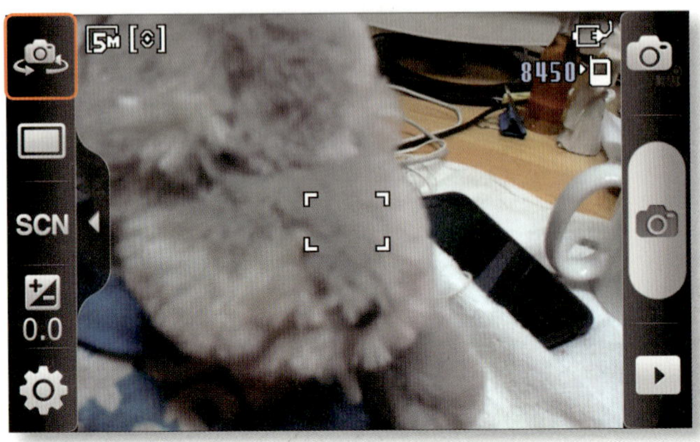

02 사용자쪽 방향에 있는 카메라가 동작합니다. 원하는 구도를 맞추고 아이콘을 터치하여 사진을 찍으면 됩니다.

초점 모드 선택하기

접사나 얼굴을 인식하여 찍는 방법 등 초점 모드를 설정할 수 있습니다. [설정] 아이콘을 터치한 다음 [초점 모드]를 터치
하면 나타나는 화면에서 초점 모드 방식을 선택합니다.

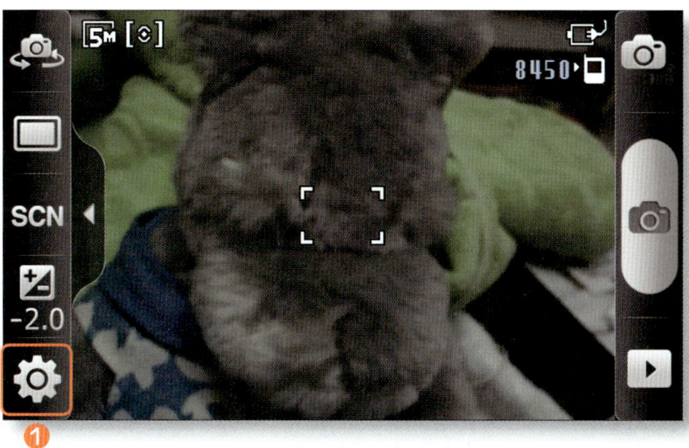

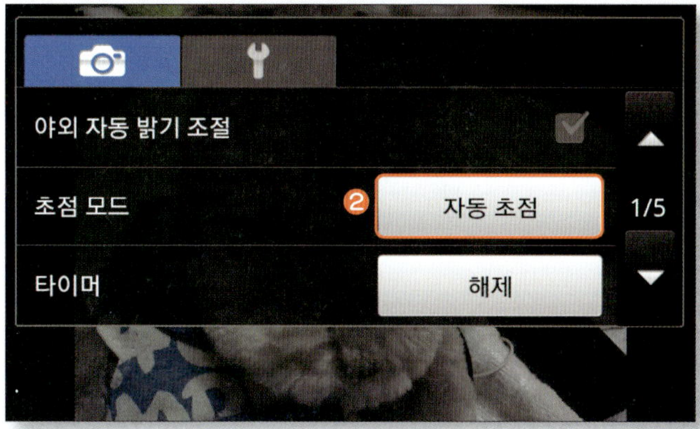

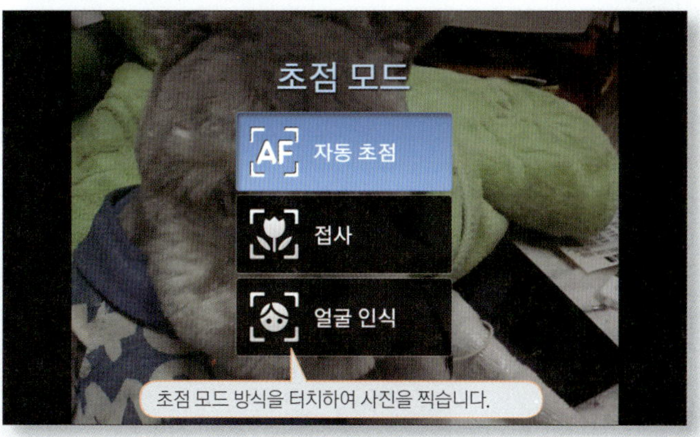

④ 갤러리에 있는 사진과 동영상 지우기

01 [메인메뉴] 화면에서 [갤러리]를 실행
한 다음 [카메라]를 터치합니다.

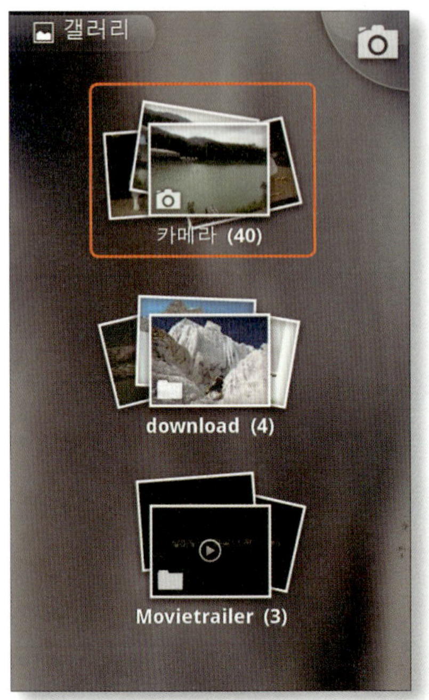

02 ▤을 터치하면 사진을 선택할 수 있
는 상태가 됩니다. [삭제]를 터치합니다.

03 삭제할 사진을 선택하여 체크하고
[삭제 확인]을 터치합니다.

04 사진이 삭제되었습니다.

⑤ 갤러리에 있는 사진 공유하기

카메라로 찍은 사진이나 동영상은 메일이나 피카사, Bump 등을 이용하여 다른 매체와 공유할 수 있습니다. 여기서는 피카사로 업로드해 보겠습니다. 피카사는 구글에서 제공하는 사진 공유 사이트입니다.

`01` 피카사로 보낼 사진을 선택한 다음 [공유]-[Picasa]를 터치합니다.

`02` [사진 업로드] 화면이 표시되면 [업로드]를 터치합니다.

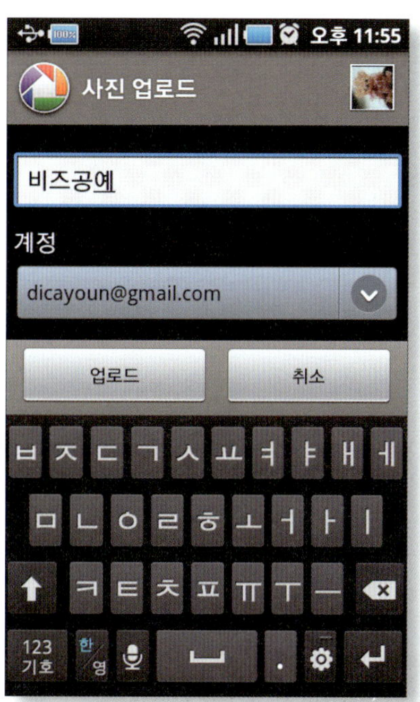

`03` 다음은 피카사 웹 앨범의 사진 보관함 화면입니다. 업로드된 화면을 확인할 수 있습니다.

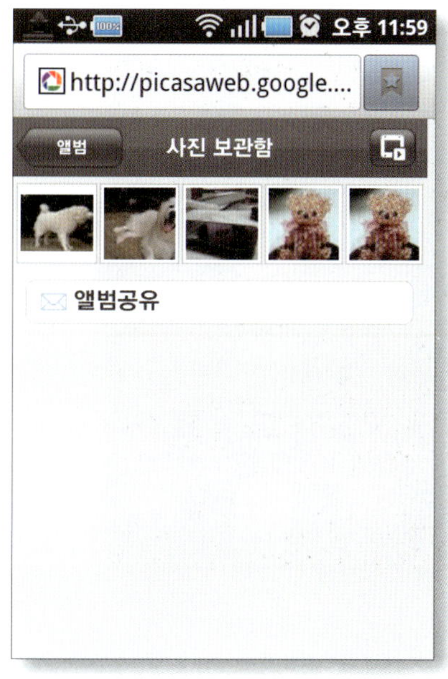

노래 제목은
Shazam에게 물어봐

수리 수리마하수리! 귓가에 들리는 음악의 제목과 가수가 누군지 알려주는 어플입니다. 라디오에서 음악을 들을 때 가수가 누군지, 곡목이 뭔지 궁금하다면 바로 갤럭시S 프로요를 깨워 물어 보세요.

01 [Shazam] 어플을 설치한 다음 실행합니다.

02 다음과 같은 화면이 표시되면 [설정]을 터치합니다.

03 다음과 같은 화면이 표시되면 어플이 실행된 것입니다. 로고를 터치합니다.

04 음악 소리가 들리면서 [재생중] 화면이 표시됩니다.

05 [매칭중] 화면이 표시됩니다. 들리는 음악과 노래 데이터를 비교하여 데이터를 검색하는 것입니다.

06 음악 데이터가 검색됩니다. 제목과 가수가 누구인지 알 수 있습니다.

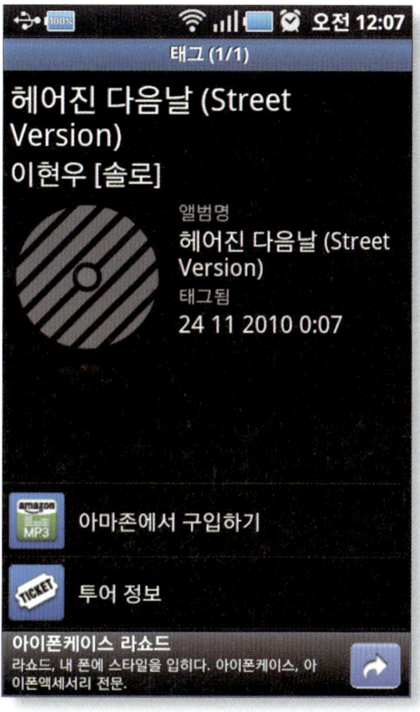

32 날씨와 뉴스, 일정을 한 번에!
데일리 브리핑

삼성 위젯 중에 [데일리 브리핑]을 설치하면 한번에 날씨와 연합뉴스, 일정을 관리할 수 있습니다. 어떤 옷을 입을지, 오늘 할 일은 무엇인지, 오늘의 이슈는 무엇인지, 매일 아침 브리핑해 주는 개인 비서를 두는 셈입니다.

데일리
브리핑

01 [데일리 브리핑]을 터치하여 실행하면 다음과 같이 도시를 추가하라는 화면이 표시됩니다. 이것은 날씨를 표시하기 위한 것입니다. 화면을 터치합니다.

02 [추가] 화면이 표시되면 [국내 도시]를 터치합니다.

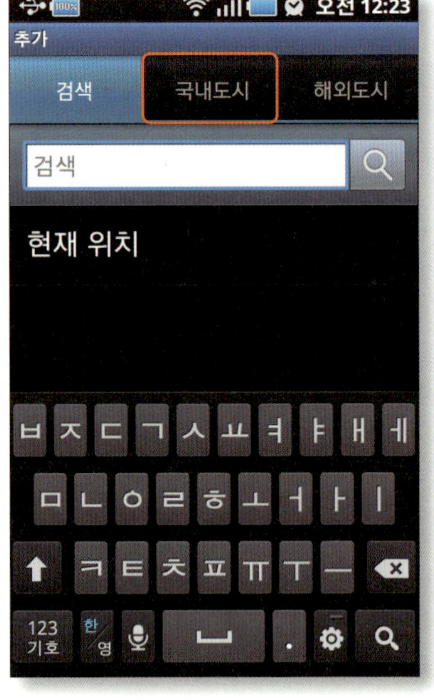

262

 [국내 도시] 목록이 표시되면 도시 이름을 선택합니다. 여기서는 [서울특별시]를 터치했습니다.

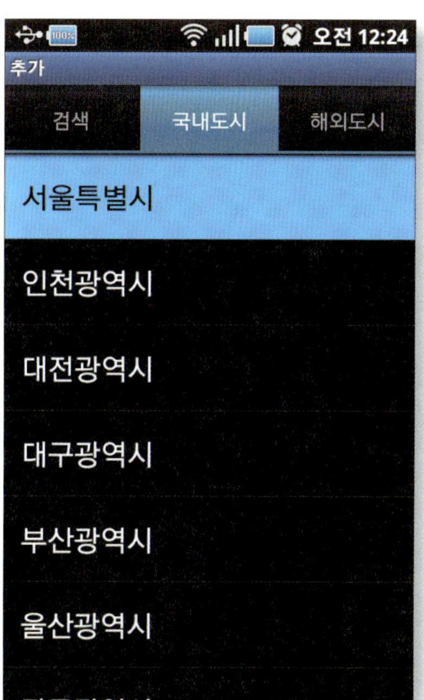

 [서울특별시]를 다시 한번 터치하여 선택합니다.

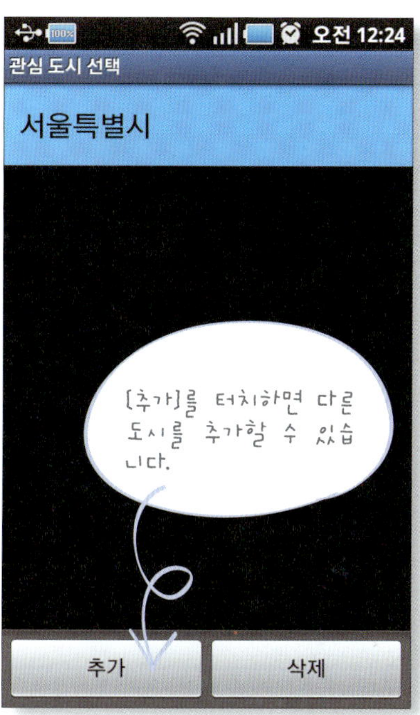

 선택한 도시의 날씨가 표시됩니다. 화면을 왼쪽이나 오른쪽으로 드래그하면 다른 도시의 날씨를 볼 수 있습니다.

07 다음은 위성사진의 예입니다.

08 다음은 생활지수의 예입니다.

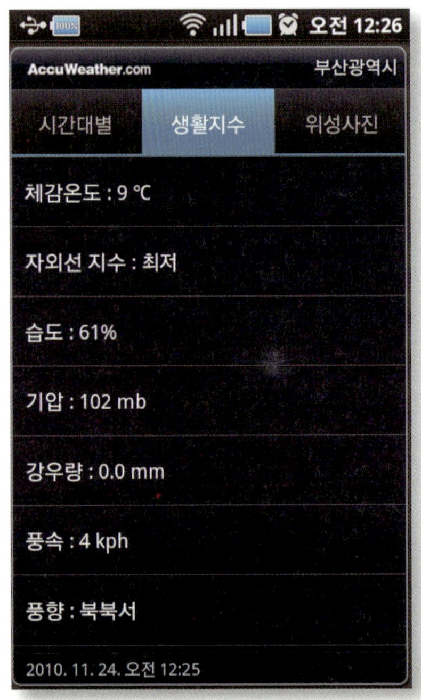

09 ⤺을 터치하여 날씨 화면이 나타나면 오른쪽으로 밀어 주식 정보를 볼 수 있습니다. 보고 싶은 주식의 목록은 ➕을 터치하여 등록합니다.

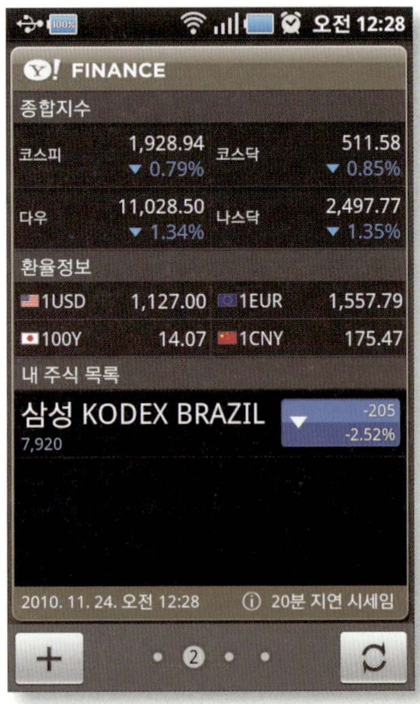

10 일정에서는 간단한 일정을 관리할 수 있습니다.

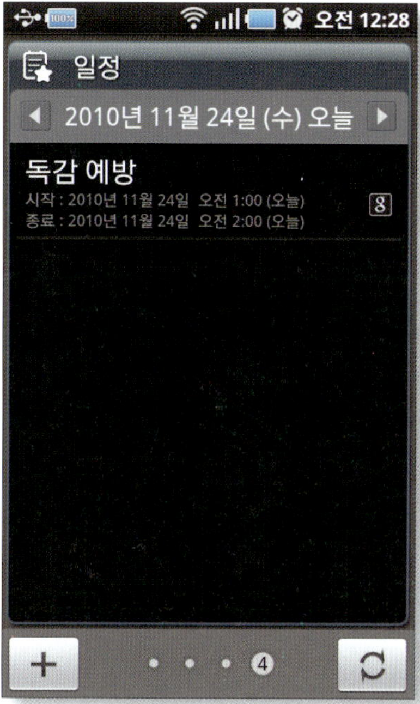

11 연합뉴스에서는 모바일 앱에 맞게 제공되는 뉴스를 볼 수 있습니다.

33 일정 어플 사용하기

갤럭시S 프로요의 [메인메뉴]에 기본으로 들어있는 [일정] 어플을 사용하는 방법에 대해 알아봅니다. 따로 수첩을 가지고 다니지 않아도 될 정도로 자세하게 일정을 관리할 수 있도록 도와줍니다. 또한 해당 날짜를 터치하면 그날의 음력도 함께 볼 수 있습니다.

① 일정 작성하기

갤럭시S 프로요에서 일정을 관리하고 확인할 수 있습니다. 이 일정은 구글 캘린더와 연동하여 사용할 수 있습니다.

01 [메인메뉴]에서 [일정] 어플을 터치하여 실행합니다.

02 [일정] 어플이 실행됩니다. 월, 주, 일, 목록 항목 별로 일정이 표시됩니다.

03 다음은 [주간] 일정의 모습입니다.

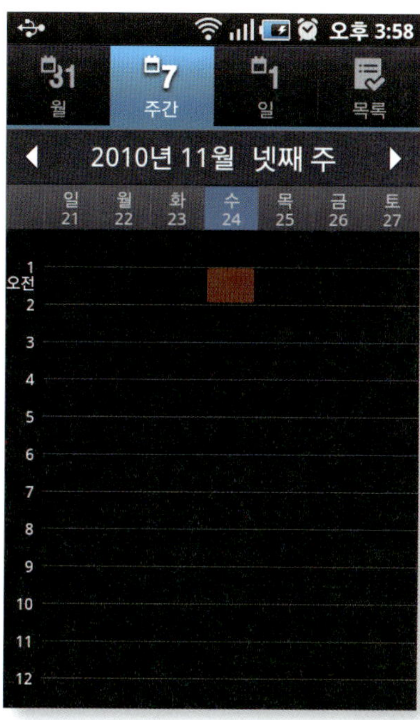

04 다음은 [일] 일정의 모습입니다.

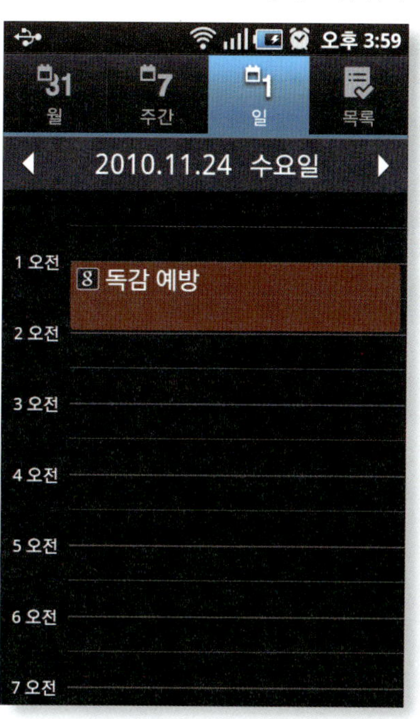

05 새로운 일정을 작성하려면 원하는 날짜를 터치합니다.

06 [일정 추가] 화면이 표시되면 [확인]을 터치합니다.

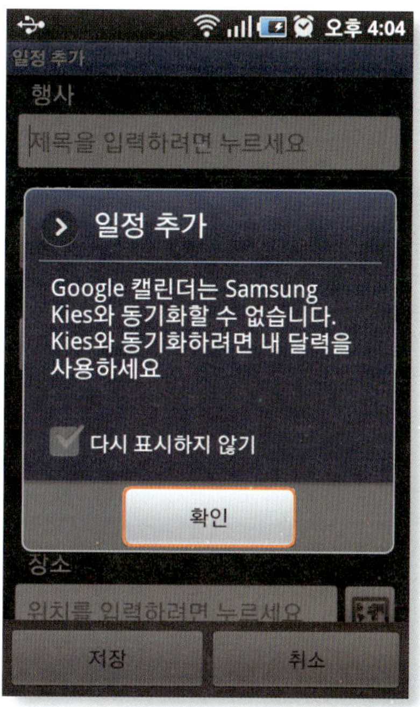

07 [일정 추가] 화면이 표시됩니다. 일정 내용을 입력하고, [시작]과 [종료]의 날짜와 시간을 설정합니다. 날짜와 시간을 설정하는 화면이 표시되면 ➕와 ➖로 날짜와 시간을 설정합니다. 설정 후에는 [설정]을 터치합니다.

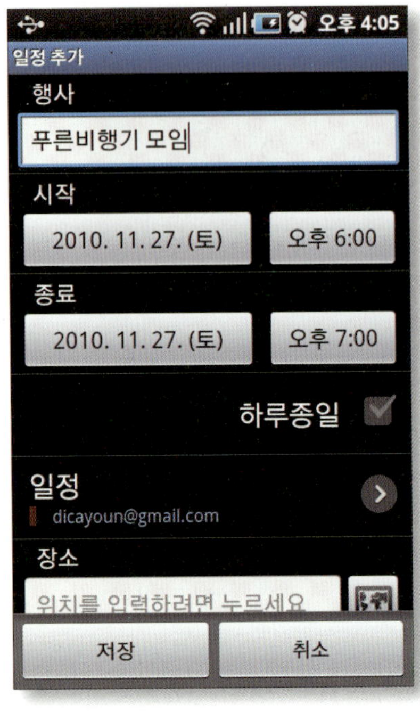

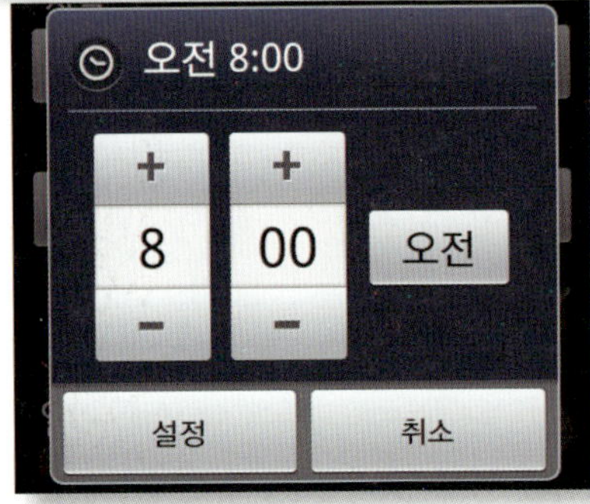

08 해당 날짜에 일정이 추가되었습니다. 일정이 있는 날짜에는 삼각형 점이 표시됩니다.

09 구글 캘린더를 이용하는 경우, 구글 계정이 동기화되어 있다면 자동으로 일정을 표시하고 관리할 수 있습니다. 구글 계정에서 작성한 일정까지 표시된 화면입니다.

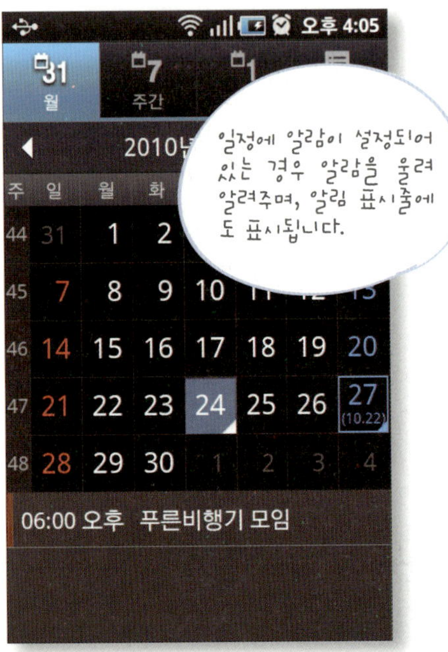

10 다음 그림은 구글 캘린더를 확인한 모습입니다. 구글 캘린더에서 작성한 일정과 갤럭시S 프로요에서 작성한 일정이 모두 표시되어 있습니다.

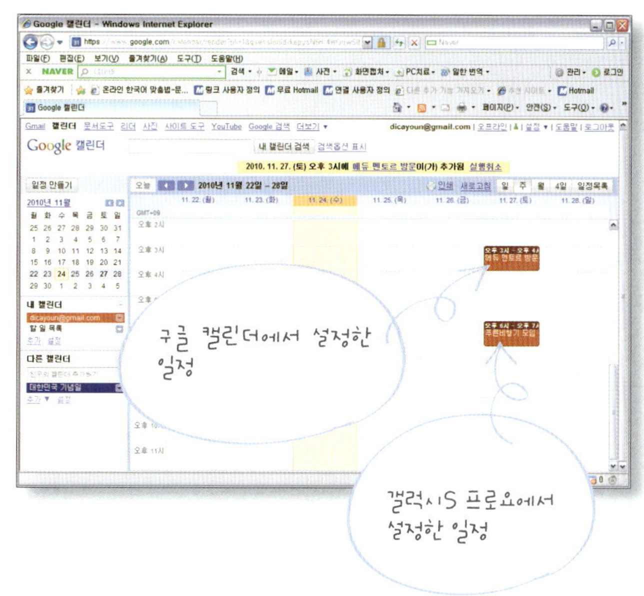

② 일정 지우기

취소된 일정은 어플에서 삭제할 수 있습니다.

01 취소할 일정이 있는 날짜를 터치한 다음 ▦를 터치합니다. 메뉴가 표시되면 [삭제]를 터치합니다.

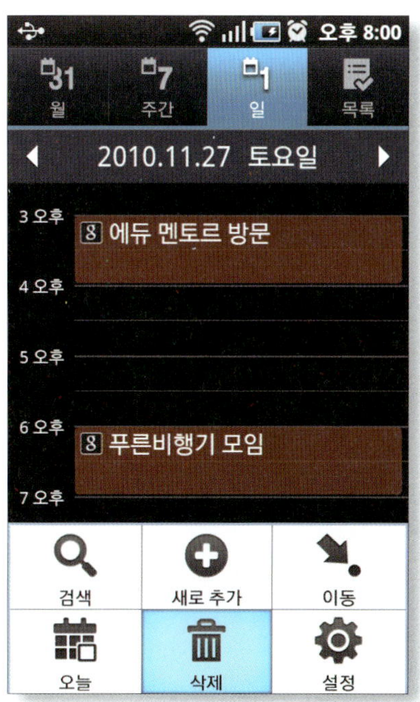

02 삭제할 일정을 선택한 다음 [삭제]를 터치하면 됩니다.

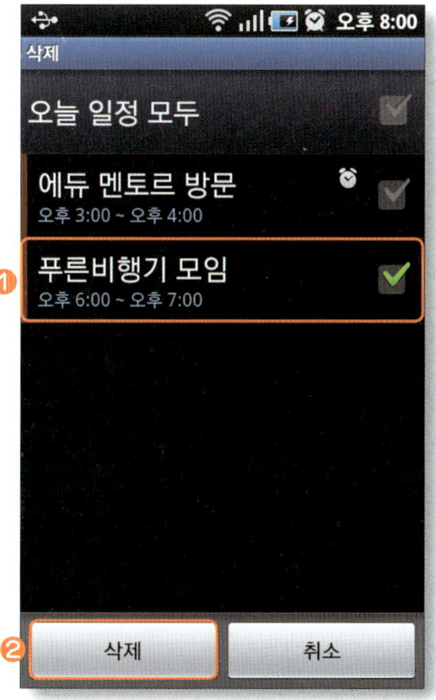

34 레저 날씨를 쉽게 보는
레저 날씨&뉴스 어플

축구 장, 야구장, 놀이동산 등의 위치를 지도로 볼 수 있고, 오늘을 기준으로 내일, 모레까지 3일 동안의 해당 경기장이나 놀이동산의 날씨도 확인할 수 있습니다. 야구장이나 축구장을 찾기 전에 한 번 확인하면 좋겠죠.

01 마켓에서 [레저 날씨&뉴스] 어플을 설치한 다음 실행합니다.

02 다음과 같은 화면이 표시됩니다. 여기서 인천문학구장의 날씨를 알아보겠습니다.

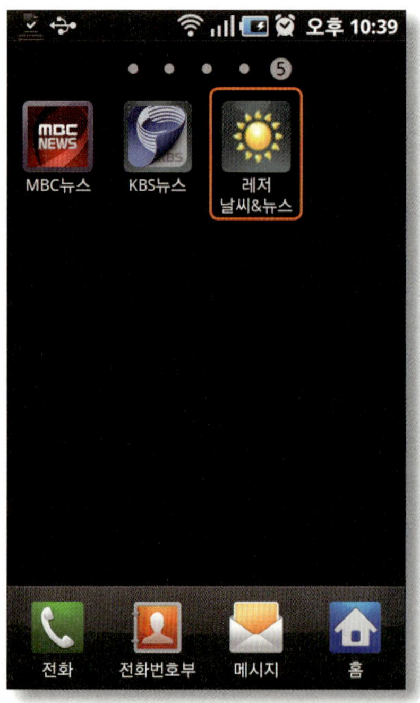

03 오늘 날씨가 표시됩니다. 내일과 모레 날씨도 확인할 수 있습니다.

04 [뉴스]를 터치하면 네이버에서 제공하는 뉴스를 볼 수 있습니다.

05 [지도]를 터치하면 해당 구장의 지도가 표시됩니다. 이 지도에서 구장의 위치를 확인해 찾아갈 수 있습니다.

35 바코드, QR 코드 QRooQRoo

상품의 바코드를 스캔하여 여러 마켓에서 팔리는 같은 상품의 가격을 비교 검색할 수 있는 무료 어플입니다. 또한 이 어플을 이용하면 QR 코드도 읽을 수 있습니다. QR 코드는 기존의 바코드보다 많은 정보를 담은 이차원 바코드입니다. 여기서는 바코드로 상품 가격을 검색하는 방법과 QR 코드를 만들어 읽어들이는 방법까지 알아보겠습니다.

① 바코드로 상품 가격 검색하기

01 먼저 [T store]에서 [QRoo QRoo] 어플을 다운받아 설치합니다. [메인메뉴]에서 어플을 터치하여 실행합니다.

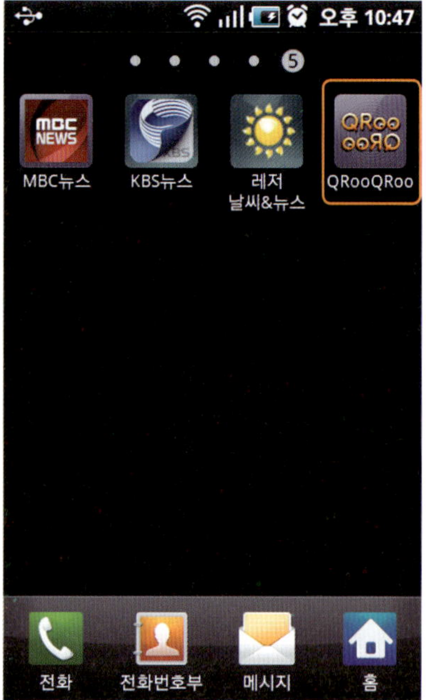

 아이디와 비밀번호를 입력하고 [로그인]을 터치하여 실행합니다. 아이디가 있는 경우에는 바로 접속하면 되며, 아이디가 없는 경우에는 [QRooQRoo ID 만들기]를 터치하여 아이디를 만들어야 합니다.

 [QRooQRoo] 어플이 실행되면 다음과 같은 화면이 표시됩니다. 바코드 스캔과 QR코드 스캔을 할 수 있습니다. [Enjoy QR-code]는 제공되는 QR코드를 보는 것입니다. [Barcode Scan]을 터치합니다

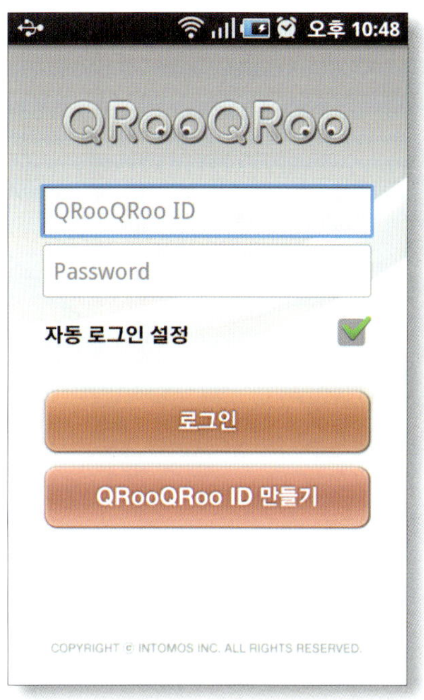

 자동으로 카메라가 열리면 박스 안에 바코드가 들어가도록 잘 맞춥니다. 자동으로 스캔됩니다. QR코드도 같은 방법으로 스캔합니다.

 스캔되면 상품의 이름과 가격 등이 표시됩니다. 각 마트에서 판매되는 가격을 비교할 수 있습니다.

06 화면 아래의 [My Box]를 터치한 다음 [History]를 터치하면 이제까지 스캔했던 목록을 볼 수 있습니다.

② 자신의 정보를 QR 코드로 만들기

자신의 이름이나 카페, 주소, 사진 등을 QR 코드로 만들어 관리할 수 있습니다. QR 코드는 2차원 코드 중 하나로 텍스트만이 아니라 이미지, 지도 등 많은 정보를 저장할 수 있다는 장점이 있습니다. 명함에 인쇄하거나 메일에 첨부해서 보내는 등 다양한 경로로 자신을 홍보할 수 있는 훌륭한 매체가 될 것입니다.

01 먼저 QR 코드를 만들 수 있는 사이트인 http://www.qrooqroo.com/home.do에 접속합니다. [Log in Now] 단추를 클릭합니다.

02 아이디와 비밀번호를 입력하고 로그인합니다.

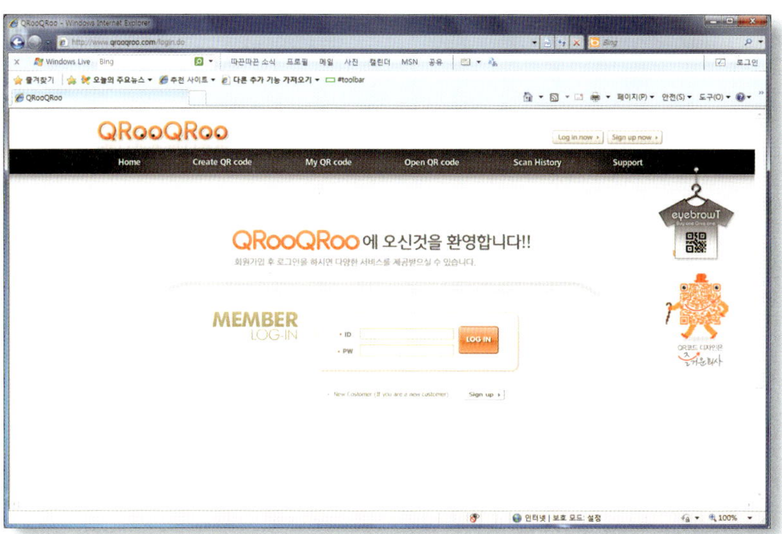

03 [Create QR code] 탭을 클릭하면 다음과 같은 화면이 표시됩니다. 이곳에서 QR 코드로 만들 정보를 모두 입력하면 됩니다. 이미지 파일과 홈페이지 등 QR 코드에 넣고 싶은 정보들을 넣습니다. 모두 작성했으면 [Create Code] 단추를 클릭합니다.

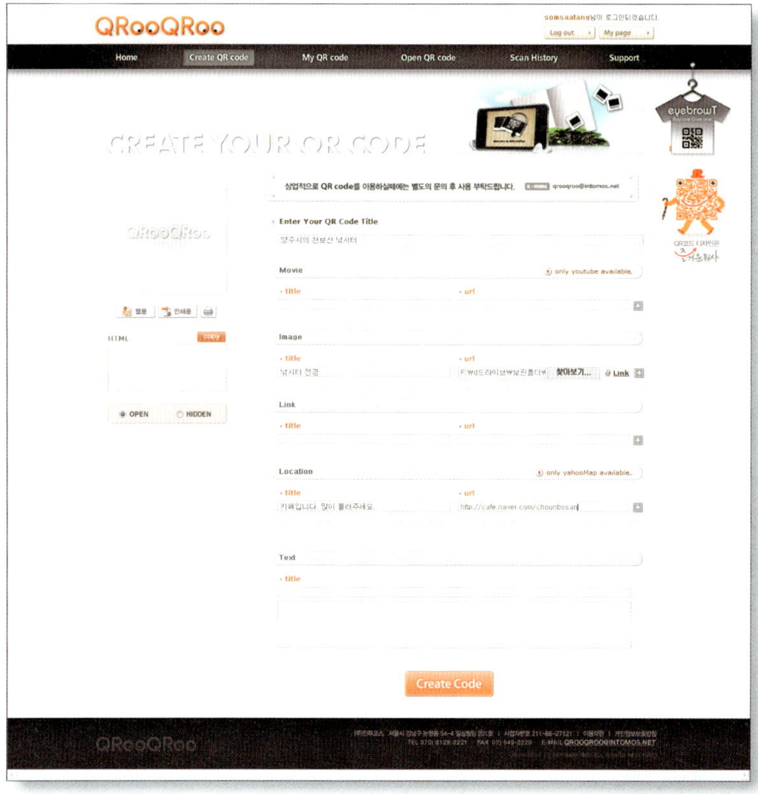

04 [웹 페이지의 메시지] 대화상자가 나타나면 [확인] 단추를 클릭합니다.

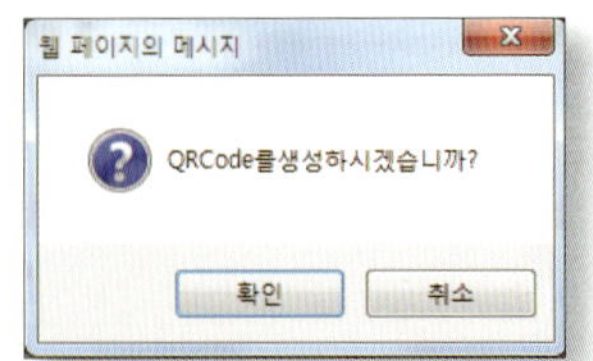

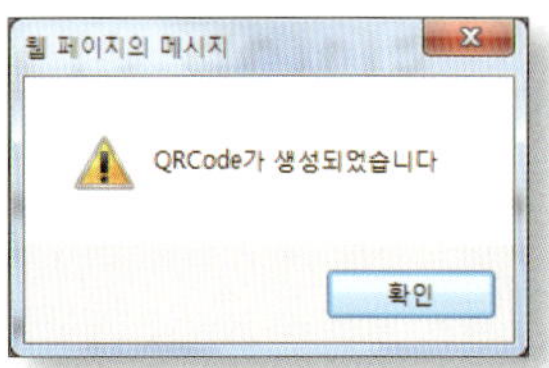

05 다음과 같이 QR 코드가 만들어졌습니다.

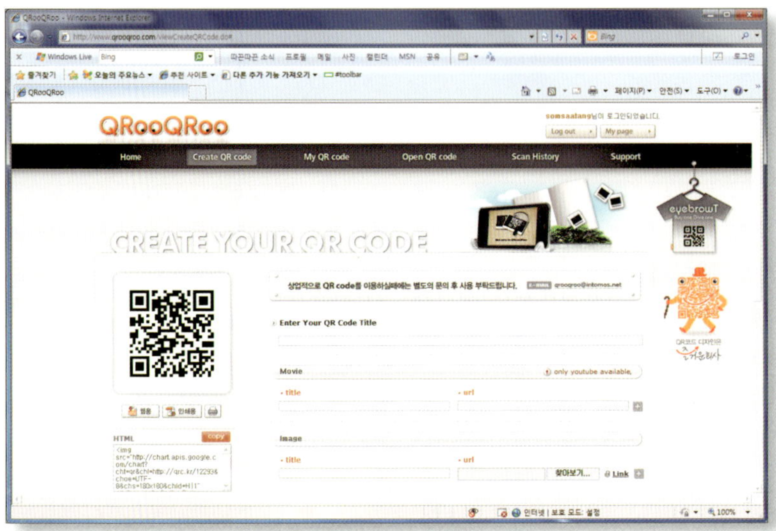

06 갤럭시S 프로요에서 [QRooQRoo] 어플을 실행하고 [QRcode Scan]을 터치합니다.

07 이제 앞에서 만든 QR 코드를 읽어 보겠습니다. 카메라가 실행되면 모니터 상의 QR 코드 부분에 맞춥니다. 자동으로 QR 코드를 읽어들여 결과가 표시됩니다. 타이틀과 콘텐츠를 확인할 수 있습니다. 먼저 [IMAGE]를 터치해 보겠습니다.

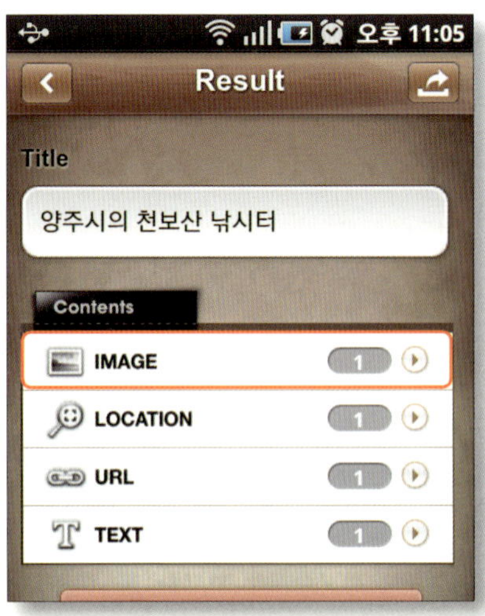

 QR 코드에 있는 이미지 정보가 표시
됩니다. 이렇게 표시되는 이미지는 QR 코드
를 만들 때 여러 개를 삽입할 수도 있습니다.

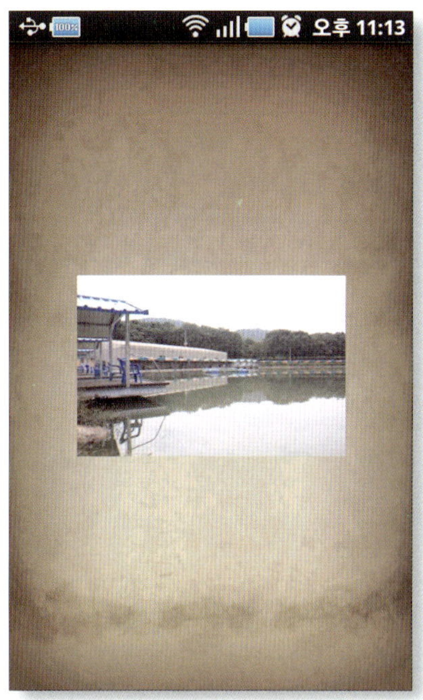

 [URL]을 터치하면 연결된 URL이 표
시됩니다.

 [TEXT]를 터치하면 사용자가 입력한
내용을 바로 확인할 수 있습니다. 여기서는 천
보산 낚시터를 가지고 예제를 만들었지만 프
로필이나 기타 내용을 QR 코드로 만들어 활용
할 수 있습니다.

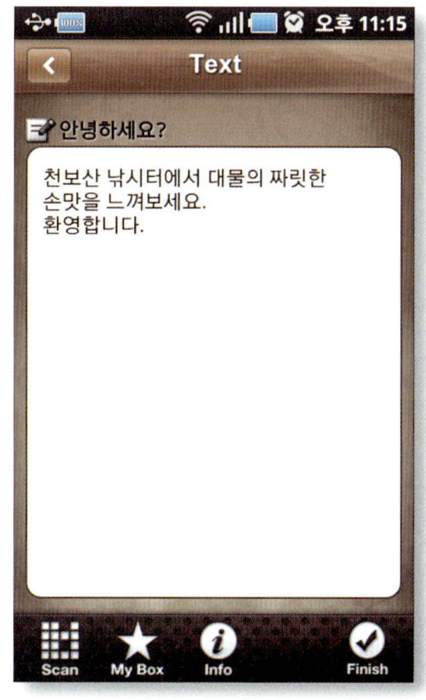

36

메시지 번역기
Voice Translator

메시지를 세계 각국 언어로 번역하여 볼 수 있는 간이 번역기인 [Voice Translator] 어플을 소개합니다.

01 [Voice Translator]를 설치하고 터치하여 실행합니다. 어플을 처음 실행하면 다음과 같은 화면이 표시됩니다. [Accept]를 터치합니다.

02 사용법을 지금 보려면 [OK]를 터치하고 나중에 보려면 [LATER]를 터치합니다.

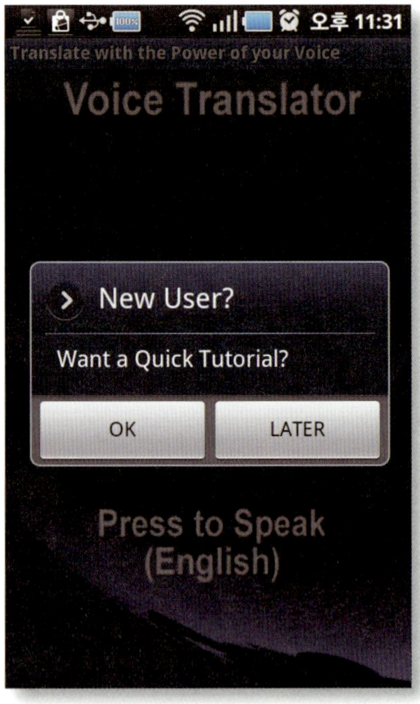

03 녹음 단추를 터치합니다. [지금 시작 하세요] 화면이 표시되면 번역할 내용을 말합 니다.

04 음성으로 말한 내용이 영어로 올바 르게 표기되었으면 [Translate]를 터치합니다.

05 번역하고 싶은 언어를 선택합니다. 여기서는 [Korean]을 선택했습니다.

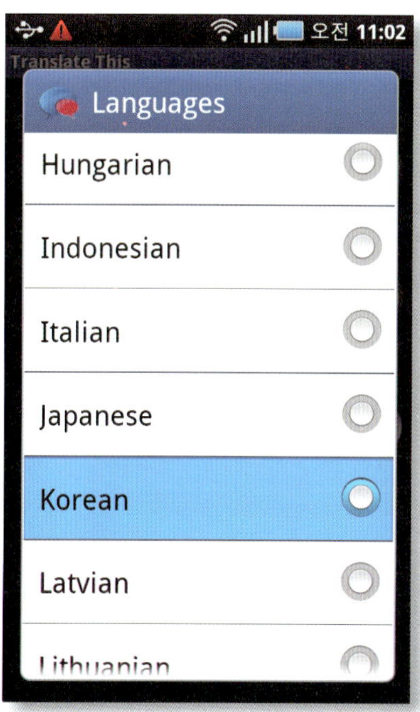

06 한국어로 제대로 번역된 것을 확인 할 수 있습니다.

37 Google 번역

말소리를 문장으로 번역해주고, 그것을 다시 발음으로 들려주는 등 영화와 같은 느낌을 즐길 수 있도록 해주는 어플이 있습니다. 구글 번역 서비스를 이용하여 입력한 문장을 번역해주는 어플로서, 보통의 텍스트 외에 음성으로 입력하는 것도 가능합니다. 중국어, 스페인 어 등 여러 나라의 언어를 사용할 수 있으며, 번역한 문장을 읽는 것도 가능합니다. 이 어플을 이용하기 위해서는 [Text-to-Speech]가 필요한데 자동으로 설치 안내가 됩니다.

01 [Google 번역] 어플을 다운받은 다음 터치하여 실행합니다.

02 처음 실행하면 다음과 같이 [최종 사용자 라이센스 계약] 화면이 표시됩니다. 두 번째 실행부터는 나타나지 않습니다. [수락]을 터치합니다.

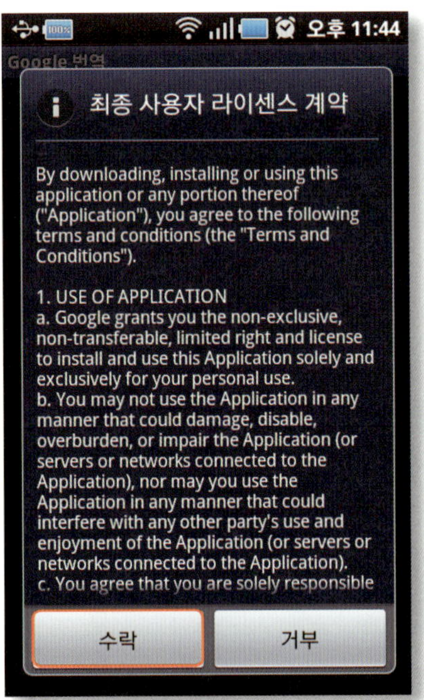

03 다음과 같은 화면이 표시되면 [예]를 터치합니다.

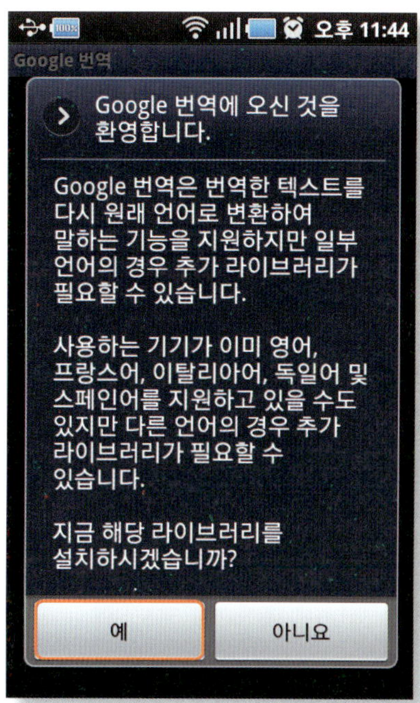

04 [TTS(Text-to-speech) 사용에 필요한 사항] 화면이 표시되면 [설치하려면 클릭하세요]를 터치합니다.

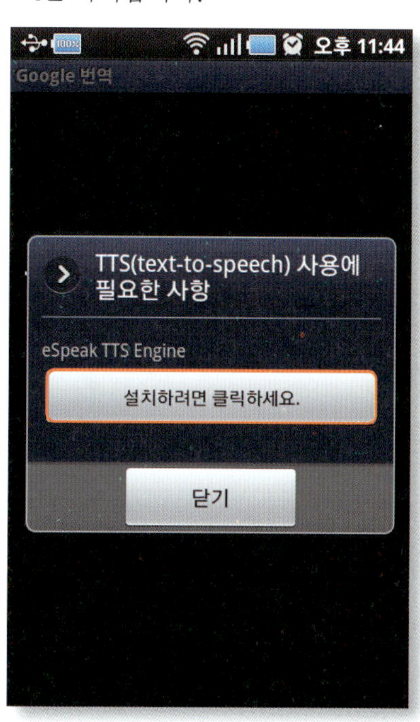

05 [마켓]의 검색 화면으로 바로 연결됩니다. 화면에 표시되는 [eSpeak for Android]를 터치하여 설치합니다. 설치 방법은 일반적인 어플과 같습니다.

06 어플 설치가 끝난 다음 ▣를 터치하면 다음과 같은 화면으로 돌아갑니다. [닫기]를 터치합니다.

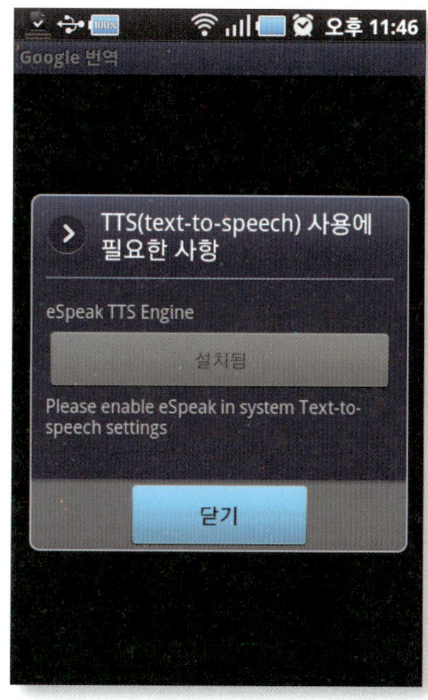

07 드디어 번역 화면이 표시됩니다.

08 번역하고 싶은 내용을 입력한 다음 [번역]을 터치합니다.

09 영어로 입력한 내용이 한국어로 번역됩니다. [사운드] 아이콘(◀))을 터치하면 해당 문장이나 단어를 들을 수 있습니다.

38 간단한 외국어 회화 사전
Speereo Voice Translator

외국인이 말을 걸어오거나 혹은 해외 여행을 할 때 요긴하게 사용할 수 있는 간단한 회화 어플을 소개합니다.

01 설치한 어플을 실행하면 먼저 번역할 외국어를 설정하기 위해 [Settings]를 터치합니다.

02 [From Language]를 터치하여 언어를 설정하고, [To Language]를 터치하여 번역할 언어를 설정합니다. 다음 화면은 한국어를 영어로 번역하도록 설정한 모습입니다.

283

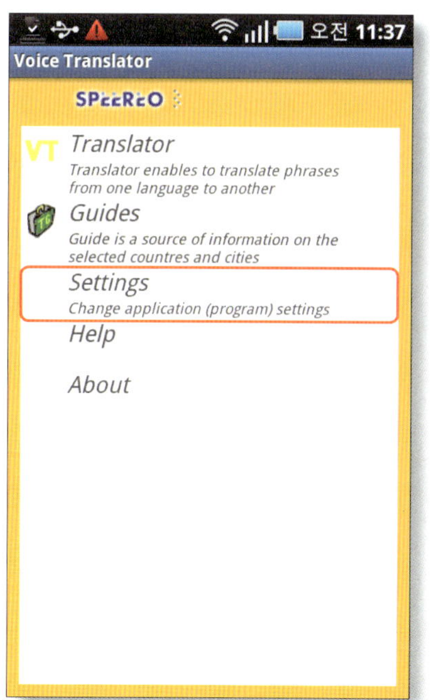

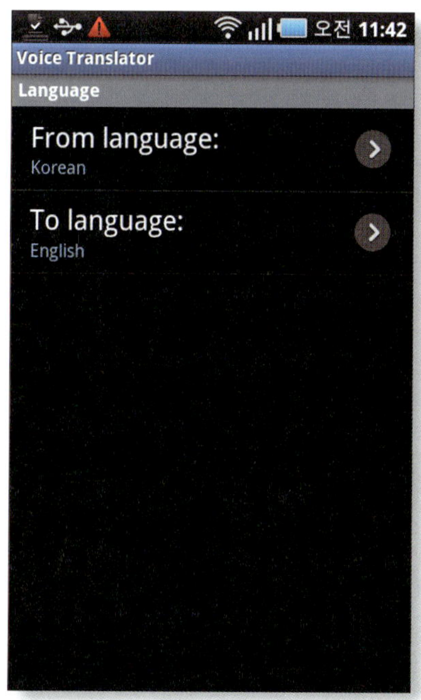

03 를 터치하여 본 화면으로 돌아간 다음 [Translator]를 터치하면 다음과 같이 상황 설정이 메뉴 형태로 표시됩니다. 여기서는 [식사]를 터치해 보겠습니다.

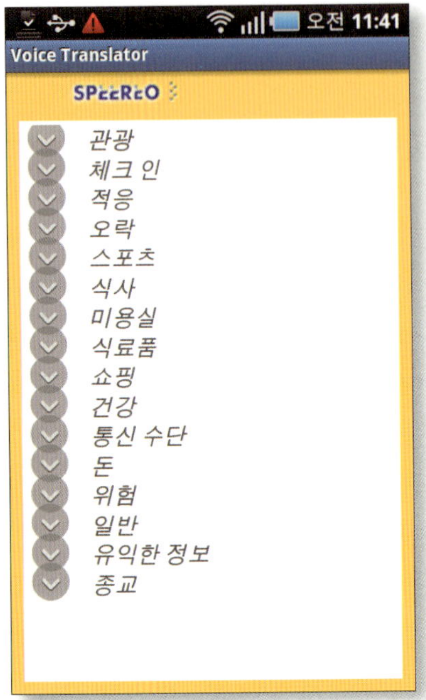

04 [식사]에 해당하는 하위 항목들이 보입니다. 여기서는 [식당]을 터치해 보겠습니다.

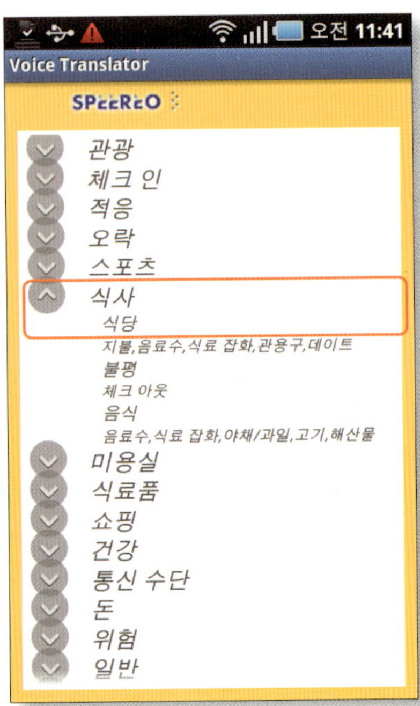

05 식당에서 사용할 만한 회화 목록이 나타납니다. 원하는 내용을 터치합니다.

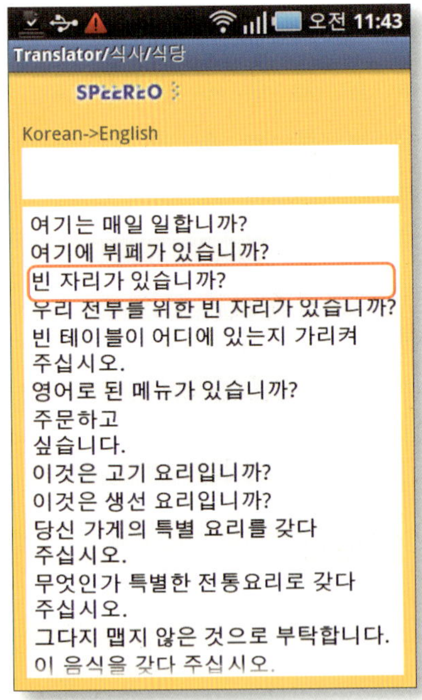

06 위의 입력 창에 번역된 글이 표시되며 바로 소리로 들려줍니다.

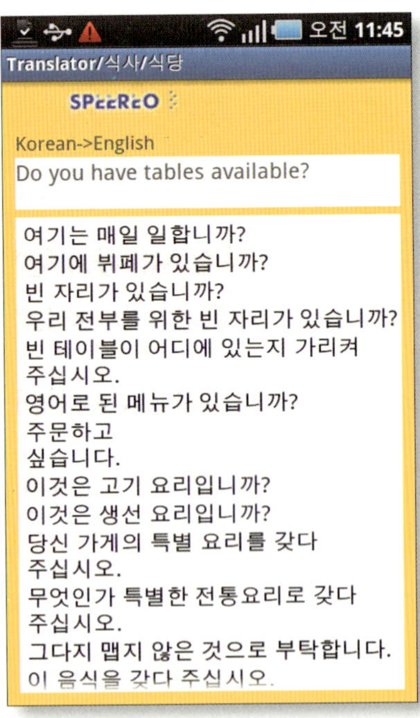

39 내 휴대폰은 내가 지킨다 V3 Mobile

컴퓨터와 마찬가지로 스마트폰도 여러 가지 악성 코드로부터 보호해야 합니다. 갤럭시S 프로요에는 [V3 Mobile] 어플을 기본으로 제공하여 스마트폰을 보호할 수 있도록 하고 있습니다. 어떻게 이용하는지 알아봅니다.

01 [홈] 화면에서 [V3 Mobile]을 터치하여 실행합니다.

02 처음 실행하면 다음과 같은 화면이 표시됩니다. [확인]을 터치합니다.

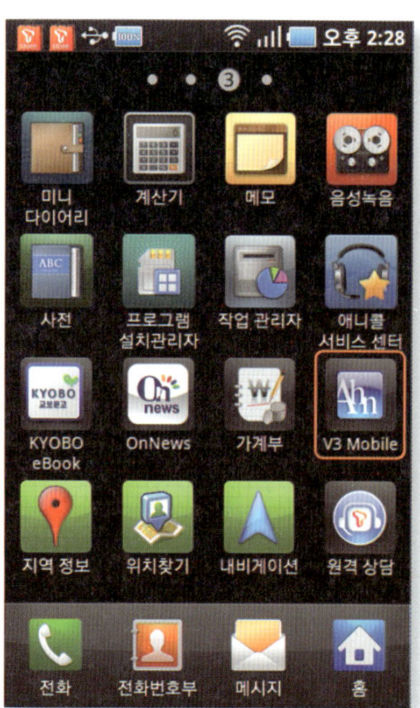

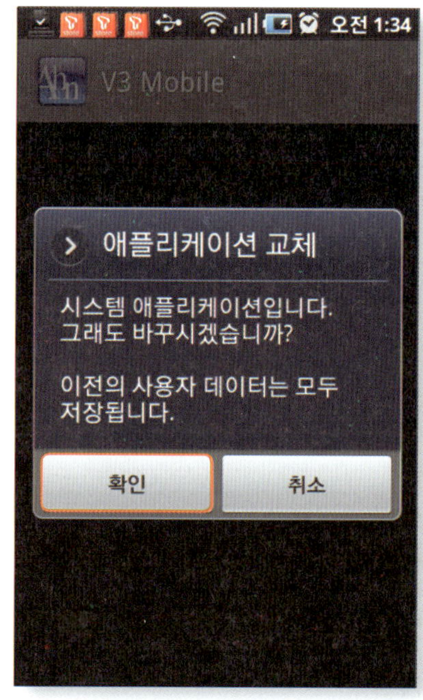

03 다음과 같은 화면이 표시되면 [설치]를 터치하여 설치를 진행합니다.

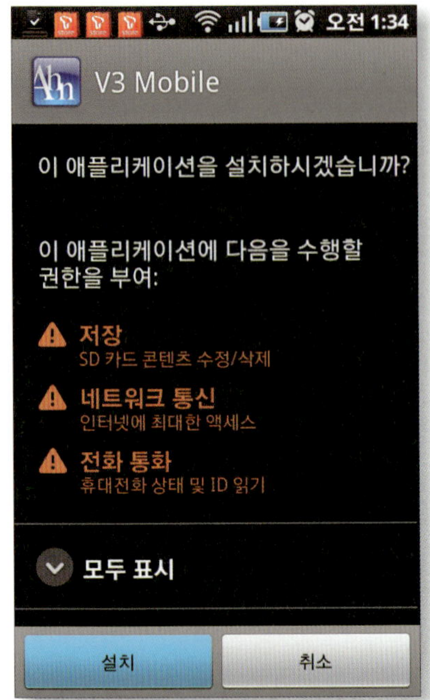

04 어플 설치가 끝나면 [열기]를 터치하여 실행합니다.

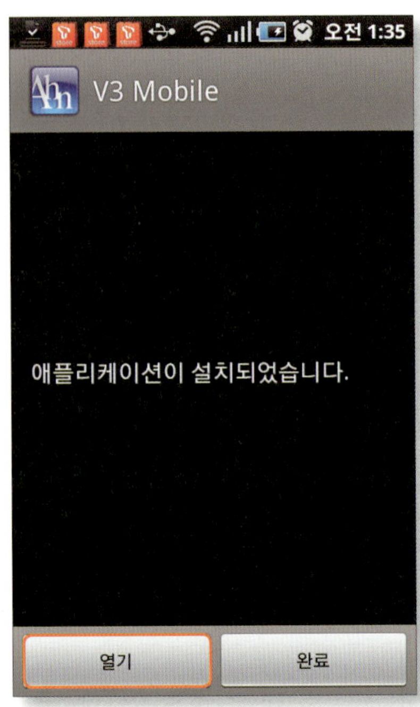

05 [안철수 연구소 소프트웨어 사용권 계약서] 화면이 표시되면 [동의]를 터치해야 합니다.

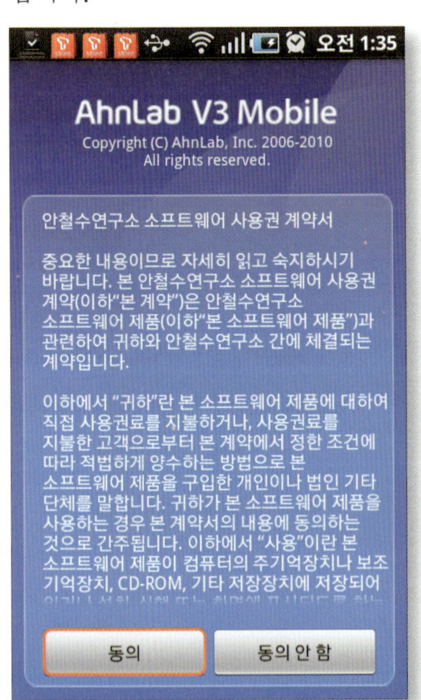

06 [제품 등록] 화면이 표시되면 [등록하기]를 터치합니다.

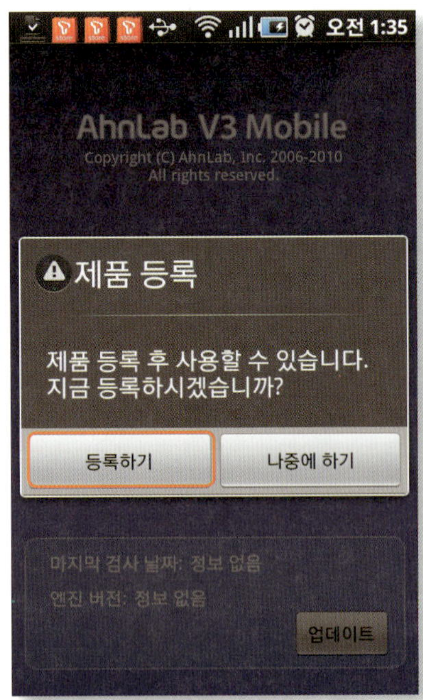

07 정식 제품으로 등록되었다는 화면이 표시되면 [확인]을 터치합니다. 여기까지의 화면은 처음 한 번만 나타납니다.

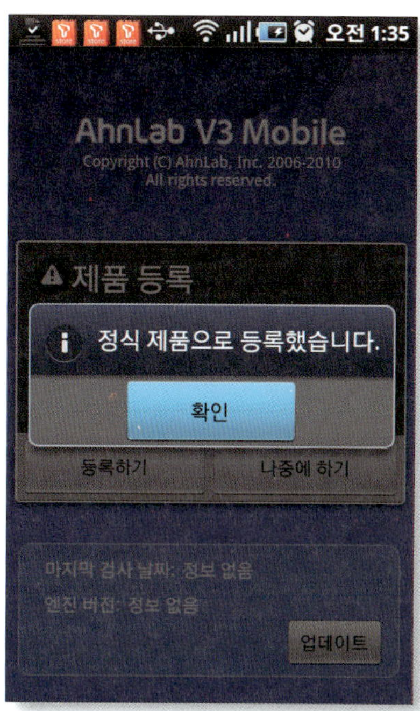

08 어플이 실행되면 다음과 같이 표시됩니다. 새로운 버전이 출시되었을 것이므로 [업데이트]를 터치하여 업데이트합니다.

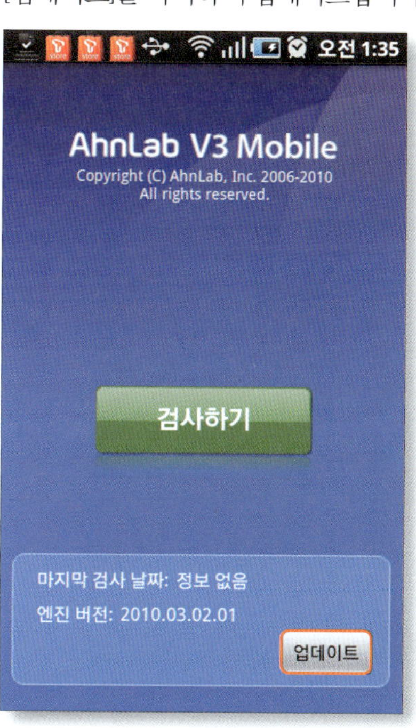

09 업데이트가 진행되는 동안 잠시 기다립니다. 엔진과 제품 버전을 확인할 수 있습니다.

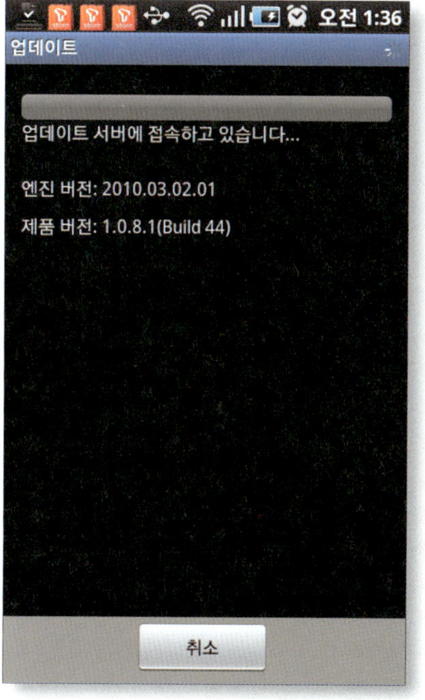

10 다음과 같은 화면이 표시되면 [확인]을 터치합니다.

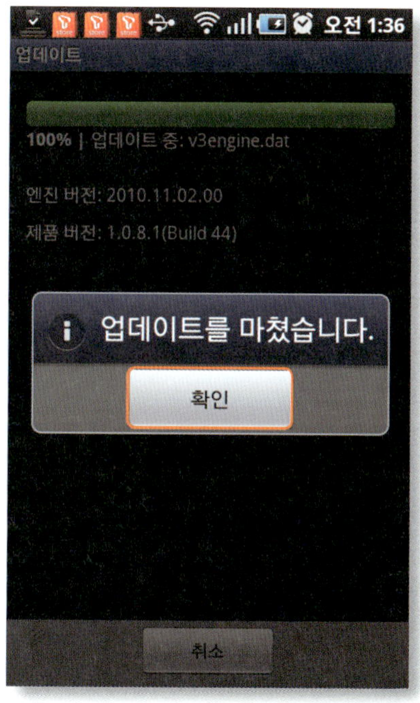

11 이제 [검사하기]를 터치하여 검사를 시작합니다.

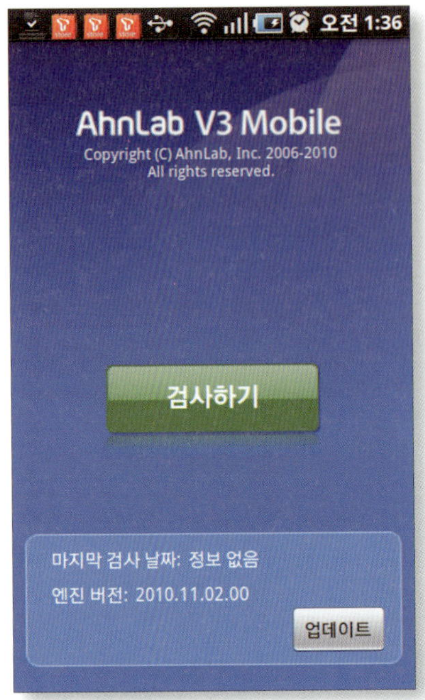

12 [V3 Mobile 검사하기] 화면이 표시되면 잠시 기다립니다.

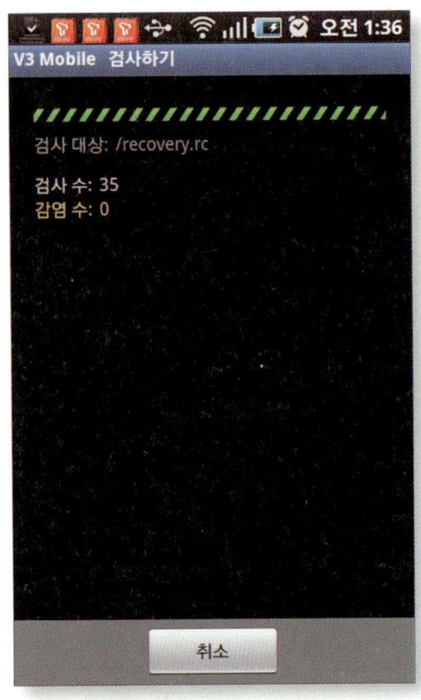

288

13 검사가 종료되면 다음과 같이 표시됩니다. 현재는 악성 코드가 없으므로 [확인]을 터치하여 검사를 마치면 됩니다.

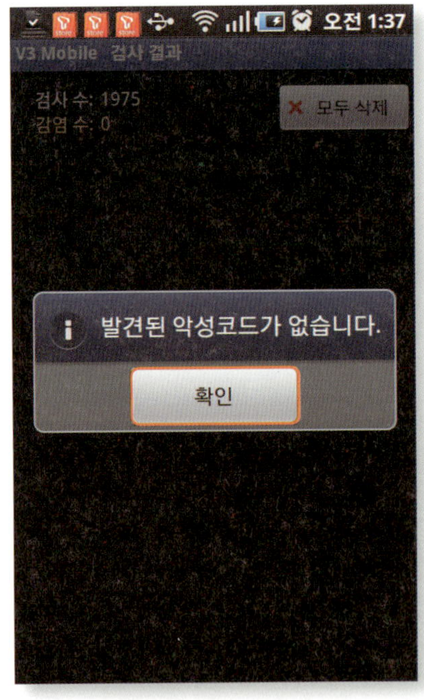

PART·6

위치 기반
서비스 어플편

40 구글 지도 체크하기

최근 스마트폰에는 인터넷에 접속하지 않아도 GPS를 이용하여 현재 위치를 확인하거나 목적지까지 빠르게 찾아가는 길 찾기 기능 등이 들어 있습니다. 물론 갤럭시S 프로요에도 구글 지도가 기본적으로 설치되어 있어 언제 어디서나 이용할 수 있습니다. 지도의 기본적인 기능은 역시 지도를 보는 기능입니다. 구글 지도를 이용하면 우리나라의 지도만이 아니라 세계 지도를 볼 수 있고, 항공 사진과 로드 뷰 기능이 있는 지도까지 볼 수 있습니다. 핸드폰과 Wi-Fi에 따른 위치 정보, GPS 기능을 이용하여 현재 위치를 지도에서 바로 확인할 수도 있습니다. 모르는 길을 갈 때는 정말 요긴하게 이용할 수 있습니다.

① 자기의 위치 찾아 메신저로 보내기

현재 사용자가 갤럭시S 프로요를 들고 있는 곳의 위치를 지도에서 확인할 수 있습니다. 자신의 위치를 상대방에게 메일이나 문자를 보내는 경우 유용합니다.

`01` [메인메뉴] 화면에서 [지도] 어플을 터치하여 실행합니다.

`02` 다음과 같은 화면이 표시되면 [확인]을 터치합니다. 처음 한 번만 표시됩니다.

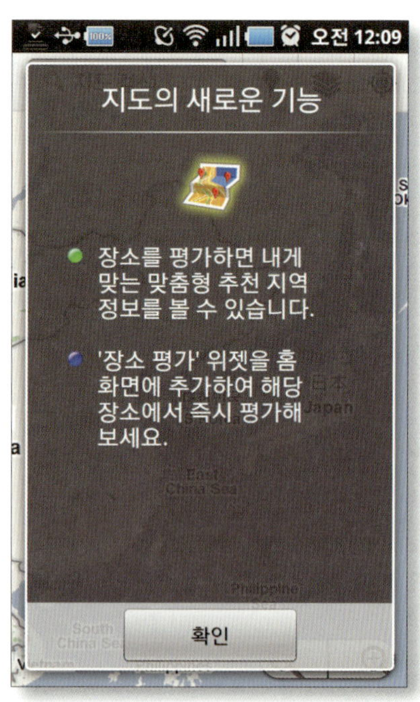

03 현재 자신이 있는 곳을 기준으로 [지도] 어플이 실행됩니다. [내 위치]를 꾸욱 눌러 보세요.

04 내가 있는 곳의 위치와 주변 정보에 대해 보다 자세하게 알 수 있습니다. [다른 사용자에게 위치 전송]을 터치해 보세요.

05 [장소 공유] 화면이 표시되어 이메일이나 Facebook 등에서 정보를 공유할 수 있습니다. 여기서는 [메시지]를 터치합니다.

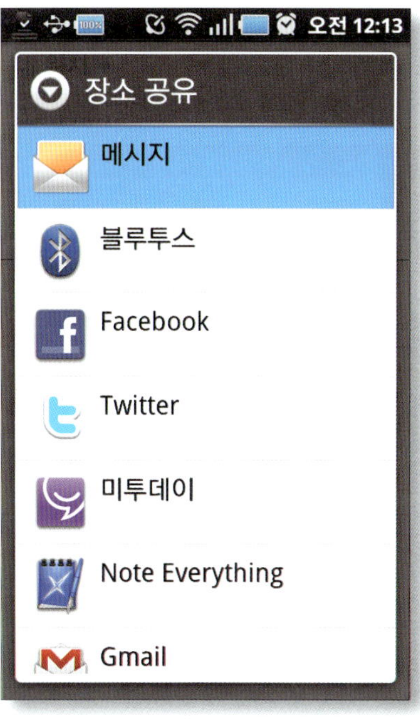

06 메시지 화면이 표시되면 받는 사람을 설정하고 [전송]을 터치하여 메시지를 보냅니다.

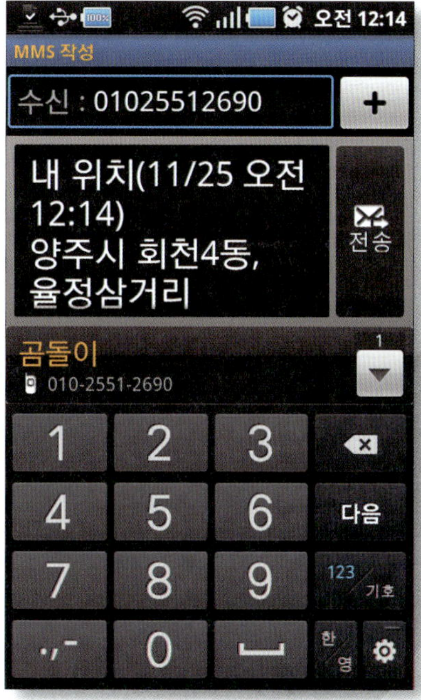

② 지도에서 원하는 장소 찾기

지도에서 목적지를 찾는 방법에 대해 알아봅니다.

01 지도 화면에서 ▤을 터치하면 나타나는 메뉴에서 [검색]을 터치합니다.

02 검색 화면이 나타나면 목적지를 입력하고, 목록이 표시되면 목적지를 선택합니다.

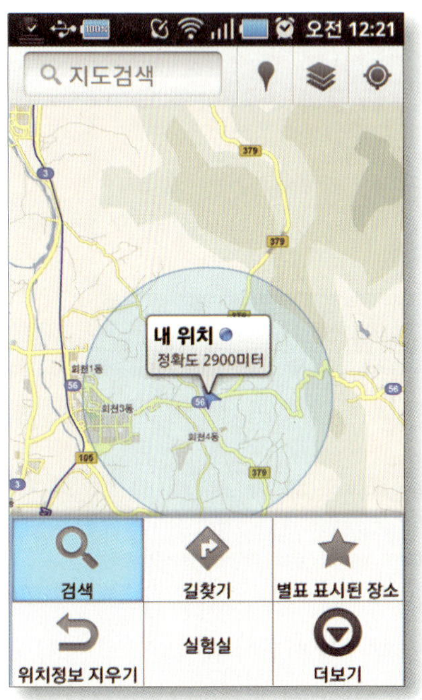

03 서울역을 검색해 보았습니다. 찾은 곳에 대한 상세 정보를 알고 싶다면 목적지를 터치합니다.

04 목적지에 대한 자세한 정보가 표시됩니다. 여기서는 서울역을 검색했으므로 지하철 일정까지 한번에 볼 수 있습니다.

③ 모르는 길 찾아가기

현재 자신이 어디에 있더라도 목적지까지 편하게 찾아가는 방법을 소개합니다.

01 지도 화면에서 █을 터치합니다. 메뉴 화면에서 [길찾기]를 터치합니다.

02 길 찾기 화면이 표시됩니다. 출발지는 현재 [내 위치]이고, 도착지를 입력한 다음 자가용이 아닌 [대중교통] █을 선택하고 [실행]을 터치합니다.

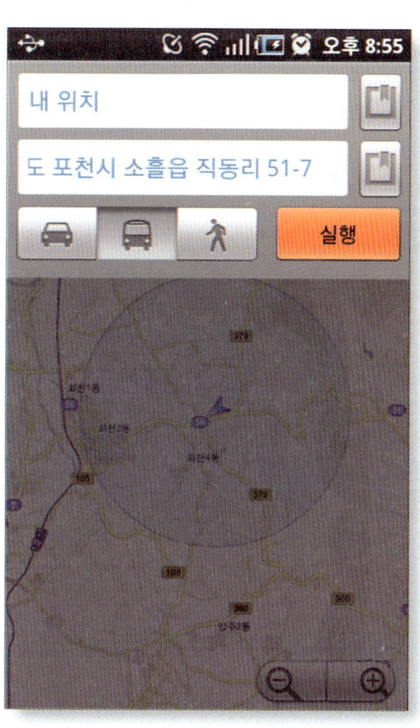

03 버스 타는 곳, 시간 등을 보다 정확하게 알 수 있습니다.

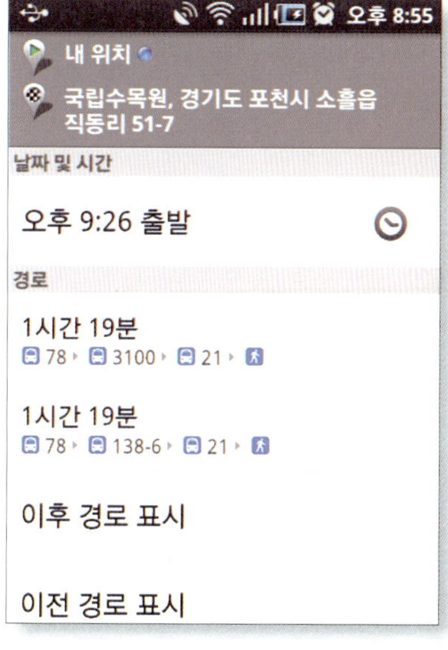

④ 다음 지도

[다음 지도] 어플은 T store에서 다운로드하여 설치하고 이용합니다. 로브 뷰 기능과 주변 검색 등의 기능이 있습니다.

`01` [다음 지도] 어플을 터치하여 실행하면 다음 지도가 표시됩니다.

`02` 지도를 밀면 현재 위치 옆의 다른 곳을 볼 수 있습니다. [로드 뷰] 아이콘을 터치하면 [로드 뷰 보기]가 표시됩니다.

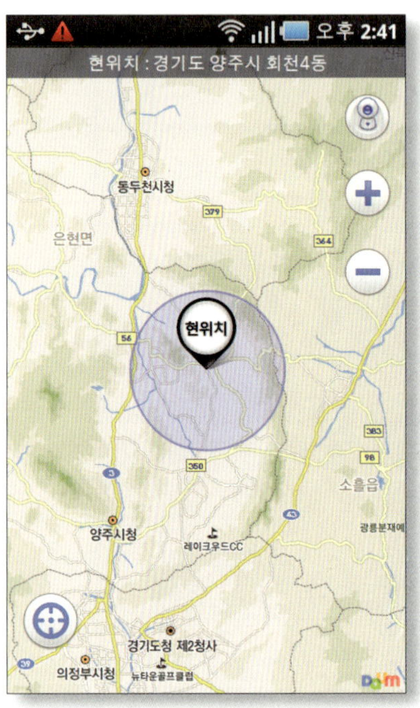

`03` 지도에 나타나는 곳의 거리를 바로 확인할 수 있습니다. 화면을 밀면 돌아가면서 보여줍니다.

 앞 화면에서 [주변 검색]을 터
치하면 은행을 비롯하여 주유소 등을 쉽
게 찾을 수 있는 화면이 표시됩니다. [은
행]을 터치해 보겠습니다.

 주변에서 가까운 은행을 찾아
줍니다. 찾고 싶은 은행명을 꾸욱 누릅
니다.

 해당 은행의 자세한 정보를 확인할
수 있습니다.

 [리뷰]를 터치하면 블로그 내용을 살
펴볼 수 있습니다.

41 근처에 있는 주유소 찾기 AroundMe 어플

잘 모르는 곳에 있을 때 갑자기 차에 기름이 떨어지는 경우가 생긴다면 무척 당황스러울 것입니다. 여기서는 무료 어플인 AroundMe를 이용하여 근처에 있는 주유소를 찾는 방법에 대해 알아봅니다. 물론 주유소뿐만 아니라 은행, 커피숍, 병원, 극장 등 다양한 장소를 찾을 수 있습니다.

01 마켓에서 [AroundMe] 어플을 다운로드한 다음 [AroundMe]를 터치하여 실행합니다.

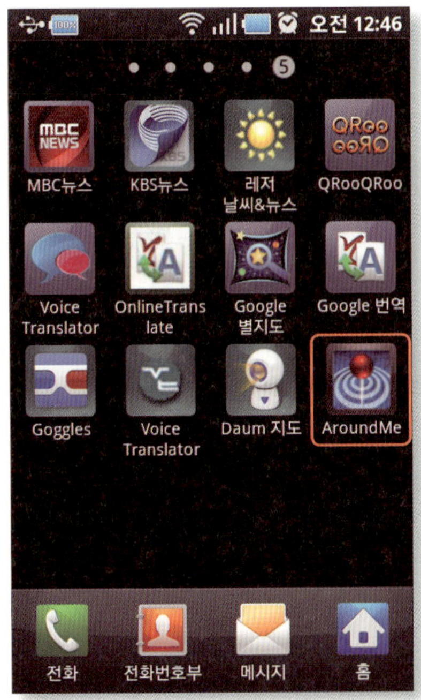

02 [AroundMe] 어플이 실행되면 [Gas Stations]를 터치합니다. 근처에 있는 주유소 목록이 열립니다. 가까운 주유소를 터치합니다.

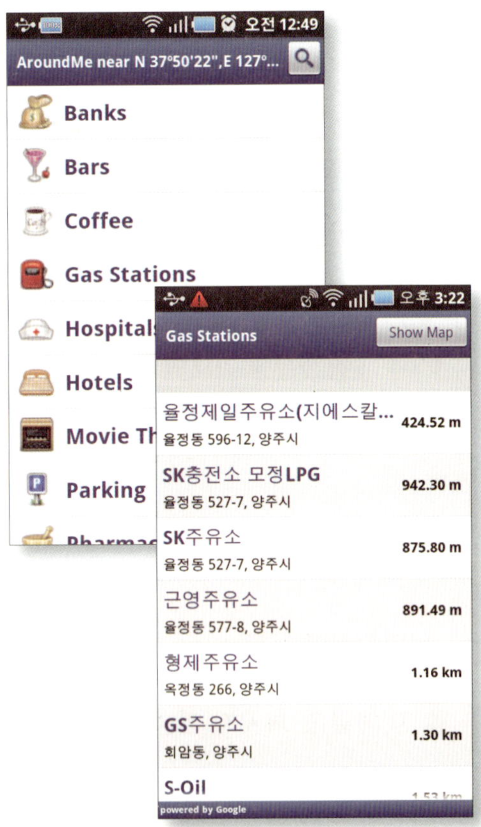

03 선택한 주유소의 자세한 정보 화면이 표시됩니다.

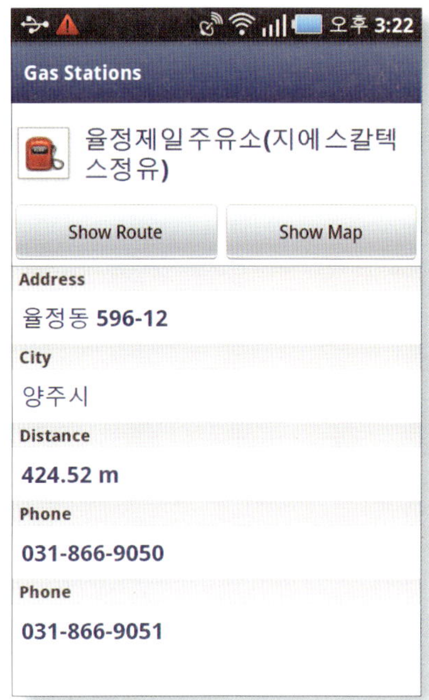

04 앞 화면에서 전화 번호를 터치하면 전화를 걸 수 있도록 화면이 변경되어 표시됩니다.

05 따라하기 3번의 화면에서 [Show Map]을 터치하여 지도를 볼 수 있습니다. 다음과 같은 화면이 표시되면 [지도]를 터치합니다.

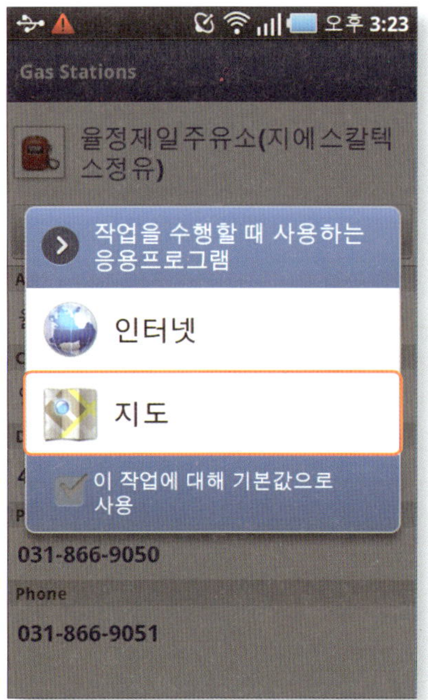

06 해당 주유소의 위치가 지도에 표시됩니다.

42 지도에서 거리 재기 AndMeasure 어플

지도를 이용하여 시작점에서 끝점까지의 거리가 얼마나 되는지 알아볼 수 있습니다. 거리를 재는 어플은 AndMeasure입니다.

01 마켓에서 [AndMeasure] 어플을 다운로드한 다음 터치하여 실행합니다. 다음과 같이 도움말 화면이 나타나면 [Done]을 터치합니다.

02 설치가 모두 끝나면 AndMeasure가 실행됩니다.

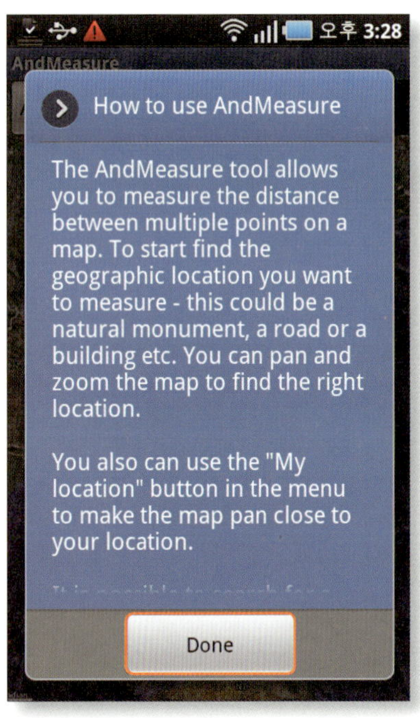

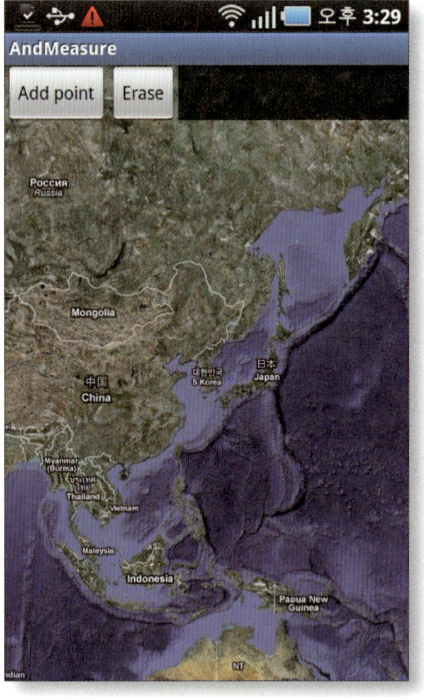

03 거리를 재고 싶은 곳으로 위치를 변경하고 [Add point]를 터치합니다.

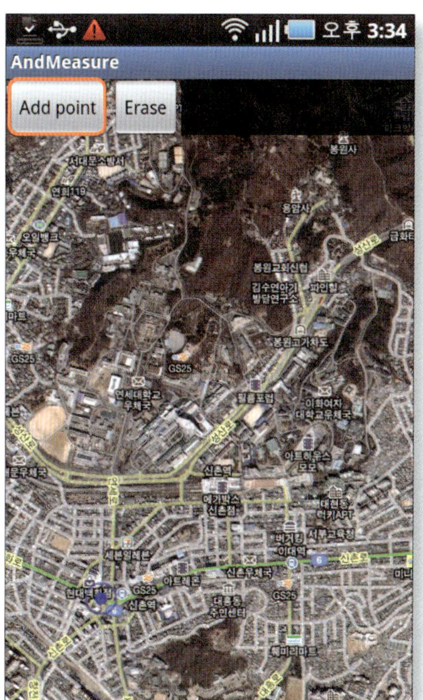

04 두 지점을 터치하면 지점 간의 거리를 잽니다.

05 ▤을 터치하여 메뉴가 표시되면 [My Location]을 터치해 보세요.

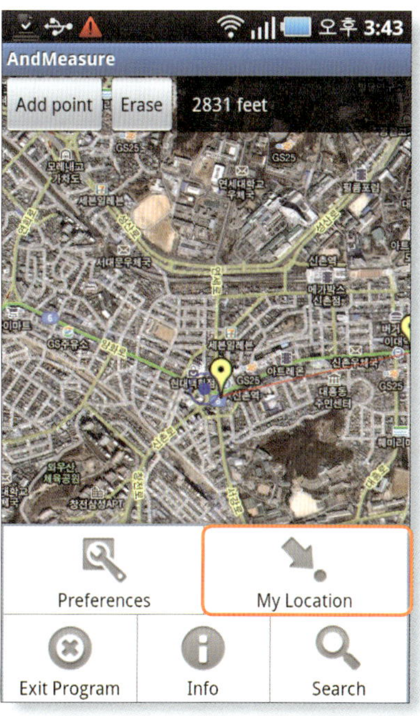

06 현재 자신이 있는 곳의 지도가 바로 표시됩니다.

43

증강현실이 내 손 안에
Ovjet

Ovjet는 증강현실을 통해 여러 가지 정보를 얻고, 친구들에게 메시지를 보내거나 받을 수 있는 등의 작업을 할 수 있는 어플입니다. 증강현실은 현실 세계에 가상 물체를 보여주는 기술을 말합니다. 갤럭시S 프로요를 사용한다면 꼭 이용해야 하는 기능 중 하나 입니다. 여러분을 증강현실 속으로 초대합니다.

① Ovjet 시작하기

01 [홈] 화면에서 [Ovjet] 어플을 터치하여 실행합니다. 처음 실행하면 다음과 같은 내용이 표시됩니다. [확인]을 터치합니다.

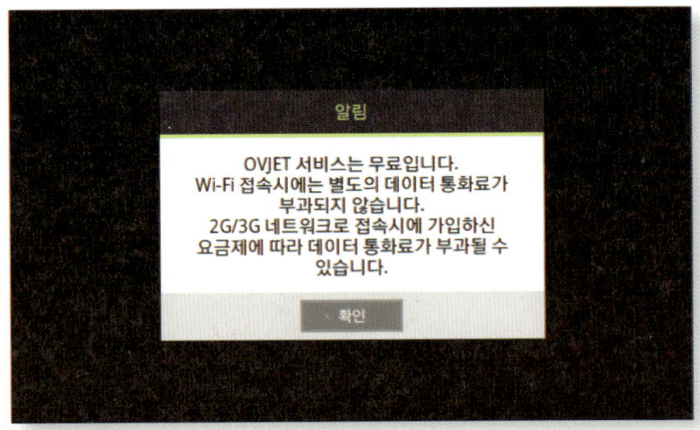

02 계속해서 사용자 가이드를 볼 수 있도록 알림 화면이 표시됩니다. 여기서는 [다음에 보기]를 터치하겠습니다.

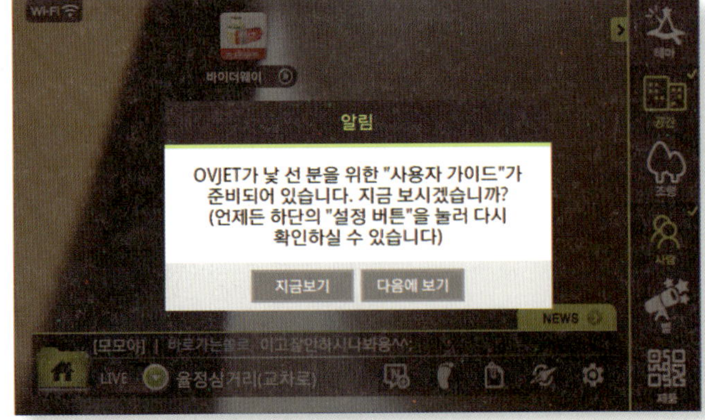

03 이제 오브제가 시작되었습니다. 화면에 많은 오브제들이 떠다니는 것을 볼 수 있습니다. 공간, 조형, 사람이 있습니다.

 오브제 종류

공간 오브제 : 주변에 보이는 장소 중 건물을 공간 오브제라고 합니다.

조형 오브제 : 주변에서 보이는 곳 중 친구네 집, 가로수 길과 같이 건물이 아닌 모든 장소를 말합니다.

사람 오브제 : 사람을 지칭합니다.

04 사용시 다음과 같은 알림 화면이 표시되면 로그인을 해야 합니다. 회원 가입은 웹상에서도 할 수 있으며, 어플에서도 할 수 있습니다. [확인]을 터치합니다.

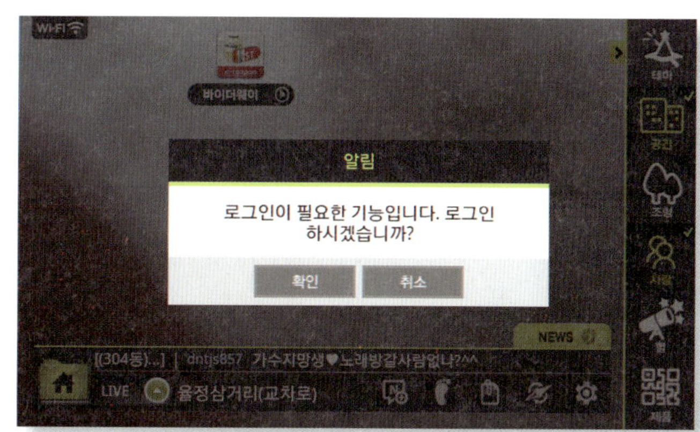

05 [로그인] 화면이 표시되면 아이디와 비밀번호를 입력하고 [LOGIN]을 터치하면 됩니다.

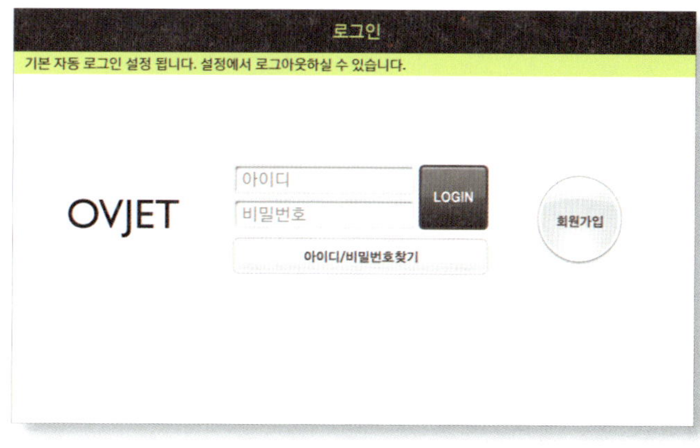

② View 변경하기

오브제 화면을 보는 방법에는 Auto, Live, List, Map 등 4가지가 있습니다. 이 중에서 View로 보는 방법을 알아보겠습니다.

`01` 현재 화면에 표시되는 것은 [Live]입니다. 화면 왼쪽 아래의 View 보기를 터치하면 4가지 선택 화면이 표시됩니다.

`02` 다음은 [List]를 선택했을 때 표시되는 모습입니다. 카메라가 돌아가지 않습니다.

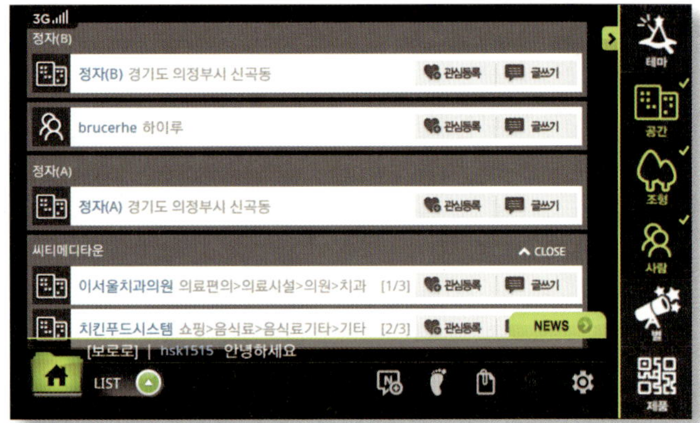

`03` 다음은 [Map]을 선택했을 때 표시되는 모습입니다. 현재 자신이 있는 위치와 주변의 정보를 지도로 볼 수 있습니다.

Auto
Live와 Map이 단말기 각도에 따라 자동으로 변경됩니다.

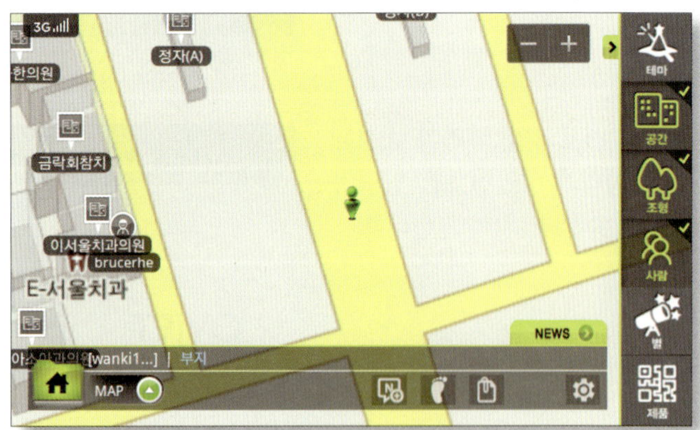

여러 가지 원하는 정보를 검색하는 Ovjet 사용법에 대해 알아봅니다.

01 Ovjet에 나타나는 화면에서 [금오아쿠아월]을 한 번 터치해 보겠습니다.

02 터치한 공간 오브제에 대한 정보가 표시됩니다. 공간 오브제이기 때문에 하나의 공간 오브제 안에 여러 개의 공간 정보들이 들어 있습니다.

03 터치한 공간 오브제 화면이 표시됩니다. 관계와 프로필 등을 볼 수 있습니다. 이 화면에서 관심 등록을 할 수 있습니다. 사람과 조형 오브제도 같은 방법으로 검색할 수 있습니다.

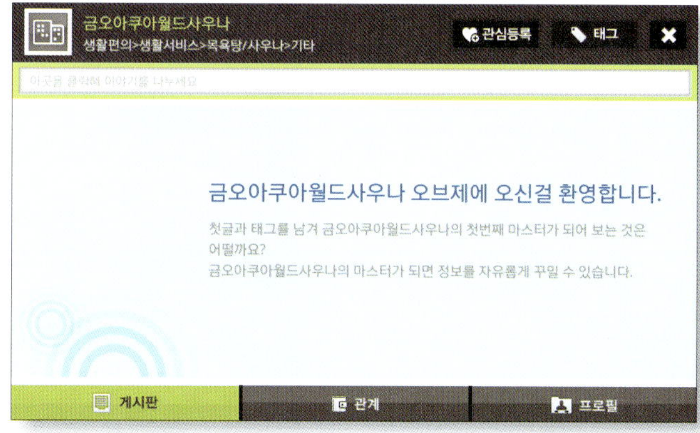

④ 테마별로 검색하기

Ovjet를 이용하면 근처의 병원, 커피숍 등 많은 정보를 테마별로 검색할 수 있습니다. 이 검색 기능은 [테마] 아이콘을 터치하여 실행합니다.

01 [테마] 아이콘을 터치하면 [테마박스] 화면이 표시됩니다. 매장, 회원, 태그 별로 검색이 가능합니다. [매장 검색]을 터치합니다.

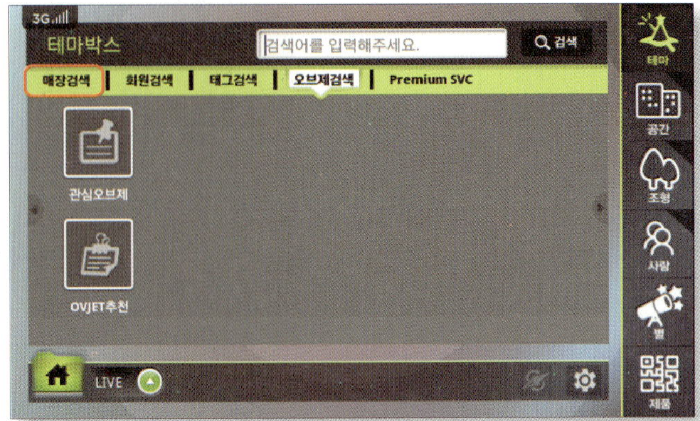

02 원하는 테마를 선택합니다. 여기서는 [약국, 병원]을 터치해 보겠습니다.

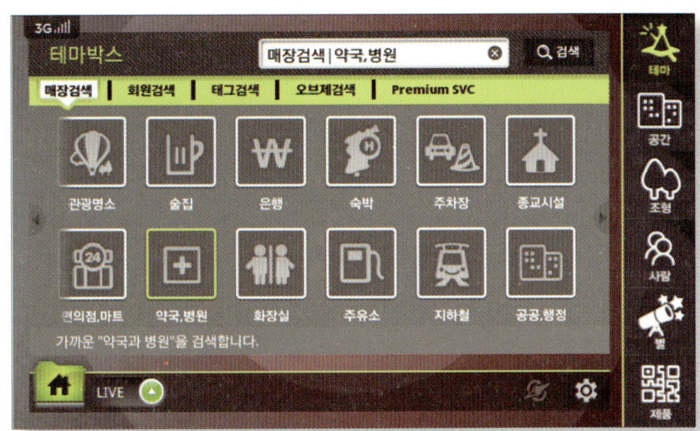

03 현재 위치에서 가까운 곳을 기준으로 [약국, 병원] 오브제를 볼 수 있습니다. 알고 싶은 오브제를 터치하면 해당 오브제의 정보를 검색할 수 있습니다.

⑤ 스크랩 보관하고 확인하기

스크랩 기능은 자신이 있는 곳을 스크랩하여 보관하는 기능입니다. 간단한 메모, 사진, 위치 등을 스크랩할 수 있습니다.

01 스크랩을 하기 위해 📋 을 터치합니다.

02 [스크랩] 화면이 표시됩니다. 사진은 📋 을 터치하면 보이는 곳입니다. [이름] 부분을 입력하기 위해 [선택]을 터치합니다.

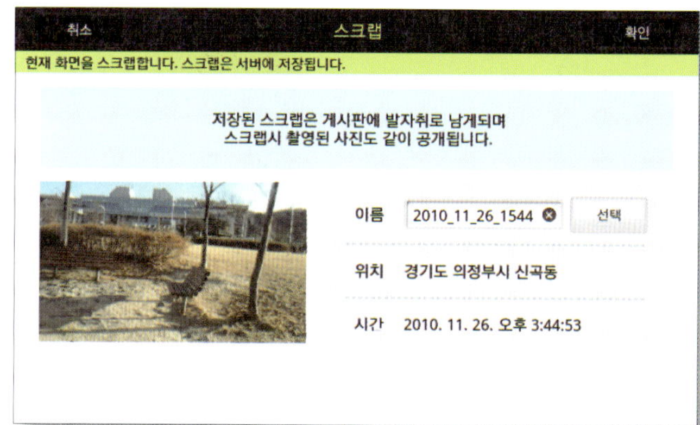

03 그림과 같이 표시되면 원하는 항목을 터치하여 선택합니다.

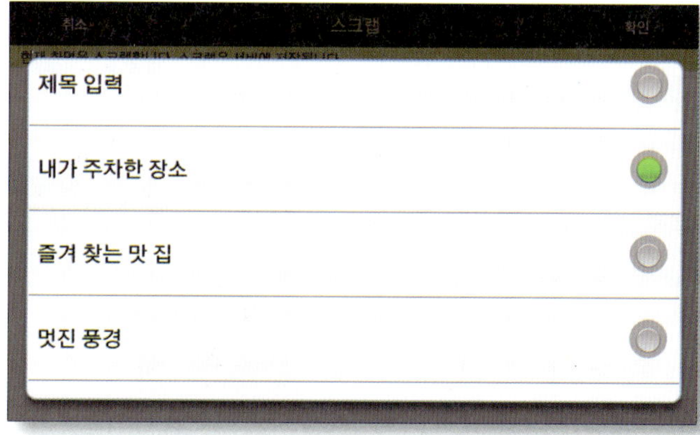

04 [확인]을 터치하면 나중에 보관함에서 확인할 수 있습니다.

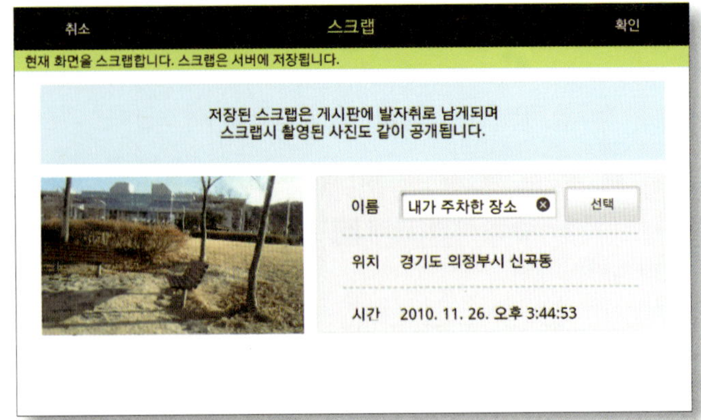

05 [알림] 화면이 표시되면 저장되었다는 것을 확인할 수 있습니다. [확인]을 터치합니다.

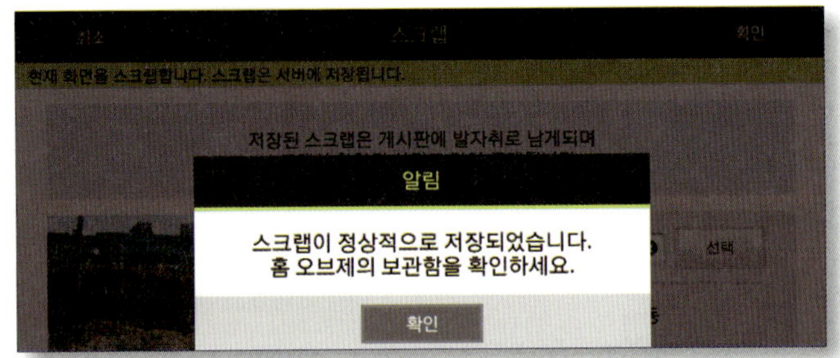

06 화면에서 를 터치하면 자신의 홈 오브제 화면이 표시됩니다. 여기서 [보관함]을 터치합니다.

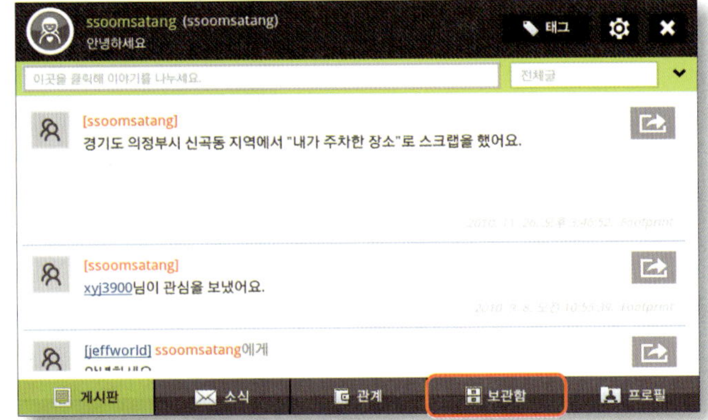

07 자신이 스크랩한 내용을 확인할 수 있습니다.

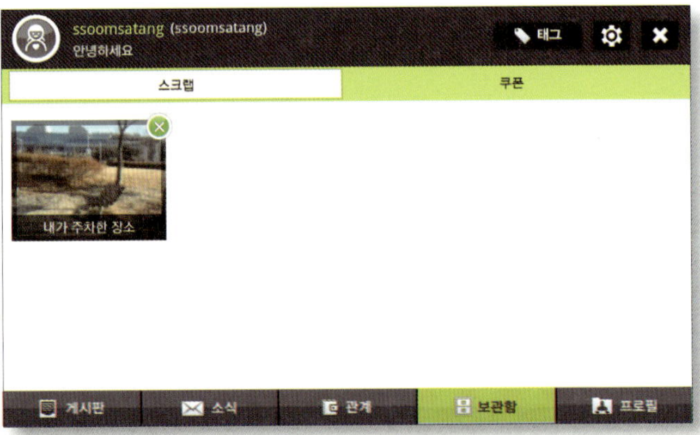

44 서울에서 편하게 버스 타기

몇 분 뒤에 버스가 온다거나 주변의 버스 정류장에는 몇 번 버스가 오는지 등을 빠르고 정확하게 알아보는 [서울 버스] 어플을 소개합니다.

01 [Seoul Bus] 어플을 설치한 다음 터치하여 실행합니다. 어플 자체는 무척 간단합니다. 처음 실행하면 [DB 다운로드] 화면이 표시됩니다. [확인]을 터치하여 다운로드를 합니다. 다운로드하는 동안 잠시 기다립니다.

02 DB 다운로드를 한 다음 다시 어플을 실행하면 다음과 같은 화면이 표시됩니다. [즐겨찾기] 화면인데 현재 즐겨찾기가 하나도 없기 때문에 다음과 같이 표시됩니다.

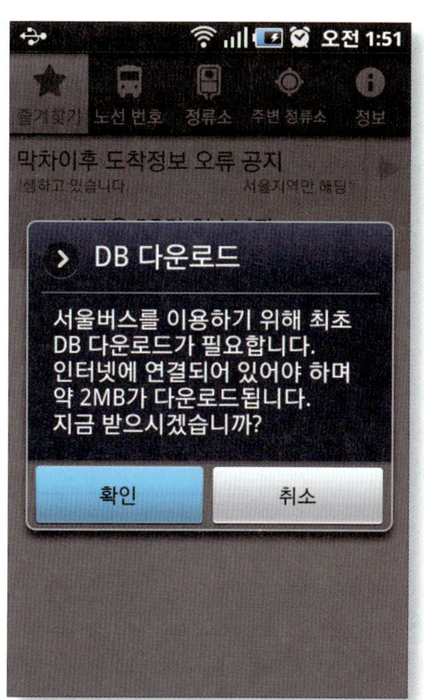

 [노선 번호]를 터치하면 번호를 이용하여 여러 가지 정보를 검색할 수 있습니다. 여기서는 78번을 입력했습니다. 비슷한 여러 노선 버스 목록이 표시됩니다. 필요한 번호를 터치합니다.

 터치한 노선의 자세한 정보가 표시됩니다. [이 버스의 노선 운행 구간 정보 보기]를 터치해 보겠습니다.

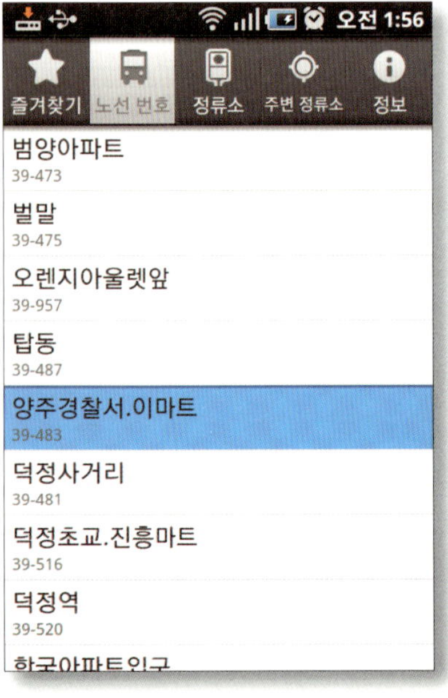

 구간 정보가 표시됩니다. 원하는 정류소를 터치합니다.

 터치한 정류소에 정차하는 버스 정보를 볼 수 있습니다. [지도 보기] 아이콘을 터치해 보겠습니다.

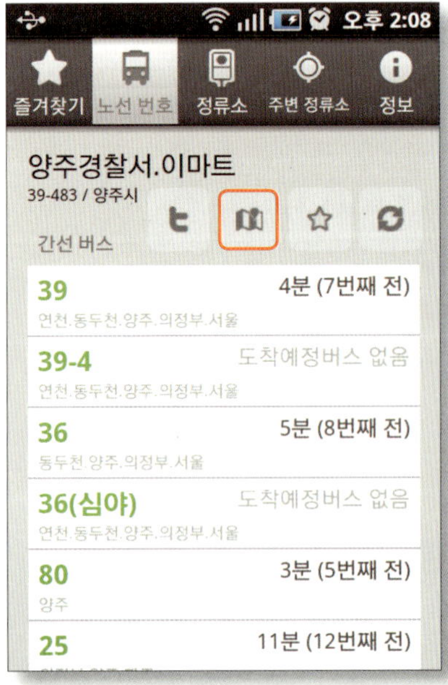

07 　그림과 같이 정류소를 지도로 볼 수 있습니다.

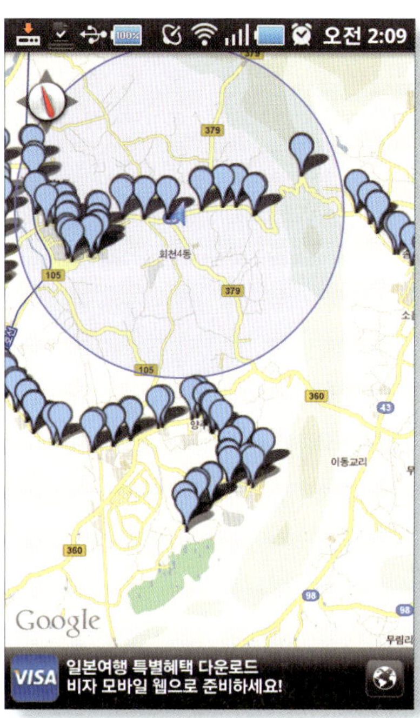

08 　[주변 정류소]를 터치하면 현재 자신이 있는 곳을 기준으로 근처 정류소 정보를 볼 수 있습니다. [지도에서 보기]를 터치해 보세요.

09 　자신이 있는 곳을 기준으로 근처 정류소 정보를 볼 수 있습니다.

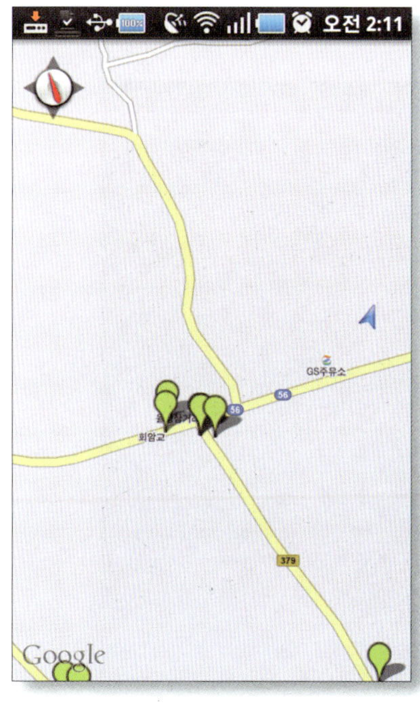

45 지하철 노선도 챙겨보기

지하 철 노선도 어플은 갤럭시S 자체의 SD 카드 프로그램 안에 있으므로 바로 설치하고 사용할 수 있습니다. 지하철 노선도를 한 번에 볼 수 있으며, 갈아탈 때 유용한 경로와 정보를 확인할 수 있습니다.

01 [홈] 화면에서 [메인메뉴]-[프로그램 설치 관리자]를 터치하여 실행합니다. SD 카드 안에 있어 바로 설치할 수 있는 어플들의 목록이 보입니다. [지하철 노선도]를 터치합니다.

02 [설치]를 터치하여 어플을 설치합니다.

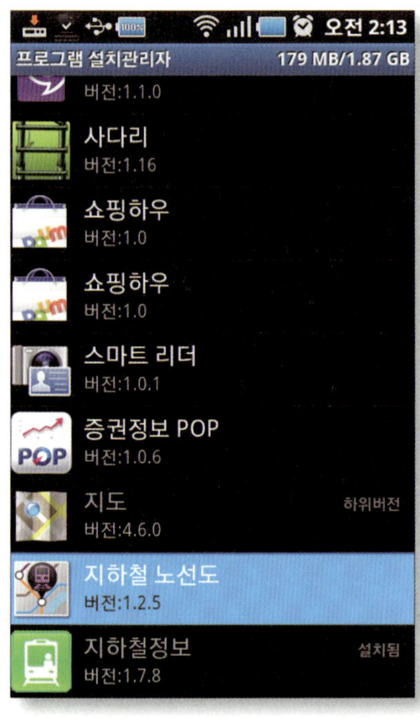

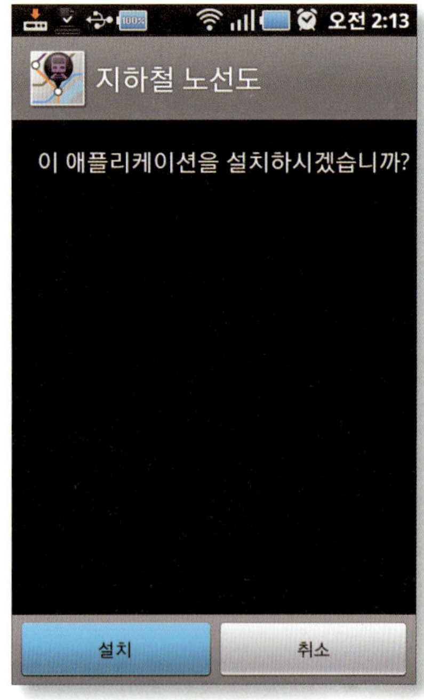

03 _____ 설치가 끝나고 [열기]를 터치하면 지하철 노선도가 실행됩니다. [역 검색]을 터치합니다.

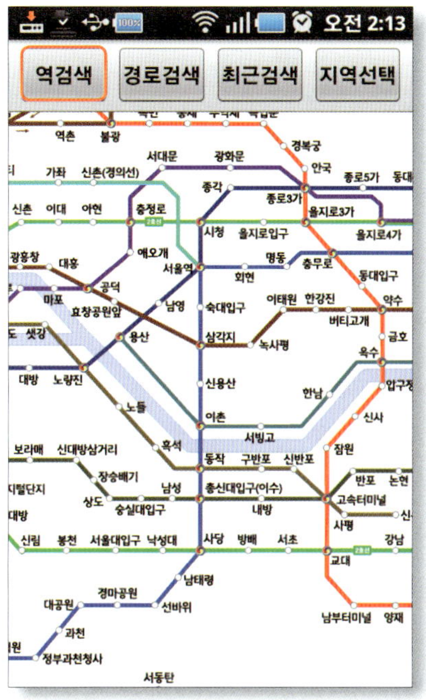

04 _____ 다음과 같은 화면이 표시되면 궁금한 역 이름을 터치합니다. 직접 입력해도 됩니다.

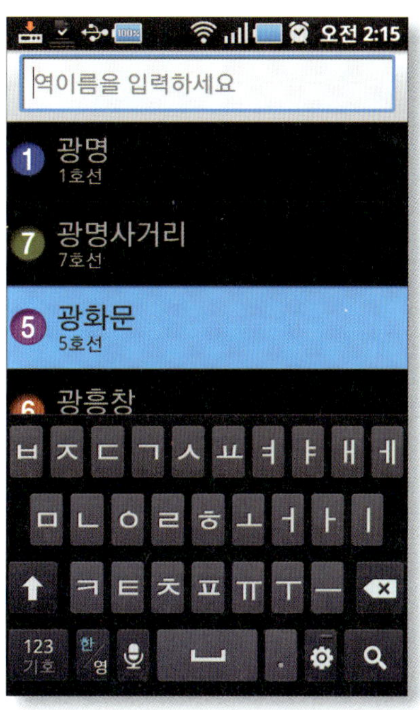

05 _____ 입력한 역이 바로 검색됩니다. [출발역 지정]을 터치하면 경로 검색시 출발역으로 바로 이용할 수 있습니다.

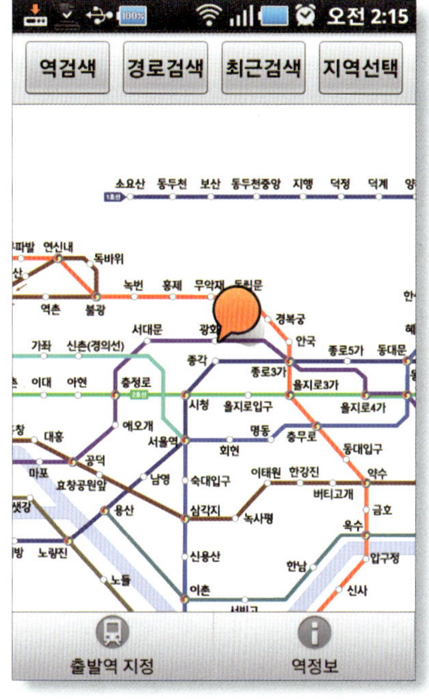

06 _____ 이번에는 [경로 검색]을 터치해 보겠습니다. 출발역과 종착역을 입력하여 경로를 검색할 수 있습니다.

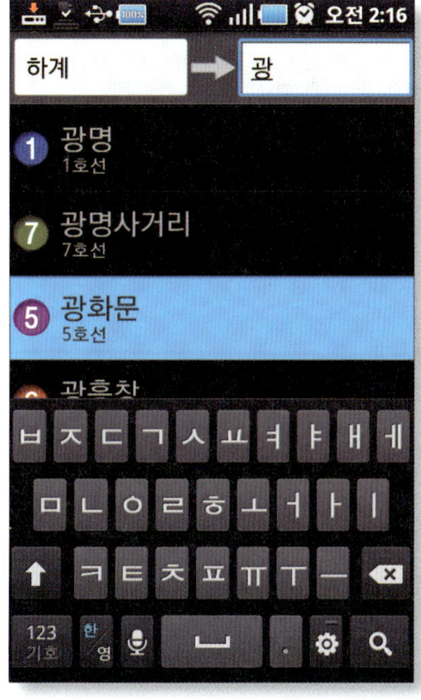

07 경로 검색 결과가 표시됩니다. 다음 화면은 [최소 환승]을 선택한 모습입니다. [지도로 보기]를 터치해 보겠습니다.

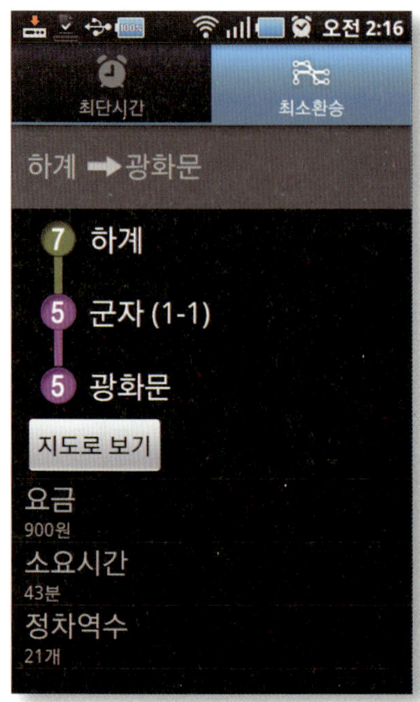

08 경로를 지도로 바로 확인할 수 있습니다.

09 서울만이 아니라 부산이나 대구 등의 지하철 노선도도 확인할 수 있습니다. [지역 선택]을 터치하면 다음과 같은 화면이 표시됩니다. 원하는 지역을 선택하고 [확인]을 터치합니다.

10 다음과 같이 선택한 지역의 지하철 노선도를 확인할 수 있습니다.

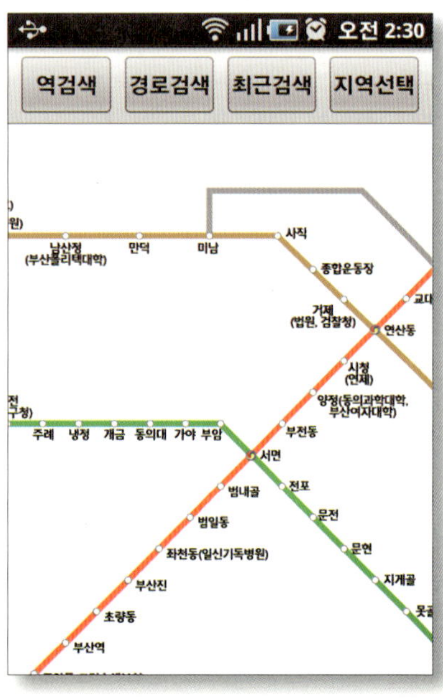

[지하철 정보] 어플

지하철 도착 정보와 시간표, 출구 정보를 알 수 있는 [지하철 정보] 어플도 있습니다. 지하철이 언제 오는지 바로바로 알 수 있는 유용한 어플입니다. [지하철 노선도] 어플과 같은 방법으로 설치하여 사용합니다.

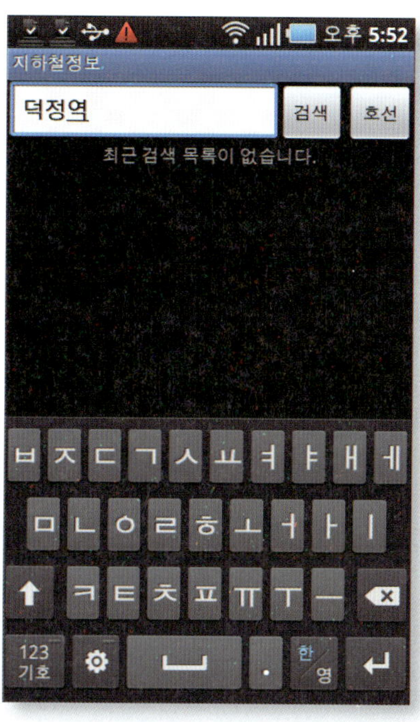

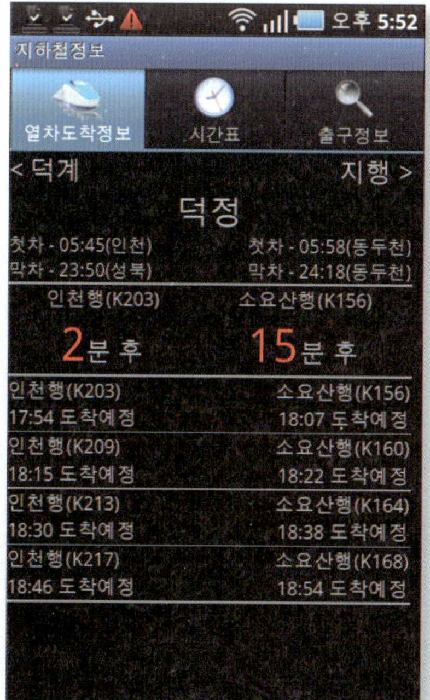

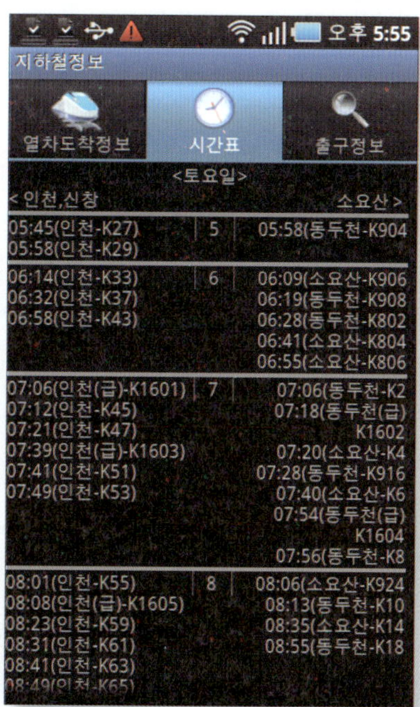

46 T map만 있으면 어디든 간다

갤럭시S 프로요만 있으면 따로 내비게이션이 필요하지 않습니다. 요금제가 올인원인 경우에는 무료로 이용할 수 있으며, 그 외의 요금제를 이용하는 경우에는 T Store에서 이벤트에 참여하여 1년 동안 무료로 이용할 수 있습니다. T map은 기본적으로 설치되어 있으므로 터치하여 사용하기만 하면 됩니다.

① T Store에서 무료로 이용하기 위한 이벤트 신청하기

T Store는 갤럭시S 프로요에서 어플로도 볼 수 있는데, 컴퓨터에서 T Store에 접속하여 회원으로 가입한 다음 이용할 수 있습니다.

01 http://www.tstore.co.kr 사이트에 접속한 다음 T Store에 회원으로 가입합니다. 이어 [이벤트]를 클릭합니다.

 [2010 T store Special Gift] 이
벤트를 클릭합니다.

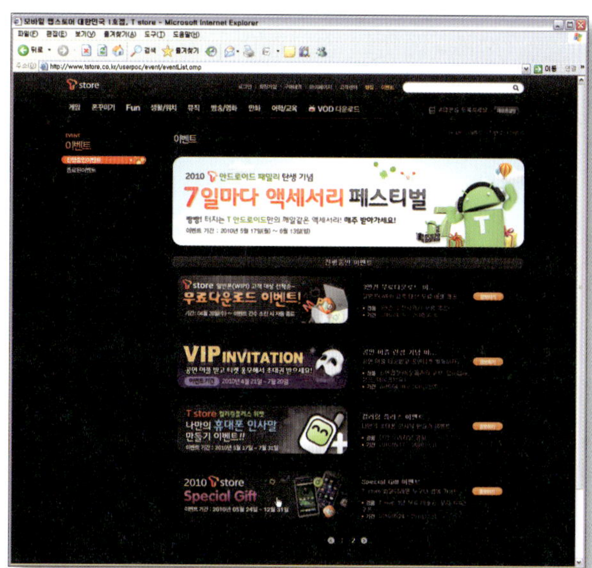

 [T map 신청]을 클릭하여 1
년 동안 사용할 수 있는 무료 이용권을
받습니다.

② T map 데이터 업그레이드하기

T map을 업그레이드하는 방법에 대해 알아봅니다. T map은 갤럭시S가 프로요로 업그레이드되면서 전면적으로 많이 바뀌었으므로 프로요 업그레이드 이후 반드시 설치하여 사용하는 것이 좋습니다. 몇 가지 다운로드와 설치 작업을 거쳐야 합니다. 다음 과정을 따라해 주세요. 순서와 작업 등을 빼먹지 않도록 주의합니다.

01 먼저 http://tmap.tworld.co.kr에 접속한 후, 화면 오른쪽 상단의 [T map 맵 다운로드/업그레이드]를 클릭합니다.

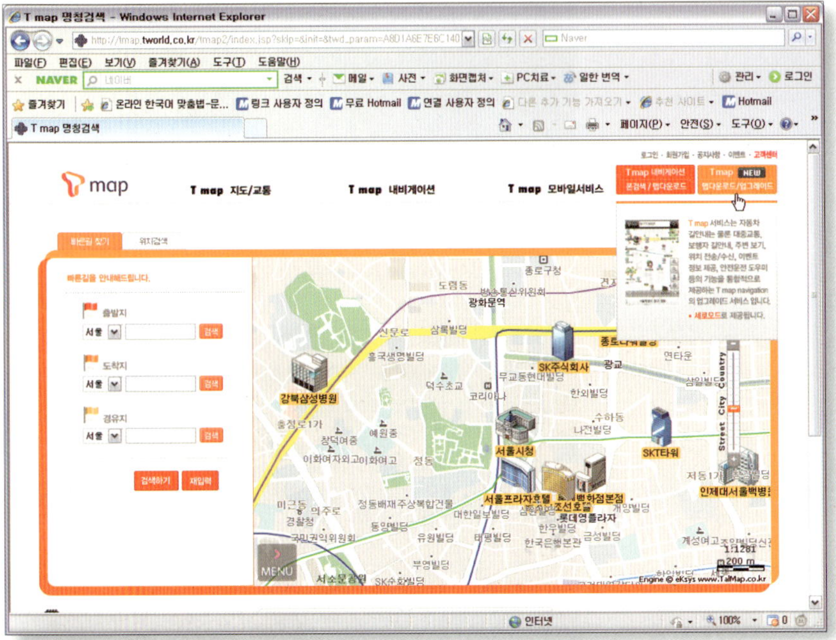

02 [T map 내비게이션] 화면이 표시되면 [T map 업그레이드 Go]를 클릭합니다.

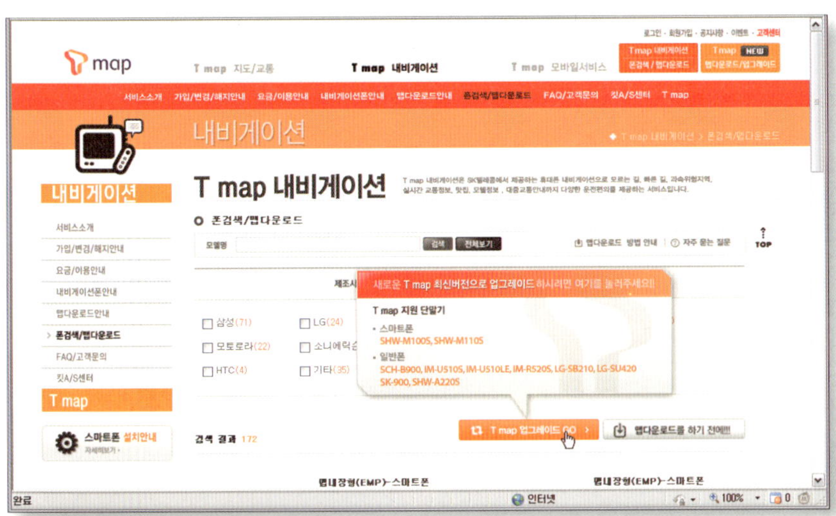

03 휴대폰 선택 화면이 표시될 것입니다. 가장 먼저 갤럭시S 프로요에서 [USB Driver]를 클릭하여 다운로드합니다.

04 자동으로 다운로드되지 않고 노란 줄이 보이면 노란 줄을 클릭하고 [파일 다운로드]를 선택해야 합니다.

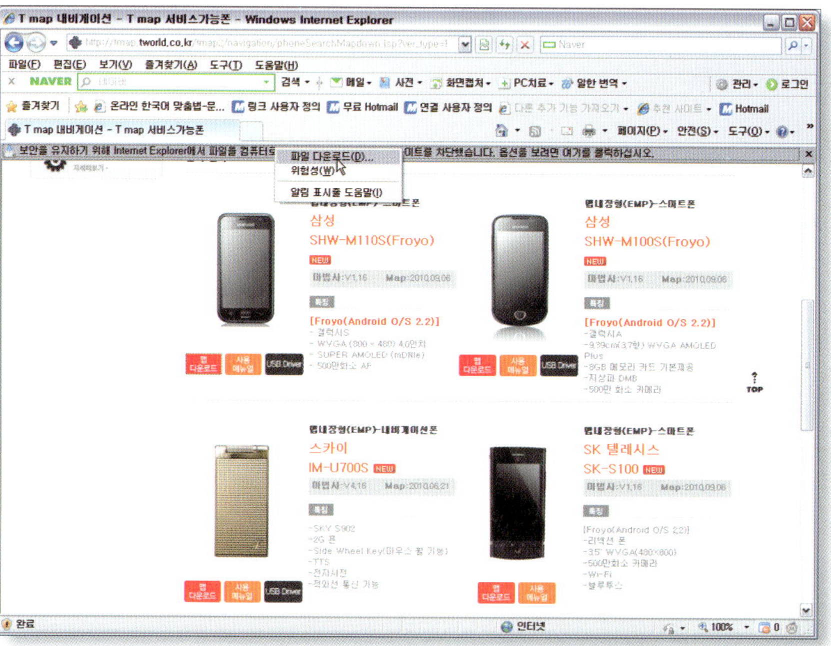

05 다음과 같은 화면이 표시되면 [저장] 단추를 클릭합니다. 폴더를 하나 만들어 저장 하는 것이 좋습니다.

06 드라이버 다운로드가 끝나면 이번에는 [맵 다운로드]를 클릭합니다.

07 다음과 같은 화면이 표시되면 [저장] 단추를 클릭합니다. 앞에서 드라이버를 저장 한 폴더에 같이 저장합니다.

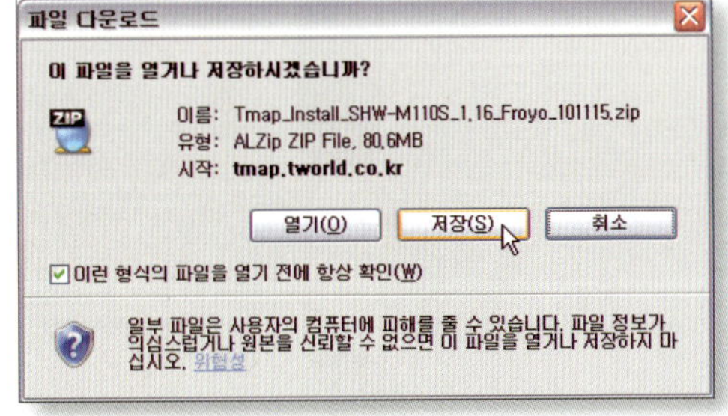

08 두 개의 압축 파일이 저장되었을 것 입니다. 압축을 모두 풉니다.

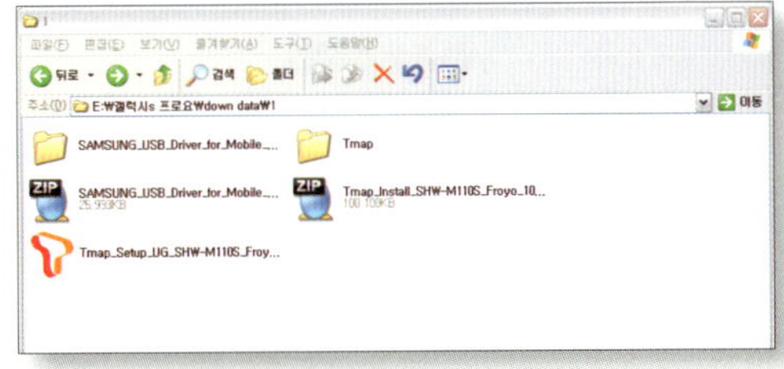

`09` 먼저 드라이버 파일을 컴퓨터에 설치합니다.

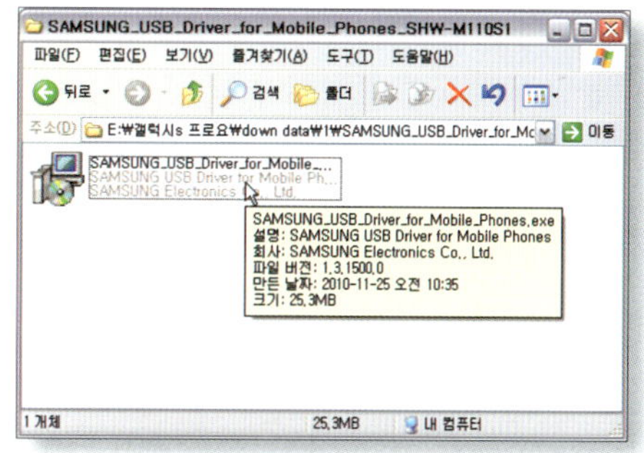

`10` USB 케이블로 휴대폰과 컴퓨터를 연결합니다. 이어 [메인메뉴]-[환경 설정]-[응용 프로그램]을 터치합니다.

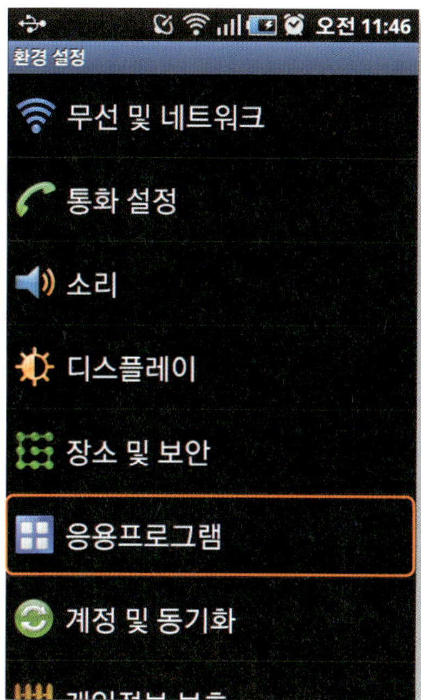

`11` [응용프로그램] 화면이 표시되면 [개발]을 터치합니다.

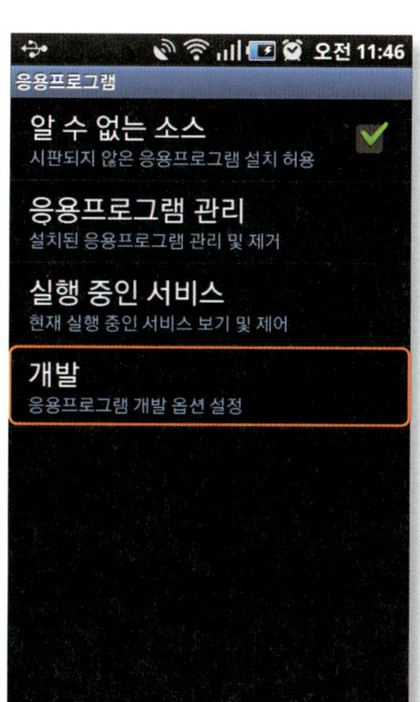

`12` [USB 디버깅]을 체크하여 사용할 수 있도록 설정합니다.

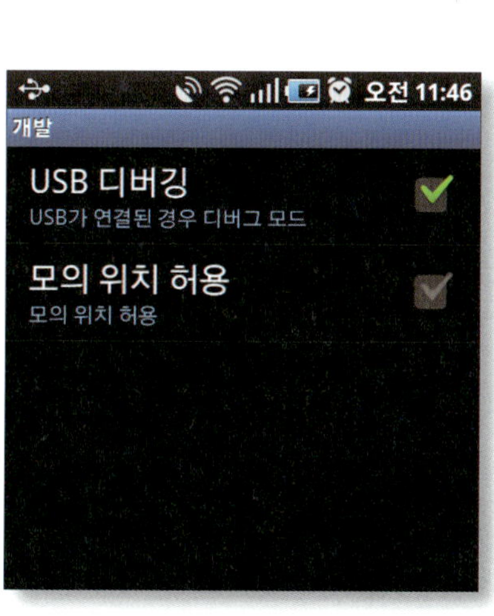

13 이제 컴퓨터에서 휴대폰의 SD 카드를 사용할 수 있도록 설정해야 합니다. 알림줄을 아래로 민 다음 [USB 연결됨]을 터치합니다.

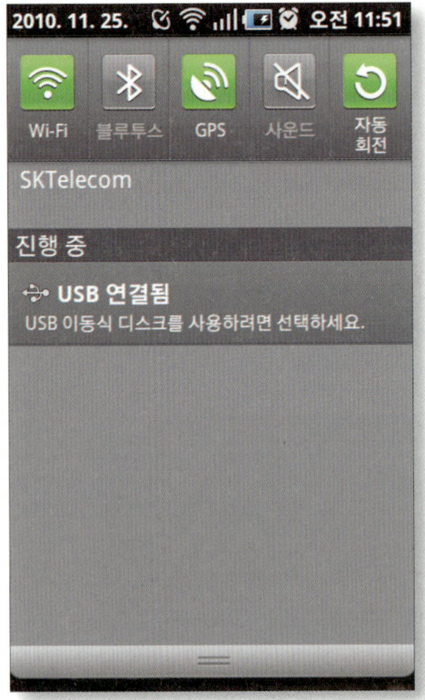

14 [USB 연결됨] 화면이 표시되면 [USB 이동식 디스크 사용]을 터치합니다.

15 화면이 다음과 같이 변하면 컴퓨터에서 SD 카드를 사용할 수 있습니다. 휴대폰은 이 상태 그대로 둡니다.

16 컴퓨터 화면에 [이동식 디스크]가 열리면 [폴더를 열어 파일 보기]를 클릭합니다.

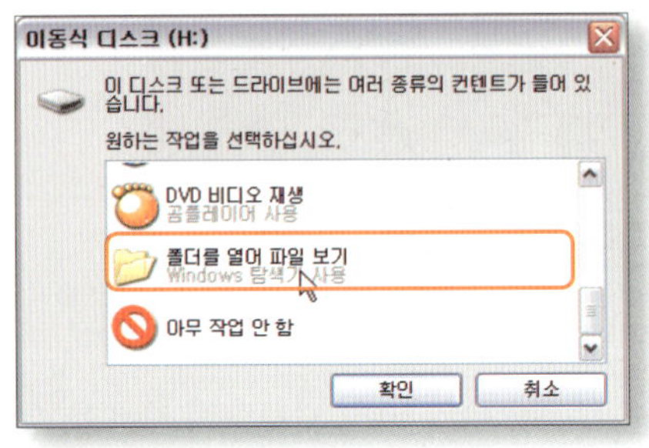

SD 메모리 이용하기 ⊙ 이어 보면 좋아요! ▶ 345쪽

17 폴더가 열리면 먼저 [Tmapnavi]를 삭제합니다. 이전 프로그램이므로 반드시 삭제해야 합니다. 그렇지 않으면 시스템 오류가 생겨 Tmap을 이용할 수 없습니다.

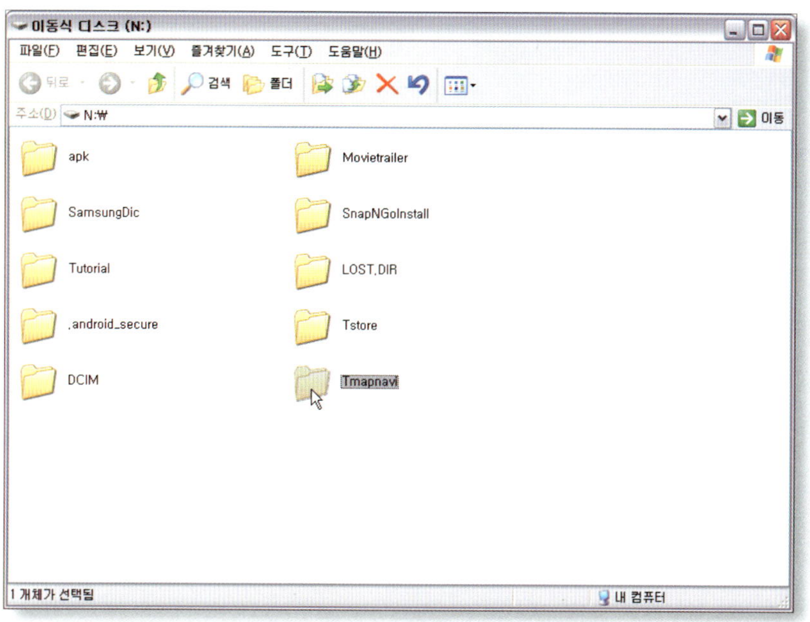

18 이제 앞에서 다운로드한 설치 파일을 더블 클릭하여 설치를 시작합니다.

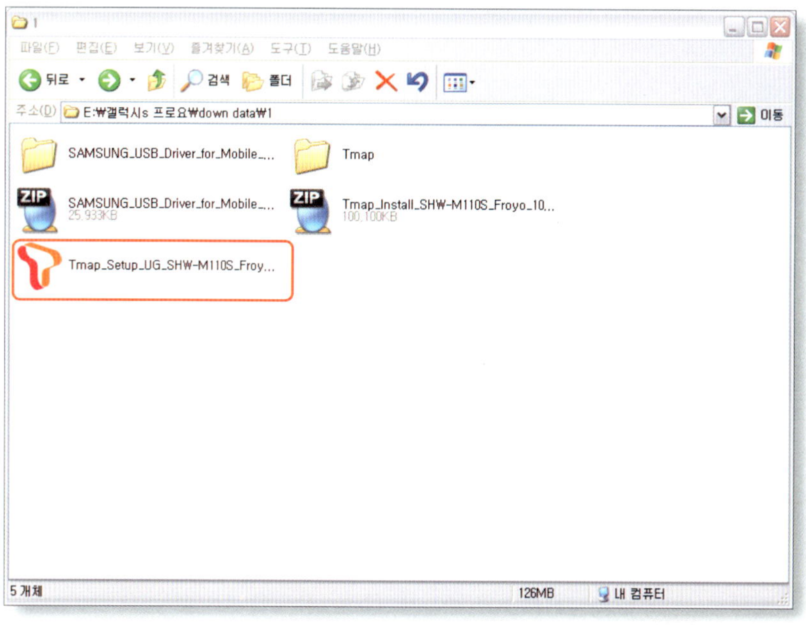

19 설치가 진행됩니다. 다음과 같은 화면이 표시되면 [확인]을 터치합니다.

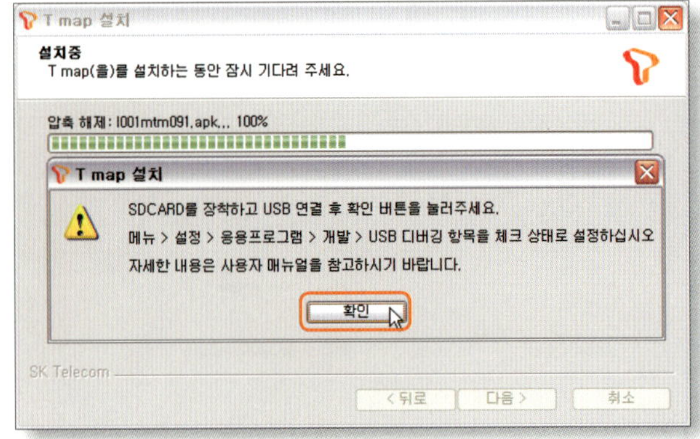

20 설치가 진행되는 동안 잠시 기다립니다.

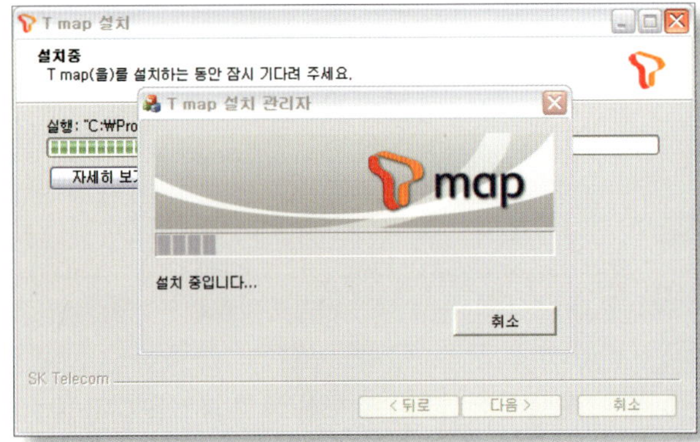

21 [T map 설치 완료] 화면이 표시되면 [마침]을 클릭합니다.

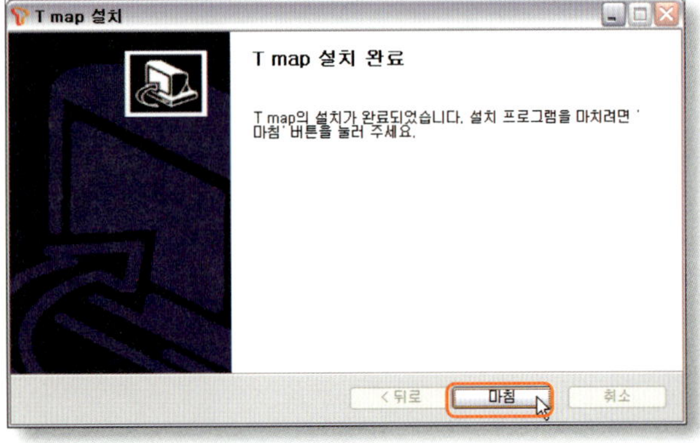

③ T map 사용하기

이제 USB 연결을 해제한 다음 갤럭시S 프로요로 돌아와 [T map]을 터치하여 실행합니다.

`01` [T map] 어플이 드디어 실행되었습니다. 다음은 [T map]의 초기 화면입니다.

`02` 초기 화면이 넘어가면 이제 T map을 이용할 수 있습니다. [길찾기]를 터치합니다.

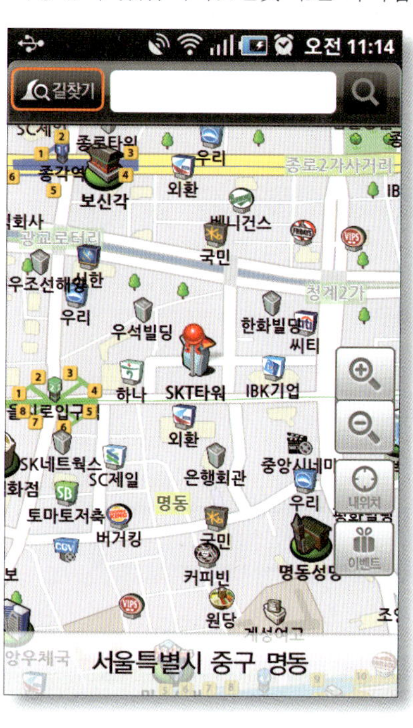

`03` [목적지 설정] 화면이 표시됩니다. 최근 목적지, 즐겨찾기, 검색 등의 탭이 있어 원하는 길을 찾을 수 있습니다.

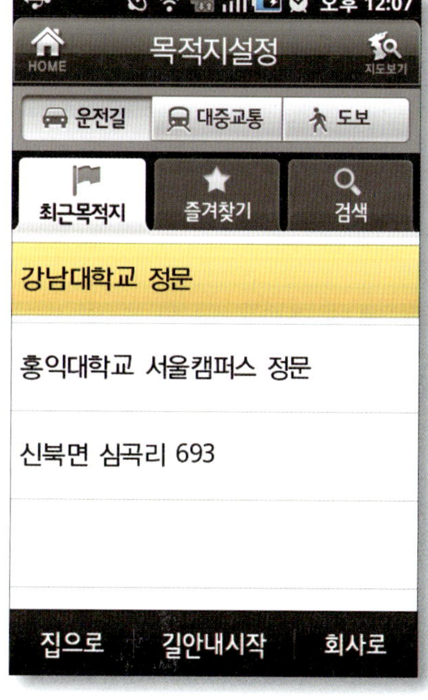

04 검색할 항목을 터치합니다. 여기서는 [명칭]을 선택해 보겠습니다.

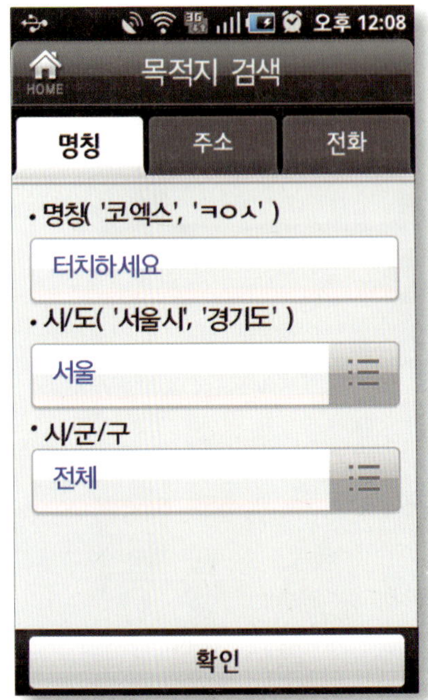

05 목적지 이름을 입력하고 [입력 완료]를 터치합니다. 여기서는 '노원역'을 입력했습니다.

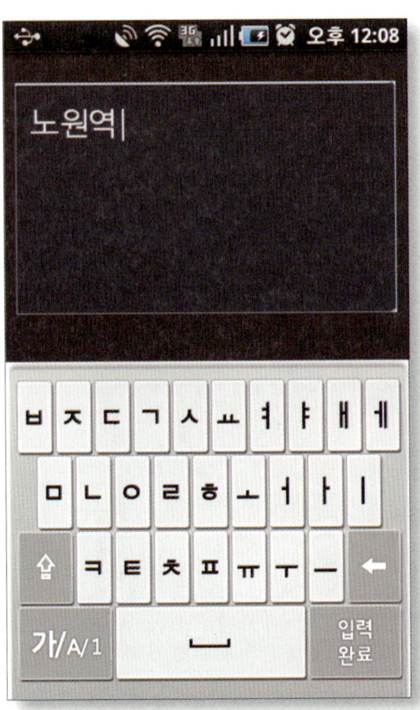

06 명칭 입력이 완료되면 [확인]을 터치합니다.

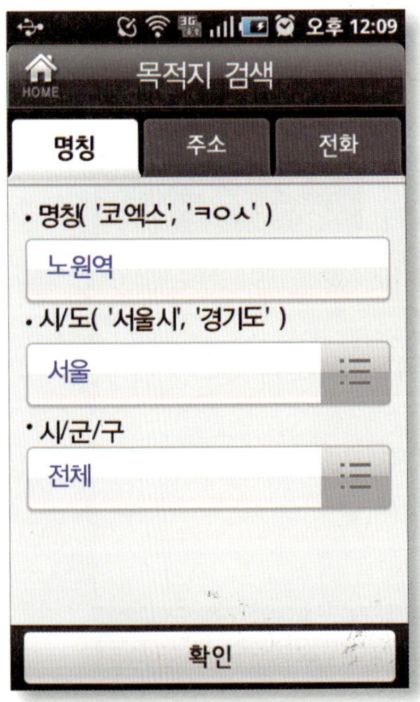

07 입력한 명칭에 대한 목록이 검색됩니다. 원하는 곳을 터치하고 [길안내 시작]을 터치합니다.

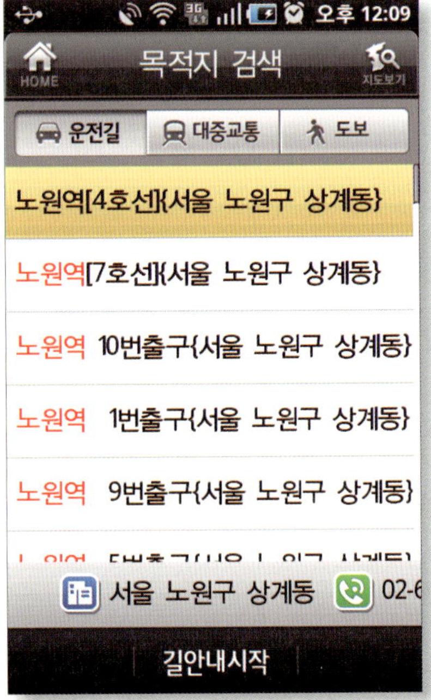

08 지도가 나타납니다. 이제 갤럭시S 프로요를 내비게이션으로 이용할 수 있습니다.

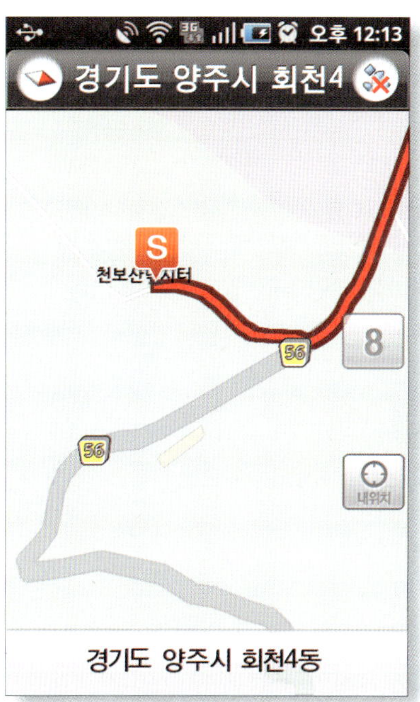

09 경로 주변을 탐색할 수 있고, 남은 거리, 도착 시간 등을 실시간으로 확인할 수도 있습니다.

10 를 터치하면 [안내] 화면이 표시됩니다. [프로그램 종료]와 [경로안내 종료] 중 선택하여 종료합니다. 이제 마음껏 내비게이션을 사용해 목적지를 안심하고 찾아갑니다.

47 구글이 고글을 썼다
Google Goggles

세계 각국의 유명 장소, 로고, 유명 그림 등을 사진으로 찍으면 찍은 사진을 스캔하여 어떤 내용인지 알려주는 어플입니다. 여기서는 에펠 탑을 모니터에서 찍은 다음 확인해 보 았습니다. 해외 여행 중 사용하면 유용할 것입니다. 하지만 아직은 우리나라 말은 지원하지 않는 것이 아쉬운 점입니다.

01 마켓에서 [Google Goggles] 를 찾아 설치합니다. 어플이 설치되면 터치하여 실행 합니다. 어플이 처음 실행되면 다음과 같이 한 국어가 지원되지 않는다는 [언어 지원] 화면이 표시됩니다. [계속]을 터치합니다.

02 다음과 같은 화면이 표시되면 [Accept]을 터치합니다.

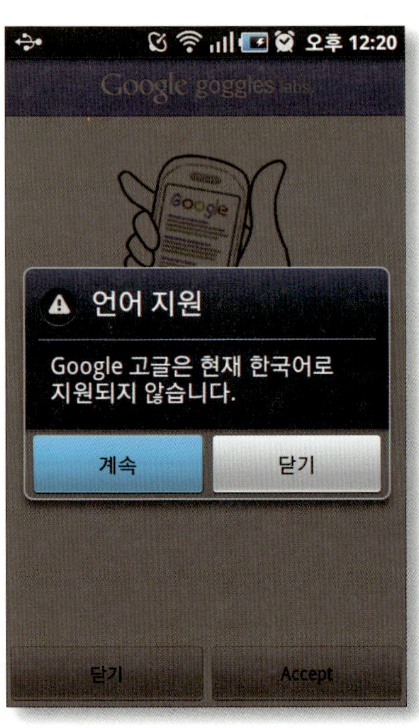

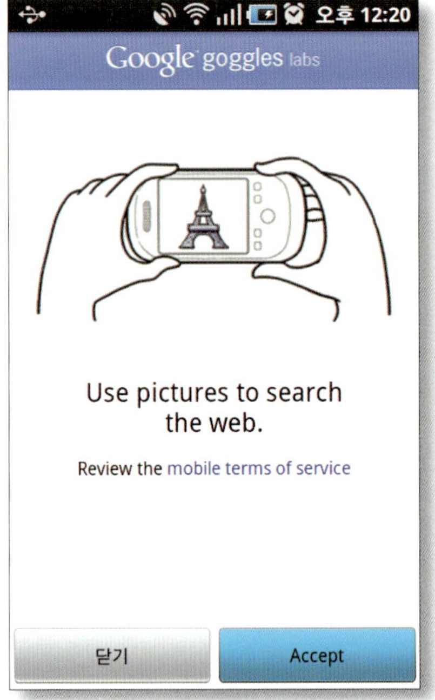

03 다음 그림을 보면 알 수 있듯이. 책, DVD, 랜드마크, 로고, 예술품 등을 검색할 수 있습니다. [Continue]를 터치합니다.

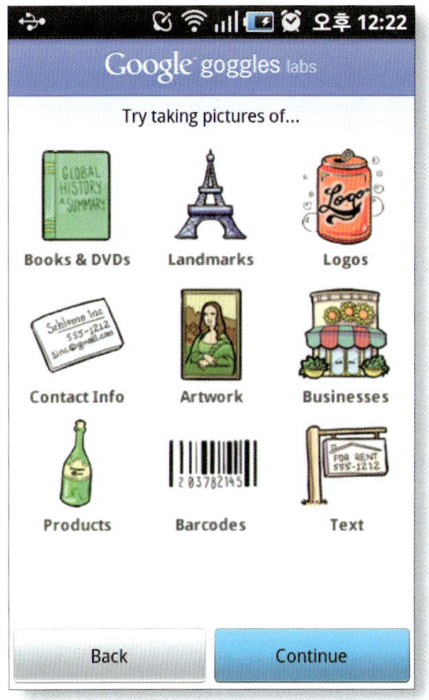

04 이어서 다음과 같은 화면이 나타납니다. 계속해서 [Continue]를 터치합니다.

05 동물, 가구, 의류는 검색할 수 없다는 화면이 표시됩니다. 계속해서 [Continue]를 터치합니다.

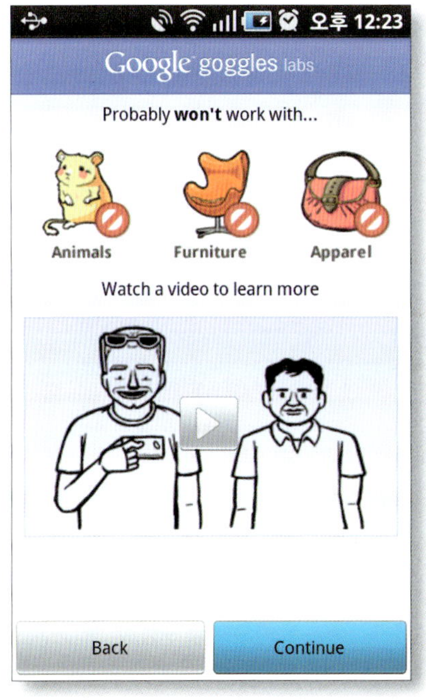

06 검색한 내용을 기록할 것인지 묻는 화면이 표시됩니다. 기록할 것이면 [Enable history]를, 필요하지 않으면 [Disable history]를 선택한 다음 [Get Started!]를 터치합니다.

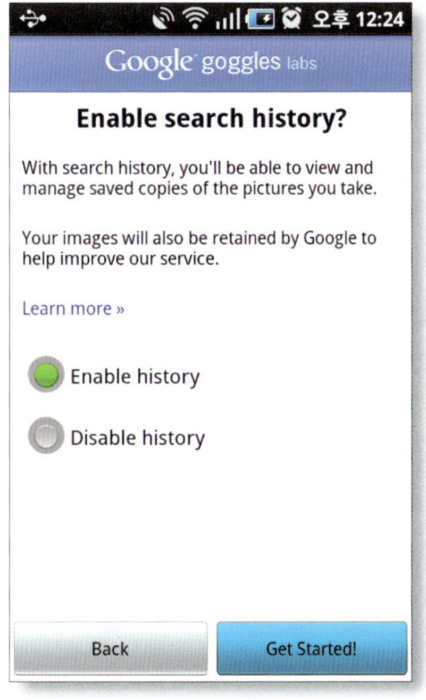

07 [액세스 요청] 화면은 지메일 계정을 확인하는 작업입니다. [허용]을 터치합니다.

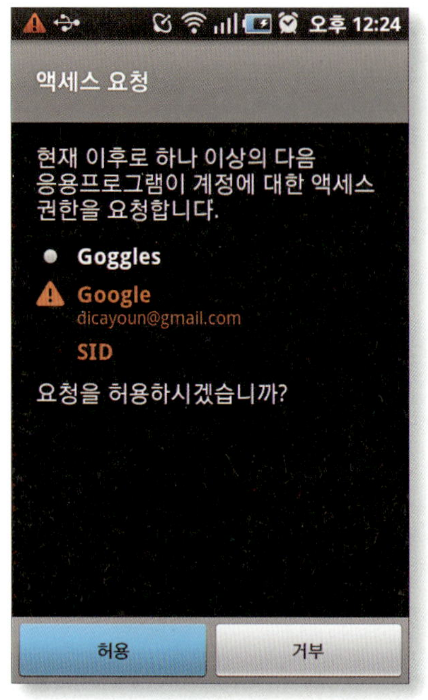

08 이제 카메라가 작동될 것입니다. 알고 싶은 곳을 촬영합니다.

09 사진을 자동으로 스캔한 다음 다음과 같이 대상물에 대한 정보가 표시됩니다. 더 자세한 정보를 알고 싶으면 정보의 제목을 터치합니다.

10 보다 자세한 내용을 알 수 있습니다.

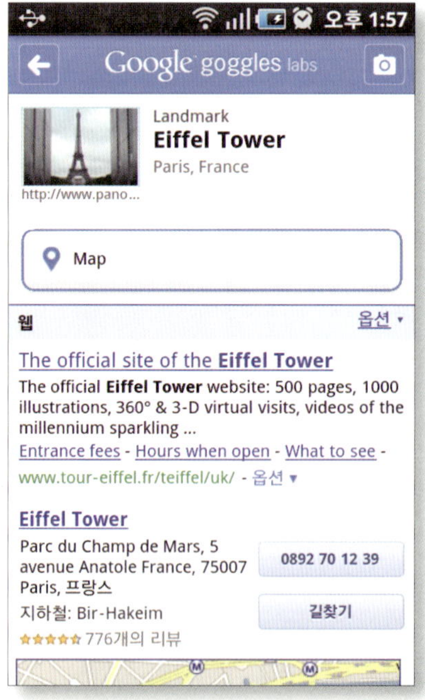

48

책과 함께 즐기는 세상
교보문고 어플

교보문고 어플을 이용하여 갤럭시S 프로요로 책도 사고, 책의 내용을 볼 수도 있습니다. 다만 프로요로 업그레이드한 경우에는 T Store에서 [교보문고] 어플을 다시 설치해야만 정상적으로 사용할 수 있습니다.

01 [교보문고] 어플을 다시 설치한 다음 실행하면 다음과 같은 화면이 나타납니다. [Book store], [My Library], [View] 항목을 이용하여 어플을 사용합니다.

02 새로운 책을 보기 위해 [NEW eBook]을 터치하면 다음과 같이 새로운 책이 검색됩니다. 구매하고 싶은 싶은 책이 있으면 터치합니다.

03 선택한 책에 대한 자세한 내용을 알
수 있습니다. 책을 구매하고 싶으면 [구매]를
터치합니다.

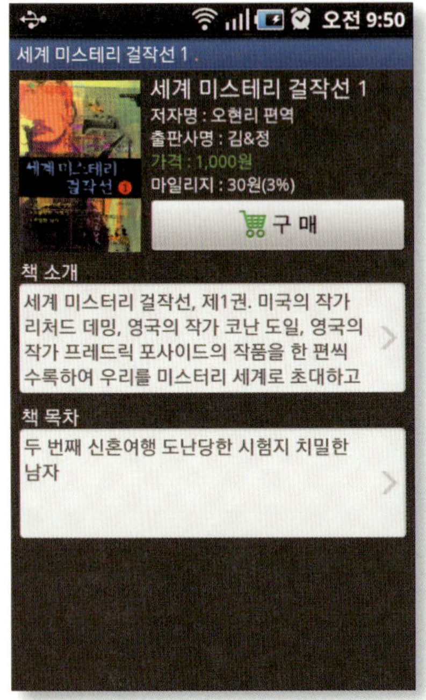

세계 미스테리 걸작선 1
세계 미스테리 걸작선 1
저자명 : 오현리 편역
출판사명 : 김&정
가격 : 1,000원
마일리지 : 30원(3%)
구 매
책 소개
세계 미스테리 걸작선, 제1권. 미국의 작가
리처드 데밍, 영국의 작가 코난 도일, 영국의
작가 프레드릭 포사이드의 작품을 한 편씩
수록하여 우리를 미스터리 세계로 초대하고
책 목차
두 번째 신혼여행 도난당한 시험지 치밀한
남자

04 [알림] 화면이 표시되면 [구매]를 터
치합니다.

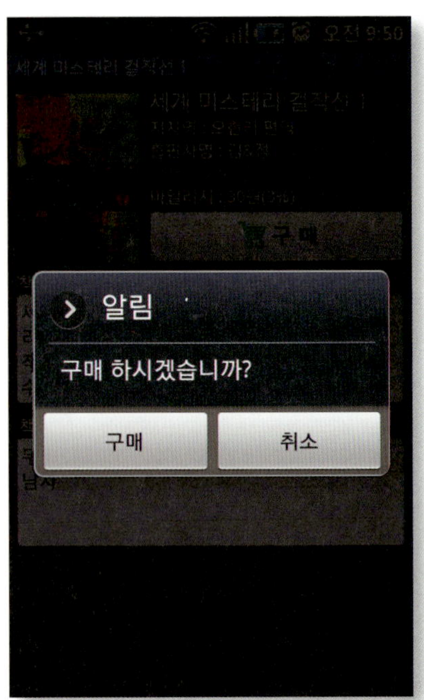

알림
구매 하시겠습니까?
구매   취소

05 [결제] 화면에서 마일리지 금액을 입
력하고 [주문]을 터치합니다. 결제는 마일리지
와 예치금으로 합니다. 인터넷과 연동되므로
인터넷 교보문고와 같은 서비스를 이용합니다.

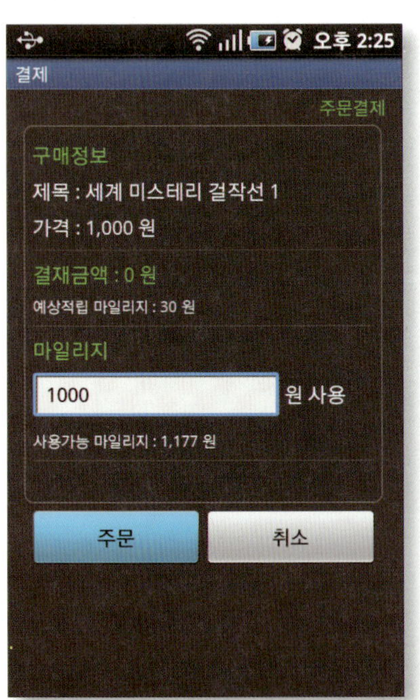

결제
주문결제
구매정보
제목 : 세계 미스테리 걸작선 1
가격 : 1,000 원
결재금액 : 0 원
예상적립 마일리지 : 30 원
마일리지
1000   원 사용
사용가능 마일리지 : 1,177 원
주문   취소

06 다음 화면에서 [결제]를 터치합니다.

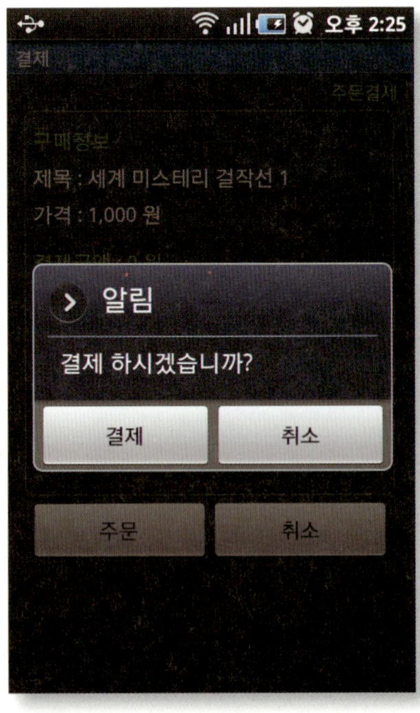

결제
주문결제
구매정보
제목 : 세계 미스테리 걸작선 1
가격 : 1,000 원
알림
결제 하시겠습니까?
결제   취소
주문   취소

07 다음 화면이 표시되면 결제와 주문이 모두 끝난 것입니다. [확인]을 터치합니다.

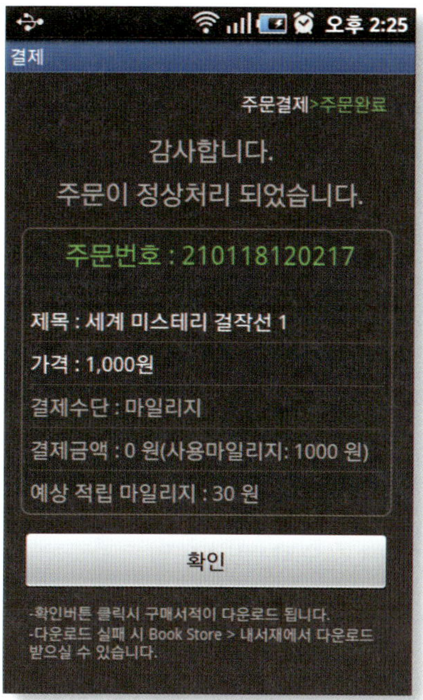

08 다운로드가 끝나면 다음과 같은 화면이 표시됩니다. [확인]을 터치합니다.

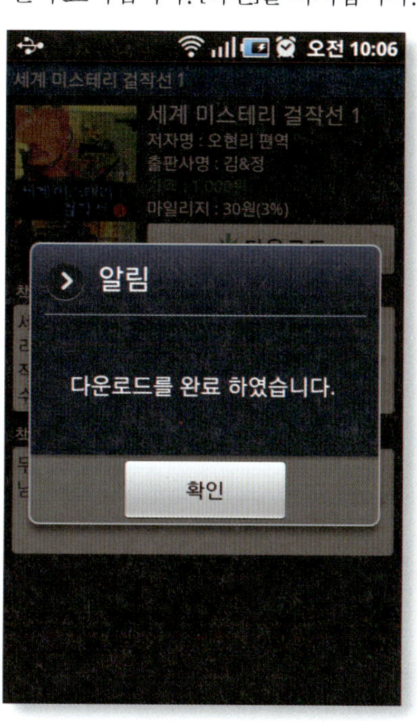

09 다운로드한 책이 [My Library]에 바로 저장됩니다. 책 제목을 터치해 보세요.

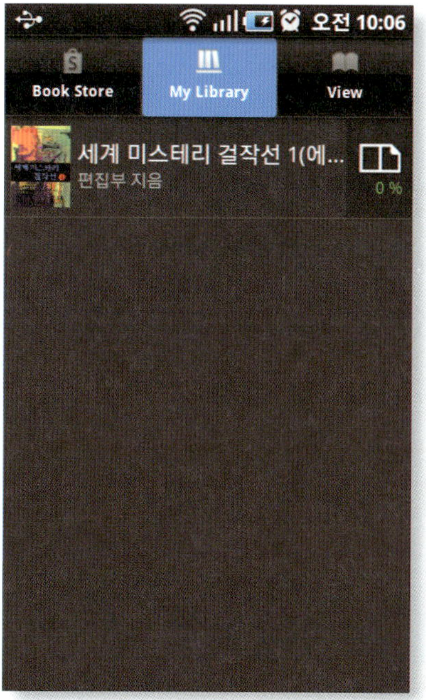

10 책을 바로 볼 수 있도록 화면이 열립니다.

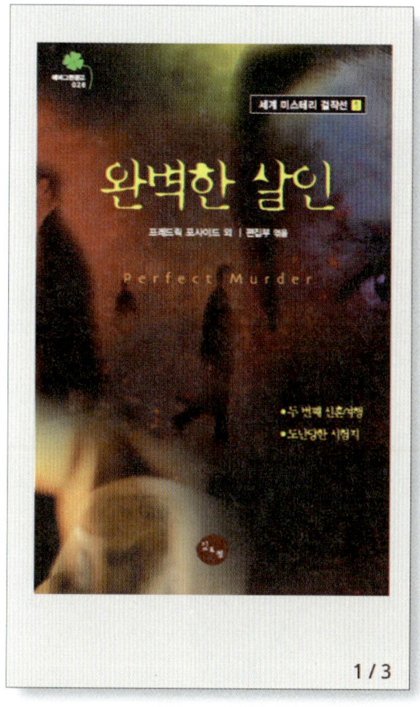

11 를 터치하면 나타나는 메뉴에서 여러 가지 설정을 할 수 있습니다. [목차]를 터치해 보세요.

12 책의 목차를 바로 볼 수 있습니다.

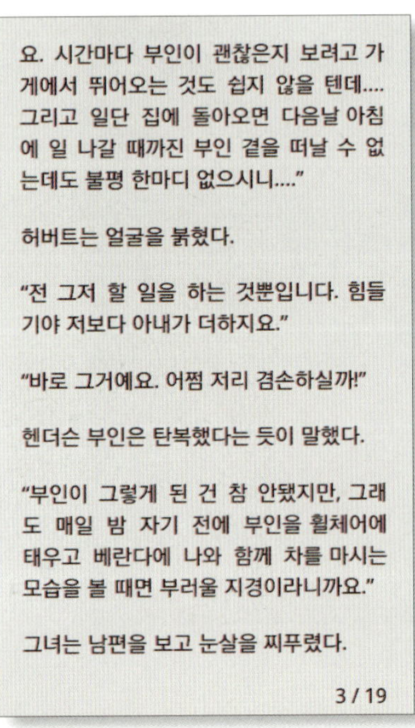

13 책을 넘길 때는 화면 오른쪽 부분을 터치하고, 앞쪽으로 넘기려면 왼쪽을 터치합니다.

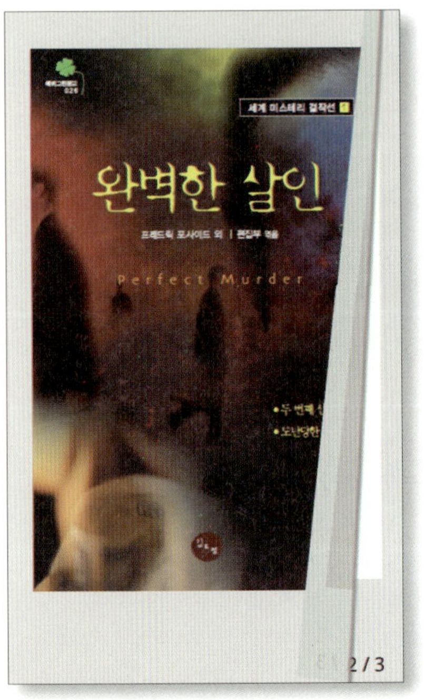

14 책을 읽다가 나중에 다시 읽으려면 [View]를 터치합니다. 나중에 다시 실행하면 읽던 부분이 바로 표시됩니다.

P·A·R·T·7

갤럭시S 프로요
설정편

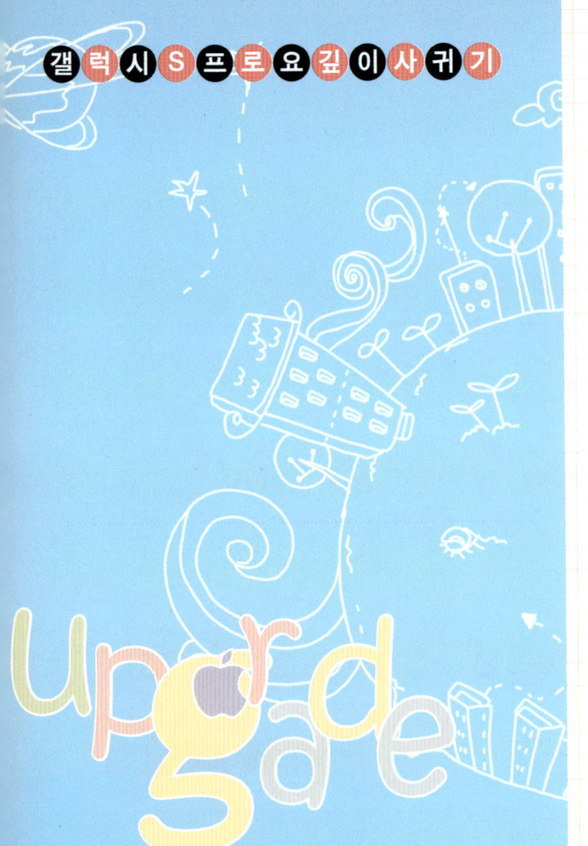

① 펌웨어 업그레이드하기

펌웨어는 Kies 프로그램을 실행하여 업그레이드할 수 있습니다. 업그레이드를 해야 할 때는 프로그램 실행 시 나타나므로 그때그때 해야 합니다. 따라서 현재 사용하는 버전에 따라 화면이 약간씩 다를 수 있으므로 참고해 주세요.

Kies 설치 방법 ▶▶ 372쪽

1

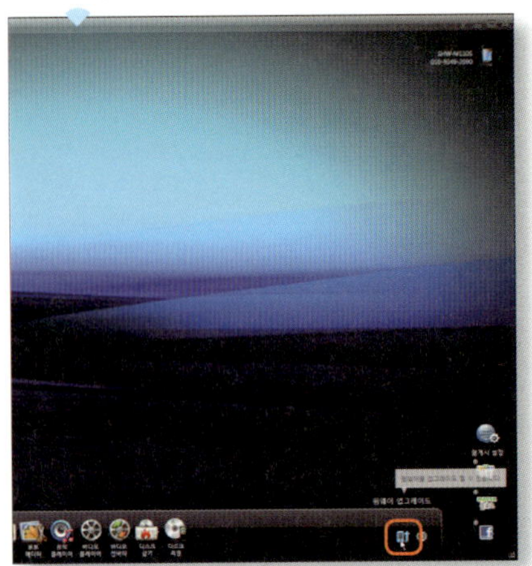

갤럭시S 프로요와 컴퓨터를 USB 케이블로 연결하고 Kies를 실행하면 그림과 같은 화면이 나타납니다. 펌웨어 업그레이드 가능 메시지가 표시되면 [펌웨어 업그레이드]를 클릭합니다.

2

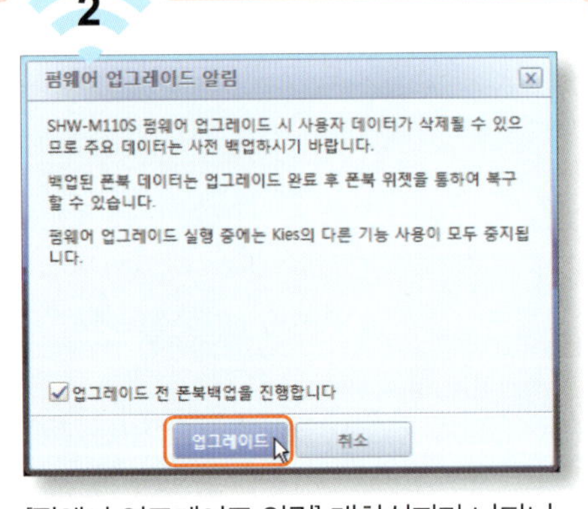

[펌웨어 업그레이드 알림] 대화상자가 나타나면 [업그레이드] 단추를 클릭합니다.

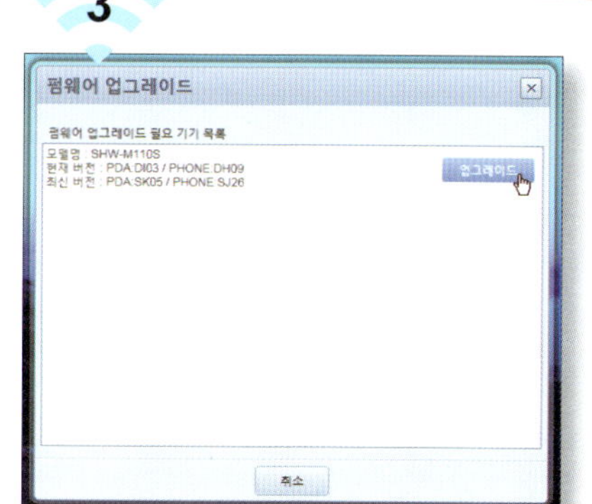

[펌웨어 업그레이드] 대화상자가 나타나면 [업그레이드] 단추를 클릭합니다.

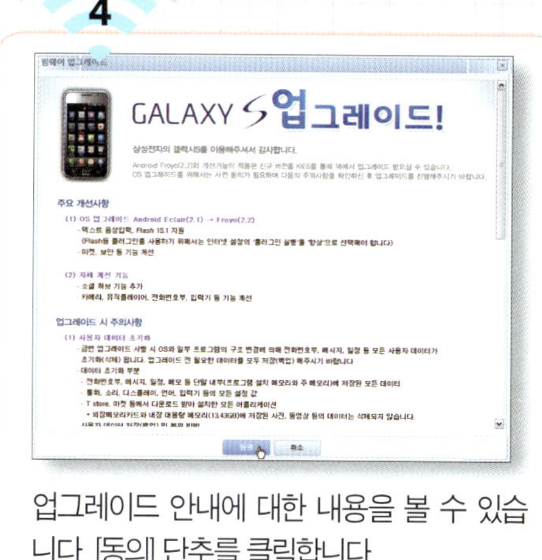

업그레이드 안내에 대한 내용을 볼 수 있습니다. [동의] 단추를 클릭합니다.

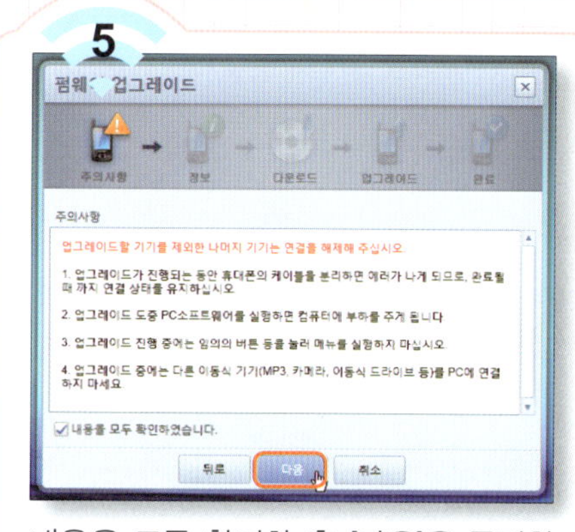

내용을 모두 확인한 후 [다음]을 클릭합니다.

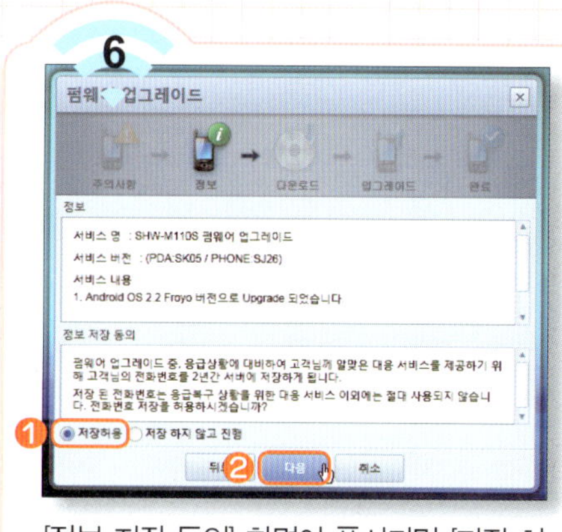

[정보 저장 동의] 화면이 표시되면 [저장 허용]을 선택하고 [다음]을 클릭합니다.

펌웨어 버전 확인하기

[메인메뉴]-[환경 설정]을 터치한 다음 [휴대폰 정보]를 터치합니다. [휴대폰 정보]가 표시되면 [펌웨어 버전]에서 현재 설치된 버전을 확인할 수 있습니다.

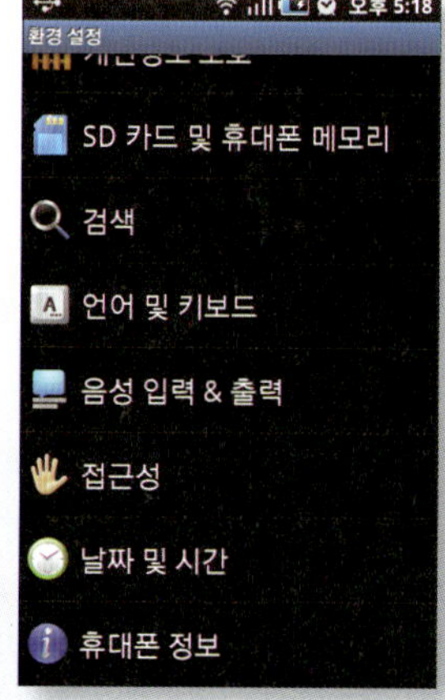
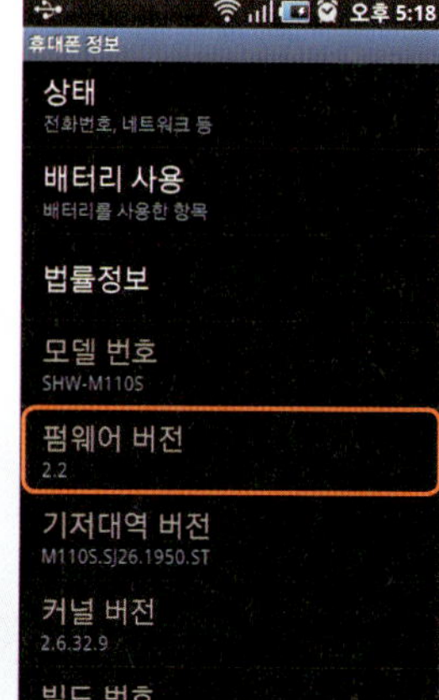

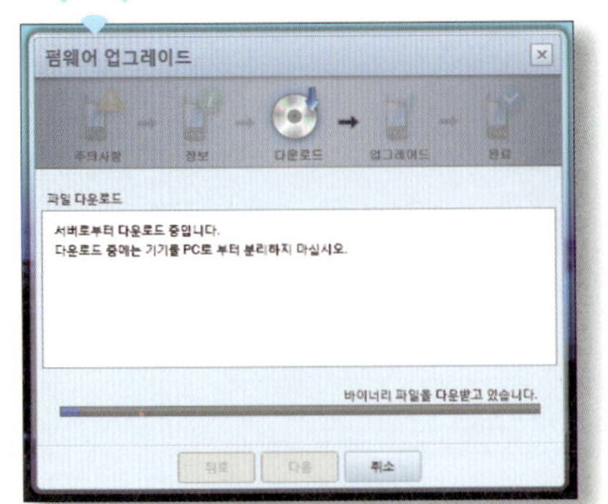

파일을 다운로드하는 동안 잠시 기다려 주세요.

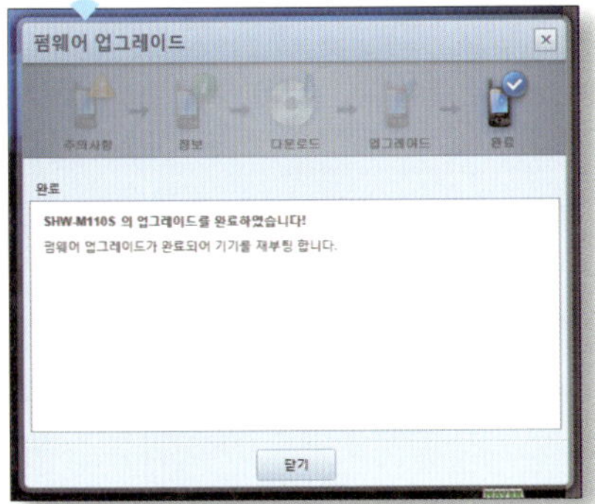

업그레이드를 완료했다는 화면이 표시되면 [닫기] 단추를 클릭합니다.

화면에도 표시되듯이 휴대폰을 컴퓨터에서 분리하지 말고 잠시 기다립니다.

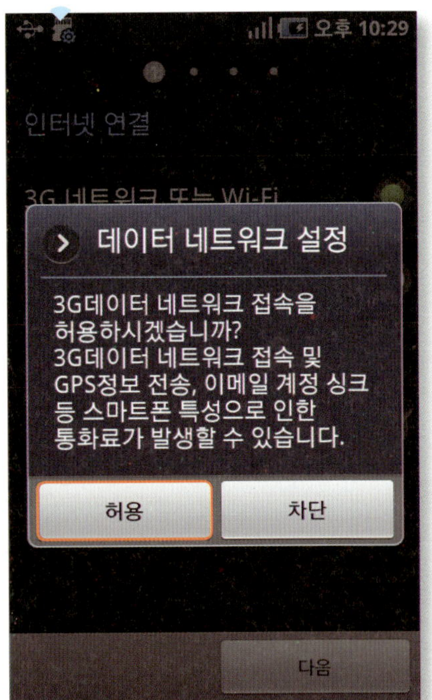

휴대폰의 펌웨어 업그레이드가 끝나면 다시 부팅을 하고, 이어서 그림과 같은 화면이 나타납니다. 이 화면이 나타날 때까지 USB 케이블은 분리하지 않고 기다립니다. 화면에서 [허용]을 터치합니다.

11

[인터넷 연결] 화면이 표시되면 사용할 연결 방법을 선택하고 [다음]을 터치합니다.

12

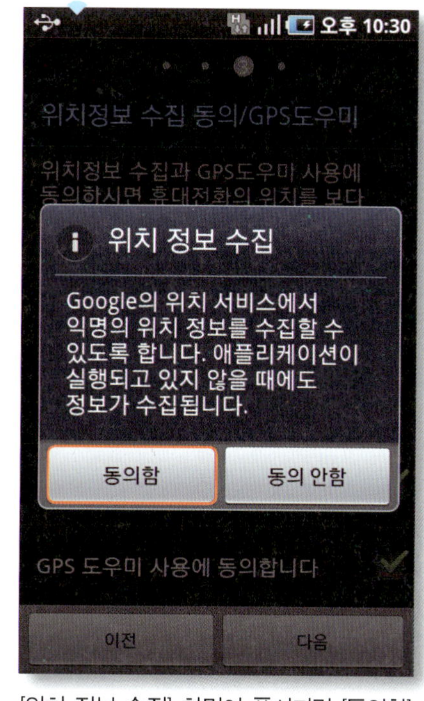

[위치 정보 수집] 화면이 표시되면 [동의함]을 터치합니다.

13

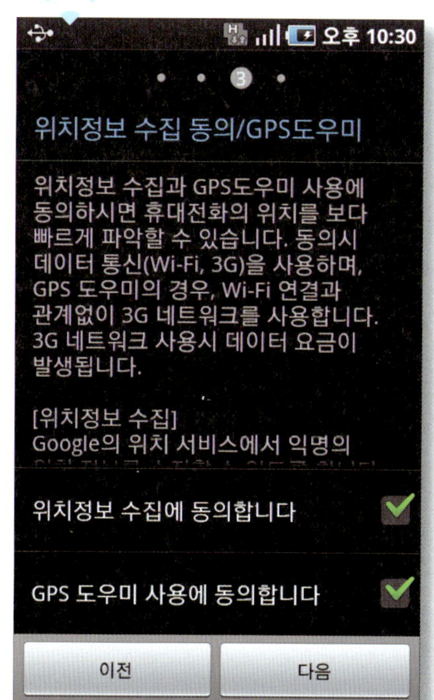

[위치정보 수집 동의/GPS 도우미] 화면이 표시되면 모두 선택하고 [다음]을 터치합니다.

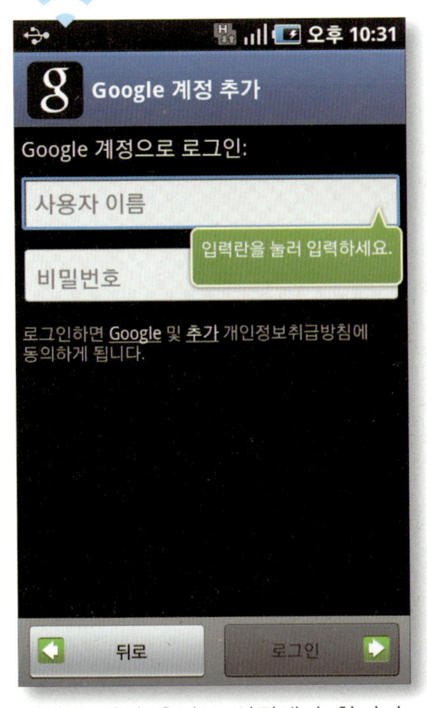

계정을 다시 추가로 설정해야 합니다.
Google 계정의 사용자 이름과 비밀번호를
입력하고 [로그인]을 터치합니다.

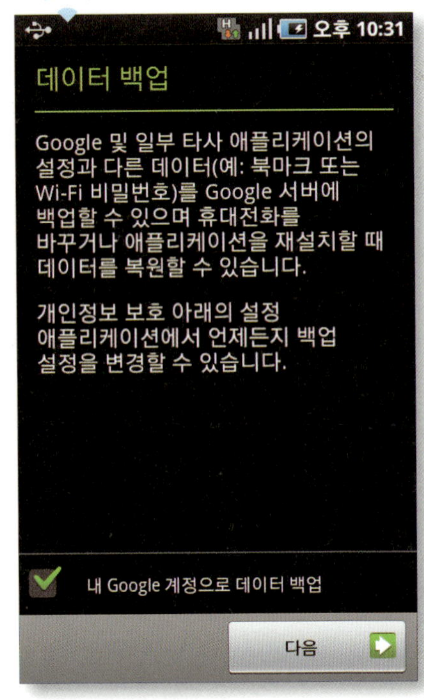

[데이터 백업] 화면이 표시되면 [다음]을 터
치합니다. 백업을 해 두면 언제든지 복원할
수 있기 때문입니다.

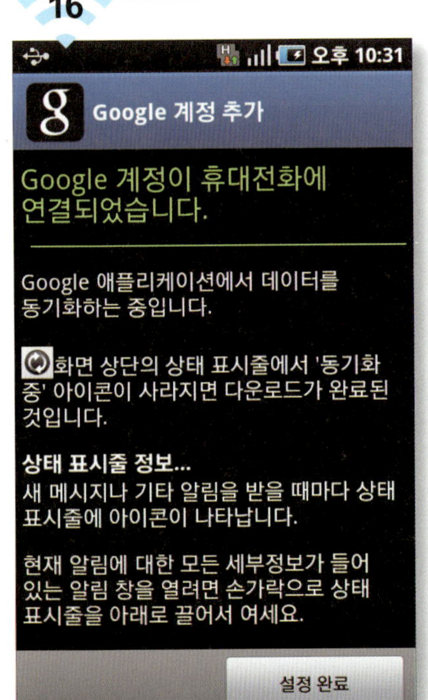

다음과 같은 화면이 표시되면 [설정 완료]를
터치하여 구글 계정 추가를 완료합니다.

338

17

계정이 설정된 것을 확인할 수 있습니다. [다음]을 터치합니다.

18

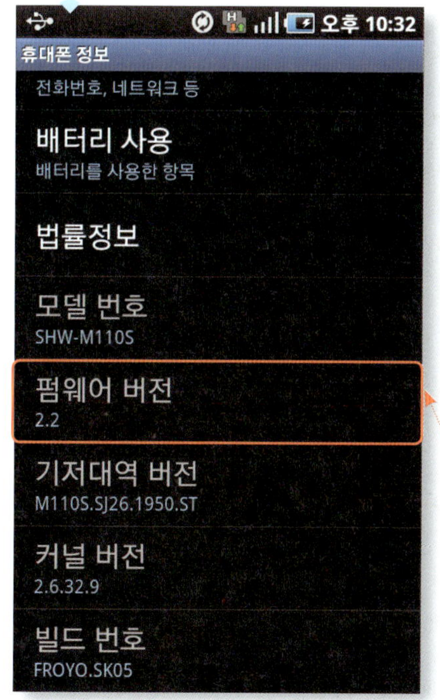
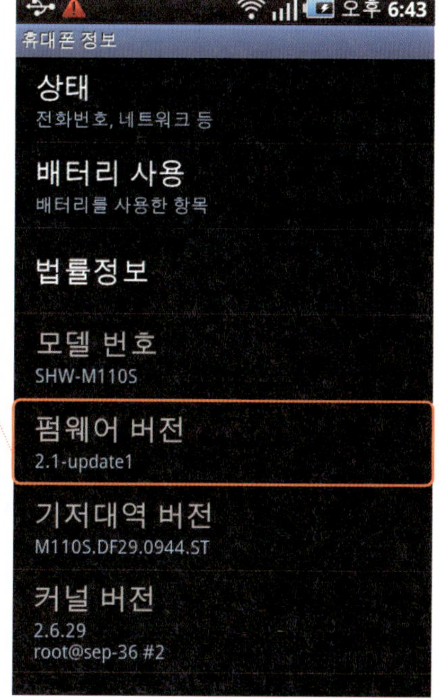

이제 [환경 설정]-[휴대폰 정보]-[펌웨어 버전]을 보면 업그레이드된 것을 확인할 수 있습니다.

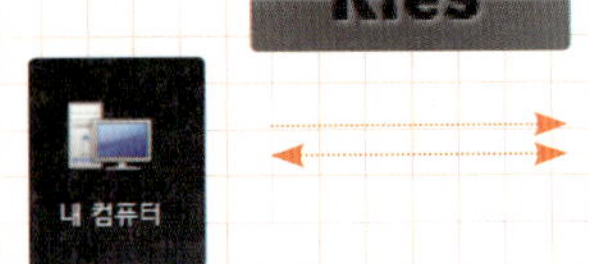

② 컴퓨터와 자료 주고받기

컴퓨터에 있는 자료와 갤럭시S 프로요에 저장된 자료를 주고받는 방법에 대해 알아봅니다. 갤럭시S 프로요에 데이터를 저장하는 SD 메모리를 그대로 디스크로 인식하여 파일을 복사하거나 이동하는 방법이 있고, Kies를 이용하여 데이터를 복사하거나 이동하는 방법이 있습니다.

1 컴퓨터에 있는 MP3 파일을 갤럭시S 프로요에 넣기

컴퓨터에 있는 음악 파일이나 동영상 파일 등을 갤럭시S 프로요에 넣으려면 컴퓨터와 갤럭시S 프로요를 연결하고 Kies를 실행합니다.

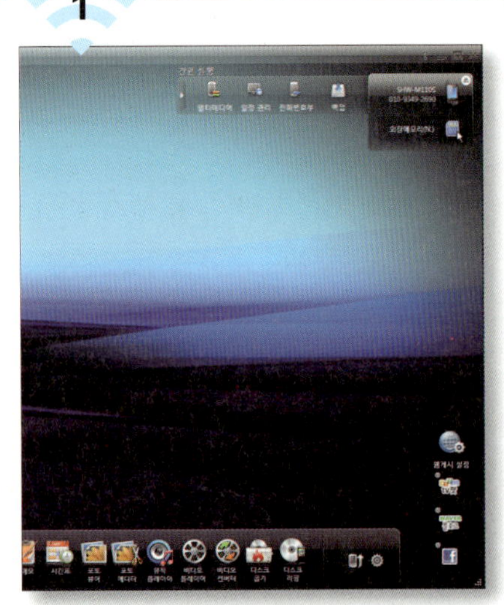

Kies를 실행한 다음 오른쪽 위에 있는 [외장메모리]를 터치합니다.

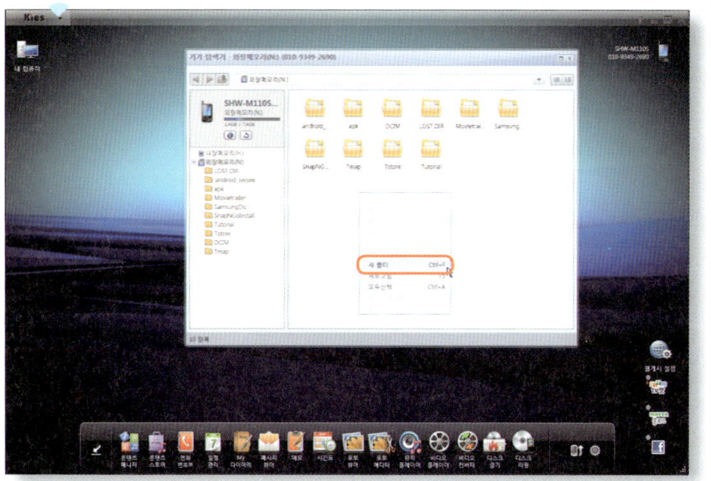

[기기 탐색기]가 실행됩니다. 기기 탐색기에서 볼 수 있는 것은 현재 갤럭시S 프로요에 있는 SD 메모리에 저장된 파일입니다. 음악 파일을 복사하기 위해 새로운 폴더를 만들어 보겠습니다. 마우스 오른쪽 단추를 클릭한 다음 [새 폴더] 메뉴를 클릭합니다.

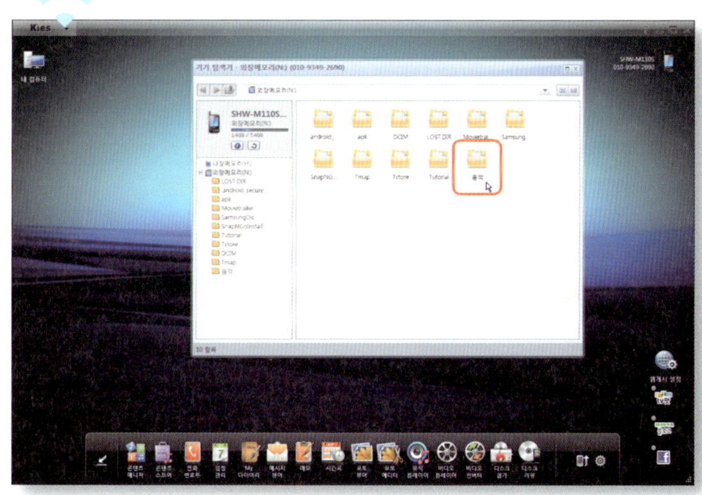

새 폴더가 만들어지면 폴더명을 변경하여 음악 파일을 저장할 폴더를 만듭니다.

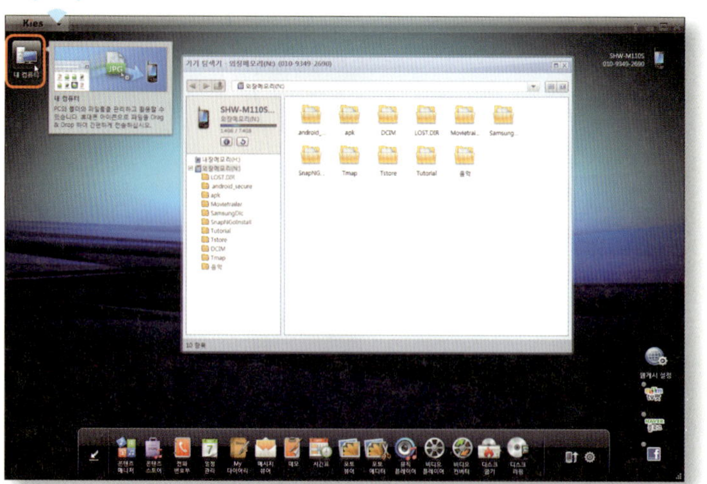

4

왼쪽 위에 있는 [내 컴퓨터] 아이콘을 클릭합니다.

342

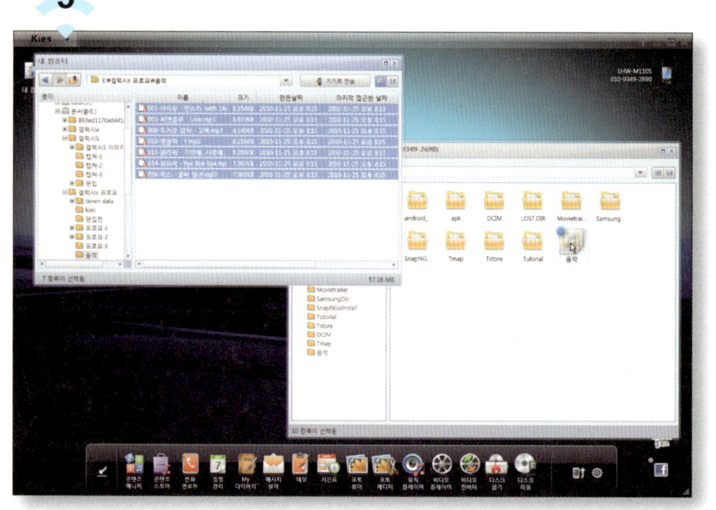

[내 컴퓨터] 창이 열립니다. 이것은 현재 사용중인 컴퓨터의 하드 디스크 안에 있는 데이터입니다. 휴대폰으로 복사할 음악 파일을 새로 만든 폴더로 드래그하여 복사합니다.

동영상과 사진 파일의 복사
동영상이나 사진 파일 등도 같은 방법으로
복사합니다.

6 뮤직 플레이어를 실행하면 복사한 파일들이 표시되는 것을 확인할 수 있습니다.

2 갤럭시에 있는 파일을 컴퓨터에 저장하기

갤럭시에서 찍은 사진이나 다운로드받은 이미지를 컴퓨터에 저장할 수 있습니다.

1 Kies를 실행합니다. 기기 연결 부분에 마우스 포인터를 위치시키면 [멀티미디어], [일정 관리], [전화번호부] 아이콘이 표시됩니다. 이번에는 사진을 저장할 것이므로 [멀티미디어]-[PC로 저장]을 터치합니다.

2

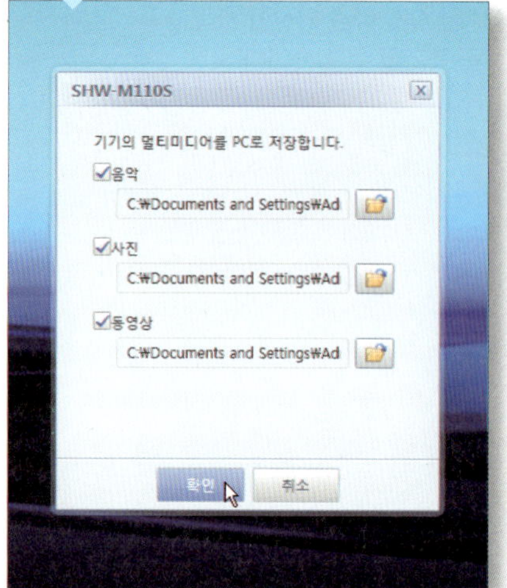

다음과 같이 음악, 사진, 동영상의 3가지 항목이 표시됩니다. 체크를 하면 복사가 되고, 체크를 해제하면 복사되지 않습니다. 여기서는 3가지 모두 체크하고 [확인] 단추를 클릭합니다.

3

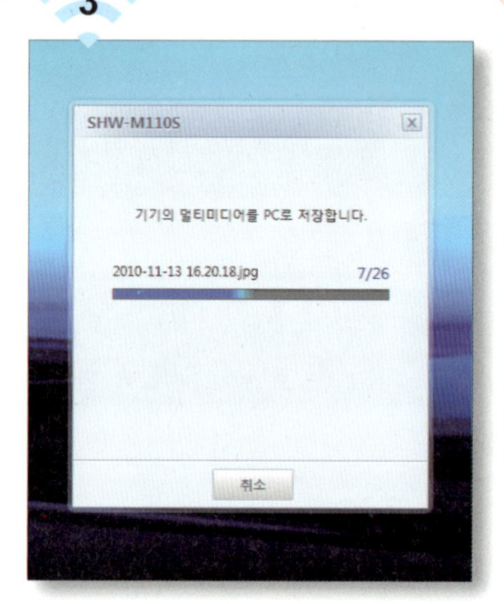

파일이 복사됩니다.

4

복사 결과가 표시됩니다. 보고 싶은 폴더를 클릭합니다. 여기서는 사진의 [폴더 열기]를 클릭합니다.

5

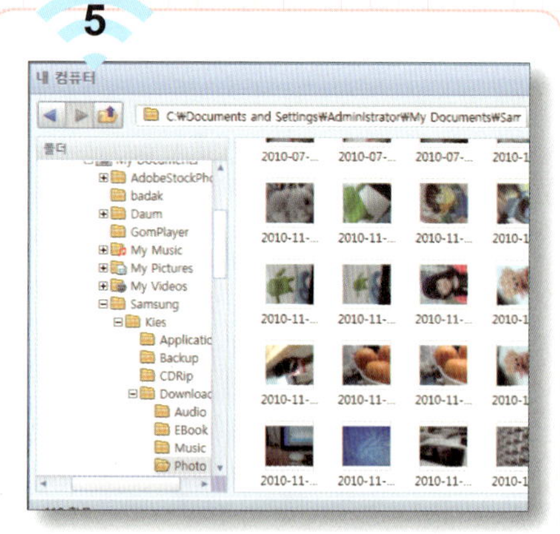

내 컴퓨터에서 폴더가 열리며 복사한 파일을 확인할 수 있습니다.

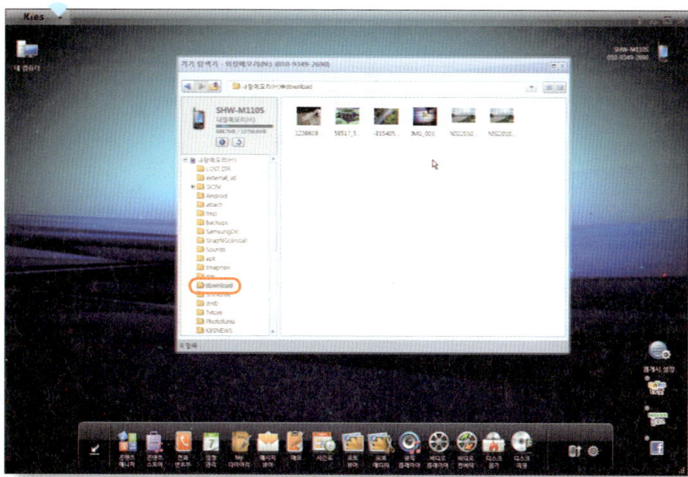

직접 찍은 사진이 아닌 경우에는 기기의 외장 메모리를 더블 클릭하여 엽니다. 탐색기가 나타나면 [Download] 폴더를 확인해 보세요. 다운로드받은 파일이 있을 것입니다. 컴퓨터로 복사하고 싶은 파일을 선택한 다음 [내 컴퓨터]의 원하는 폴더로 드래그하여 복사합니다.

3 SD 메모리 이용하기

갤럭시S 프로요에 들어있는 메모리가 SD 메모리입니다. 사진을 찍거나 음악을 다운받으면 저장되는 곳입니다. 이 SD 메모리 안의 파일을 윈도우의 탐색기를 이용하여 복사하거나 이동하는 방법에 대해 알아봅니다.

1

USB 케이블로 컴퓨터와 갤럭시S 프로요를 연결한 다음 알림줄을 아래로 밀어 알림창을 엽니다.

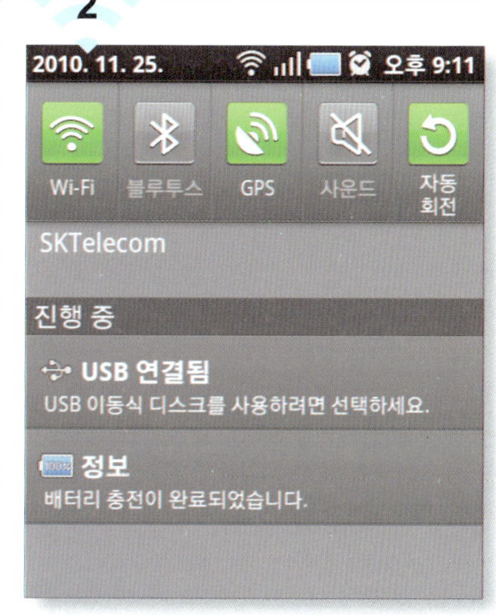

2

[USB 연결됨] 부분을 터치합니다.

[USB 이동식 디스크 사용]을 터치합니다.

그림처럼 화면이 표시되면 이동식 디스크로
이용할 수 있는 것입니다.

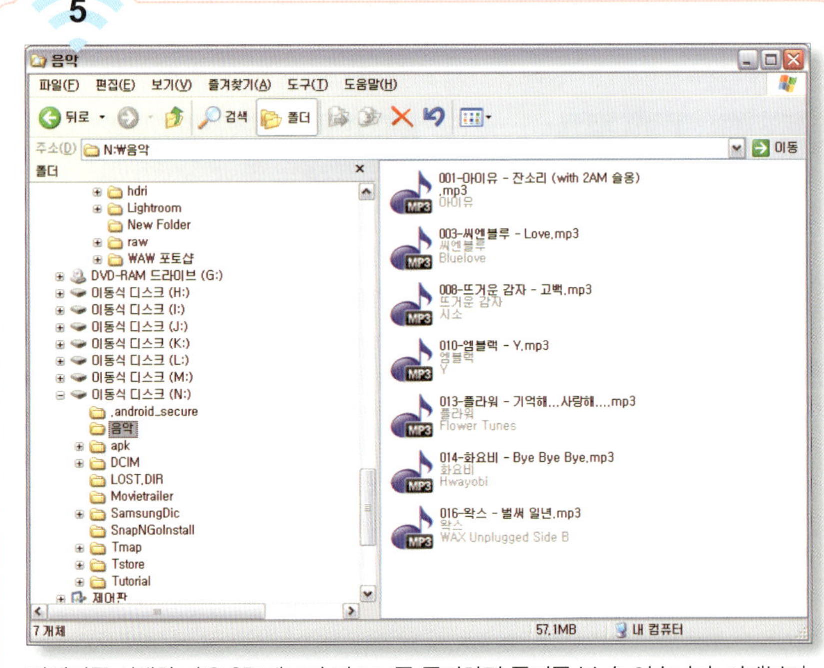

탐색기를 실행한 다음 SD 메모리 디스크를 클릭하면 폴더를 볼 수 있습니다. 이제부터
는 일반적인 파일을 다루듯이 복사하거나 이동하는 것이 가능합니다. 음악 파일이나 사
진 등은 폴더를 만든 다음 복사하면 됩니다.

6

파일 복사가 끝난 다음에는 컴퓨터에서 [하드웨어 안전 제게를 수행합니다. 이어 갤럭시S 프로요에서 다시 알림창을 내린 다음 [USB 이동식 디스크 사용 안함]을 터치합니다.

7

녹색 안드로보이가 나타나면 SD 카드를 이동식 디스크로 사용하는 것은 해제된 상태이며, 다시 휴대폰과 컴퓨터가 USB로 연결된 것입니다.

❸ 파일 관리자 Astro File Manager

SD 메모리에 있는 파일을 관리할 수 있는 어플인 Astro File Manager(이하 '아스트로 파일 관리자'라 부름) 어플을 소개합니다. 윈도우 탐색기와 같이 파일명을 변경하거나 삭제, 이동, 백업 등의 작업을 할 수 있습니다. 물론 컴퓨터와 연결하지 않은 상태에서 할 수 있습니다.

1 파일 관리하기

파일명을 변경하거나 이동, 복사 등의 파일 관리에 대해 알아봅니다. Kies를 실행하지 않고도 관리가 가능합니다.

[Astro File Manager] 어플을 설치한 다음 터치하여 실행합니다.

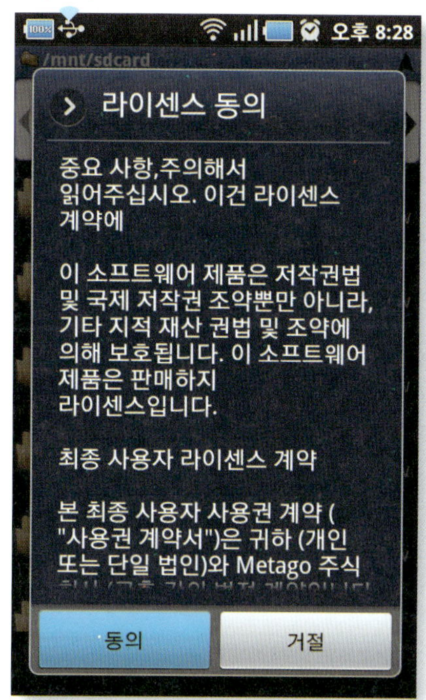

그림과 같은 화면이 표시되면 [동의]를 터치
하여 동의합니다. 이 화면은 실행 후 한 번
만 표시됩니다.

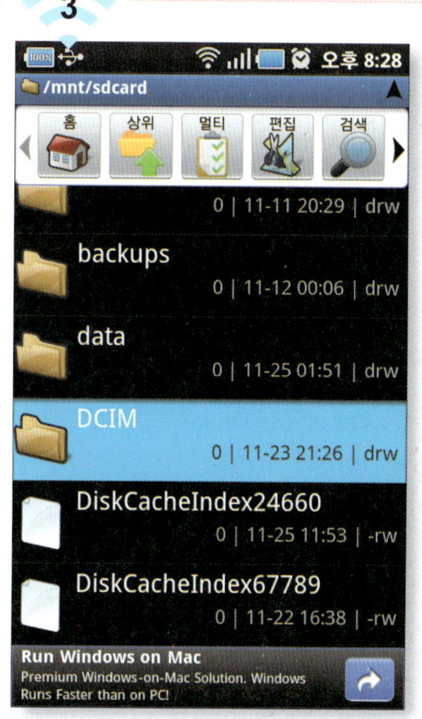

SD 카드에 저장되어 있는 폴더가 모두 표시
됩니다. 저장되어 있는 파일 관리를 할 수 있
습니다. 여기서는 파일을 삭제하는 방법으
로 파일 관리의 전체적인 것에 대해 설명합
니다. 카메라로 찍은 사진을 삭제하기 위해
[DCIM]을 터치합니다.

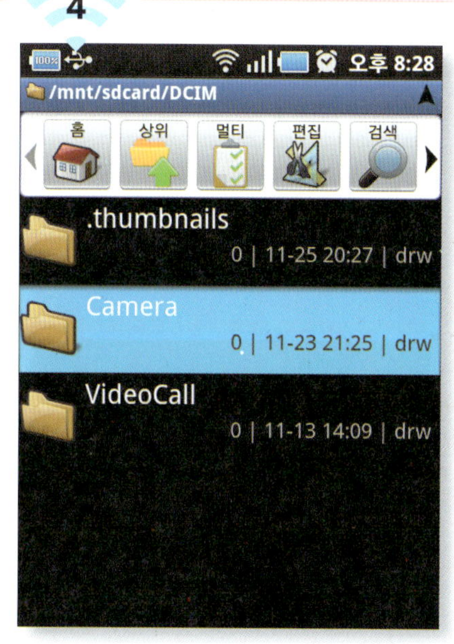

[DCIM] 폴더에 있는 폴더 목록이 표시됩
니다. [Camera]를 터치해 보겠습니다.

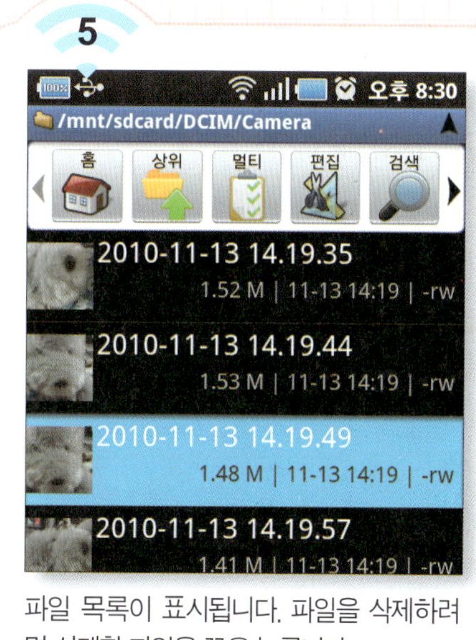

파일 목록이 표시됩니다. 파일을 삭제하려
면 삭제할 파일을 꾸욱 누릅니다.

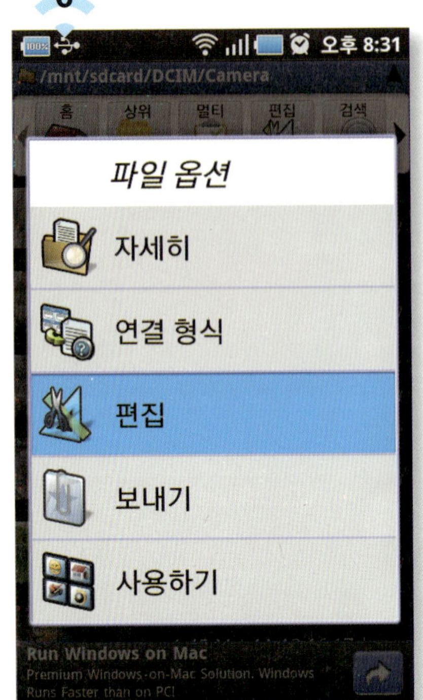

[파일 옵션] 화면이 표시되면 [편집]을 터치합니다.

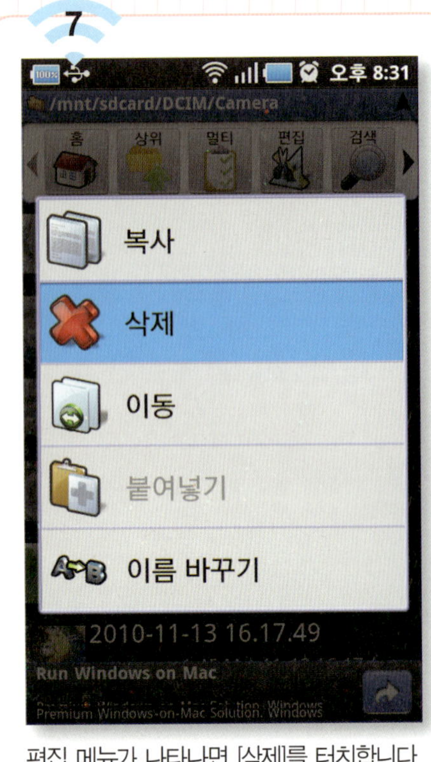

편집 메뉴가 나타나면 [삭제]를 터치합니다. 파일을 복사하려면 [복사]를 터치하면 되겠죠.

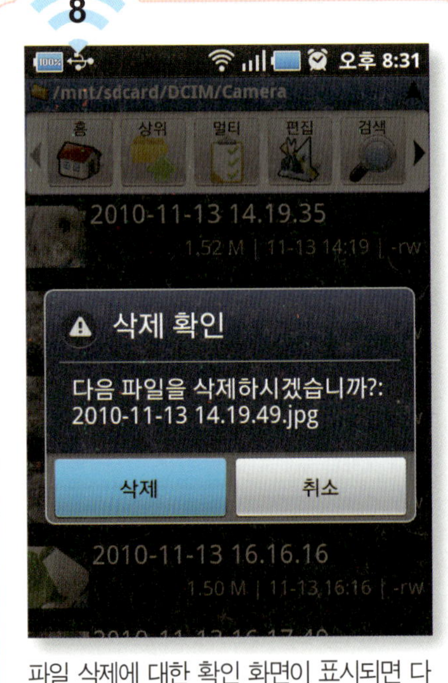

파일 삭제에 대한 확인 화면이 표시되면 다시 한 번 [삭제]를 터치합니다.

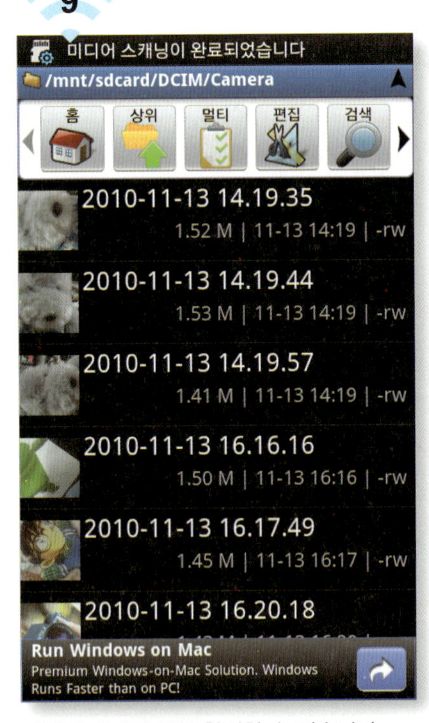

파일이 삭제된 것을 확인할 수 있습니다.

어플을 너무 많이 설치하면 내장 메모리가 부족해져 구동 속도가 느려질 수 있습니다. 이런 경우에는 어플을 삭제하지 말고 살짝 백업해 두세요. 나중에 다시 설치하여 사용할 수 있습니다.

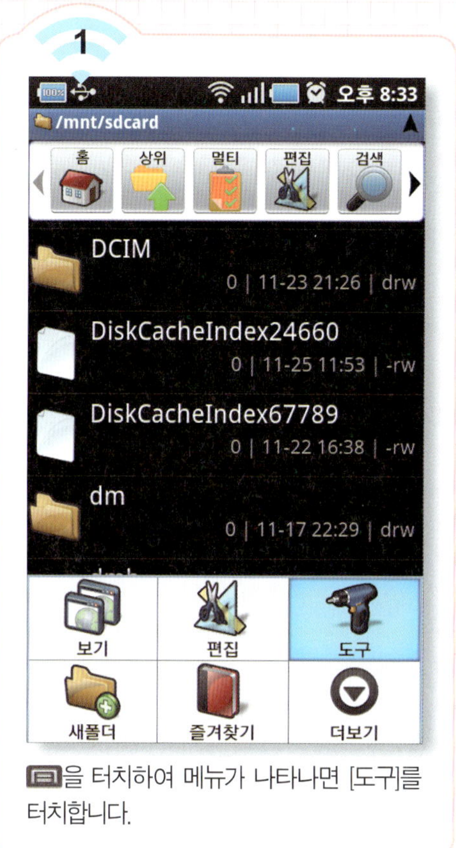

▣을 터치하여 메뉴가 나타나면 [도구]를 터치합니다.

[도구] 화면이 표시되면 [애플리케이션 관리자/백업]을 터치합니다.

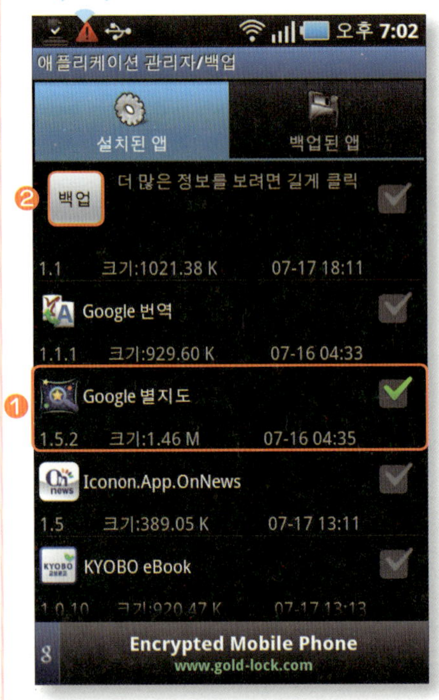

[애플리케이션 관리자/백업] 화면이 표시되면 백업하고 싶은 어플을 선택하고 [백업]을 터치합니다.

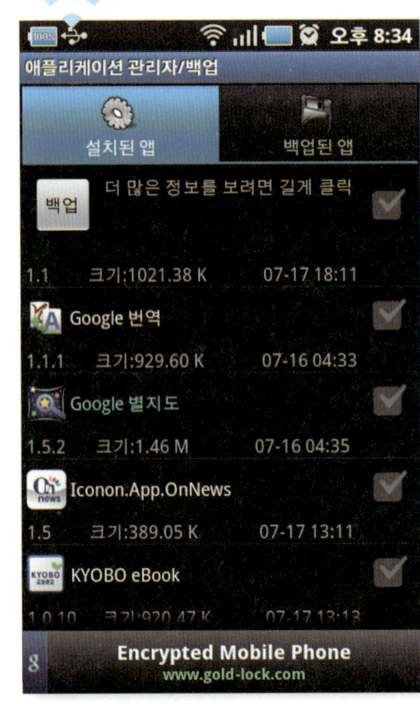

백업된 어플 이름의 색이 파랗게 표시됩니다. 흰색은 설치된 어플, 파란색은 백업된 어플입니다.

[백업된 앱]을 터치하면 [Google 별지도] 어플이 백업된 것을 확인할 수 있습니다.

[홈] 단추를 길게 누르면 나타나는 화면에서
[작업 관리자]를 터치합니다.

[작업 관리자] 화면에서 [프로그램]을 터치한
다음 백업한 파일에서 [제거]를 터치하여 삭
제합니다.

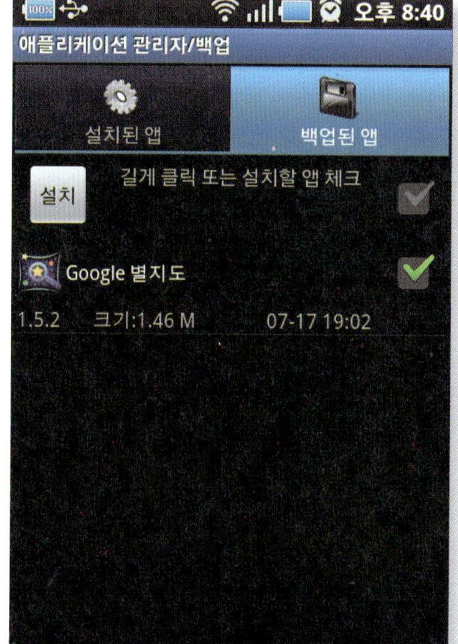

이제 다시 해당 어플을 설치하려면 마켓에
들어가지 말고 [백업된 앱] 화면에서 어플을
선택한 다음 [설치]를 터치하면 됩니다.

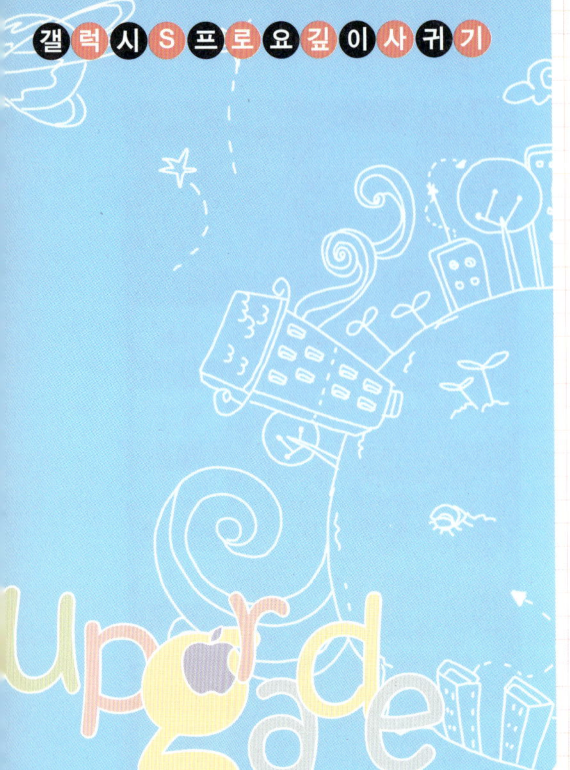

④ 갤럭시S 프로요 처음 상태로 되돌리기 (초기화하기)

갤럭시S 프로요를 사용하다가 화면 등이 지저분하거나 어플 등을 새롭게 설치하고 싶다면 연락처 목록 등을 백업한 다음 초기화하는 방법이 있습니다. 초기화를 하면 처음 핸드폰을 구입했을 때와 같은 상태가 됩니다.
앞에서는 아스트로 파일 관리자로 데이터를 백업해 보았는데 여기서는 T bag 어플을 이용하여 연락처와 사진 등의 데이터를 백업하는 방법에 대해 알아봅니다. 특히 기본 어플 중 삼성에서 제공하는 몇몇 어플은 다시 다운받아 설치하는 과정을 거쳐야 합니다. '공장 초기화'라고도 합니다.

1

초기화하는 순서
1. 연락처 백업
2. MMS 자료 백업
3. 어플 백업
4. 초기화하기
5. 내장 메모리 포맷하기
6. 삼성 모바일 닷컴에서 데이터 다운 받기
7. 데이터 설치하기

1 데이터 백업하기

2

[T bag] 어플을 다운 받은 다음 터치하여 실행합니다.

3

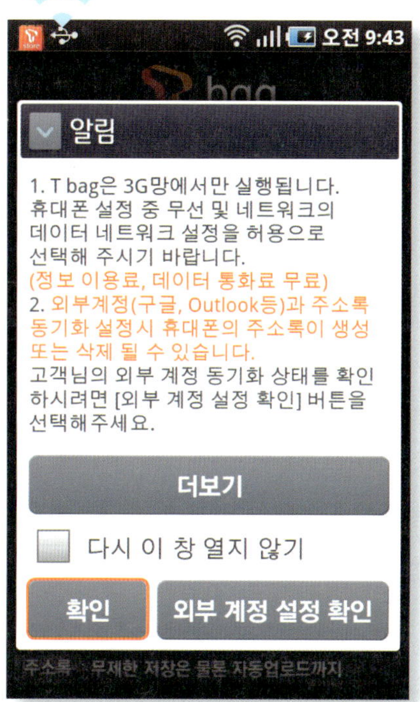

처음 실행하면 나타나는 화면입니다. [확인]을 터치합니다.

4

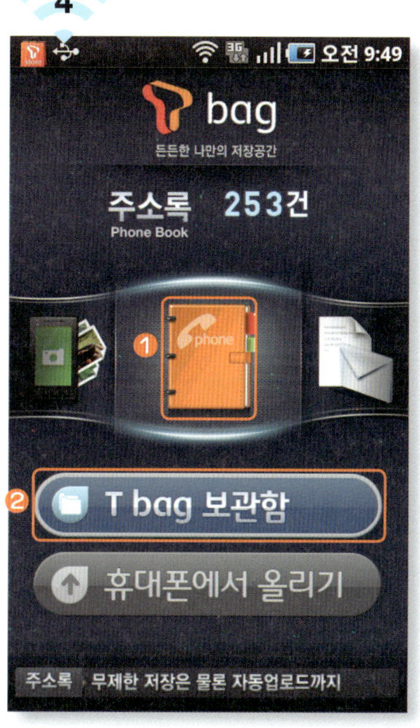

회원 정보 조회가 끝나면 [T bag] 어플이 실행됩니다. [phone]에서 [T bag 보관함]을 터치합니다.

5

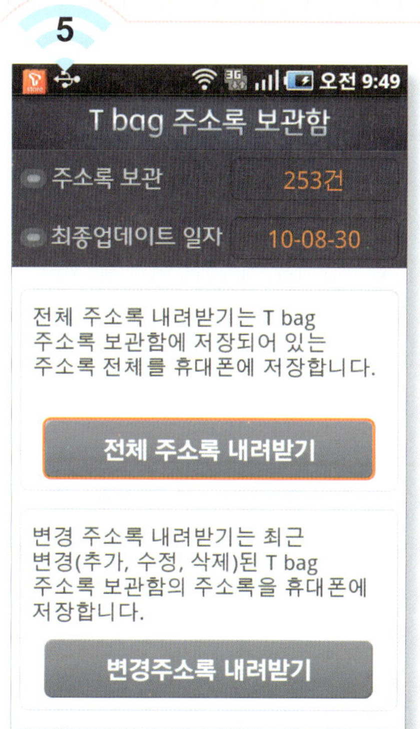

[전체 주소록 내려받기]를 터치하여 주소록을 저장합니다.

6

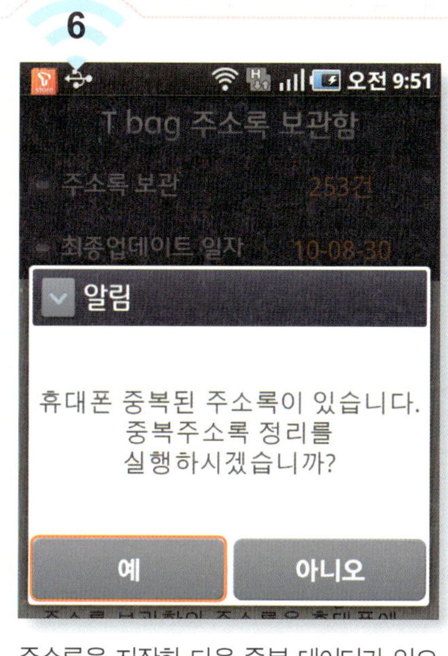

주소록을 저장한 다음 중복 데이터가 있으면 확인한다는 메시지가 표시됩니다. [예] 단추를 터치합니다.

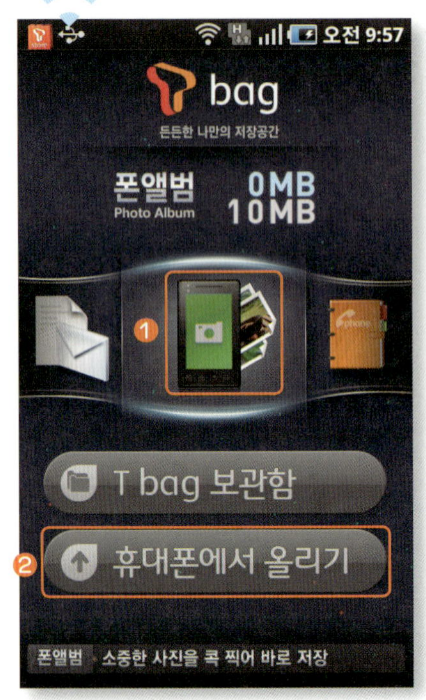

이제 [사진] 아이콘을 터치한 다음 [휴대폰에서 올리기]를 터치합니다.

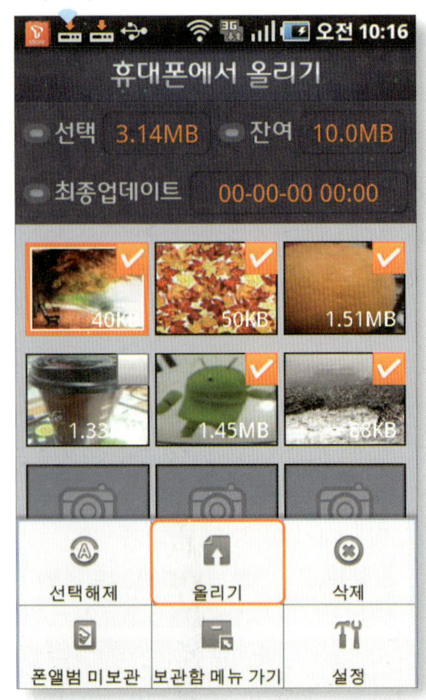

사진 목록이 표시되면 보관함에 저장한 사진을 터치하여 선택합니다. 를 터치하여 메뉴가 표시되면 [올리기]를 터치합니다.

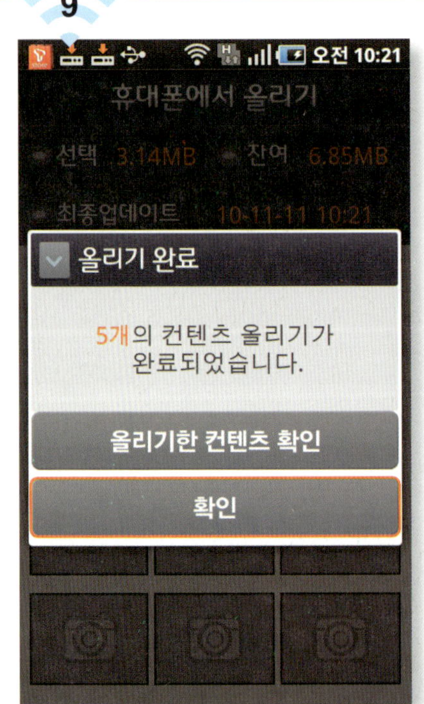

사진을 모두 올렸으면 [확인]을 터치합니다.

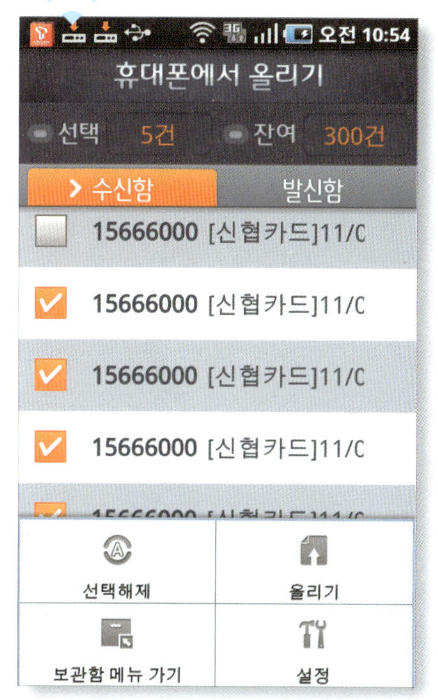

같은 방법으로 메시지도 저장합니다.

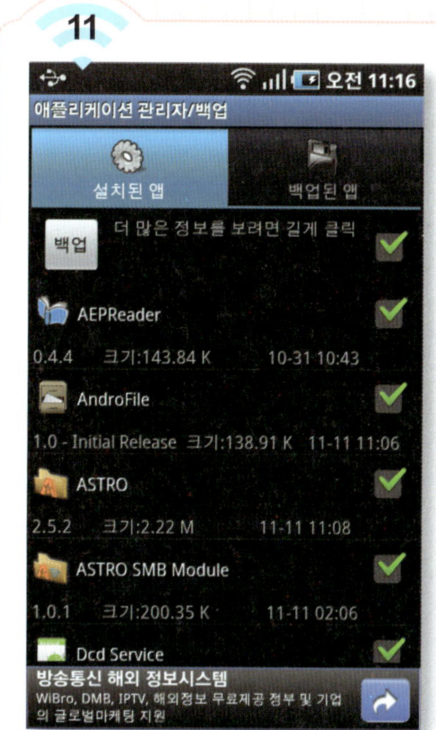

이번에는 다운 받은 어플을 백업해야겠죠.
어플 백업은 [아스트로 파일 관리자] 어플을
사용합니다.

2 백업한 어플 데이터 컴퓨터로 옮기기

1

상태줄을 아래로 내리면 나타나는 화면에
서 [USB 연결됨]을 터치합니다.

2

[USB 이동식 디스크 사용] 단추를 터치합
니다.

3

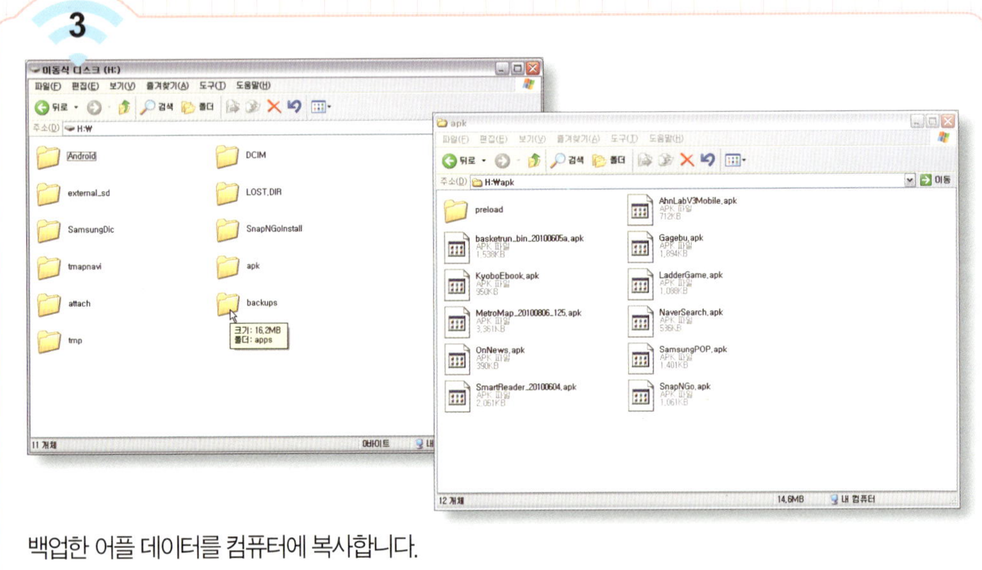

백업한 어플 데이터를 컴퓨터에 복사합니다.

1

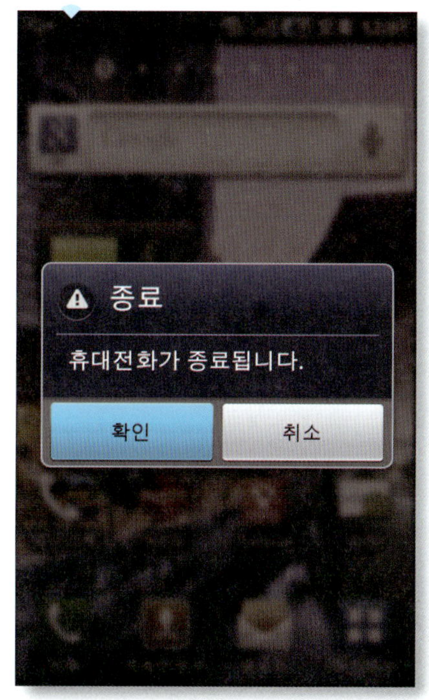

초기화를 하기 위해서는 먼저 핸드폰을 종료해야 합니다. [전원] 버튼을 누르면 나타나는 [휴대전화 옵션] 화면에서 [종료] 단추를 터치합니다.

2

[종료] 화면이 표시되면 [확인] 단추를 탭하여 종료합니다.

3

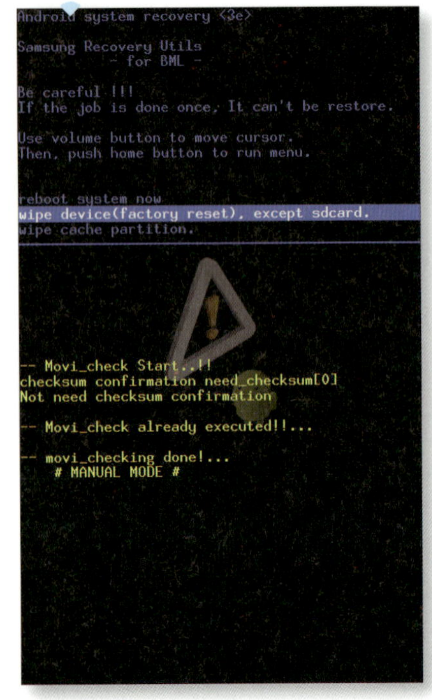

핸드폰의 [전원+홈+볼륨 다운] 단추를 동시
에 꾸욱 누릅니다.

4

초기화 화면이 표시되면 [볼륨 다운] 단추를
눌러 두 번째 메뉴인 [Wipe device(factory
reset), except sdcard.]를 선택하고 [홈] 단추
를 누릅니다.

5

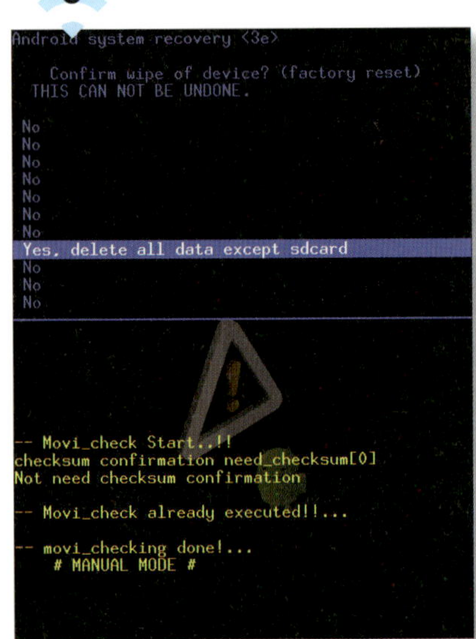

계속해서 다음과 같은 화면이 표시되면 [볼
륨 다운] 단추로 [Yes, delete all data except
sdcard] 메뉴를 선택하고 [홈] 단추를 누릅
니다.

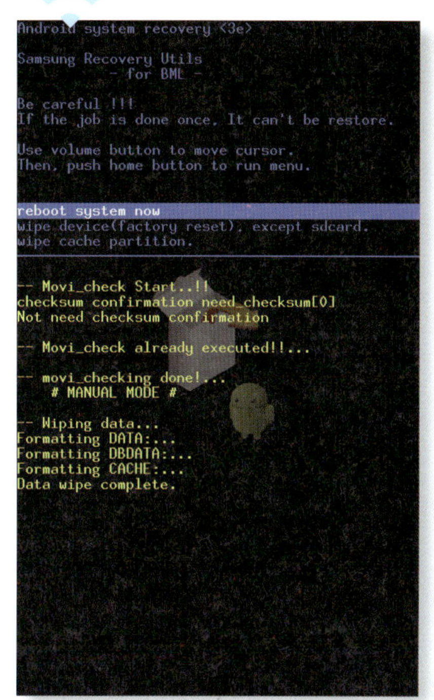

다시 다음과 같은 화면이 표시되면 [볼륨 다운] 단추로 [reboot system now] 메뉴를 선택하고 [홈] 단추를 누릅니다.

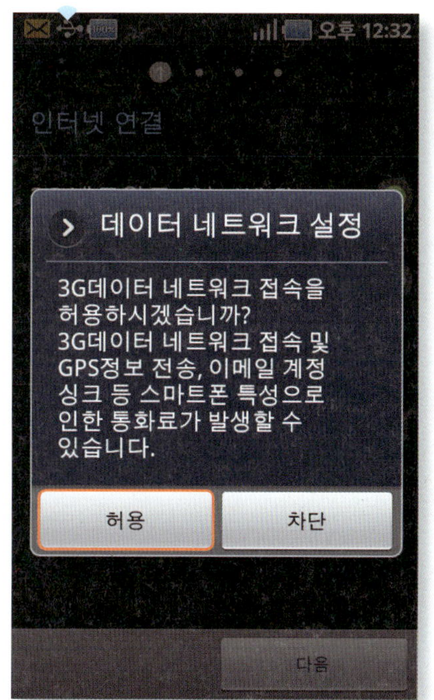

초기화가 끝나면 네트워크나 구글 계정 등을 설정하는 화면이 자동으로 표시됩니다. 하나하나 설정하고 설정이 모두 끝나야만 [홈] 화면이 표시됩니다. [데이터 네트워크 설정] 화면이 표시되면 [허용] 단추를 탭합니다.

이어서 [인터넷 연결] 화면이 표시되면 원하는 항목을 선택하고 [다음] 단추를 터치합니다. 여기서는 [3G 네트워크 또는 Wi-Fi]를 선택하고 [다음] 단추를 터치합니다.

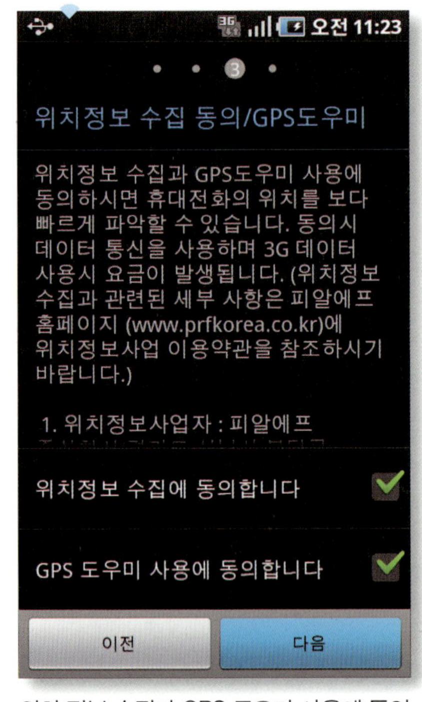

위치 정보 수집과 GPS 도우미 사용에 동의 하려면 각각 체크하고 [다음]을 터치합니다.

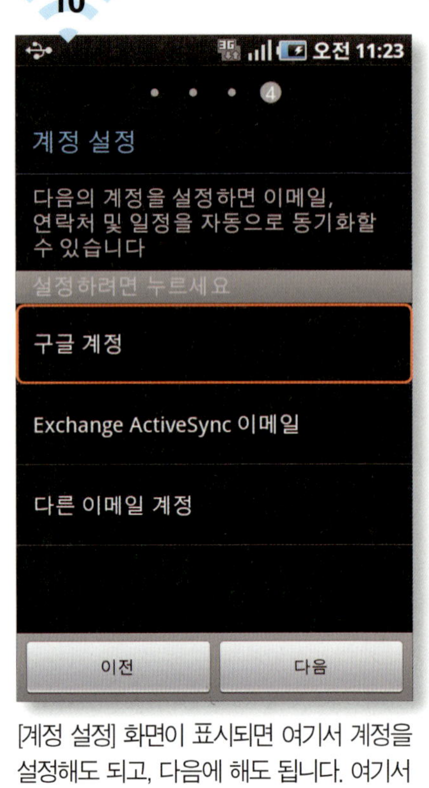

[계정 설정] 화면이 표시되면 여기서 계정을 설정해도 되고, 다음에 해도 됩니다. 여기서 는 [구글 계정]을 터치하여 등록해 보겠습 니다.

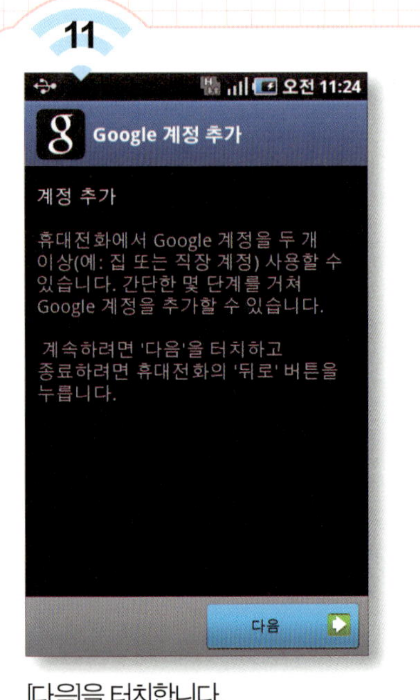

[다음]을 터치합니다.

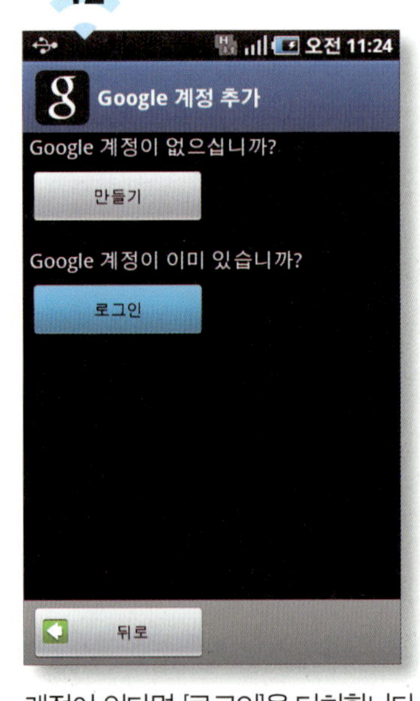

계정이 있다면 [로그인]을 터치합니다.

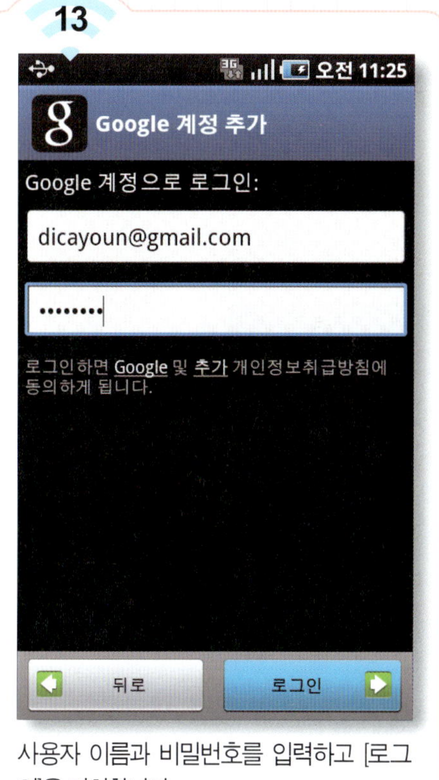

사용자 이름과 비밀번호를 입력하고 [로그인]을 터치합니다.

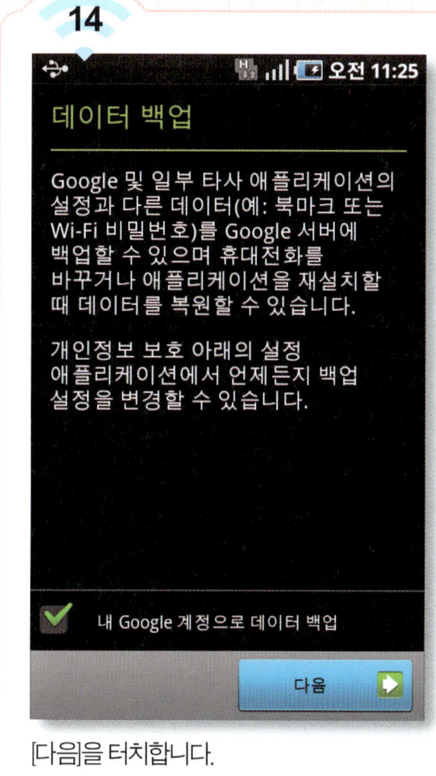

[다음]을 터치합니다.

드디어 새로운 화면으로 표시되었습니다.

4 삼성 모바일 닷컴에서 데이터 다운받기

1

http://kr.samsung
mobile.com에 접
속하여 다운로드
센터로 들어가 갤
럭시를 선택하고
필요한 항목을 선
택하여 다운을 받
습니다.

2

[T map]은 T WORLD
에서 다운받아야 합
니다. http://tmap.
tworld.co.kr에 접속하
고 [맵 다운로드]를 클
릭하여 데이터를 다운
받습니다.

5 내장 메모리 포맷하고 다운 받은 데이터 설치하기

1

[메인메뉴]-[환경 설정]-[SD 카드 및 휴대폰 메모리]를 탭하면 그림과 같은 화면이 표시됩니다. [내장 메모리]에서 [내장 메모리 포맷]을 터치합니다.

2

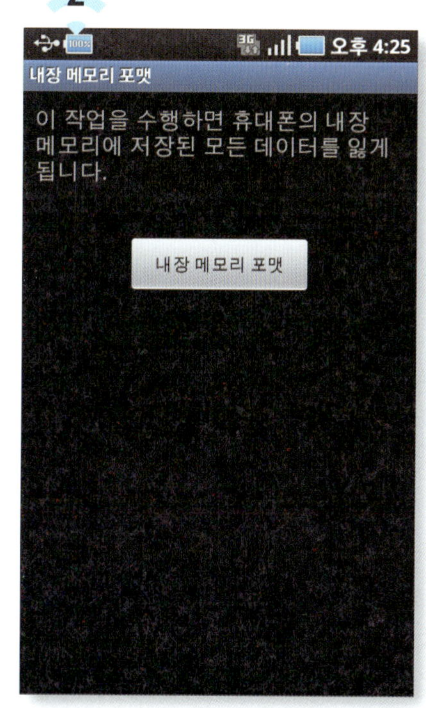

그림과 같은 화면이 표시되면 [내장 메모리 포맷]을 터치합니다.

3

그림과 같은 화면이 표시되면 [포맷하기]를 터치합니다.

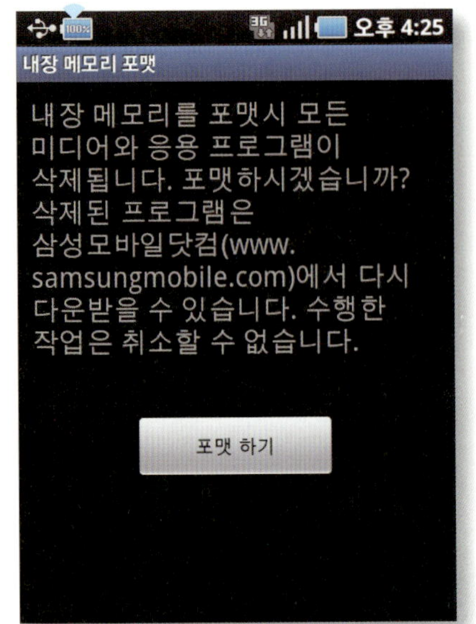

[포맷하기] 단추를 터치하여 포맷을 실행합니다.

[포맷 중...] 화면이 표시될 것입니다.

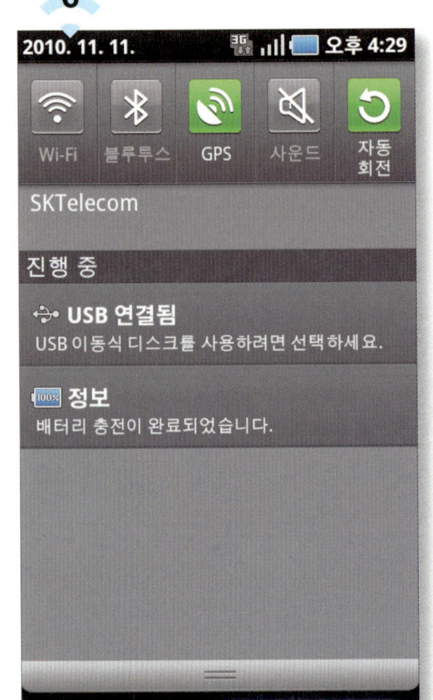

상태줄을 아래로 내리면 나타나는 화면에서 [USB 연결됨]을 터치합니다.

[USB 이동식 디스크 사용] 단추를 터치합니다.

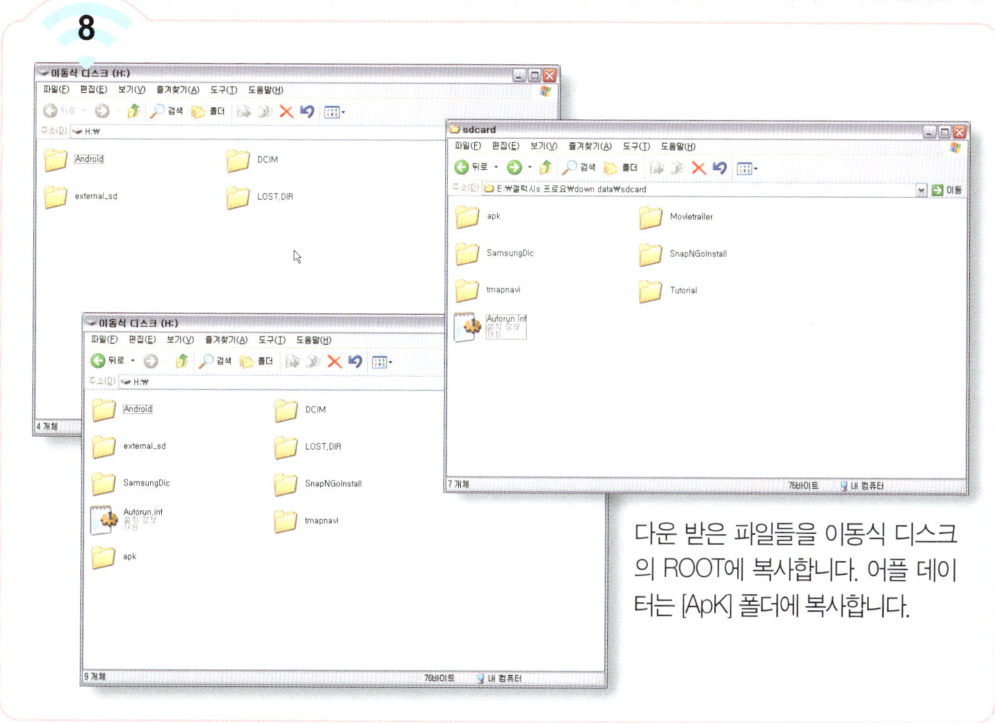

다운 받은 파일들을 이동식 디스크
의 ROOT에 복사합니다. 어플 데이
터는 [ApK] 폴더에 복사합니다.

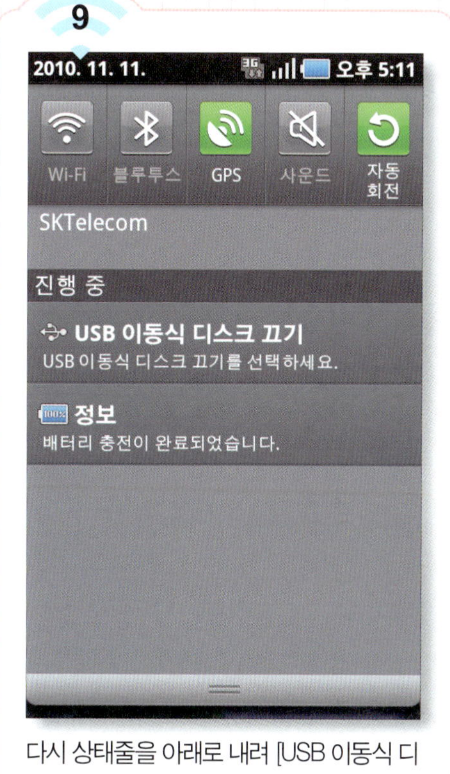

다시 상태줄을 아래로 내려 [USB 이동식 디
스크 끄기]를 터치합니다.

[USB 이동식 디스크 사용 안함]을 터치하여
USB로 연결합니다.

6 백업한 데이터 복구하기

1

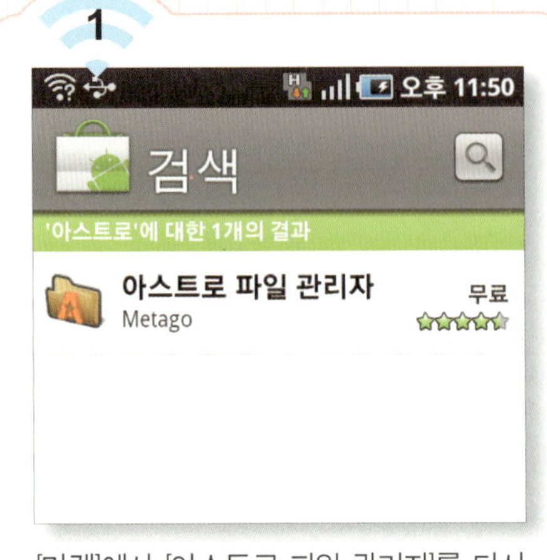

[마켓]에서 [아스트로 파일 관리자]를 다시 설치합니다.

2

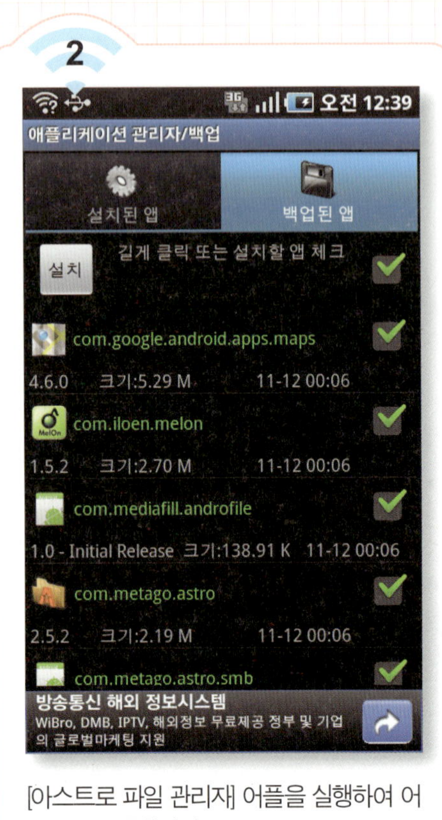

[아스트로 파일 관리자] 어플을 실행하여 어플들을 복구합니다.

3

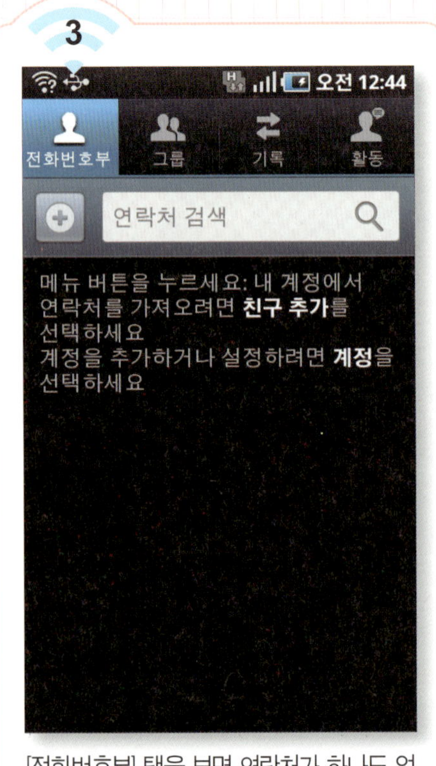

[전화번호부] 탭을 보면 연락처가 하나도 없는 것을 확인할 수 있습니다.

4

[T bag] 어플을 실행하여 연락처와 사진, MMS 데이터를 복구합니다. [T bag 보관함]을 터치합니다.

5

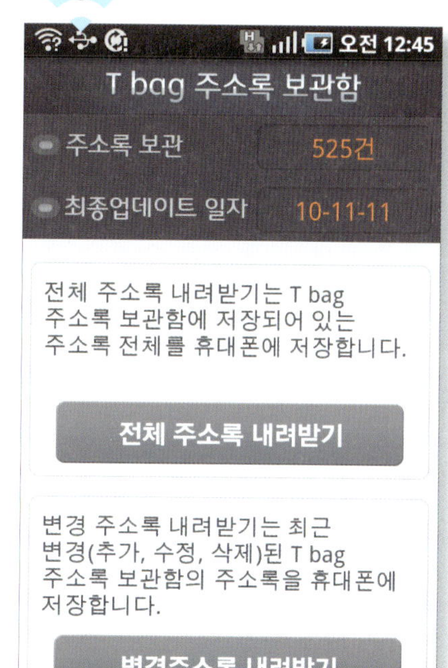

[전체 주소록 내려받기]를 터치하여 주소록을 복구합니다. 같은 방법으로 사진과 MMS 데이터도 복구합니다.

6

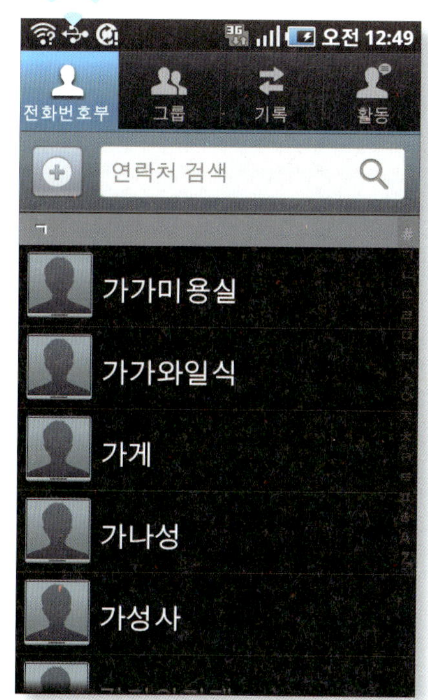

[전화번호부] 탭을 보면 연락처가 복구된 것을 확인할 수 있습니다.

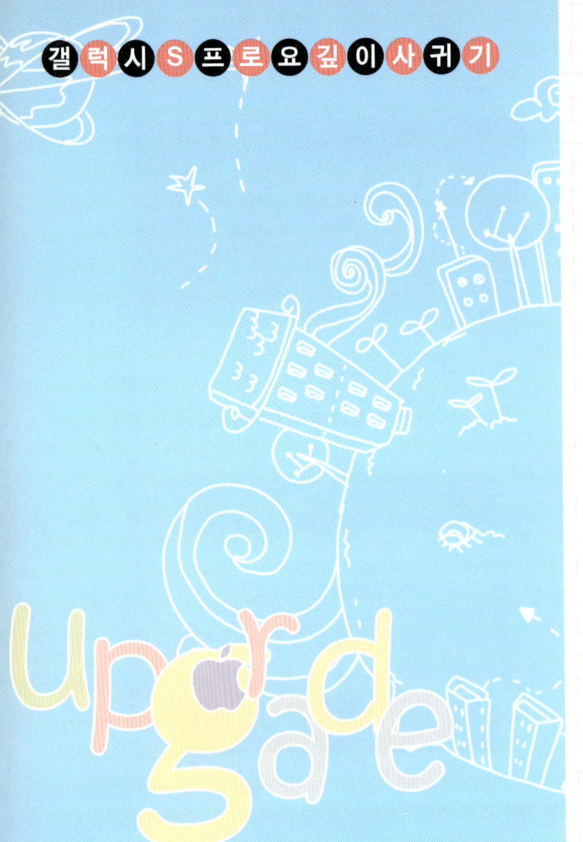

❺ 휴대폰의 모든 데이터 지우기

구글 계정. 설치한 어플 등을 깨끗하게 지우고 다시 설정할 수 있도록 하는 방법이 있습니다. 이것은 앞에서 설명한 공장 초기화처럼 완전히 삭제하는 것이 아니라 기본적인 어플들은 다시 설치해줍니다.

[메인메뉴]-[환경 설정]-[개인 정보 보호]-[기본값 데이터 재설정] 메뉴를 터치합니다.

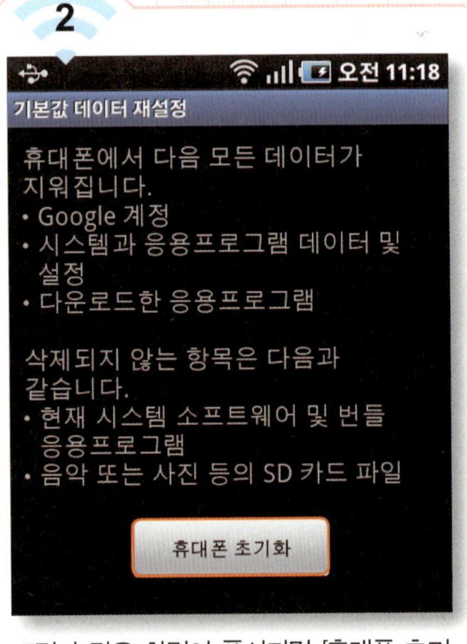

그림과 같은 화면이 표시되면 [휴대폰 초기화] 단추를 터치합니다.

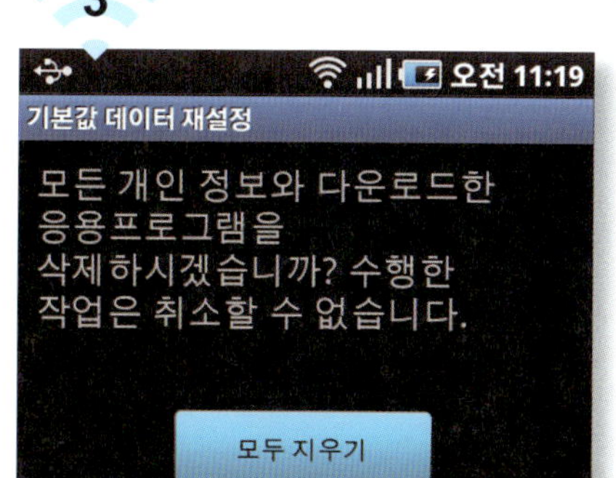

[모두 지우기] 단추를 터치하면 휴대폰이 자동으로 종료된 다음 다시 켜집니다.

[패키지 인스톨러] 화면이 나타나며 패키지 설치가 진행됩니다.

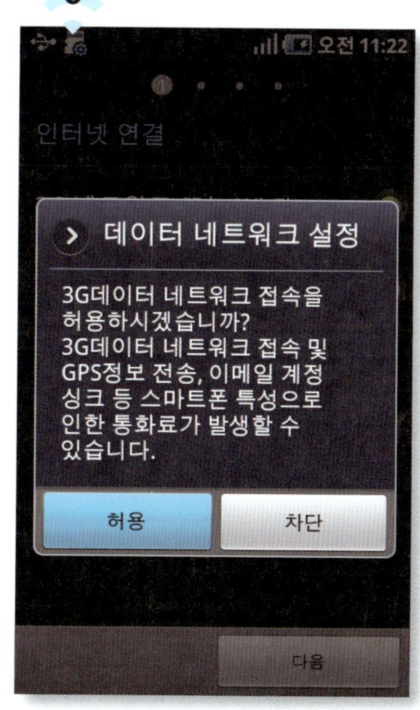

[데이터 네트워크 설정] 화면이 표시되면 [허용] 단추를 터치합니다.

설치가 끝나면 [확인] 단추를 터치합니다.

⑥ 갤럭시S 프로요 화면 캡처하기

갤럭시S 프로요의 터치 화면은 휴대폰 자체로는 캡처할 수 없습니다. 다음에서 설명하는 3가지의 프로그램을 모두 다운받은 다음 설치해야 합니다. 캡처하는 방법을 차근차근 알아보겠습니다.

1 KIES 설치하기 - 프로그램 설치 1

삼성 모바일닷컴(http://kr.samsung mobile.com/index.do)에 접속하면 그림과 같은 팝업 창이 표시됩니다. [Kies 다운로드] 단추를 클릭합니다.

KieS 프로그램 설치는 계속 업데이트된답니다. 만일 화면과 조금 다르더라도 과정은 비슷하므로 화면을 보면서 따라해 주세요.

2

만일 앞의 화면이 뜨지 않으면 다음 과정을 따라합니다.

3

팝업 창이 열리지 않았다면 자신의 핸드폰을 설정하고 [Go]를 클릭합니다. 그림과 같은 화면이 표시됩니다. [소프트웨어]를 선택하고 [Kies 다운로드]를 클릭하여 설치를 진행합니다.

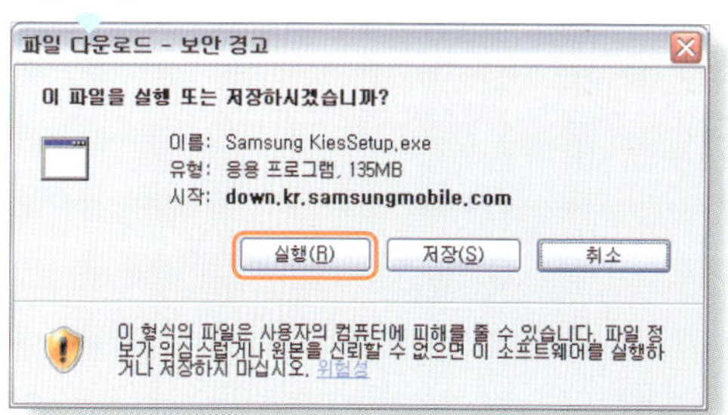

4

[파일 다운로드] 대화상자가 나타납니다. [실행]을 클릭하여 설치합니다.

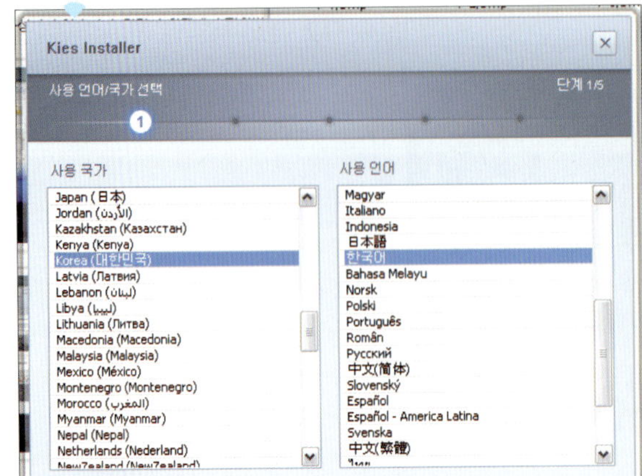

4 [사용 언어/국가 선택] 대화상자가 나타
나면 [다음] 단추를 클릭합니다. 사용 국
가와 사용 언어가 이미 선택되어 있을
것입니다.

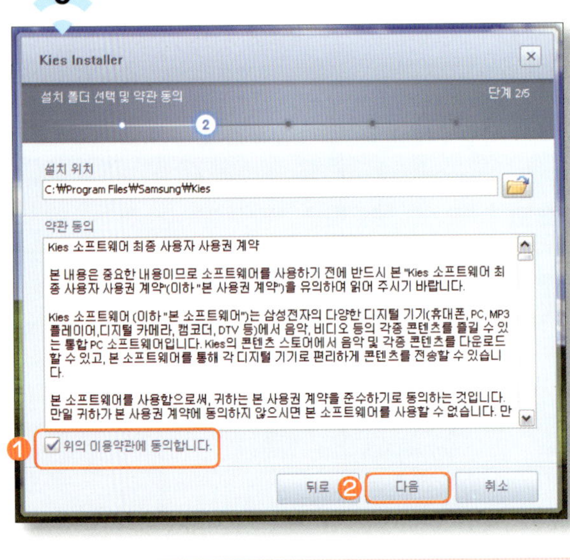

5 [설치 폴더 선택 및 약관 동의] 대화상자
가 나타나면 [위의 이용 약관에 동의합
니다.] 항목을 클릭하여 체크하고 [다음]
단추를 클릭합니다.

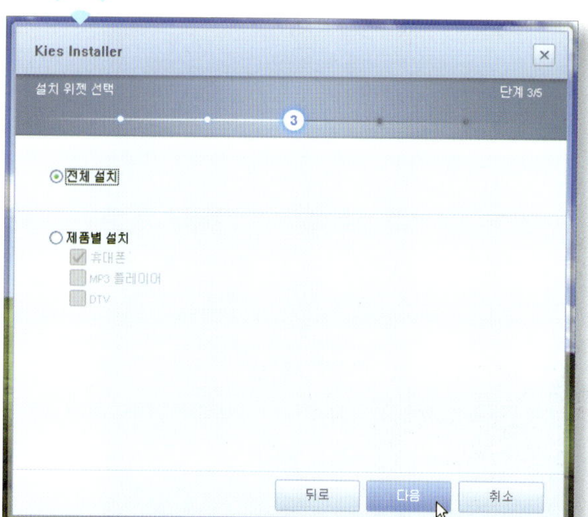

[설치 위젯 선택] 대화상자가 나타나면 설치할 방법을 선택하고 [다음] 단추를 클릭합니다. 여기서는 [전체 설치]를 선택하였습니다.

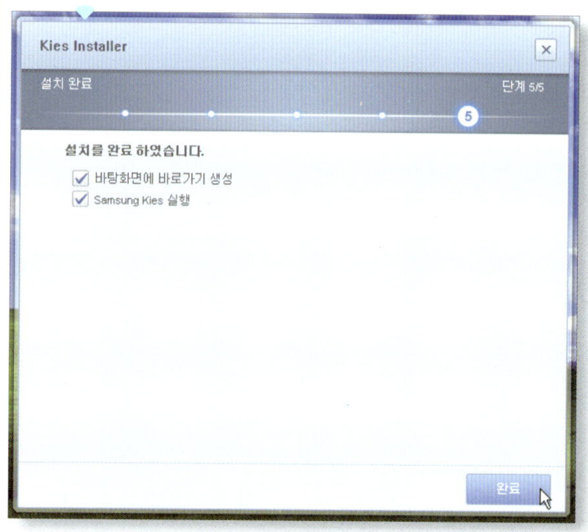

[Kies 설치] 창이 나타나며 설치가 진행됩니다. 잠시 기다리면 [설치 완료] 대화상자가 나타납니다. 이제 [완료] 단추를 클릭하면 Kies 설치가 완료됩니다.

8

바탕 화면에 Kies가 설치됩니다. 이 실행 화면은 컴퓨터를 부팅할 때마다 자동으로 실행됩니다.
[Kies 퀵 가이드]를 읽어 보면 사용에 많은 도움이 될 것입니다.

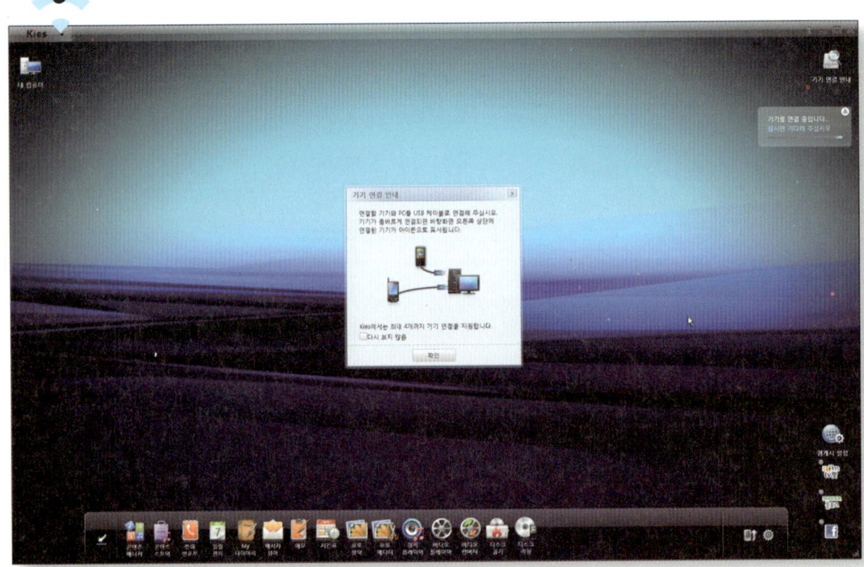

9

핸드폰을 USB로 컴퓨터에 연결하면 화면 상단 오른쪽에 기기가 연결된다는 메시지가 표시됩니다. 이제부터 이 화면에서 핸드폰과 동기화하면서 데이터를 핸드폰으로 보내는 작업을 할 수 있습니다.

두 번째 단계로 Java 개발 툴을 설치해야 합니다. 해당 사이트에 접속하여 프로그램을 다운받은 다음 실행합니다.

1

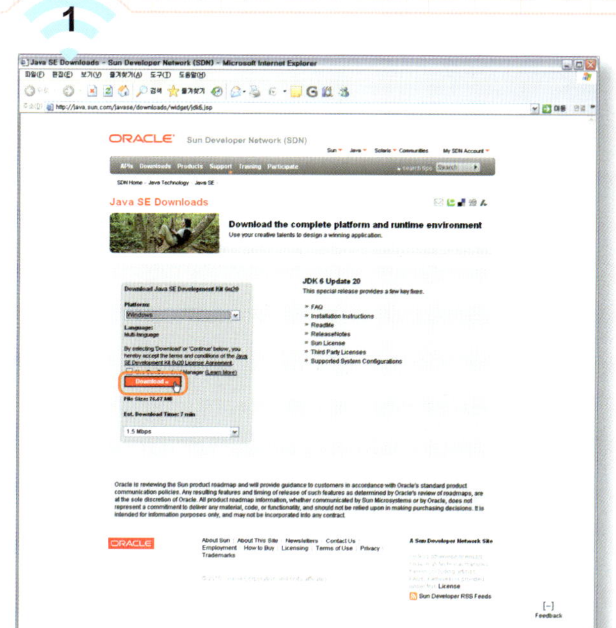

http://java.sun.com/javase/downloads/widget/jdk6.jsp 사이트에 접속하여 자신의 OS에 맞도록 설정하고 [Download] 단추를 클릭하여 프로그램을 다운받습니다.

2

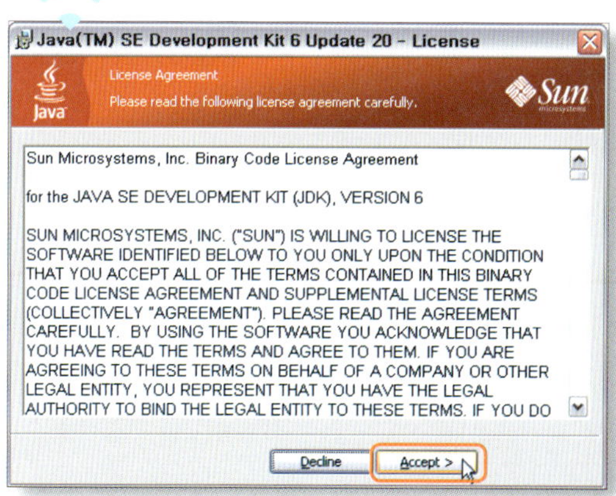

동의할 것인지 묻는 화면이 나타나면 [Accept] 단추를 클릭합니다.

3

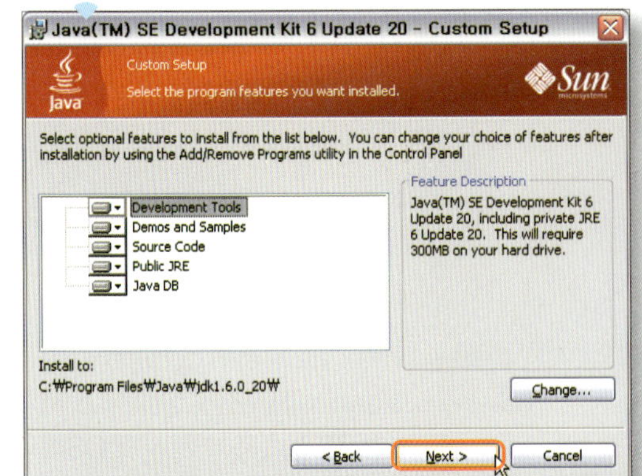

여기서는 모두 설치할 것이므로 그대로 두고 [Next] 단추를 클릭합니다.

4

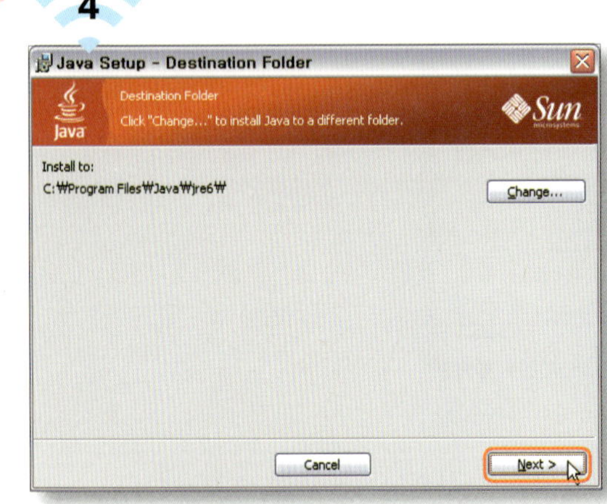

프로그램을 다운 받을 경로를 지정하는 화면이 나타나면 [Next] 단추를 클릭합니다. 만일 경로를 다른 곳으로 설정하고 싶으면 [Change] 단추를 클릭하여 변경합니다.

세 번째로 안드로이드 개발자용 툴인 SDK 툴을 다운받아 설치해야 합니다. 해당 사이트에 접속하여 회원 가입 후 다운받아 사용합니다.

1

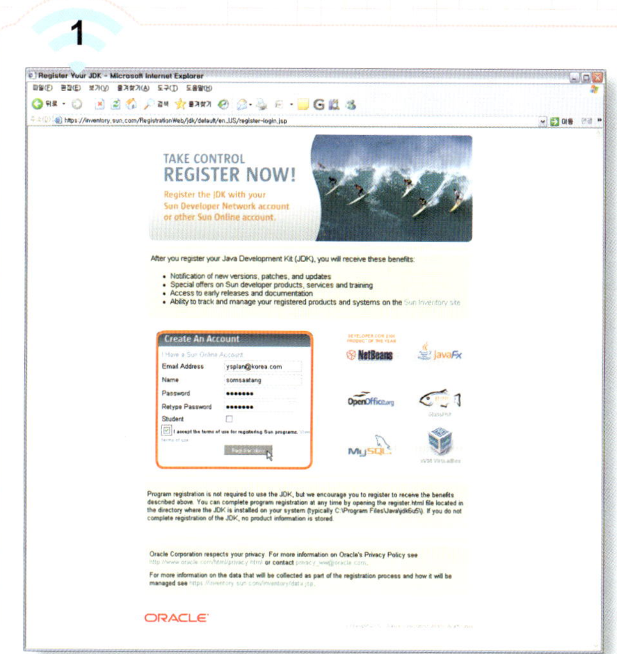

http://developer.android.com/sdk/index.html 사이트에 접속합니다. 다음과 같은 화면이 나타나면 자신의 이메일 주소와 이름, 비밀 번호를 입력하고 [Register Now] 단추를 클릭합니다.

2

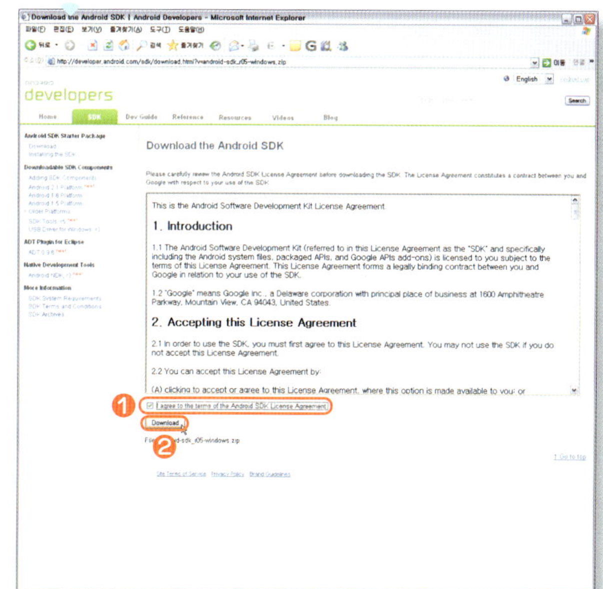

다음과 같은 화면이 나타나면 [I Agree to the terms of the Android SDK License Agreement] 항목을 체크하고 [Download] 단추를 클릭합니다.

3

[파일 다운로드] 대화상자가 나타나면 [저장] 단추를 클릭하여 파일을 저장합니다.

4

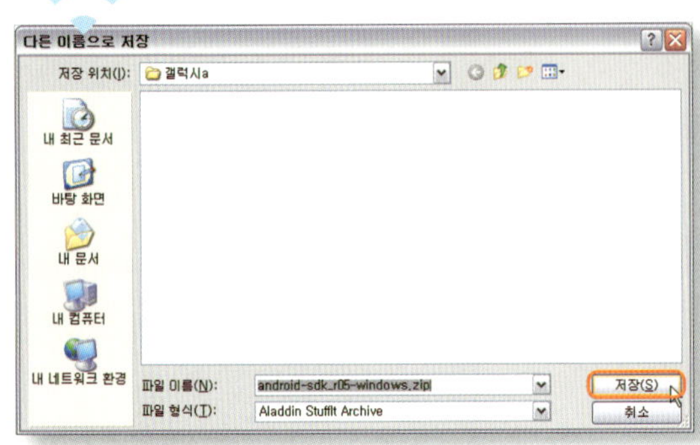

[다른 이름으로 저장] 대화상자가 나타나면 [저장] 단추를 클릭합니다.

5

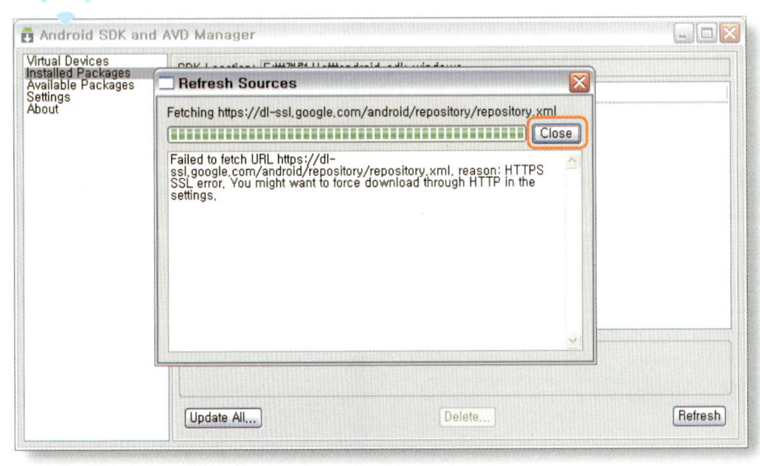

다음과 같은 화면이 나타나면 [Close] 단추를 클릭합니다.

4 화면 캡처하기

3개의 프로그램을 모두 다운받았으면 USB 케이블로 핸드폰과 컴퓨터를 연결하여 화면 캡처를 할 수 있습니다.

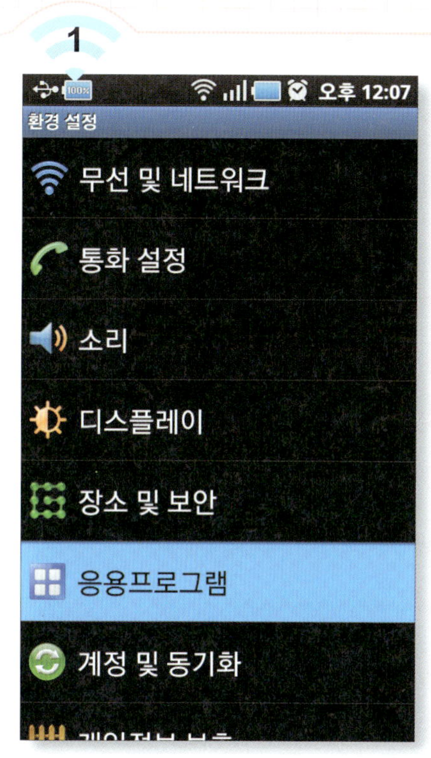

USB 케이블로 핸드폰과 컴퓨터를 연결한 다음 [메인메뉴]-[환경 설정]-[응용 프로그램]을 터치합니다.

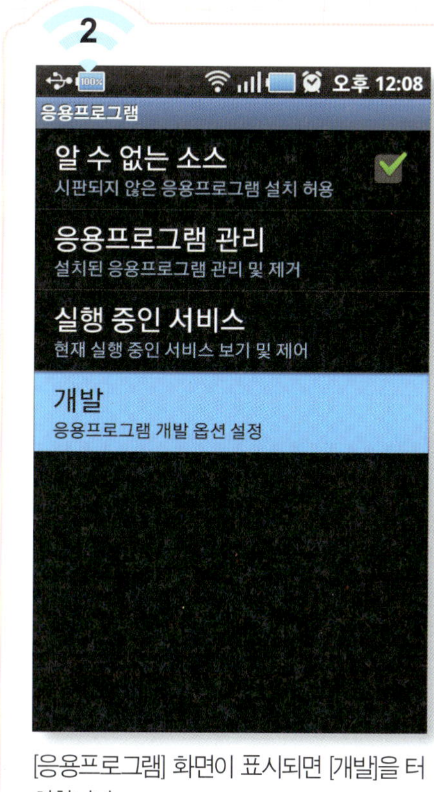

[응용프로그램] 화면이 표시되면 [개발]을 터치합니다.

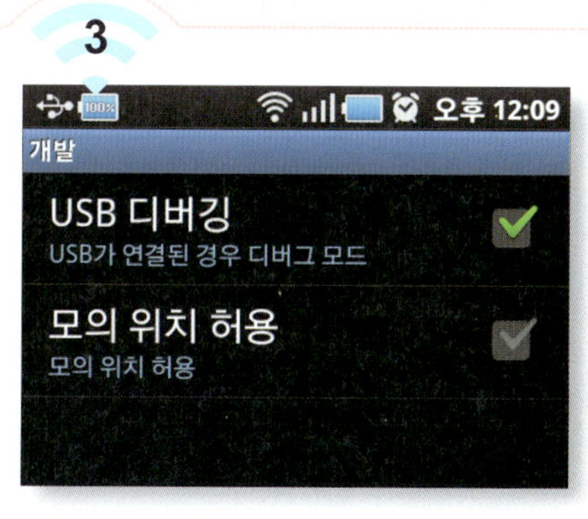

[USB 디버깅]을 터치하여 체크 표시가 나타나도록 설정합니다.

4

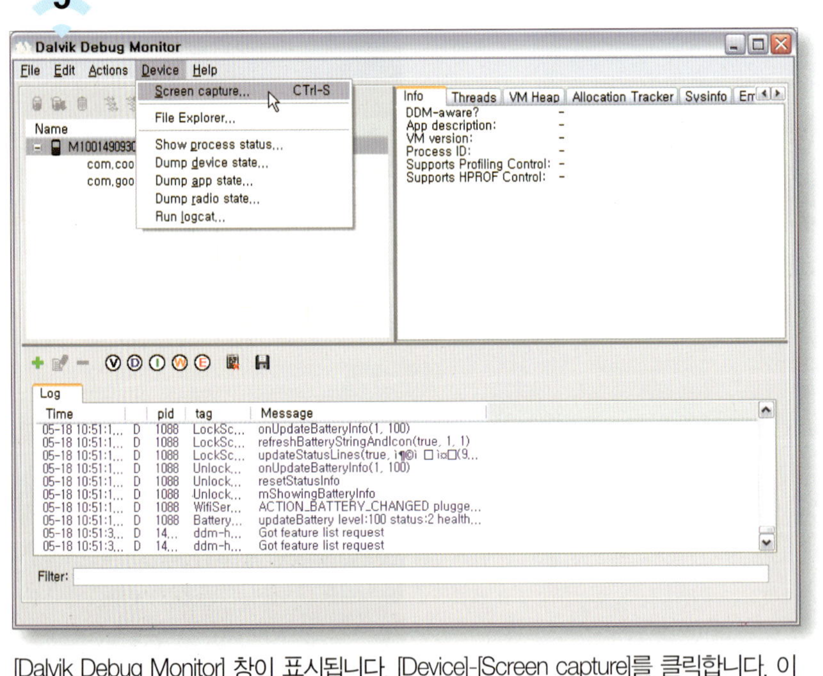

앞에서 다운받은 프로그램에서
[android-sdk-windows] 폴더의
[tools] 폴더에서 [ddms.bat] 파일을
더블 클릭하여 실행합니다.

5

[Dalvik Debug Monitor] 창이 표시됩니다. [Device]-[Screen capture]를 클릭합니다. 이
제부터 핸드폰의 화면을 캡처할 수 있습니다.

6

다음과 같이 캡처할 화면이 표시되면 [Save]
단추를 클릭합니다.

7

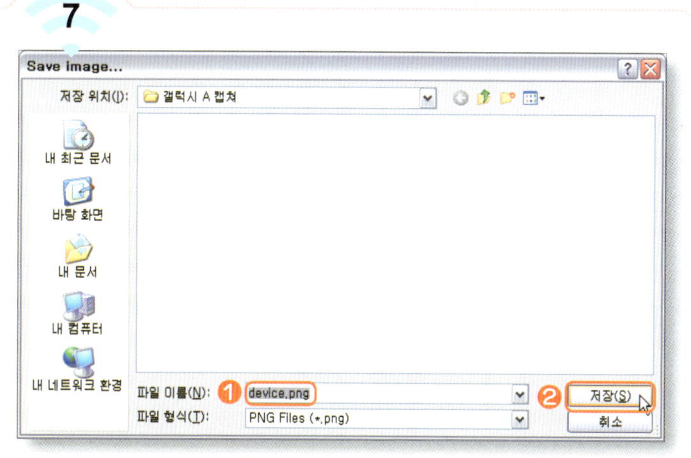

[Save image...] 대화상자가 나타나면 파일명을 입력하고 [저장] 단추를
클릭하면 됩니다. 이제 갤럭시 화면을 이미지로 사용할 수 있습니다.